닮음

닮음 2

김항안 지음

GLORIA

머리말

시편의 영성과 성서 인물

성경은 하나님의 책이다. 성경은 하나님께서 스스로를 우리에게 계시하신 책이다. 성경에서 우리는 하나님의 존재, 속성 그리고 우리와 세계를 향하여 가지신 감정을 찾을 수 있다. 그리고 성경은 하나님께서 과거와 현재 그리고 미래를 초월하여 펼치고 성취하신 구원 계획을 보여준다. 그러므로 우리는 성경의 근본 저자가 하나님이심을 믿는다.

"모든 성경은 하나님의 감동으로 된 것으로…"(딤후 3:16a)

동시에 성경은 사람의 책이다. 좀 더 나아가 사람을 위한 책이다. 성경에는 무수한 인물들이 등장한다. 세대주의 방법으로 계산하는 연수만 해도 6,000년이 족히 넘으니 그동안 등장하는 인물이야 오죽 많으랴! 우리가 알고 있는 어떠한 대하소설도 이만한 세월을 아우르지 못한다. 이처럼 많은 인물을 등장시키지 못한다. 성경은 무수한 등장인물들이 하나님과 어떠한 관계 속에서 살았는지를 보여준다. 그들의 신앙과 삶은 오늘을 사는 우리에게도 교훈이 된다. 곧 우리의 신앙과 삶에 대한 방향과 지표를 보여주는 것이다.

"교훈과 책망과 바르게 함과 의로 교육하기에 유익하니"(딤후 3:16b)

시편은 예수님이 있던 당시에도 존재하였다. 신약시대에 성경이라 함은 구체적으로 구약을 가리킨다. 예수님은 사랑을 가르치시며, 온 율법과 선지자의 강령을 말씀하셨다(마 22:40). 이로 보아 우리는 구약이 율법과 선지서로 되어 있음을 유추할 수 있다. 다른 부분에서 예수님은 율법과 선지자의 글과 시편을 말씀하셨다(눅 24:44). 이를 보면 구약이 세 부분으로 이루어졌음을 알게 된다. 복음서의 저자들은 시편을 인용하며 시편의 예언이 구체적으로 예수에게 적용되었음을 증언한다.

시편에는 하나님에 대한 은유적 표현이 매우 많다. 시편 18장 2절이 잘 설명해 준다.

"여호와는 나의 반석이시요 나의 요새시요 나를 건지시는이시요 나의 하나님이

시요 나의 피할 바위시요 나의 방패시요 나의 구원의 뿔이시요 나의 산성이시로다"

이런 표현은 하나님이 어떤 분인지를 고백, 선포하는 형식이다. 이러한 은유는 성경 기록자의 믿음을 나타낸다. 저자가 당한 고난, 그가 누렸던 기쁨, 하나님과 교제하며 깨달은 진리, 묵상 중에 얻은 은혜 등을 은유적으로 표현한다. 이러한 은유적 표현은 시편 도처에서 살펴볼 수 있다.

은유적 표현은 하나님의 말씀에 대하여도 적용된다. 대표적인 구절이 시편 19장 7~9절이다.

"여호와의 율법은 완전하여 영혼을 소성시키며 여호와의 증거는 확실하여 우둔한 자를 지혜롭게 하며 여호와의 교훈은 정직하여 마음을 기쁘게 하고 여호와의 계명은 순결하여 눈을 밝게 하시도다 여호와를 경외하는 도는 정결하여 영원까지 이르고 여호와의 법도는 진실하여 다 의로우니"

이미 시편 기자는 하나님과 교제하고, 진리를 묵상하는 어떤 지침을 가지고 있었다고 할 수 있다. 그 지침을 사용하여 그는 영적 침체가 올 때 그것을 극복하였고, 기쁜 일이 있을 때 하나님을 찬송 할 수 있었다.

이상으로 보아 시편은 매우 영적인 책이라 하겠다. 그러나 성경이 사람을 위한 책이라면 시편도 역시 사람들에게서 나는 냄새를 맡을 수 있다. 시편에서 우리는 현실세계에서 사람들이 느끼는 다양한 감정을 접하게 된다. 긍정적 감정으로 기쁨, 승리감, 희망, 용서, 감사, 신뢰, 경외, 사랑, 겸손 등이 있다. 한편 부정적 감정으로는 슬픔, 분노, 절망, 수치, 두려움, 애통, 괴로움, 의심, 교만 등이 나타난다. 시편은 이러한 감정을 어떻게 처리하는지 우리에게 보여준다. 우리는 시편을 통해 긍정적 감정들은 어떻게 승화시키며, 부정적 감정들은 어떻게 극복하는지를 배우게 된다. 그러므로 시편은 매우 인간적인 책이라 하겠다.

시편은 다양한 장르(genre)의 시들을 모은 모음집이다. 시편의 장르는 크게 나누어 일곱 가지이다.

찬양시, 탄식시, 감사시, 신뢰의 시, 회상의 시, 지혜시, 제왕시이다. (트램퍼 롱맨 『시편을 어떻게 읽을 것인가?』)

이러한 장르들은 콘텍스트(Context) 즉 사람의 처한 상황을 표현하고 있다. 사람은 여러 상황 속에서 다양한 감정을 경험한다. 그 감정을 처리해나가는 과정에서 인격적 성숙을 이루고 영적인 깊이를 경험해 간다. 그러므로 시편은 하나의 문학작품이다. 곧 영적 색채를 강하게 지닌 영적 문학모음집이다.

이제 우리는 새롭게 시편을 탐색하려고 한다.

두 가지 관점을 정하고 두 가지 관점을 동시에 추구해 나갈 것이다. 두 가지 관점은 곧 하나님과 사람이다. 먼저는 하나님의 관점으로 하나님을 향한 신앙 고백, 하나님 경험, 하나님을 찬양하는 것 곧 영적인 부분을 탐구할 것이다. 한편 사람의 관점에서는 사람의 상황 극복, 표현되는 감정, 그 감정 처리 등을 살필 것이다. 긍정적 감정들을 승화시키는 과정에서 우리는 기쁨을 누리는 방법을 알게 되며, 부정적 감정들로 인한 고통이 해소되는 과정을 보며 치유를 경험하게 될 것이다. 이는 성경이 하나님의 책이며, 동시에 사람을 위한 책이라는 두 관점의 대전제를 만족시키는 시도이다.

우리는 시편과 성경 인물을 볼 것이다. 시편을 한 편씩 볼 때마다 성경 인물 한 사람을 이야기 할 것이다. 구체적으로 그 인물의 신앙과 됨됨이 그리고 행적들을 시편이라는 창을 통해 바라볼 것이다. 즉 시편이 사람의 영적 동향과 행적을 비추는 거울의 작용을 하는 것이다. 그 거울은 곧 나를 비추는 거울이다. 인물 한 사람의 영성과 행동은 그 시대 그 사람으로 끝나지 않는다. 시편은 그 시대 그 사람의 신앙과 한 번의 상황으로 끝나지 않는다. 오늘 이 시대 나의 상황에도 똑같이 나타날 수 있다. 이러한 연속성 때문에 성경은 영원한 진리임을 스스로 증명한다.

사람이 가진 영성이 그의 행동을 좌우한다. 우리는 성경 속에서 사람의 성공을 보며 하나님이 요구하시는 영성이 어떤 것인지, 사람의 실패를 보며 하나님이 싫어하시는 영성은 어떤 것인지 알게 된다. 물론 사람이 성공과 실패의 평가 기준을 세울 수 없다. 하나님만이 평가의 절대적 기준이 되신다. 게다가 당대의 성공만이 영원한 성공이 아니며 역사가 그의 성공을 인정해 줄 때 비로소 완전한 성공이 된다. 우리는 시편을 통해 성공하는 영성, 역사가 인정하는 영성, 하나님이 인정하시는 영성 곧 시편 기자들이 어떤 영성을 가지고 있으며, 그들이 추구하는 영성의 방향을 알게 된다.

성경은 훌륭한 사람만 등장하지 않는다. 평범한 사람도 등장한다. 성공한 사람만 등장하지도 않는다. 실패한 사람도 많이 등장한다. 어찌 보면 실패한 사람들이 더 많이 등장한다. 성경에는 평범하게 살다 간 사람과 이름만 올라와 있는 사람이 수 없이 많다. 우리는 성공한 사람도 보고, 실패한 사람도 볼 것이다.

훌륭한 사람과 평범한 사람을 통해 그들의 영성과 신앙, 그들의 삶과 선택의 결과들을 함께 탐구해 나가고자 한다. 성경의 수많은 인물들을 다 살필 수는 없다. 한 편에 한 사람씩 고작 150명이다. 전체적으로 보았을 때 150명은 적은 수이다. 그러나 우리가 인생을 살며 알고 지내는 사람의 수가 200명 내외라고 하면 150명은 매우 많은 숫자이다.

시편 속에 거론된 인물이 일차적인 탐구대상이 될 수 있다. 시편과 약간의 연관성이 있는 인물 역시 우리의 탐구 대상이다. 그러나 시편과 거리가 먼 인물도 우리의 탐구의 대상이 될 수 있다. 정작 중요한 것은 인물의 선정이 아니라, 그 인물의 내면세계를 보는 창이 곧 시편이라는 점이다. 그 인물의 겉으로 드러나지 않는 깊은 속을 살피는 현미경으로 시편을 사용한다는 점이다.

인물의 삶과 영성을 이해하는 방법으로 시편을 사용할 것이다. 이로써 시편은 우리의 영성을 풍부하게 하는 영적 양식이 될 것이며, 우리의 병든 영혼을 치유하는 영적 양약이요, 우리의 신앙을 건전하고 바르게 이끄는 영적 지침이 될 줄로 믿는다.

아무쪼록 본서와 함께 "시편의 영성산책"을 떠나는 독자들이 시편의 주인공이 되어 함께 기쁨과 슬픔을 나누면서 하나가 될 때 주님 닮는 감격의 기쁨이 넘치기를 축원합니다.

2010년 10월 4일
김항안 목사

CONTENTS

시편 51편

통회의 영성과 요시야

옷을 찢은 이후

요시야는 남 왕국 유다 역사상 가장 신앙적인 왕이었다. 그는 8살 때 왕위에 올랐다. 요시야는 다른 왕들과는 달리 오직 여호와만 섬겼다. "요시야가 여호와 보시기에 정직히 행하여 그의 조상 다윗의 모든 길로 행하고 좌우로 치우치지 아니하였더라"(왕하 22:2). 요시야는 성전을 수리하고 싶었다. 서기관 사반에게 명령을 내렸다. 대제사장 힐기야에게 그동안 드려진 헌금을 바탕으로 여호와의 전을 수리하라고 전하라 이른다. 대제사장은 진실한 마음으로 성전을 수리한다. 성전에 드려진 헌금이 세지 않았을 정도였다.

성전을 수리하다가 엄청난 사건이 일어난다. 그것은 율법책을 발견한 것이다. 힐기야가 서기관 사반에게 율법책을 건네준다. 사반은 이 책을 요시야 왕 앞에 가져간다. 먼저 성전 수리가 왕의 명령대로 잘 되고 있음을 보고한 뒤 율법책을 낭독한다. 왕이 율법책의 낭독 소리를 듣다가 옷을 찢는다. 옷을 찢을 만한 나름의 이유가 있었다. 그것은 율법책의 내용이 무서웠기 때문이다. 그 내용의 요지는 하나님께서는 유대 백성의 배교(背敎)와 타락을 진노하시어 재앙을 내리시겠다고 경고하는 것이었다. 요시야는 율법책의 낭독을 들으며 하나님 앞에 낮아지고 통회하였다.

요시야는 율법책의 내용을 모든 백성에게 알려야 하겠다고 생각했다.

요시야는 백성을 소집하여 율법책을 낭독하게 한다. 그리고 백성 앞에서 언약의 말씀을 이루겠다고 선언한다. 백성 역시 왕의 제안을 따라 언약을 지키겠노라고 약속한다. 그리고 백성이 우상들을 파괴하기 시작한다. 이방 나라로부터 들어온 각종 우상들을 파괴한다. 옛적 유다 왕들이 세운 산당을 파괴하고, 산당에서 일하는 제사장들을 폐하고 우상에게 예배하던 제사장들을 가차없이 죽였다. 나라 안에 우상은 남은 찌꺼기조차 쓸어버렸다. 거대한 종교개혁의 물결이 나라를 휩쓸었다.

그리고 요시야는 율법책에 기록된 대로 유월절을 지키려 한다. 유월절은 사사 시대부터 지금까지 지켜진 적이 없었다. 다윗의 시대에도 솔로몬 시대에도 유월절이 지켜지지 않았다. 요시야왕 18년에 예루살렘에서 유월절 의식이 성대히 거행되었다. 전에도 여호와만을 섬기던 요시야였지만 한 번 옷을 찢은 후 율법에 따라 완벽하게 행하였다. 완전한 종교개혁을 단행하였다. 요시야처럼 마음과 정성을 다하여 여호와를 향하여 모세의 모든 율법을 완전히 준행한 왕은 전에도 없었고 후에도 없었다(왕하 23:25).

옷을 찢은 사람들

옷을 찢는다는 것은 속살이 드러나고 자기의 수치를 보이는 행위이다. 수치를 당하면 자기가 가진 권위와 지위가 아무 소용이 없다. 옷을 찢는다는 것은 비참함의 표시이다. 마음을 찢는 것이다. 옷을 찢어 수치를 사람에게 보이나 실상은 마음을 찢어 자신의 비참함을 보인다. 옷을 찢는다는 것은 수치스러울 때 하는 행동이다. 의가 수치를 당할 때이다. 화려한 옷도 지위도 명예도 자존심이 살아야 누릴 수 있는 것이다. 자존심이 상하고 멸망하면 그것들은 아무 가치가 없다. 그러므로 옷을 찢는다는 것은 제대로 살고 싶다는 표시이다.

성경에는 옷을 찢는 사건이 여러 번 있다. 여호수아와 갈렙이 옷을 찢었다. 이스라엘 백성이 가나안에 들어갈 것을 포기했기 때문이다. 민족의 믿음이 약하고 장래가 암담한 현실 앞에서 옷을 찢었다. 여호수아는 한번 더 옷을 찢은 적이 있었다. 여리고 성을 무너뜨리고 의기양양하게 아이 성을 공격하였지만 처참하게 패하였기 때문이다. 그 날에 이스라엘 군사들이 3,000명이나 죽었다. 여호수아는 이스라엘 민족이 무시당하고 하나님의 이름이 더럽혀지는 것이 가슴 아플 뿐이었다. 그 아픔이 그로 하여금 옷을 찢게 만들었다.

다윗도 옷을 찢은 적이 있었다. 아들 압살롬이 왕자들을 죽였다는 소문을 들었기 때문이다. 아들들 간에 피를 보는 분쟁은 아버지의 마음을 찢어지게 만드는 행위이다. 찢어지는 마음을 다윗은 자기의 옷을 찢는 것으로 표현한다. 아무리 왕이라 하지만 자식 교육을 잘못시킨 것에 대한 자책감이 엄습하기 때문이었다. 다윗은 이전에 아브넬이 죽었을 때 부하들에게 옷을 찢으라 한 적이 있었다. 아브넬에 대한 연민 때문이었다. 이후에 다윗이 압살롬에게 쫓길 때는 아렉 사람 후새가 다윗을 위하여 옷을 찢었다. 다윗과 나라의 형편이 비참하기 때문이었다.

북왕국 이스라엘의 여호람이 아람에서 온 나아만의 문둥병을 고쳐달라는 말을 듣자마자 옷을 찢었다. 아람이 시비를 걸어 전쟁을 하자는 것으로 생각했기 때문이다. 전쟁을 하면 패배가 뻔한 일이니 위기라고 생각하고 옷을 찢는다. 남왕국에서는 히스기야 왕이 옷을 찢었다. 앗수르 군대가 침략하였는데, 히스기야 왕을 비난하고 하나님의 권위를 무시하는 말이 들렸기 때문이었다. 국가적 위기 앞에서 히스기야가 자기 옷을 찢는다. 모드드개도 민족의 위기 앞에 옷을 찢었다. 이처럼 옷을 찢는 사람 대부분 자기와 민족의 자존심을 동시에 생각했다.

통회를 향한 외침

다윗에게 마음을 찢어야 할 일이 있었다. 그것은 우리야의 아내 밧세바를 범하였기 때문이다. 사람이란 높아지고 조금 한가해지면 즐거운 일을 찾는 모양이다. 다윗에게도 이 유혹이 찾아왔다. 왕이라는 권력은 유혹대로 행하는 것을 정당화시킨다. 밧세바가 임신하였다. 다윗은 그것을 감추기 위해 전쟁에 나간 우리야에게 휴가를 주었다. 그러나 우리야는 휴가를 받아도 아내와 잠자리를 함께 하지 않는다. 전우들이 전쟁터에 있다는 것에 대한 책임감 때문이었다. 다윗의 잔꾀가 실패로 돌아갔다. 내버려두면 들킬 것이 뻔했다.

다윗은 우리야를 최전선으로 내보낸다. 우리야만 싸우게 하고, 군대를 철수시켜 전사하게 만든다. 다윗의 충신 요압이 눈치를 채고 우리야의 일을 간단하게 마무리한다. 군대의 철수는 패배를 의미한다. 요압은 일부러 지는 전쟁을 선택하였다. 우리야만 죽으면 다윗으로부터 작전 실패에 대한 책임을 모면할 것이다. 우리야가 죽자 다윗이 밧세바를 위로하는 척 하다가 자기 아내로 삼는다. 다윗으로서는 감쪽같이 일을 해치웠다. 아무도 모를 것이다. 그러나 하나님은 알고 계셨다. 하나님이 선지자 나단을 시켜서 다윗을 책망하신다.

나단은 비유를 들어 다윗을 질책한다. 양을 백 마리 가진 사람이 손님 대접을 위해 이웃이 가진 단 한 마리 양을 빼앗았다는 것이다. 다윗은 그 이야기를 듣고 크게 성을 낸다. 자기 나라 안에 그런 사람이 있다는 것을 참지 못하겠노라고 한다. 당장에 그 사람을 잡아죽여야 하겠다고 서두른다. 다윗은 비유를 들어도 그것이 자기에게 적용되어야 하는 줄을 모른다. 그러나 나단은 그것이 바로 다윗이라고 경고한다. 다윗이 왕의 권위와 권력을 남용한 사실이 드러났다. 그것으로 간음과 살인을 합리화하려 하였다. 다윗의 죄가 드러났다.

악한 왕들은 선지자의 경고를 무시한다. 책망하는 선지자를 미워하거나 죽이기까지 한다. 그러나 다윗은 그렇게 하지 않았다. 다윗은 기름부음을 받은 왕이었고, 하나님의 사람을 존경할 줄 알았다. 다윗은 나단의 말이 사람의 말이 아니라 하나님의 말인 줄 알고 있었다. 하나님이 자기 죄를 알고 계시다는 것이 두렵기 그지없어 나단의 책망 앞에 다윗은 무릎을 꿇는다. 다윗은 자신의 죄를 뉘우치고 자기 죄가 막중하다는 것을 알고 통회한다. 다윗은 옷을 찢지는 않아도 마음을 찢는다. 이런 다윗이 통회하며 지은 시가 곧 시편 51편이다.

시편의 영성

다윗은 자신에게 죄가 많다는 사실을 인정한다. 자신은 죄에 대한 대가를 도저히 모면할 수 없다고 생각했다. "하나님이여 주의 인자를 따라 내게 은혜를 베푸시며 주의 많은 긍휼을 따라 내 죄악을 지워 주소서"(1절). 다윗의 죄는 사람에게만 행한 것이 아니다. 하나님이 자기에게 붙여준 충신을 죽였으니 하나님께 범죄한 것과 다름이 없었다. 게다가 책망을 받아도 자기가 죄인임을 몰랐다. "내가 주께만 범죄하여 주의 목전에 악을 행하였사오니 주께서 말씀하실 때에 의로우시다 하고 주께서 심판하실 때에 순전하시다 하리이다"(4절). 다윗은 범죄하고 보니 자신의 출생 자체가 죄임을 알았다. 그의 본질이 죄였으니 죄를 행할 수밖에 없었다. "내가 죄악 중에서 출생하였음이여 어머니가 죄 중에서 나를 잉태하였나이다"(5절).
다윗은 죄를 씻고 싶었다. 용서받고 싶었다. "나의 죄악을 말갛게 씻으시며 나의 죄를 깨끗이 제하소서"(2절). 다윗은 주홍빛 같은 죄라 할지라도 희게 되기를 원한다. 하나님께서 씻기시면 깨끗해질 것을 알았다. "우슬초로 나를 정결하게 하소서 내가 정하리이다 나의 죄를 씻어 주소서 내가 눈보다 희리이다"(7절). 주님이 용서하시면 죄가 깨끗해질 것이라 다윗은 생각했다. "주의 얼굴을 내 죄에서 돌이키시고 내 모든 죄악을 지워 주소서"(9절). 다윗은 전쟁터에서 수많은 피를 보았다. 나라를 지키는 전쟁은 누구로부터도 비난받지 않는다. 그러나 우리야의 피에 대하여는 비난받아야 한다. 다윗은 이 죄를 용서받아야 했다. "하나님이여 나의 구원의 하나님이여 피 흘린 죄에서 나를 건지소서 내 혀가 주의 의를 높이 노래하리이다"(14절).

다윗은 하나님이 무엇을 원하시는지 알고 있다. 그것은 회개하는 진실한 마음이다. 범죄하고서도 죄를 모르거나, 회개하지 않는 것은 어리석음이다. 하나님이 원하시는 것을 아는 것이 곧 지혜이다. "보소서 주께서는 중심이 진실함을 원하시오니 내게 지혜를 은밀히 가르치시리이다"(6절). 다윗은 용서의 소식을 듣고 싶었다. 회개하는 사람이 바라는 것은 오직 용서의 소식이다. 용서의 소식은 회개하는 사람에게 기쁜 소식이다. "내게 즐겁고 기쁜 소리를 들려 주시사 주께서 꺾으신 뼈들도 즐거워하게 하소서"(8절). 다윗은 회개함으로 인하여 자신을 새롭게 하였다. 다윗은 자신의 새로움 조차도 하나님의 영역임을 알고 있었다. "하나님이여 내 속에 정한 마음을 창조하시고 내 안에 정직한 영을 새롭게 하소서"(10절).

다윗은 하나님 앞에 자기를 드린다. 자신의 상한 심령, 통회하는 마음이라도 드려야 했다. 하나님이 자신을 외면하시지 않을 줄을 알고 있었다. "하나님께서 구하시는 제사는 상한 심령이라 하나님이여 상하고 통회하는 마음을 주께서 멸시하지 아니하시리이다"(17절). 만약 하나님이 짐승의 제사를 원하셨다면 이미 드렸을 것이다. "주께서는 제사를 기뻐하지 아니하시나니 그렇지 아니하면 내가 드렸을 것이라 주는 번제를 기뻐하지 아니하시나이다"(16절). 다윗은 하나님이 원하시지 않는 일을 할 수 없었다. 그것이 풍습이라 할지라도 하지 않았을 것이다. 회개하는 사람은 모름지기 이렇다. 다윗은 오직 하나님께 가까이 간다. 하나님이 자신을 멀리하지 않기를 원했다. "나를 주 앞에서 쫓아내지 마시며 주의 성령을 내게서 거두지 마소서"(11절).

통회 이후

다윗의 통회가 즐거움으로 바뀔 것이다. 통회는 아플 때 일어나는 행위이다. 그러나 이 아픔이 그칠 것이다. 통회는 아픔을 그치게 하는 믿음의 행위로 자신이 하나님으로부터 벗어난 것에 대한 철저한 뉘우침이다. 통회는 하나님의 뜻과 반대로 행하였던 것에 대한 반성이다. 통회는 이제부터 하나님과 가까이 하겠다는 의지의 표현이다. 하나님의 뜻을 행하겠다는 결심의 표현이다. 통회하는 사람은 죄를 용서받고 영혼의 회복이 일어난다. 하나님이 통회하는 사람을 붙드신다. "주의 구원의 즐거움을 내게 회복시켜 주시고 자원하는 심령을 주사 나를 붙드소서"(12절)

통회에 대한 체험을 한 사람의 눈에는 통회할 사람이 보인다. 요시야가 먼저 통회하고 보니 모든 백성이 함께 통회해야 함을 알았다. 요시야가 하나님 앞에 바로 살다 보니 온 나라 안에 우상 제거의 필요성을 알았다. 그러므로 통회한 사람은 죄를 없애고 죄인을 회개시키는 일을 한다. "그리하면 내가 범죄자에게 주의 도를 가르치리니 죄인들이 주께 돌아오리이다"(13절). 한 사람의 통회가 공동체를 살릴 수 있다. 한 사람의 통회가 또 다른 사람을 회개시킬 수 있다. 한 사람의 통회가 민족의 영성을 깨울 수 있다.

통회하는 사람은 용서하시는 주님을 체험한다. 그리고 용서하시는 주님을 찬송한다. "주여 내 입술을 열어 주소서 내 입이 주를 찬송하여 전파하리이다"(15절). 찬송이란 하나님의 이름을 높이는 것이다. 찬송은 하나님의 존재를 최고의 자리에 놓는 것이다. 찬송하는 사람은 이미 하나님을 아는 사람이다. 찬송하는 사람은 하나님의 용서를 체험한 사람이며, 하나님의 자비를 경험한 사람이다. 그러므로 찬송은 통회의 열매이다. 통회하는 입은 신음과 절규의 입이었다. 그러나 통회 이후의 입은 기뻐하는 입이며, 찬송하는 입이다.

통회는 건강을 회복하게 한다. 통회로 인하여 육신과 영혼의 건강이 회복된다. 통회로 인해 국가와 사회에 건강의 은혜가 주어진다. 다윗의 통회로 인하여 새로운 은혜가 주어졌고 그의 나라에 선을 행하셨다. 하나님이 나라를 든든히 세우셨다. "주의 은택으로 시온에 선을 행하시고 예루살렘 성을 쌓으소서"(18절). 압살롬의 반역과 같은 절대절명의 위기에서도 하나님이 다윗과 나라를 지키셨다. 만약 다윗이 통회하지 않았다면 하나님과 언약한 다윗의 왕위가 다른 사람에게로 넘어갔을지 모른다. 통회하지 않으면 하나님은 약속하신 것조차도 취소하신다.

통회한 사람은 예배의 자세를 바꾼다. 예배하는 마음을 바꾼다. 전에는 무의식적으로 번제만 드리면 되는 줄 알았다. 단순히 번제만 드리면 하나님이 받으시지 않는다. 마음이 담기지 않았기 때문이다. 하나님의 법을 모른채 수많은 번제를 가져와도 그것은 마당만 밟는 행위에 불과하다(사 1:12). 하지만 이제는 하나님이 예배를 받으셨다. 통회한 사람의 제사를 하나님께서는 기뻐하신다. 다윗은 기쁨으로 새로운 제사를 하나님께 드렸다. "그 때에 주께서 의로운 제사와 번제와 온전한 번제를 기뻐하시리니 그 때에 그들이 수소를 주의 제단에 드리리이다"(19절).

시편 52편

충정의 영성과 도엑

고발자

사울의 미움을 받고 다윗은 쫓겨났다. 요나단과 헤어진 다윗은 목숨을 부지하기 위해 매일 긴장 속에 살아야 했다. 다윗으로서는 최대한 안전한 곳을 찾아야만 했다. 가장 안전한 곳이라면 제사장이 머무는 곳이었다. 다윗은 놉으로 가서 제사장 아히멜렉을 찾았다. 아히멜렉이 다윗에게 왜 혼자만 있느냐고 묻는다. 다윗은 왕의 명령을 수행하는 중이며, 군사들을 따로 만날 시간과 장소가 정해졌다고 대답한다. 그리고 군사들에게 떡이 필요하니 있는 대로 달라고 부탁한다. 아히멜렉이 여호와 앞에서 물려낸 떡을 준다. 물론 군사들이 사흘동안 부녀를 가까이 한 적이 없어야 한다는 조건을 달고서였다.

다윗이 아히멜렉을 만났다는 사실을 한 사람이 알고 있었다. 그는 사울의 목자장이며 에돔 사람 도엑이었다. 도엑이 사울에게 자기의 본 것을 말한다. 사울에게 아히멜렉은 범인을 은닉한 죄인이었다. 사울은 즉시 아히멜렉을 불러 심문한다. 범인 은닉은 반역이라며 아히멜렉에게 몰아세운다. 아히멜렉은 다윗이야말로 사울 왕에게 가장 충성된 신하로 알고 있었기 때문에 도운 것이라고 대답한다. 아히멜렉은 다윗을 도운 일이 모르고 한 것이니 자기에게 죄를 묻지 말아달라고 사울에게 애원한다. 그러나 사울은 아히멜렉을 비롯한 제사장들을 범인 은닉과 반역죄로 몰아 다 죽이겠다고 선언한다.

사형이 선고되었으니 집행을 해야 했다. 그러나 아무도 제사장을 죽이겠다고 나서는 사람이 없었다. 제사장은 하나님의 사람이기 때문이다. 하나님의 사람에게 손을 대는 것은 하나님을 향하여 교만을 범하는 일이다. 사울이 도엑을 향하여 제사장들을 죽이라고 명한다. 도엑이 나서서 제사장 85명과 놉에 사는 남녀와 아이, 젖먹이와 가축들을 모두 죽인다. 도엑이 놉을 피로 청소하였다. 도엑은 출세를 위해 눈먼 사람이라 왕에게 잘 보이고 출세할 기회만 있으면 어떤 짓이라도 마다하지 않았다. 그는 다윗과 아히멜렉을 사울에게 고발하였고, 살인까지 서슴지 않았다. 출세를 위해 윤리와 도덕, 양심과 신앙도 저버리고 만 것이다.

아히멜렉의 아들 아비아달이 구사일생으로 도망하였다. 그리고 다윗에게 찾아간다. 사울이 제사장을 죽이게 한 일을 낱낱이 말한다. 이 말을 전해들은 다윗은 도엑의 고발을 짐작하고 있었기에 자신을 더욱 한탄하며 마음 아파한다. 그리고 아비아달을 향해 안심하고 다윗의 곁에 머물라고 위로한다. 다윗은 자기를 미워하는 사울보다 사울에게 아첨하는 도엑이 더 미웠다. 도엑은 그런 짓을 충정이라고 여겨 행한 것이겠지만, 그것은 일신의 영달을 위한 아첨에 불과했다. 도엑이 사울에게 충성하는 것은 백성이나 왕을 위함이 아니라 순전히 자기만을 위함이다. 다윗은 시편 52편에서 도엑의 행위에 대한 분노를 표현하고 있다.

지도자와 주변 사람들

어느 나라, 어느 시대이든지 지도자 곁에는 지도자를 돕는 사람들이 있다. 그들의 결정을 중재하며, 지도자의 손길이 미치지 못하는 곳을 헤아려 돕는 사람들이다. 돕는 사람이 바르면 지도자도 바르게 행한다. 돕는 사람이 바르지 못하면 지도자가 욕을 먹는다. 바른 지도자란 자기를 돕는 사람이 사심 없이 행하는 지를 살필줄 아는 사람이다. 사심 없이 행하는 사람에게는 칭찬하여 상을 주고, 악을 행하는 사람은 멀리하면 지도자 곁에 바른 생각을 가진 사람이 몰려든다. 이런 사람들을 곁에 두면 지도자가 백성로부터 칭찬을 받을 것이다.

그러나 지도자가 개인적 욕심이 많다면 문제가 달라진다. 지도자가 자신의 명예와 이익만을 생각한다면 주변의 사람들도 자기 이익을 생각할 것이다. 지도자가 부정을 일삼으면 곁에 있는 사람도 부정을 행할 것이다. 지도자가 자기 고집만을 내세우면 주변 사람은 말을 아낄 것이다. 지도자에게 듣기 좋아하는 말만 할 것이며 백성의 원망과 한숨 소리를 지도자에게 전달하지 않을 것이다. 지도자의 눈과 귀를 막을 것이다. 결국 주변 사람을 망치고 자신을 망치는 것은 지도자의 바르지 못한 인격이 가장 큰 이유이다.

지도자가 바르지 못하면 주변에 아첨꾼들이 몰려든다. 아첨꾼들은 지도자의 감정을 건드리려 하지 않는다. 싫어하는 말은 감추고, 좋아할 만한 말만 골라서 한다. 그것으로 인해 지도자의 신뢰를 얻고 상을 받으면 되기 때문이다. 일신의 출세를 위해 옳고 그름은 상관하지 않는다. 이런 사람들은 자기의 정적이 있다면 서슴없이 제거하려 든다. 경쟁자는 모함을 해서라도 지도자 곁에서 떼어놓는다. 경쟁자의 실수가 있으면 당연히 지도자에게 일러바친다. 남의 잘못은 감추기보다는 폭로하여 자기 이익을 취하려 한다. 도엑과 같은 사람이다.

어리석은 지도자는 바른 사람을 버리고, 얕은 꾀를 가진 사람을 가까이 한다. 악하고 간사한 아첨꾼들을 이용하여 자신의 권력을 유지하려 든다. 사울 왕이 바로 그런 사람이다. 그는 다윗을 죽이고 싶었다. 그래서 다윗을 숨겨주고 옹호하는 아히멜렉도 죽여버렸다. 반면에 사울 왕은 도엑의 말을 믿는다. 도엑을 시켜 아히멜렉과 제사장 가문을 죽이라고 명한다. 도엑은 일신의 영달을 위해 사울의 악한 명령을 수행한다. 폭로한 아첨꾼 도엑은 사울의 악한 일에 이용당하고 있다. 악한 지도자와 아첨꾼이 자신의 유익을 위해 서로를 이용한 셈이다. 악한 세상의 모습이 이렇다.

업무상 비밀

아히멜렉은 제사장으로서 자기에게 오는 사람은 누구든지 환영할 의무가 있었다. 배고픈 사람을 먹이고, 곤경을 당하는 사람을 구해주어야 했다. 성직자란 누구에게든지 친절을 베푼다. 심지어는 거짓말을 하는 사람이라 할지라도 믿어주는 편이 좋다. 도적질을 한 사람이라도 그 도적질을 감추어 주는 성직자가 있다. 필요한 것이 있으면 하나 더 줄 수도 있다. 소설 『레미제라블』에 나오는 주교는 은그릇을 훔친 장발장을 용서하고 자기가 주었다고 증언해 준다. 주교 덕분에 장발장은 감옥에 가지 않게 되었다. 그리고 주교는 장발장에게 은촛대를 하나 더 준다.

아히멜렉은 업무상 비밀을 가지고 있었다. 그것은 다윗이 자기에게 다녀갔다는 것이었다. 처음에는 왜 다윗이 다녀갔는지를 몰랐겠지만 나중에는 알았을 것이다. 그러나 아히멜렉은 사울에게 말하지 않는다. 다윗이 신실한 사람이라는 것을 알고 있었지만 말하지 않고 있는 것이 자기가 가진 업무상의 비밀을 유지하는 것이기 때문이었다. 성직자에게 업무상 비밀은 자신의 자존심이다. 법정에서도 업무상 비밀에 대하여는 인정한다. 변호사, 의사, 목사, 신부, 스님은 업무와 관련된 비밀을 알았을 때 그 비밀을 지켜야 한다. 성직자라면 당연해야 한다.

비록 법이라 할지라도 업무상 비밀에 대하여 알려고 하면 안 된다. 미국의 어떤 변호사가 자살하기 직전의 사람과 상담한 적이 있었다. 자살한 사람은 국방부의 중요 기밀을 알고 있는 사람이었다. 국방부는 변호사에게 상담 내용을 알려 달라고 요구했다. 그러나 변호사는 거절했다. 업무상 기밀을 밝힐 수 없다는 이유에서이다. 국방부가 변호사를 고발하였다. 변호사가 법을 어기고 있다는 명목에서였다. 그러나 법정은 변호사를 무죄로 선고하며 업무상 비밀을 국익보다 우선하였다. 업무상 비밀이 지켜지지 않는다면 국익도 없다는 논리였다.

과거 우리나라에서 신부에게 고해성사를 한 죄인이 도망하자 신부를 범인 은닉죄로 체포한 적이 있었다. 사상범이 성당과 교회 안으로 들어가자 경찰이 진입하여 체포한 것이다. 기동경찰대가 사찰과 교회로 난입하여 무력으로 시위를 진압한 적도 있었다. 사회 안정을 위한 공권력 투입이라는 명분이지만 실은 어리석은 지도자에게 충성하는 아첨꾼들이 행하는 공권력 남용이었다. 이런 일은 후진국형 정치 개입이며 공산주의자들이나 하는 일이다. 도엑처럼 어리석은 현실주의자들은 거룩한 장소마저 짓밟는다.

시편의 영성

다윗은 도엑의 무지와 오만 그리고 야욕을 비난했다. 도엑은 말로써 강포(强暴)를 행하며 아히멜렉을 사울에게 고발하였다. 그리고 사울을 향하여 아히멜렉의 행동을 낱낱이 말한다. 도엑은 말하지 않아도 될 것을 구태여 말함으로 공을 세우려 했다. 이는 아첨이며, 간사한 행위이다. "네 혀가 심한 악을 꾀하여 날카로운 삭도 같이 간사를 행하는도다"(2절). 도엑은 출세를 위해서는 사람도 죽일 수 있었다. 그는 선보다 악을 더 좋아하며 진실보다 거짓을 선호했다. "네가 선보다 악을 사랑하며 의를 말함보다 거짓을 사랑하는도다(셀라)"(3절). 도엑의 말은 모두 사람잡는 소리뿐이다. "간사한 혀여 너는 남을 해치는 모든 말을 좋아하는도다"(4절).

다윗은 도엑을 현실주의자, 세속주의자로 보았다. 도엑이 행하는 강포가 그 증거이다. 도엑은 말과 행동으로 고발과 강포를 행하며 비윤리적인 일들을 수행한다. 왕의 명령에 충성을 보이지만 사실은 자신의 영달(榮達)만을 위할 뿐이다. 그러나 살아계신 하나님께서 도엑의 행위를 알고 계셨다. "포악한 자여 네가 어찌하여 악한 계획을 스스로 자랑하는가 하나님의 인자하심은 항상 있도다"(1절). 하나님이 도엑을 심판하실 것이다. "그런즉 하나님이 영원히 너를 멸하심이여 너를 붙잡아 네 장막에서 뽑아 내며 살아 있는 땅에서 네 뿌리를 빼시리로다(셀라)"(5절).

도엑의 행위를 의인은 알고 있었고 도엑이 망하는 것을 보고 심판하시는 하나님을 두려워할 것이다. 도엑은 의인들로부터 비웃음거리가 되고 만다. "의인이 보고 두려워하며 또 그를 비웃어 말하기를"(6절). 뭐라고 비웃겠는가? 도엑은 하나님의 섭리보다는 자기 맘대로 자기 생각대로 자기 꾀대로 행하는 사람이었다. 도엑은 재물을 의지하는 사람이었다. 도엑은 재물만 모으면 든든하다고 여기는 악한 사람이었다. "이 사람은 하나님을 자기 힘으로 삼지 아니하고 오직 자기 재물의 풍부함을 의지하며 자기의 악으로 스스로 든든하게 하던 자라 하리로다"(7절).

의인은 도엑을 보고 자기를 돌아보게 되었다. 도엑과 같은 야비한 사람이 되어서는 안되겠다고 느끼며 의인으로 살아야 하겠다는 다짐을 한다. 왜냐하면 하나님이 의인에게 복을 주신다는 것을 분명히 알고 있기 때문이다. 그러므로 의인은 오직 하나님만을 의지하며 하나님의 자비하심과 인자하심을 따른다. "그러나 나는 하나님의 집에 있는 푸른 감람나무 같음이여 하나님의 인자하심을 영원히 의지하리로다"(8절). 하나님은 악인을 물리치고 의인을 높이신다. 이것을 아는 의인은 하나님 앞에 감사할 따름이다. "주께서 이를 행하셨으므로 내가 영원히 주께 감사하고 주의 이름이 선하시므로 주의 성도 앞에서 내가 주의 이름을 사모하리이다"(9절).

참된 충정

충정은 신하들과 왕이 동시에 만들어 내는 것이다. 충정은 아랫사람과 윗사람의 공동 작품이다. 충정에 관한 선택은 지도자에게 우선권이 있다. 지도자가 판단을 착오하면 아랫사람들이 걸러진다. 어리석은 지도자가 등장하면 진실한 사람, 바르게 판단하는 사람이 지도자를 향하여 바른 소리를 한다. 지도자의 잘못을 책망한다. 하나님을 두려워하고 백성을 두려워하라며 쓴소리를 한다. 물론 바른 지도자는 이런 쓴소리에 귀를 기울인다. 반면에 어리석은 지도자는 쓴소리하는 사람을 싫어한다. 어리석은 지도자가 먼저 충성된 사람을 밀어낸다.

충정이란 지도자가 듣기 싫어해도 바른 소리를 하는 것이다. 그것이 지도자 귀에 쓰고, 마음에 아픔을 주지만, 바른 것을 바르다고 할 줄 알아야 한다. 아히멜렉처럼 말이다. 이 충정을 알아주는 사람이 바른 지도자이다. 어리석은 지도자는 충정을 왜곡한다. 만약 충성을 분별하는 눈이 없다면 자신의 어리석은 야욕을 채울 수 있는 사람을 충성스럽게 보게된다. 사울이 도엑을 충성스럽게 보았을 것이다. 도엑은 사울에게 충정을 보인다며 고자질, 이간질, 살인을 저지른다. 그러나 도엑의 충정은 충정이 아니다. 오히려 사울을 더 악하고 나쁜 사람으로 만드는 어리석음이다.

바른 충정은 지도자로 하여금 어리석은 일을 하지 말도록 바르게 말하는 것이다. 다윗이 왕으로 있을 때 선지자 나단과 선견자 갓은 하나님께 충성하는 사람이었다. 그들은 왕의 백성으로서 왕에게 충정을 보였다. 하지만 그들의 충정은 왕으로 하여금 하나님 앞에 바로 행하도록 촉구하는 것이었다. 나단은 다윗에게 회개를 경고하였고, 갓이 다윗의 야망을 경고하였다. 다윗이 위대한 지도자로 인정받는 것은 선지자와 제사장의 권위를 인정하였다는 것이다. 이는 하나님의 권위와 바른 충정을 인정하고 회개하였다는 것이다.

지도자가 바른 의식을 가지고 있으면 바른 충정을 얻는다. 지도자가 바르지 못하면 어리석은 충정만을 얻는다. 지도자는 쓴소리를 듣는다 하여도 그것이 바른 일이라면 수용해야 한다. 바른 일을 행하고 바른 충정을 수용하면 곁에 진실과 정직의 사람들이 모인다. 그러나 지도자가 바른 충정을 수용하지 않으면 진실한 사람들이 떠난다. 지도자가 욕심을 내거나, 편향된 시각을 가지면 주변에 아첨꾼들만 남을 것이다. 아첨꾼들과 모리배들이 지도자 곁에 득실거릴 것이다. 그 결과는 뻔하다. 지도자가 망하고, 아첨꾼들도 함께 망할 것으로 풀이된다.

바른 충정을 알아주는 것이 지혜이다. 바른 충정을 알아주면 나라가 잘 된다. 백성이 평안하고 지도자 본인도 잘 된다. 후대의 사람들로부터 인자한 사람이요, 덕이 있는 사람이라고 칭찬을 들을 것이다. 물론 바른 충정을 보인 사람도 후대에 칭찬을 들을 것이다. 그러나 충정의 사람보다 충정을 알아보고 그것을 인정하는 사람이 더 큰 칭찬을 듣는다. 역사가 바로 판단하는 것이다. 사울과 다윗이 충정을 알아보는 것에서 그들의 신앙과 생애가 비교된다. 신앙과 충정을 알아보는 것 그리고 생애는 서로 상관관계가 있다.

시편 53편

지식의 영성과 라멕의 아들들

라멕의 아들들

가인의 자손인 라멕은 두 아내 아다와 실라를 두었다. 아다는 야발과 유발을 낳았고, 실라는 두발가인을 낳았다. 야발은 육축치는 자의 조상이 되었다. 요즘 말로 표현하면 목축업의 조상이다. 유발은 수금과 퉁소를 잡는 모든 자의 조상이 되었다. 현대식으로 표현하면 음악을 하는 사람의 선조이다. 두발가인은 동철로 각종 기계를 만드는 사람이 되었다. 그 기계는 아마도 날카로운 연장이나 무기일 것이다. 다시 말해 두발가인은 철강업의 창시자이다.

라멕의 아들들은 재능을 활용하여 각자의 영역을 발전시켰다. 아들들은 다른 사람들보다 먼저 영역을 개척하고, 발전시켰다. 남들보다 먼저 어떤 분야를 개척한 사람은 역사의 선구자로 남는다. 그 분야를 연구하는 사람들마다 역사적 인물을 선구자를 떠올리게 될 것이다. 라멕의 아들들은 짐승을 가두고 키우는 목축 문명, 음조와 가락을 창작하는 예술 문명, 철로 도구를 만드는 철기 문명 등 각자의 전문 문명 분야를 가졌다. 문명을 발전시킨 사람들의 아버지 라멕은 이른바 문명의 아버지가 된 셈이다.

아들들은 자신들만의 재능을 가졌다. 재능을 갈고 닦으며 경험한 것은 당사자만의 것이다. 그들은 경험을 통해 지식을 얻었을 것이다. 살아가는

데 용이한 이런 지식은 남들이 쉽게 뺏을 수 없다. 돈을 버는 데도 필요하다. 그러나 그것이 하나님과의 관계에서 사용되지는 않는다. 하나님을 위해 사용되지 않으면 그 지식은 단지 사람만의 지식일 뿐이다. 성경에는 세 사람이 하나님을 위해 자기들의 지식을 사용한 흔적이 없다. 오직 그들의 이름과 재능, 하는 일만이 언급될 뿐이다. 성경은 그들에게 의미를 부여하지 않고 단순한 사실만을 말할 뿐이다.

호랑이는 죽어서 가죽을 남기고, 사람은 죽어서 이름을 남긴단다. 사람이 업적을 남기고, 지식 분야를 개척하면 이름을 남길 것이다. 후세 사람들이 그 이름을 기억하며, 그의 업적을 칭송할 것이다. 그러나 영적 지식을 남기는 사람은 많지 않다. 많은 사람들이 세상에 살며 이름을 남기고 지식을 남기지만 영성을 남기기는 쉽지 않다. 영적 지식을 남기려는 사람도 많지 않다. 그만큼 사람들의 시각이 세속적이며, 일 중심적이다. 영적 지식을 쌓고 그것을 남긴 사람은 하나님이 인정하신다. 당대에는 그것 때문에 고난을 겪어도 후대 사람이 칭송하는 것은 물론이요, 하나님이 그를 기억하신다.

아무도 선을 행하지 않아

노아 시대 사람들이 그랬다. 고대의 유명한 사람들과 용사들이 살았으나, 아무리 유명한 사람이라도 후대 사람들이 제대로 이름을 기억해 주는 이는 별로 없다. 왜 그럴까? 지식이 가득하고, 그 지식으로 사람을 이롭게 하였지만 이름이 기억되지 않는다면 무엇인가 문제가 있는 것이 아닐까? 고대에 기록문화가 발달하지 못했기 때문이라고 이유를 대도 설득력이 없다. 왜냐하면 그래도 이름이 남는 사람이 있기 때문이다. 개중에는 하나님이 사람의 이름을 기억하시는 이도 있고, 하나님이 외면하시는 사람도 있었다. 누구일까?

노아 시대에 사람들에게 죄악이 가득하였다. 얼마나 죄가 많은지 사람들의 마음과 생각이 모두 악하였다(창 6:5). 하나님이 이것을 보시고 한탄하셨다. 아무리 유명한 사람, 지식을 가지고 새로운 분야를 개척한 사람이라 할지라도 악한 동기로 사는 사람들이 있기 마련이다. 하나님은 이런 사람들을 기억하고 싶지 않으시다. 하나님의 생각 속에서 지우고 싶으시다. 하나님의 생각은 심판의 계획으로 나타난다. 하나님께서는 사람과 땅 위의 짐승 그리고 공중의 새까지 쓸어버리시려고 계획하셨다. 사람이 악하면 그 때문에 짐승들까지 피해를 본다.

그러나 하나님이 노아를 기억하셨다. 하나님이 노아에게 은혜를 주셨다. 왜 노아가 하나님으로부터 은혜를 입었을까? 왜 하나님이 노아라는 이름을 기억하셨을까? 왜 노아라는 이름이 성경에 분명하게 기록되었을까? 노아에게는 영적 지식이 있었기 때문이다. 즉 노아는 하나님을 알았고 하나님의 마음을 아는 사람이었기 때문이다. 성경은 노아를 당대에 의인이요, 완전한 자라고 평가한다(창 6:9). 노아의 인격이나 성품 그리고 행동이 완전하였을까? 물론 그럴 수도 있다. 그러나 하나님은 노아의 믿음을 보시고 의인이라고 인정하셨다.

사람들이 사는 세상에는 죄악이 가득하다. 선을 행하는 사람을 찾으려고 하지만 찾지 못할 수 있다. 에스겔 시대처럼 기도하는 사람을 찾아도 찾지 못한다(겔 22:30). 영적 지식을 가진 사람이 나타나지 않는다. 바울이 이것을 깨달았다. "기록된 바 의인은 없나니 하나도 없으며"(롬 3:10). 하나님이 선을 행하는 사람을 찾으시지만, 하나도 눈에 띄지 않는 것이다. "다 치우쳐 함께 무익하게 되고 선을 행하는 자는 없나니 하나도 없도다"(롬 3:12). 하나님이 기억하실만한 사람을 찾으려 하는데, 그런 사람이 보이지 않는다면 문제 중에 문제이다.

낙관론과 비관론

하나님도 사람들을 보고 비관하신 적이 있다. 오죽하면 하나님이 사람들을 보고 한탄하셨을까? 오죽하면 피조물들이 탄식하며, 성령님마저도 탄식하실까? 이 정도 되면 사람들도 비관론에 빠져 세상에 희망이 없다고 절망할 수도 있다. 아무리 생각해도 이 세계에 미래가 불투명하고, 캄캄하다며 한숨짓는 사람도 있을 것이다. 불의가 득세하는 것을 보고 실망할 수도 있다. 과연 하나님이 계시다면 그럴 리 없다며 낙심하는 사람들도, 악인의 멸망을 기어코 보고야 말겠다고 하나님께 항변하는 사람들도 있다.

그래도 이런 사람들은 조금 낫다. 개인적인 문제들이 풀리지 않는다고 희망을 접고 사는 비관론자들도 많기 때문이다. 악한 방법으로 자기 뜻을 이루려 하다가 뜻대로 되지 않으면 분노하고 파괴적 행동을 일삼는 이들이 있다. 그러다가 자기 뜻이 이루어지면 희희낙락에 하늘을 찌를 듯이 교만에 사로잡힌다. 그들이야말로 비관론이 생길 수밖에 없는 원인이다. 다른 사람들을 비관하게 만들며 살기 때문이다. 비관론의 원인이 되는 사람들이 비관론에 빠지는 것은 이해할 수 없는 현상이다. 그런데도 이 세상에 그런 것들이 엄연히 존재하고 있으니 그것이 속상할 뿐이다.

어떤 이들은 낙관론을 편다. 그래도 희망이 있지 않느냐는 것이다. 생각을 바꾸면 세상이 다르게 보일 것이니 눈앞에 닥친 현실에 연연하지 말고 좀 더 멀리, 좀 더 깊이 보라고 권면하는 사람들이 있다. 자기 스스로를 위로하며 마음을 잡는 사람들이 절망할 일들이 그리 많아도 희망의 끈을 놓지 않는 사람들이 있다. 그들은 어딘지 모르지만 의인이 있을 것이며, 자기를 돕는 사람이 반드시 나타날 것이라는 희망을 갖고 산다. 자기를 돕는 사람이 있다는 것은 이 세상이 그래도 희망이 있다는 것이다. 희망을 품고 살기를 잘했다고 생각하며 보람을 느낄 것이다.

그렇다 그래도 희망은 있다. 불행을 당한 사람을 외면하지 않고, 돕는 이들이 있다. 대구 지하철 참사에 몸을 아끼지 않고 돕는 이들이 있었다. 이런 사람들을 보면 하나님이 살아 계시다는 막연한 생각을 가질 수 있다. 하지만 진정한 낙관론은 살아 계신 하나님이 세상을 주관하신다는 것을 믿는 믿음이어야 한다. 사람이 행하는 선을 하나님이 갚으실 것이라는 믿음이어야 한다. 그러므로 믿는 사람은 믿음과 선행을 포기하지 않는다. "우리가 선을 행하되 낙심하지 말지니 포기하지 아니하면 때가 이르매 거두리라"(갈 6:9).

시편의 영성

사람의 행함은 인격의 결과이다. 행함을 보면 사람됨을 알 수 있다. 말하는 것을 보고, 말의 내용을 들으면 사람됨의 모양을 알 수 있다. 사람됨의 모양이 어떻게 형성될까? 교육으로, 경험으로, 깊은 생각으로 형성될 수 있다. 그러나 이런 것들은 겉모양일 뿐이다. 속을 만드는 것은 영적 지식이다. 영적 지식을 가지면 사람됨의 열매가 아름답다. 반면에 영적 지식이 없으면 사람됨의 열매가 악하다. "어리석은 자는 그의 마음에 이르기를 하나님이 없다 하도다 그들은 부패하며 가증한 악을 행함이여 선을 행하는 자가 없도다"(1절).

하나님이 영적 지식을 가진 사람을 찾으신다. 하나님은 세상이 올바로 돌아가는 것을 보고 싶으시다. 하나님께서는 영적 지식을 가진 사람에게 세상을 맡겨 보고 싶으시며 당신을 경외하는 사람에게 세상을 위임하고 싶으시다. 하나님은 기도하는 사람에게 당신의 뜻을 알려 주고 싶으시다. 하나님은 겸손히 경청하는 사람에게 당신의 계시를 보여 주고 싶으시다. 그러므로 하나님은 겸손한 사람, 은혜를 받을만한 사람을 찾으신다. "하나님이 하늘에서 인생을 굽어살피사 지각이 있는 자와 하나님을 찾는 자가 있

는가 보려 하신즉"(2절)

그런데 하나님이 찾는 사람이 없다. 하나님이 높은 곳에서 보고 계신데, 이 땅에 그런 사람들이 없다. 온통 악한 사람들, 냄새나는 사람들뿐이다. 그것도 악한 사람들끼리 어울려 살면서 서로 더럽히며 산다. 죄악의 사람들도 협력할 줄 안다. 문제는 그것이 합력하여 선을 이루는 것이 아니다. 하나님 없는 세상은 협력조차 더 큰 악을 행하는 것이 될 뿐이다. "각기 물러가 함께 더러운 자가 되고 선을 행하는 자 없으니 한 사람도 없도다"(3절). 그러나 악한 협력은 오래가지 않는다. 악인은 잠시 연합하여도 곧 분열한다. 악인에게는 영원한 협력이라는 개념이 없기 때문이다.

영적 지식이 없는 사람들은 죄악을 행한다. 악인이 행하는 죄악이란 주의 백성을 괴롭히는 일이다. 악인들이 주의 백성을 억압하고 가둔다. 악인은 하나님이 없다고 생각하니 하나님의 백성을 어리석게 본다. 주의 백성을 무시하고 깔본다. 주는 것 없이 밉다며, 볼 때마다, 만날 때마다 악한 말부터 한다. 하나님이 없다고 생각하니 하나님을 부르지도 않는다. 오직 눈에는 세상의 일, 돈 버는 일, 자기 명예를 드러내는 일만을 보일 뿐이다. "죄악을 행하는 자들은 무지하냐 그들이 떡 먹듯이 내 백성을 먹으면서 하나님을 부르지 아니하는도다"(4절).

영적 지식을 가져라

악인들 때문에 선한 사람들이 피해를 본다. 악인들 때문에 피조물들도 피해를 본다. 악인들 때문에 선한 사람들이 눈물을 흘리며 고통을 당한다. 하나님께 하소연할 수도 있고, 탄원할 수도 있다. 어떤 때는 항의할 수도 있다. 그러나 의인은 여전히 하나님을 경외한다. 하나님이 살아 계심을 스스로 증명하실 것을 믿는다. 하나님이 악인들을 두려워하게 하실 것이다.

하나님이 악인에게 수치를 안겨다 주실 것이고, 하나님이 악인의 진을 깨뜨리실 것이다. "그들이 두려움이 없는 곳에서 크게 두려워하였으니 너를 대항하여 진 친 그들의 뼈를 하나님이 흩으심이라 하나님이 그들을 버리셨으므로 네가 그들에게 수치를 당하게 하였도다"(5절).

의인은 고통의 역사 중에서 영적 지식을 쌓는다. 이 지식은 책상에서 공부한다고 생기지 않는다. 이 지식은 책을 많이 읽는다고 해서 자라는 것이 아니다. 이 지식은 체험으로 생긴다. 이 지식은 하나님의 말씀을 들으며 생긴다. 말씀이 사람에게 의의 체험을 가져다 준다. 공부한 지식은 잊어도 체험의 지식은 사라지지 않는다. 체험의 지식은 영원히 남으며 무의식마저도 지배한다. 무의식 중에라도 하나님을 찾으며, 하나님을 부르며 영적 지식이 확실함을 스스로 증명한다. 영적 지식을 가진 사람은 고통을 이기는 힘을 하나님으로부터 받는다. 하나님이 영적 지식을 가진 사람을 고통에서 해방시키신다.

포로된 이스라엘 백성은 체험으로 영적 지식을 가졌다. 포로 생활은 고난이다. 그러나 이스라엘 백성은 포로 생활 중에서 스스로를 돌이켜 보았다. 고난의 원인이 무엇인지, 고난을 해결하려면 어떻게 해야 하는지 생각하였다. 그것은 곧 하나님과의 관계였다. 하나님과의 어그러진 관계, 영적 지식이 없는 상태, 영적으로 무뎌진 상태를 깨우치시고 돌이키게 하려는 하나님의 계획임을 알았다. 그들이 하나님의 뜻을 깨달은 후에 새로운 역사가 일어났다. 포로에서 해방되고 고향으로 돌아오게 된 것이다. 돌아오며 하나님을 기뻐한다. "시온에서 이스라엘을 구원하여 줄 자 누구인가 하나님이 자기 백성의 포로된 것을 돌이키실 때에 야곱이 즐거워하며 이스라엘이 기뻐하리로다"(6절).

이스라엘이 가진 영적인 지식은 결코 사라지지 않는다. 하나님의 은혜를 체험했기 때문이다. 하나님이 회복시키시는 것을 직접 체험하였기 때문이다. 체험으로 영적 지식은 더 확실해질 것이다. 체험은 곧 지식이다. 체험으로 얻은 지식은 악한 것과 쉽게 타협하지 않는다. 이런 지식은 악한 것에 대하여 양보하지도 않는다. 어찌 보면 쉽지 않은 사람, 만만하지 않은 사람이 된다. 마귀가 만만히 볼 수 없는 사람이라면 얼마나 좋을까? 다만 조심할 것이 있다. 자신이 스스로 만만한 사람이 아니라고 생각하며 교만하지 않기를 바랄 뿐이다. 영적 지식을 가졌다 하지만 가슴이 냉랭한 지식이 되지 않기를 바랄 뿐이다.

시편 54편

우정의 영성과 요나단

권력보다 친구

요나단은 다윗의 용기와 실력 그리고 겸손에 탄복하였다. 다윗이 골리앗을 물리치고 돌아왔다. 이스라엘의 모든 용사들이 다 두려워하던 일을 소년 다윗이 해치웠다. 다윗이 돌아오자 사울이 그의 출신과 아버지가 누구인지를 묻는다. 다윗이 베들레헴의 이새의 아들이라고 대답한다. 요나단은 다윗이 대답하는 순간 다윗을 신뢰하게 되어 갑자기 그가 좋아지게 되었다. 요나단의 마음이 다윗의 마음과 통하였다. 요나단은 다윗을 자기의 생명처럼 사랑하였다. 둘 사이는 우정을 쌓고 결코 변하지 않는다. 어떤 일이 벌어지든지 둘 사이의 우정에 금이 가지 않는다. 참된 우정이란 끝까지 믿어주는 것이다.

요나단은 가만히 있어도 왕권을 이어받을 왕자였다. 왕권을 이어받을 왕자가 자기보다 실력이 뛰어난 사람이 나타났는데, 그를 좋아한다는 것이 인간의 상식으로는 이해하기 어렵다. 왕으로 행세하는 사울이 다윗을 시기했을 정도이니 말이다. 골리앗을 물리치고 돌아오는 다윗을 향하여 여인들이 노래한다. "다윗의 죽인 자는 만만이요, 사울의 죽인자는 천천이로다" 이 노래에 사울의 속이 뒤틀렸다. 사울은 다윗을 왕권을 위협할 존재로 보고 주목하기 시작했다. 사울은 악신의 괴롭힘을 당할 때 곁에서 수금을 타는 다윗을 향해 창을 던졌다. 깜짝 놀란 다윗은 어찌된 영문인지 모르고 사울을 피해 다녔다.

그러나 요나단은 아버지 사울이 다윗을 향하여 잘못하고 있다는 것을 안다. 요나단은 다윗이 아무 잘못이 없이 아버지로부터 핍박을 당하고 있다는 것을 알고 있다. 요나단은 감정보다는 옳은 것을 먼저 생각한다. 아버지와의 혈연관계가 중요하지만 우정을 저버리지 않는다. 요나단은 다윗이 죽음의 위기에 있는 것을 알고 피신시킨다. 다윗에 대한 사울 왕의 노여움이 풀리지 않았다는 것을 알고 다윗으로 하여금 사울 왕을 떠나도록 길을 열어준다. 다윗과 헤어지는 것이 아쉽지만 친구를 잃을 수는 없기 때문이다. 아버지를 배신한다는 것도 알고 있지만 친구를 배신한다는 것은 더 싫은 일이었다.

요나단은 아버지와 친구 사이에서 갈등했을 것이다. 감정적으로는 아버지를 따라야 한다. 이성적으로는 다윗을 도와주어야 한다. 보통 사람 같으면 당연히 아버지의 편에 섰을 것이다. 그러나 요나단은 다윗을 선택하였다. 아버지가 그토록 싫어하는 다윗이지만 요나단은 여전히 다윗을 향한 우정을 포기하지 않는다. 요나단은 알고 있다. 왕권보다 더 중요한 것은 하나님이 함께 하시는 것이다. 이미 하나님이 아버지와는 함께 하시지 않았다. 그러므로 왕권은 자기에게 돌아올 것이 아니다. 왕권은 다윗에게 갈 것이다. 그러므로 다윗이 잘 되어야 한다. 참된 우정은 자신의 감정보다 옳은 일을 선택하는 것이다. 참된 우정은 자신보다 친구가 더 잘되기를 바라고 그렇게 행동하는 것이다.

십 사람

한편 다윗이 도망할 때, 다윗의 행적을 사울에게 고하는 사람들이 있었다. '십' 이라는 동네의 사람들이다. 이 사람들은 번번이 다윗의 행적을 알아서 사울에게 고발한다. 십 사람들이 기브아에 머무는 사울에게 찾아왔다. 다윗이 자기들과 함께 광야에 숨었다고 고자질한다. 다윗이 우리와 함께 광야 남쪽 하길라산 수풀 요새에 숨은 적이 있었다는 것이다(삼상 23:19). 십 사람들은 다윗을 붙잡아 사울 왕에게 바치는 것이 자기들의 의무라는 말까지 덧붙인다. 다윗과 함께 숨었다면 행동을 같이했다는 것이다. 약간의 우정이 있었을 터이나, 권력 앞에서 우정은 온데 간데 없어지고 만다. 우정보다 권력과 눈앞의 유익을 추구하기 때문이다.

다윗을 고자질한다는 것은 다윗을 배신했다는 것이다. 십 사람들은 다윗보다 권력자 사울 앞에 굽신거린다. 다윗은 권력이 없고, 쫓기는 자이다. 반면에 사울은 권력을 가진 자이며, 쫓는 자이다. 눈앞에는 권력을 가진 자가 먼저 보인다. 현실에 치우친 사람은 권력자 앞에서 권력자가 좋아하는 일을 하며 아부한다. 죄 없이 고통 당하는 사람은 안중에도 없다. 오직 권력자가 좋아하는 일을 하여 귀여움을 받고, 무언가 얻어보려는 속셈이다. 한번에 그치지 않는다. 십 사람들이 한번 더 사울에게 똑같이 말한다(삼상 26:1). 한번 말해서 목적을 이루지 못하니 재차 말하여 목적을 이루려는 것이다. 악한 일을 포기하지 않는다. 악한 일이라도 목적만을 이루면 된다.

전에는 십 사람들을 칭찬하며 다윗의 행적을 살피라던 사울이 이번에는 군사 3,000명을 이끌고 다윗을 추적한다. 그러나 사울은 다윗으로부터 창피만 당한다. 다윗이 잠자는 사울을 해칠 기회가 있었지만 여호와의 기름부음 받은 사람을 해칠 수 없다며 오히려 사울을 살려 둔다. 사울은 이것을 알고 크게 후회한다. 다시는 다윗을 추격하지 않겠노라고 다짐한다. 오히려 다윗을 축복하고 돌아간다. 어차피 사울은 다윗을 잡을 수 없다. 왜냐하면 하나님의 축복이 사울에게서 다윗에게로 넘어갔기 때문이다. 하나님이 보호하는 사람을 왕이라도 해칠 수 없다. 왜냐하면 여호와 하나님이 왕을 세우시는 분이기 때문이다. 다윗은 이것을 알고 있었으므로 기름부음 받은 사람을 해치지 않았다.

이로써 십 사람들의 고자질은 수포로 돌아갔다. 사울 왕으로부터 칭찬을 듣고 싶은 데 오히려 사울이 후회하고 있으니 책망을 들을지도 모르는 일이었다. 사울로부터 포상을 받고 싶었는데 형벌이나 받지 않으면 다행일 것이다. 이후로 십 사람들은 자취를 감추었다. 사울 앞에 나타나지 못하였다. 아마 나타났다면 모두 죽임을 당했을지도 모르는 일이다. 악한 일에 동조하는 것, 그것으로 포상을 받으려는 일은 반드시 실패한다. 성공했다 할지라도 나중에 후회할 일이 찾아온다. 오히려 원수만 만들 뿐이다. 당장의 이익을 위해 원수를 만든다는 것이야말로 어리석은 일이 아닌가? 다윗이 십 사람들이 고자질을 하였다는 소리를 듣는다. 그리고 담담한 심정으로 노래를 지어 부른다. 그 노래가 곧 시편 54편이다.

관포지교

우정이라 하면 흔히 관포지교(管鮑之交)를 이상적으로 여긴다. 이 말은 중국 춘추전국시대에 관중(管仲)과 포숙아(鮑叔牙) 두 사람의 우정처럼 서로에 대한 신뢰와 의리가 변하지 않고 두터운 교우관계를 일컫는 말이다. 가난한 관중과 유복한 편인 포숙아는 절친한 친구사이였다. 그리고 포숙아는 관중을 제 몸처럼 돌보아 주었다. 하지만 춘추전국의 어지러운 세상 속에 두 사람은 본의 아니게 정적이 되었다. 관중은 자신의 주인이 패권을 잡으려면 포숙아의 주인을 죽여야 했다. 그러나 이 계획은 실패로 돌아갔다. 결국 포숙아의 주인이 정권을 잡고 제 나라의 환공(桓公)이 되었다.

환공 앞에 관중이 결박당하여 끌려 왔다. 환공은 자신을 살해하려던 관중을 죽이려 한다. 그러나 포숙아가 적극적으로 말린다. “전하께서 제 나라만 다스린다면 신(臣) 하나만으로도 복합니다. 그러나 천하의 패자가 되실 생각이라면 관중을 죽이지 말고 중용해야 합니다." 포숙아는 관중이 자신보다 훨씬 뛰어나다고 환공을 설득하였다. 환공은 포숙아의 진언을 받아들여 관중에게 중임을 맡겼다. 관중은 재상이 되어 '창고가 가득 차야 예절을 안다'는 그의 철학처럼 상업, 수공업의 육성 등 국민경제의 안정에 기반한 부국강병책을 펼쳤으며, 제나라 환공은 그의 도움으로 춘추전국시대의 첫 맹주가 되었다.

포숙아에 대해 관중은 『사기열전』에서 이렇게 말하고 있다. "내가 젊어 가난했을 때 포숙아와 함께 장사를 하면서 언제나 그보다 더 많은 이득을 취했지만 나를 욕심쟁이라고 하지 않았다. 내가 가난하다는 것을 알고 있었기 때문이다. 또 그를 위해 한 사업이 실패하여 그를 궁지에 빠뜨린 일이 있었지만 나를 어리석다고 하지 않았다. 일을 하다보면 실패할 수도 성공할 수도 있다는 걸 알고 있었기 때문이다. 또 몇 번씩 벼슬에 나갔다가 쫓겨났지만 그는 나를 무능하다고 하지 않았다. 내게 아직 운이 안 왔다고 생각한 것이다. 싸움터에서 도망쳤을 때도 나를 겁쟁이라고 하지 않았다. 나에게 늙은 어머니가 계시기 때문이라고 생각한 것이다. 나를 낳아준 이는 부모이지만 나를 진정으로 알아준 사람은 포숙아이다."

포숙아처럼 번번이 관용한다는 일이 쉽지 않다. 관용하는 사람이 손해 본다는 느낌을 가질 수 있다. 그러나 손해를 보아도 사람을 잃을 수는 없다. 사람이 물질보다 더 귀하기 때문이다. 우정에 속아 손해만 보고 산다며 비난하는 사람이 있어도 아랑곳하지 않는다. 용렬함보다는 아량이 더 낫기 때문이다. 우정이란 사람을 알아보고, 얻는 것이며, 끝까지 사람을 귀하게 여기는 것이다. 우정은 한 때 라이벌 관계였어도 능력을 존중하고, 더불어 잘 살기를 바라는 것이다. 한편 관중처럼 자신을 알아준 사람을 인정한다는 것도 쉽지 않다. 사람들 중에는 여전히 상대방의 마음을 오해하고 여전히 속이려 드는 사람이 있기 때문이다.

다윗은 자신 주변에 의로운 사람과 불의한 사람이 동시에 존재하고 있다는 것을 알았다. 의로운 요나단을 통해서 피신할 수 있었지만, 불의를 일삼는 십 사람들 때문에 피난길이 드러났다. 생각 같아서는 십 사람들을 공격하고 싶다. 그러나 다윗은 먼저 하나님 앞에 아뢴다. "하나님이여 내 기도를 들으시며 내 입의 말에 귀를 기울이소서"(2절). 인간관계조차도 하나님의 뜻대로 해야 하기 때문이다. 자신을 체포하려는 사울이나, 고자질하는 십 사람들이 있지만 하나님이 다윗을 보호해 주셔야 한다. 인간관계를 판단하시는 분은 하나님이시다. "하나님이여 주의 이름으로 나를 구원하시고 주의 힘으로 나를 변호하소서"(1절).

사울이 다윗을 체포하려고 수색조를 편성하여 찾아다니고, 십 사람들이 적극적으로 앞장서고 있다. 잡히기만 하면 다윗은 죽은 목숨이다. 목숨을 부지하려고 도망을 다니는 모습이 스스로 생각하기에도 비참할 것이다. 그러나 다윗은 하나님을 찾는다. 생명을 지키는 분이 하나님이시기 때문이다. 다윗은 자기 생명을 해치려는 사람들이 하나님을 모르고 산다는 것을 안다. 본시 하나님을 모르고 사는 사람들이 인간관계에서도 포악하기 그지없다. 사울이나 십 사람들이나 하나님을 외면하고 사는 사람들이다. "낯선 자들이 일어나 나를 치고 포악한 자들이 나의 생명을 수색하며 하나님을 자기 앞에 두지 아니하였음이니이다(셀라)"(3절).

사람들이 자기 생명을 해치려 하지만 뜻대로 되지 않을 것이다. 왜냐하면 생명을 주관하시는 분은 하나님이시기 때문이다. 다윗은 하나님이 자기를 도우시는 것을 믿는다. 하나님이 자기 생명을 지키실 것도 믿는다. "하나님은 나를 돕는 이시며 주께서는 내 생명을 붙들어 주시는 이시니이다"(4절). 오히려 하나님은 다윗의 생명을 빼앗으려는 사람들에게 벌을 주실 것이다. 하나님이 불의한 사람을 판단하신다. 불의한 사람들은 하나님의 책망을 받고, 멸망을 당할 것이다. 이로써 하나님의 신실하심이 증명된다. "주께서는 내 원수에게 악으로 갚으시리니 주의 성실하심으로 그들을 멸하소서"(5절).

다윗은 자신이 할 수 없는 일이 있음을 안다. 그것은 사람을 심판하고 자기의 원수들을 처단하는 일이다. 이 일은 오직 하나님께서 하셔야 한다. 악한 사람은 원수를 맺고, 원수 갚는 일을 거리낌없이 한다. 그러나 다윗은 그 일이 하나님의 소관임을 믿는다. 하나님이 원수를 갚아주시면 다윗은 평안을 얻고 환난에서 벗어나는 것이다. "참으로 주께서는 모든 환난에서 나를 건지시고 내 원수가 보응 받는 것을 내 눈이 똑똑히 보게 하셨나이다"(7절). 다윗은 하나님의 살아 계심, 바르게 판단하시고, 심판하심을 본다. 주의 선하심을 깨닫는다. 그는 감사의 제사를 드릴 수밖에 없다. "내가 낙헌제로 주께 제사하리이다 여호와여 주의 이름에 감사하오리니 주의 이름이 선하심이니이다"(6절).

받은 대로 돌아간다

다윗은 그가 받은 사랑과 고난을 기억하고 있다. 다윗은 요나단으로부터 사랑을 받았다. 목숨보다 더 귀한 사랑, 피보다 더 진한 사랑, 권력보다 더 강한 사랑을 받았다. 요나단은 우정이라는 이름의 사랑을 다윗에게 주었다. 다윗은 요나단의 우정을 잊지 않는다. 요나단이 죽자 다윗이 금식하며 슬퍼한다(삼하 1:12). 그리고 슬픔의 노래를 짓는다. 요나단의 죽음을 애통해하는 것뿐만 아니라 자기를 죽이려던 사울의 죽음까지 함께 애통한다. 그 노래가 야살의 책에 기록되었다(삼하 1:18). 다윗이 요나단 때문에 슬픔의 노래를 짓는 것은 상식적으로 당연하다. 그러나 사울의 죽음까지 슬퍼하는 것은 그만큼 다윗의 인품이 선하다는 것을 증명한다.

다윗이 헤브론에서 왕이 되었다. 왕권이 안정되었다. 다윗이 사울의 집안 집안식구들 중 남은 사람을 찾는다. 은혜를 베풀고 싶어서였다. 비록 사울은 자기를 해치려 하였으나, 요나단을 생각해서 사울 가문의 남은 사람에게 은혜를 베풀고 싶었다. 요나단의 아들 므비보셋이 다윗 앞에 왔다. 므비보셋은 절름발이이다. 사울과 요나단이 죽던 날 유모가 므비보셋을 안고 도망하다가 떨어뜨렸다. 그 이후로 므비보셋이 절름발이가 되었다. 다윗 앞에 온 므비보셋이 두려워 떤다. 그러나 다윗은 므비보셋을 안심시킨다. 사울의 집안 재산을 다 찾아서 므비보셋에게 주었다. 므비보셋에게 왕이 먹는 상에서 함께 음식을 먹도록 하였다.

요나단이 베푼 선행과 우정이 아들에게 돌아왔다. 죽은 사람이 베푼 사랑이 살아있는 자녀에게 갚아졌다. 살아서 되받을 수 없었던 우정을 죽은 이후에 받은 것이다. 사실 다윗은 사울의 자녀를 찾았다. 사울의 자녀가 고통 중에 있다면 그것은 왕의 체면을 손상시키는 것이었다. 사울 가문도 한때는 왕의 가문이었다. 사울 가문에 은혜를 베푸는 것은 당연했다. 자비와 아량을 베풀어서 좋고, 왕의 가문을 편하게 하여서 좋다. 백성이 다윗의 아량을 칭찬할 것이다. 물론 다윗은 칭찬을 받으려고 한 일이 아니었다. 그는 다만 은혜 베푸는 것을 좋아했기 때문이다. 살아있는 사람이 당연히 할 일을 했을 뿐이었다.

그런데 다윗은 요나단의 아들을 찾게 되었다. 요나단의 아들 므비보셋은 사울 가문의 유일한 혈육이었다. 다윗은 므비보셋에게 은혜를 베풀었다. 므비보셋을 높여주고, 살아갈 토지와 종자를 붙여 주었다. 다윗은 요나단으로부터 받은 우정을 갚게 되었다. 친구의 자녀를 돌보는 것이 당연하다. 받은 사랑을 돌려주는 것도 당연하다. 그러나 다윗의 이면에는 하나님이 계시다. 하나님이 다윗의 마음을 감동시키셨다. 사울의 가문에 은혜를 베풀도록 생각나게 하셨다. 하나님이 다윗으로 하여금 우정을 기억하게 하시고, 받은 사랑을 갚게 하신다. 하나님이 원수는 직접 갚으시고, 우정과 사랑은 사람을 통해 갚도록 하셨다. 하나님에 의해 사랑과 우정으로 쓰임을 받는다면 그 자체가 영광이 아니겠는가?

시편 55편
신의의 영성과 요압

욕망과 충성 사이

요압은 다윗의 부하이며, 용맹한 장수이다. 그는 다윗의 이복 자매 스루야의 아들이므로 다윗에게는 조카뻘이 된다. 요압은 다윗에게 목숨을 바쳐 충성을 다하였다. 그는 군대장관으로서 출전한 전쟁은 모두 승리로 이끌었다. 요압의 용맹과 기지 덕에 다윗의 왕권이 견고히 섰다. 요압은 다윗이 하라면 무엇이든지 할 수 있었다. 그것이 불의한 일이라도 상관하지 않았다. 우리야를 최전선에 내보내서 죽이라고 하자 그렇게 하였다. 이 정도 되면 다윗은 요압을 가장 믿을만한 장수라고 인정할 것이다. 그러나 다윗은 요압을 전폭적으로 신뢰하지 못하였다. 왜냐하면 요압이 자기 마음대로 행하며 다윗의 명령을 어긴 적이 여러 차례 있었기 때문이다.

다윗이 사울 왕가의 군대장관 아브넬을 만나서 항복을 이끌어 냈다. 다윗은 요압이 탈취한 물건을 아브넬에게 선물로 주며 평안히 돌아가도록 배려하였다. 그런데 이 사실을 요압이 들었다. 요압은 다윗에게 가서 항의한다. 아브넬이 속임수를 쓰는데 다윗이 속고 있다는 것이다. 그리고 요압은 아브넬에게 뒤따라가서 조용히 말하려는 체 하며 아브넬을 죽이고 말았다. 이전에 아브넬은 전쟁 중에 요압의 동생 아사헬을 죽인 적이 있었다. 명목상으로 요압은 동생 아사헬의 원수를 갚기 위해 아브넬을 죽였다.

그러나 내심 아브넬을 견제하는 것이었다. 다윗이 아브넬을 군대장관으로 삼을지 모른다는 생각이 들었고, 자신이 군대장관이 되려면 아브넬을 제거해야 했다.

다윗은 이 소식을 듣고 아브넬의 죽음에 대하여 자기와 무관하다고 말한다. 그리고 요압의 집에 영원토록 저주가 있을 것이라고 한다(삼하 3:28~29). 그리고 다윗은 아브넬을 조문하며 그의 죽음을 안타까워한다. 다윗은 자기 힘이 약하여서 요압과 그의 형제들을 제어할 수 없지만 하나님께서 악행한 사람들을 악한대로 갚으실 것이라고 말한다(삼하 3:39). 요압은 다윗의 충성스런 장수였으나, 다윗을 위한 충성이나 백성을 위한 충성이 아니었다. 그의 충성은 자기 자신을 위한 것이었다. 그러므로 언제든지 다윗의 명령을 거절할 태세를 갖추고 살았다. 다윗은 가장 신뢰하는 장수 요압으로부터 신의를 발견할 수 없었다. 이것이 다윗의 마음에 상처가 되었다.

이후로도 요압은 다윗의 마음을 몇 차례 아프게 한다. 압살롬의 죽음으로 슬퍼할 때 다윗의 슬픔을 못마땅하게 여기기도 하였다. 다윗이 요압 대신 아마샤를 군대장관으로 임명하였다. 그러나 요압은 세바의 반란 진압에 참여한 아마샤를 죽이고 자기가 군대를 이끌었다. 이를테면 상관살해를 저지른 것이다. 그후 다윗이 인구 조사 명령을 내릴 때도 요압이 다윗을 말린다. 물론 이 때는 옳은 소리를 한 것이다. 다윗이 나이 많을 때에는 요압이 아도니야의 모반에 참가하였다가 솔로몬이 왕으로 즉위하였다는 소식을 듣고 아도니야를 버렸다. 다윗은 임종 때 솔로몬에게 아브넬과 아마샤에게 행한 요압의 죄를 물으라고 유언하였다. 요압은 성전으로 피하지만 브나야에 의해 죽는다(왕상 2:34).

신의를 보이는 친구

어린 시절 초등학교 교과서에 실린 이런 이야기를 기억하는가? 어떤 사람이 왕에게 미움을 받아 사형 선고를 받았다. 이 친구는 마지막으로 한 번만 어머니를 뵙고 오게 해 달라고 왕에게 간청한다. 왕은 다시 돌아올 것을 어떻게 믿겠느냐고 반문한다. 죄인은 자기 친구가 대신 붙잡혀 있을 것이라고 대답한다. 왕은 만약 돌아오지 못하면 친구가 대신 죽을 것이라는 약속을 받고는 죄인을 잠시 풀어주었다. 약속한 시간이 되어도 죄인이 돌아오지 않는다. 왕이 사형집행을 명하였다. 막 집행되려는 순간 친구가 도착하였다. 오는 길에 홍수를 만나서 지체되었다고 말하며 원래대로 친구를 풀어주고 자기를 죽이라고 말한다. 왕은 두 사람의 우정과 신의에 감동하여 두 사람 모두 풀어주고 상을 내렸다.

이런 이야기도 있다. 어떤 아들이 친구를 너무 좋아한다. 아버지는 아들에게 신의를 가진 친구가 몇 명인지를 묻는다. 아들은 수없이 많다고 자랑한다. 아버지가 아들을 시험한다. 실수로 사람을 죽였는데, 시신을 매장할 테니 도와달라고 부탁하며 친구들을 시험해보라고 한다. 아들이 거적대기 하나를 메고 친구들을 찾는다. 그런데 수많은 친구들이 하나같이 거절한다. 이번에는 아버지가 단 한 명의 친구를 찾는다. 아버지의 친구는 아버지를 위로하며 매장을 도와주겠다고 한다. 아들의 친구는 많아도 신의를 가진 친구가 없었다. 반면에 아버지의 친구는 단 한 명이라도 신의를 가진 친구였다. 누가 과연 진짜 친구를 가진 사람인가? 어려울 때 도와주는 친구를 가진 사람이 아니겠는가?

친구 사이에는 신의를 가져야 한다. 신의란 서로를 믿는 마음이다. 서로를 믿어주는 마음이다. 만약 신의가 없다면 친구지만 진정한 친구는 되지 못한다. 신의는 고난 당할 때 알아볼 수 있다. 어려울 때 와서 도와주는 친구가 진짜 신의를 가진 친구이다. 신의는 잘 될 때도 알아본다. 친구가 잘

되었을 때, 내가 진정으로 기뻐하며 축하할 수 있다면 나는 신의를 가진 사람이다. 내가 잘 되었을 때 친구가 진정으로 축하하며 기뻐한다면 친구 역시 신의를 가진 사람이다. 그러나 신의는 신용보다 더 차원이 높다. 신용은 거래 관계에서 약속을 분명히 지키면 생긴다. 신용은 거래하며 물질을 정확히 주고받는 데서 생긴다. 그러나 신의는 마음을 주고받는 데서 생겨난다.

젊은이들에게는 친구보다 좋은 관계가 없다. 부모님이나 선생님에게 털어놓지 못하는 고민도 친구에게는 털어놓을 수 있다. 친구는 잘못한 것을 꾸짖어도 서운하지 않다. 그만큼 사랑하고 신의를 가졌다는 것을 믿기 때문이다. 부모나 선생님의 꾸지람은 노여워도 친구의 꾸짖음에는 노여워하지 않을 수 있다. 친구 사이에 신의가 있기 때문이다. 그런데 이 사회에 신의가 사라지고 있다. 수십 년 동안의 동료관계가 어느 날 대적이 된다. 수십 년 동안 돕고, 도움을 받으며 살다가 어느 날 자기를 위해 친구를 수치심으로 내 몰아야 하는 일들이 벌어진다. 가난할 때는 신의가 있었으나 부자가 된 이후에 신의가 벌어진다. 힘이 약할 때는 서로 도왔으나 권력을 잡고부터 멀어진다.

친구로 인한 상처

친구 중에는 고난과 영화를 놓고 함께 할 수 있는 친구와 함께 할 수 없는 친구로 나눌 수 있다. 고난만을 함께 하고 영화는 함께 할 수 없는 친구가 있다. 고난은 함께 하지 못하지만 영화는 함께 할 수 있는 친구가 있다. 고난과 영화를 모두 함께 할 수 없는 친구도 있다. 이런 사람은 친구라고 말하지 않는 편이 옳다. 반면에 고난과 영화를 모두 함께 할 수 있는 친구가 있다. 이런 사람이 진짜 친구이다. 당신에게는 어떤 친구가 있는가? 당신은 스스로 어떤 친구가 되고 싶은가?

다윗은 요압을 친구처럼 생각했을지도 모른다. 왜냐하면 요압은 다윗과 고난을 함께 한 사람이기 때문이다. 고난을 함께 한 사람은 신의를 맺은 사람이다. 고난을 함께 하였으니 부귀와 영화도 함께 할 수 있다. 그러나 고난을 함께 하여 신의를 맺었다 할지라도 진정한 신의를 가지지 못하였다면 부귀와 영화를 함께 누릴 수 없다. 요압은 자신의 영화를 생각하다가 다윗과의 신의를 버렸다. 요압은 자신의 욕망을 달성하려다가 다윗과의 신의를 깨뜨렸다. 그 결과가 무엇인가? 요압이 가진 영화가 물거품이 되었다.

다윗은 친구로 인하여 속이 상하였다. 자신을 도와주어야 할 친구가 오히려 자신을 대적하고 있다. 다윗이 친구로부터 압제를 당하고 있다. 좋은 친구를 많이 알고 있으면 인생을 사는 데 도움이 많이 될 것이다. 그러나 높아지려면 높아질수록 친구가 원수로 변할 가능성이 있다. 누구에게나 고난은 함께 하여도 영화는 함께 하지 못하는 친구가 있기 때문이다. 지도자일수록 친구로 인하여 더 많은 고통을 당할지도 모른다. 이런 고통이 통과의례로 받아들여도 그것이 마음을 아프게 하는 것은 어쩔 수 없다.

다윗은 이 사실을 하나님께 아뢴다. 친구가 자기를 알아주지 못하지만 하나님은 알아주실 것이다. 친구가 자기를 위로하지 못해도 하나님이 위로하실 것이다. 친구는 자기를 배반하여도 하나님은 결코 배반하시지 않는다. 친구는 마음을 몰라주거나 오해하여도, 하나님은 마음을 알아주신다. 친구는 내 말에 귀를 닫아도 하나님은 내 말에 귀를 기울이신다. 어찌 보면 하나님이 진짜 친구이시다. 하나님만이 신의를 가진 진정한 친구이시다. 그러므로 하나님 앞에는 무엇이든지 거리낌 없이 아뢸 수 있다.

다윗은 편하지 못한 마음으로 하나님을 찾아 탄식한다. "내게 굽히사 응답하소서 내가 근심으로 편하지 못하여 탄식하오니"(2절). 다윗은 편하지 못한 마음에 마치 죽을 것만 같은 지경에 이르렀다. "내 마음이 내 속에서 심히 아파하며 사망의 위험이 내게 이르렀도다"(4절). 다윗은 두렵고 떨림에 휘둘려 있다. "두려움과 떨림이 내게 이르고 공포가 나를 덮었도다"(5절). 왜 다윗이 이처럼 편하지 못할까? 그것은 친구가 원수로 돌변하였기 때문이다. "이는 원수의 소리와 악인의 압제 때문이라 그들이 죄악을 내게 더하며 노하여 나를 핍박하나이다"(3절). 그러니 하나님 앞에 기도를 들어달라고 간구 할 수밖에 없다. "하나님이여 내 기도에 귀를 기울이시고 내가 간구할 때에 숨지 마소서"(1절).

다윗은 배신당하는 세상, 신의가 없는 세상에서 피하고만 싶었다. "나는 말하기를 만일 내게 비둘기 같이 날개가 있다면 날아가서 편히 쉬리로다 내가 멀리 날아가서 광야에 머무르리로다(셀라) 내가 나의 피난처로 속히 가서 폭풍과 광풍을 피하리라 하였도다"(6~8절). 악한 일은 눈으로 안 보는 편이 편하다. 원수를 만나서 다투는 것보다 오히려 피하는 편이 더 이롭다. "나를 책망하는 자는 원수가 아니라 원수일진대 내가 참았으리라 나를 대하여 자기를 높이는 자는 나를 미워하는 자가 아니라 미워하는 자일진대 내가 그를 피하여 숨었으리라"(12절). 보면 볼수록 한숨만 나오고, 미워질 뿐이다. 하나님께 악인들을 멸망시켜 달라고 간구하게 될 뿐이다. "주여 그들을 멸하소서 그들의 혀를 잘라 버리소서"(9절b).

원수들이 행동하는 모습을 보자. 그들은 밤낮으로 악을 행한다. 성안에 죄악을 가득하게 만든다. "그들이 주야로 성벽 위에 두루 다니니 성 중에는 죄악과 재난이 있으며"(10절). 시인의 눈에는 성안에 다툼과 포악함만이 보인다. "악독이 그 중에 있고"(11절a). 악함이 성안에 고착되어 있다. 사람들 사이에 악함이 떠나지 않는다. 사람들의 생각과 가치관이 악할 뿐이다. 거리마다 악함이 가득하고, 악한 이름이 거리에 붙어 있다. 거리를 지나는 사람마다 악을 행하려고 혈안이 되 있는 것처럼 보인다. "악독이 그 중에 있고 압박과 속임수가 그 거리를 떠나지 아니하도다"(11절). 이 정도로 끝나지 않는다. 더 실망할 일이 시인을 기다리고 있다.

원수들의 실체가 드러났다. 처음에는 원수들이 이방 사람인줄 알았다. 그런데 그 원수들이란 다름 아닌 가장 가까운 친구들이었다. 믿었던 친구가 원수로 돌변하였다. "그는 곧 너로다 나의 동료, 나의 친구요 나의 가까운 친우로다"(13절). 시인은 친구와 재미있는 시간을 지냈었다. 서로 미래를 놓고 토의하며, 공동체를 잘 이끌어보자고 다짐하였다. 하나님의 집을 거닐며 신앙에 성공해 보자고 굳게 약속하였다. "우리가 같이 재미있게 의논하며 무리와 함께 하여 하나님의 집 안에서 다녔도다"(14절). 그런 친구가 신의를 저버렸다. 약속을 헌신짝처럼 내버렸고, 굳은 맹세는 찾을 수도 없다. 열정으로 가득하였던 신앙도 찾을 수 없게 되었다. 시인의 마음이 답답하여 견딜 수 없다.

하나님만이 아신다

누구에게 가서 하소연을 할까? 사람은 모두 배신하고, 신의를 저버리니 하소연할 대상이 없다. 오직 하나님께만 하소연할 따름이다. 처음에는 하소연이지만 나중에는 부르짖음으로 바뀐다. 그래도 하나님만은 부르짖음을 들으시고 구원하실 것이다. "나는 하나님께 부르짖으리니 여호와께서 나를 구원하시리로다"(16절). 하소연이 심해지면 탄식이 나온다. 친구의 배신에 상처를 입고, 하루 종일 근심하여 탄식한다. 이 소리 역시 하나님이 들으실 것이다. "저녁과 아침과 정오에 내가 근심하여 탄식하리니 여호와께서 내 소리를 들으시리로다"(17절). "옛부터 계시는 하나님이 들으시고 그들을 낮추시리이다(셀라) 그들은 변하지 아니하며"(19절a).

하나님이 시인의 소리에 귀를 기울이신다. 그리고 응답하신다. 하나님이 두 가지 방향으로 응답하실 것이다. 한 가지 방향은 신의를 저버린 악인을 멸하시는 것이다. 하나님이 악인의 죄를 반드시 갚으실 것이다. 그 죄에 대가는 죽음이며 영원한 멸망이다. 악인이 회개하지 않는 한 반드시 멸망을 당할 것이다. "사망이 갑자기 그들에게 임하여 산 채로 스올에 내려갈지어다 이는 악독이 그들의 거처에 있고 그들 가운데에 있음이로다"(15절). 또 한 가지 방향은 하나님이 시인에게 평안을 주시는 것이다. 하나님이 시인의 편을 들어 주신다. "나를 대적하는 자 많더니 나를 치는 전쟁에서 그가 내 생명을 구원하사 평안하게 하셨도다"(18절).

신의를 저버리는 사람은 가까이 할수록 손해이다. 그에게는 가까이 가면 갈수록 다치는 경우가 더 많다. 신의를 저버리는 사람은 약속을 어기는 것도 아무렇지도 않다. "그는 손을 들어 자기와 화목한 자를 치고 그의 언약을 배반하였도다"(20절). 신의를 저버리는 사람은 이중적인 행동을 보인다. 부드러운 말을 하지만 실상은 말속에 칼을 품고 있다. 평화를 말하지만 마음 속으로는 전쟁을 생각하고 있다. 달콤한 말을 하지만 실상은 그 속에 비수가 숨겨져 있다. "그의 입은 우유 기름보다 미끄러우나 그의 마음은 전쟁이요 그의 말은 기름보다 유하나 실상은 뽑힌 칼이로다"(21절). 이런 사람을 믿었다가는 낭패를 보기 십상이다.

하나님은 사람의 마음을 아신다. 신의를 아는 사람과 신의를 저버리는 사람의 마음을 알고 계신다. 하나님이 아시고 그대로 갚아주실 것이다. "하나님을 경외하지 아니함이니이다"(19절b). 악인이 심판을 받는 것을 보며 시인은 하나님이 살아 계심을 믿고, 의지할 것이다. "하나님이여 주께서 그들로 파멸의 웅덩이에 빠지게 하시리이다 피를 흘리게 하며 속이는 자들은 그들의 날의 반도 살지 못할 것이나 나는 주를 의지하리이다"(23절). 그러므로 시인은 고통을 하나님께 맡긴다. 오직 하나님만 바라보고 살겠노라고 결단하며, 그 결심이 흔들리지 않는다. "네 짐을 여호와께 맡기라 그가 너를 붙드시고 의인의 요동함을 영원히 허락하지 아니하시리로다"(22절).

시편 56편

의지의 영성과 아사

여호와를 의지하는 신앙

아사는 르호보암의 손자로서 남왕국 유다의 6대 왕이다. 아사는 하나님이 보시기에 선과 정의를 행하였다. 이방 제단과 우상들을 없애고, 유다 사람들로 하여금 하나님만을 섬기게 하였다. 어머니가 우상을 섬기자 어머니의 태후의 위(位)를 폐하기까지 하였다. 그의 시대에 하나님께서 전쟁을 없애 주셨고, 나라는 10년 동안 평안했다. 평안한 시대에는 각종 건축 공사가 활발하게 일어난다. 아사는 하나님께서 평안을 누리게 하시는 것을 믿고 유다 안에 여러 성읍들은 건축하였다. 성의 건축이 형통하였다. 아사의 군대는 강하였다. 잘 훈련된 58만 명의 군사들이 있었고, 모두 용사들이었다.

이 정도 되면 아사도 교만할 만하다. 그런데 그가 하나님을 의지(依支)한다. 구스 사람 세라가 백만 대군을 이끌고 유다를 침략한다. 아사가 군대를 이끌고 대항한다. 그러나 아사는 먼저 하나님 앞에 부르짖어 기도한다. 하나님께 도움을 구하며 하나님만을 의지한다고 아뢴다. 아사가 전쟁에 나선 것은 오직 주의 이름을 의지하기 때문이다. 만약 아사가 진다면 주님이 지는 것이다. 사람이 주를 이길 수 없다. 그러므로 유다의 군대가 반드시 이겨야 한다. 하나님이 아사의 부르짖음을 들으셨다. 하나님이 구스 사람들을 패하여 도망하게 하셨다. 구스 군대는 엎드려져서 남은 사람이 없었고,

유다 군대는 엄청난 노략물을 거두어 들였다.

선지자 아사랴가 믿음에 충만하여 아사 왕을 향하여 예언한다. 만약 백성과 왕이 하나님을 찾으면 하나님이 만나주실 것이다. 만약 왕과 백성이 하나님을 버리면 하나님도 왕과 백성을 버리실 것이다. 하나님이 유다 왕과 백성을 만나주시면 열국이 서로 전쟁하며 요란하게 될 것이다. 이것은 유다를 안정시키기 위한 하나님의 방법이다. 이는 하나님이 신실한 유다를 향하여 상급을 주시는 일이다. 아사는 이 예언을 듣고 전리품들을 가지고 여호와의 전을 수리한다. 우상을 제하고 일평생 온전히 하나님만 섬긴다. 35년 동안 나라가 평안했다.

그런데 아사가 방심하였다. 36년째 되던 해에 북왕국 이스라엘의 왕 바아사가 남왕국을 침략하였다. 아사는 여호와의 전 보물창고에 있는 각종 보물들을 가져다가 다메섹 왕 벤하닷에게 보내며 동맹을 제안한다. 즉시 벤하닷이 지원군을 보내고, 바아사가 물러갔다. 아사는 바아사가 남겨둔 것들로 다른 성을 건축한다. 이 일이 선지자 하나니에 의해 책망을 당한다. 왕이 하나님을 의지하지 않고 아람 왕을 의지하였으니, 이것이 망령된 일이므로 앞으로 전쟁이 계속될 것이라 예언한다. 그런데 아사는 회개하지 않고 하나니를 가두고 백성을 학대한다. 이후 아사가 큰 병이 들었으나 하나님을 의지하지 않았고 의원들에게 의지하였다. 결국 아사는 즉위 41년 만에 세상을 떠난다(대하 16:13).

신앙과 흥망성쇠

이스라엘과 유다 왕들의 일생과 신앙에는 네 가지 유형이 있다. 첫째는, 처음부터 끝까지 하나님 앞에 바른 사람이다. 다윗 왕이나, 히스기야 왕이 이런 유형에 속한다. 둘째는, 처음에는 잘 하다가 나중에 잘못하는 유형이다. 이런 유형에 속한 사람이 무척 많다. 아사가 이런 식이다. 솔로몬도 이런 유형에 든다. 요아스 왕과 웃시야 왕도 그랬다. 셋째는, 처음에는 잘못하다가 나중에 잘하는 유형이다. 이런 유형은 드물다. 히스기야의 아들 므낫세가 그런 유형에 속한다. 넷째는, 처음부터 끝까지 잘못하는 유형이다. 오므리나 아합과 같은 사람들이다. 아하스 왕도 그랬다.

이상한 것은 사람들이 처음과 나중이 다르다는 것이다. 세월이 가면 시대가 바뀌니 그에 따른 생각이 바뀌는 것이야 당연하겠지만 그렇다고 신앙의 원칙이 바뀔 수는 없는 노릇이다. 처음에는 순수한 마음을 가지다가도 나중에는 오염된다. 어려울 때는 하나님을 찾으며 의지하지만, 평안할 때는 하나님을 배반한다. 하나님을 잊고 살다가 다시 어려울 때는 오히려 하나님 대신 다른 것을 찾는다. 하나님을 의지하지 않고 눈에 보이는 힘과 권력 그리고 군대를 의지한다. 그것이 잘못된 것인 줄 알면서도 행한다. 곁에서 바른 말을 하는 사람이라도 있으면 미워하고 감옥에 가두기까지 한다.

남왕국 유다의 역사는 단순하게 분류할 수 있다. 왕이 하나님을 의지하고 하나님 앞에 정직하게 행하면 백성도 따라서 정직한 믿음을 가진다. 그리고 하나님으로부터 복을 받아 나라와 백성이 평안하다. 반대로 왕이 하나님 앞에 정직하게 행하지 못하며 우상을 숭배하면 백성도 따라서 타락한다. 하나님은 이런 나라 안에 혼란과 전쟁을 주신다. 그러니까 나라의 평안은 왕의 신앙에 따라 좌우된다. 이러한 경향은 신명기의 말씀이 그대로 이루어지는 것이다. 그래서 열왕기상 · 하서를 신명기 역사서라고 부른다. 신명기적 사고방식으로 역사를 조명하는 것이다.

하지만 역사 속에는 하나님으로부터 복과 칭찬을 받는 왕보다 벌과 책망을 받는 왕이 더 많다. 치욕의 역사, 부끄러운 역사가 자랑스러운 역사보다 더 많다. 역사의 페이지 속에는 치욕과 부끄러움으로 점철되어 있다. 하나님을 의지하는 시대보다는 사람을 의지하는 시대가 더 많다. 하나님을 의지하는 왕보다는 사람을 의지하는 왕이 훨씬 더 많다. 그럼에도 불구하고 여전히 나라가 유지되고 있다면 그것이야말로 하나님의 은혜가 아닐까? 혹은 하나님을 의지하는 소수의 사람이 받는 은혜가 하나님을 의지하지 않는 다수를 지탱하고 보존하는 힘이 되지는 않을까? 만약 그렇다면 하나님을 의지하는 사람이 사라질 때는 어떻게 될까?

다윗의 신앙

다윗은 고난 중에 범죄하지 않았다. 다윗은 자신을 죽이려는 사울을 해치지 않았다. 하나님이 사울을 세우셨다고 믿었기 때문이다. 블레셋 왕에게 몸을 의탁할 때도 동족의 안위를 생각하여 미친 척 하며 자신을 더 낮추었다. 압살롬의 반란을 피해 도망할 때도 하나님을 원망하지 않았다. 압살롬을 미워하지도 않았다. 오히려 압살롬을 선하게 대하라고 부하 장수들에게 당부할 정도였다. 저주하는 시므이를 향해 나무라지도 않았다. 부하 장수들이 시므이를 벌하려 해도 말리기만 할 뿐이었다. 다윗은 고난 중에서 아무도 원망하지 않았다. 고난을 받을 때 입술로 범죄하지 않는다는 것이 쉽지 않다.

다윗은 다른 사람이 나쁜 짓을 한다고 해서 똑같이 행동하지 않았다. 그는 자신을 미워하는 사람을 쉽사리 미워하지 않았다. 자신을 저주하는 사람에게도 똑같이 저주하지 않았다. 다윗은 요압이 자신의 명령을 거역하여도 바로 대응하지 않았다. 오히려 그럴 때일수록 하나님을 찾았다. 고난을 받으면 받을수록 더 하나님을 의지하였다. 고난을 당할수록 더 하나님을 의지하겠다고 하나님께 아뢴다. 입으로 말하는 것은 생각과 마음이 결정되었기 때문이다. 생각과 마음이 결정되면 행동도 따라 온다. 다윗은 생각과 마음, 그리고 말과 행동에서 전적으로 하나님을 의지하였다.

다윗은 평안한 중에 잠시 범죄하였다. 우리야의 아내를 범했고, 우리야를 전쟁터에서 죽게 하였다. 말년에는 인구조사를 하였다. 둘 다 하나님이 싫어하시는 일이었다. 다윗이 잠시 하나님이 아닌 자신의 힘을 의지할 때, 이런 실수와 허물이 발생한다. 중요한 것은 다윗이 이 일에 관하여 하나님께 뉘우쳤다는 것이다. 선지자 나단의 책망에 자신의 허물을 드러내 놓고 회개하였다. 회개의 눈물이 침상을 적실 정도였다. 선견자 갓의 책망 앞에서도 회개하였다. 다윗의 겸손이 보여졌다. 이는 하나님을 의지하는 믿음으로 돌아왔다는 것이다. 잠시 침체기가 있었어도 하나님을 의지하는 믿음은 변함이 없다.

겸손한 사람은 하나님을 의지할 줄 안다. 겸손한 사람은 고난을 받을 때 하나님을 더 의지한다. 사람들로부터 외면을 받고 질시와 비난을 받을 때 하나님을 더 찾는다. 왜냐하면 하나님이 자기의 진실을 알아주시는 분이라고 믿기 때문이다. 자신의 죄가 드러나면 하나님을 의지하는 모습이 더 역력히 보인다. 자신의 죄를 책망하는 사람을 미워하거나 앙갚음하지 않는다. 이것이 겸손의 모습이요, 하나님을 의지하는 신앙의 모습이다. 다윗이 그런 사람이었다. 다윗은 처음부터 끝까지 하나님을 의지하였고, 하나님 앞에 겸손하였다. 아사와도 다르고, 요아스와도 다르다. 다윗이 존경받는 것은 이런 이유에서이다.

시편의 영성

다윗은 육신의 제한을 받고 있었다. 그는 고립되어 있었고, 포로로 잡혀있었다. 그들이 다윗을 향하여 압박을 가하며 죽이려 든다. 다윗은 언제 죽을지도 모른다. "내 원수가 종일 나를 삼키려 하며 나를 교만하게 치는 자들이 많사오니"(2절). 죽이려는 사람들은 죽이는 행위가 정당하였다고 주장한다. 한 마디 말을 들으면 트집을 잡는다. 그렇게 말하는 것 때문에 죽음을 당했다고 주장할 것이다. 이들이야말로 사악한 사람들이다. 그들의 말과 주장, 그리고 의인을 향하여 비난하는 말이 모두 사악한 것들이다. "그들이 종일 내 말을 곡해하며 나를 치는 그들의 모든 생각은 사악이라"(5절). 악인들은 인정사정 안 본다. 말에 트집을 잡을 수 없으면, 숨어서 엿본다. 그것도 혼자가 아니라 악한 사람들끼리 협동하여 트집거리를 찾는다. "그들이 내 생명을 엿보았던 것과 같이 또 모여 숨어 내 발자취를 지켜보나이다"(6절). 아무도 자신을 긍휼히 여기지 않는다. 긍휼히 여길 수도 없을 것이다. 다윗이 없어지면 자기들의 인생이 편해질 것인데, 긍휼히 여길 리가 있겠는가? 그러나 다윗은 자신을 긍휼히 여기시는 분을 알고 있다. 그분은 하나님이시다. 그러므로 자신을 긍휼히 여겨달라고 애원한다. "하나님이여 내게 은혜를 베푸소서 사람이 나를 삼키려고 종일 치며 압제하나이다"(1절).

다윗이 하나님을 의지하는 모습을 보자. 그는 두려움이 찾아오면 하나님을 의지한다. 의지함은 두려움을 극복하는 방법이다. 하나님을 의지하면 두려움이 사라진다. "내가 두려워하는 날에는 내가 주를 의지하리이다"(3절). 하나님을 의지하는 모습은 어떨까? 말씀을 전적으로 신뢰한다. 그리고 말씀하시는 하나님, 말씀을 주시는 하나님을 찬송한다. 의지의 대상인 하나님을 찬송한다. 하나님을 의지하는 모습은 찬송으로 나온다. 찬송하는 것을 보면 하나님을 의지하는지를 알 수 있다. "내가 하나님을 의지하여 그의 말씀을 찬송하며 여호와를 의지하여 그의 말씀을 찬송하리이다"(10절).

하나님을 의지하는 신앙인을 사람들이 어쩌지 못한다. 전능하신 하나님이 보호하시는 데 감히 피조물이며 유한한 인간이 무엇을 할 수 있을까? 그러므로 하나님을 의지하는 사람은 자신을 공격하는 것들을 두려워하지 않는다. 의지하는 믿음은 두려움이 없다. "내가 하나님을 의지하고 그 말씀을 찬송하올지라 내가 하나님을 의지하였은즉 두려워하지 아니하리니 혈육을 가진 사람이 내게 어찌하리이까"(4절). 하나님이 보호하시니 사람이 해치지 못한다. 하나님께서 보호의 울타리를 치시면 악인들이 침입하지 못한다. 그러므로 두렵지 않다. "내가 하나님을 의지하였은즉 두려워하지 아니하리니 사람이 내게 어찌하리이까"(11절).

의지하는 사람

의지하는 사람은 하나님께서 자신의 간구를 들으시는 줄로 믿는다. 의인이 하나님의 영광을 위하여 의지하는 것을 하나님께서는 기뻐받으신다. 하나님이 의지하는 사람의 외로움을 알아주신다. 하나님이 의지하는 사람의 방황을 끝나게 하신다. 하나님이 의지하는 사람의 눈물을 거두어 주신다. 하나님이 고통을 당하는 의인의 모습을 기억하신다. 책에 기록된 것처럼 잊지 않으신다. 하나님이 의인의 고난을 계산하여 낱낱이 보상하실 것이다. 시인은 이런 믿음을 가졌다. "나의 유리함을 주께서 계수하셨사오니 나의 눈물을 주의 병에 담으소서 이것이 주의 책에 기록되지 아니하였나이까"(8절).

그리고 하나님은 악인들을 책망하신다. 악인이 득세하였을지라도 그들의 권세를 빼앗으신다. 하나님께서 악인들을 향하여 분노하신다. 악인들이 하나님의 분노를 피하여 도망하지만 반드시 발견될 것이다. 하나님께서 높아지려는 악인들을 반드시 낮추신다. "그들이 악을 행하고야 안전하오리이까 하나님이여 분노하사 뭇 백성을 낮추소서"(7절). 시인은 하나님이 자신의 아룀을 들으시는 줄을 믿는다. 하나님을 의지하는 사람의 아룀을 하나님이 들으시고 도우신다. 그리고 원수를 물러가게 하신다. "내가 아뢰는 날에 내 원수들이 물러가리니 이것으로 하나님이 내 편이심을 내가 아나이다"(9절).

하나님의 도우심을 체험하는가? 고난 중에 불평 없이 하나님을 의지하는가? 고통 중에 하나님을 의지하며 말씀을 듣는가? 핍박 중에라도 오히려 하나님을 찬송하는가? 하나님이 이러한 믿음을 보신다. 하나님이 고통을 다 기억하신다. 하나님이 의인을 받으시고, 악인을 물리치신다. 하나님이 의인을 높이시고, 악인을 낮추신다. 하나님이 당신을 의지하는 사람에게 생명의 은혜로 응답하신다. 그리고 하나님을 따라 생명의 빛에 다니며 넘어지지 않게 하신다. "주께서 내 생명을 사망에서 건지셨음이라 주께서 나로 하나님 앞, 생명의 빛에 다니게 하시려고 실족하지 아니하게 하지 아니하셨나이까"(13절).

하나님을 의지하는 사람은 하나님으로부터 오는 은혜를 체험한다. 의지하는 사람은 자신의 간구가 응답되었음을 알고 있다. 의지하는 사람은 하나님께 더 영광을 돌리고 싶다. 하나님의 도우심을 간구하는 것도 하나님께 영광을 돌리고 싶기 때문이다. 하나님의 이름이 더 드러나기 원하기 때문이다. 시인은 분명히 기도하며 하나님께 감사하겠노라고 다짐했을 것이다. 그리고 하나님께서 응답하셨을 때 그 다짐을 지킨다. "하나님이여 내가 주께 서원함이 있사온즉 내가 감사제를 주께 드리리니"(12절). 의지하는 사람이 마지막 승리자가 되었다. 하나님을 의지하는 사람이 언제나 이긴다. 하나님이 승리하는 능력의 근원이시기 때문이다.

시편 57편

긍휼의 영성과 아비새

긍휼의 지도자

다윗은 아둘람 굴에서 잠든 사울의 옷자락만을 베었다. 다윗은 기름부음을 받은 사람을 해칠 수 없다는 생각을 가졌기 때문이다. 사울은 다윗의 선행을 알고 뉘우치며 돌아갔다. 다시는 다윗을 해치지 않겠노라고 맹세까지 하였다. 그러나 사울의 결심이 끝까지 지속되지 못했다. 자기 동네에 다윗이 숨었다는 십 사람들의 고자질을 들은 사울이 또 다시 다윗을 추격했다. 사울이 어느 정도 다윗을 따라 잡은 후, 군대장관 아브넬과 함께 광야 앞, 하길라산 입구에 진을 쳤다. 사울은 진 가운데 누웠고, 백성이 둘러 있었다.

다윗이 탐정을 보내어 사울의 진을 살폈다. 다윗은 좌우에 선 아히멜렉과 아비새에게 묻는다. 누가 나와 함께 진으로 내려가서 사울을 만날 수 있겠느냐? 이 때 아비새가 나선다. 아비새가 다윗을 도와 야간 기습 작전에 나선다. 사울의 진에 이르러 보니 사울을 비롯한 아브넬과 군대 모두가 잠이 들어 있었다. 아비새는 다윗에게 창으로 사울을 찔러 땅에 박을 기회이니 허락해 달라고 제안한다. 두 번 찌를 필요도 없다. 아비새는 원수를 원수로만 본다. 아비새는 원수를 없애는 공적만을 생각할 뿐이다.

그러나 다윗이 말린다. "다윗이 아비새에게 이르되 죽이지 말라 누구든지 손을 들어 여호와의 기름 부음 받은 자를 치면 죄가 없겠느냐 (중략) 너는 그의 머리 곁에 있는 창과 물병만 가지고 가자 하고"(삼상 26:9~11). 다윗은 사울을 원수로 여기지 않는다. 다윗과 아비새의 차이가 여기에 있다. 아무리 용맹하고, 전쟁에 능한 장수라도 긍휼이 없다면 지도자가 되지 못한다. 원수를 원수로만 여기면 다른 사람들로부터 존경을 받지 못한다. 다윗처럼 원수를 긍휼히 여길 수 있을 때 존경을 받을 수 있다. 긍휼을 행하는 사람이 존경받는 지도자가 될 수 있다.

아비새는 물불을 가리지 않고 덤벼드는 군인이다. 아비새는 자신의 용맹함과 전투능력만을 믿었다. 하기야 전쟁 중에 있는 군인에게 긍휼을 요구한다는 것이 무리일 수 있다. 그러나 아비새가 긍휼을 생각하지 못하는 것이나 사울이 다윗을 긍휼히 여기지 못하는 것이나 한 가지이다. 아비새와 사울이 서로 다른 편에 서 있어도 긍휼을 모른다는 것은 곧 그들 모두가 불의를 행하고 있는 셈이다. 목숨을 잃을지도 모르는 일촉즉발의 위기 속에서도 긍휼을 생각하는 사람은 오직 다윗뿐이었다. 다윗만이 긍휼을 입을 준비가 된 의로운 사람이다.

약한 것이 더 강하다

율법에는 서로 싸우다가 해를 입으면 그대로 갚아줄 것을 명하고 있다. "생명은 생명으로, 눈은 눈으로, 이는 이로, 손은 손으로, 발은 발로, 덴 것은 덴 것으로, 상하게 한 것은 상함으로, 때린 것은 때림으로 갚을지니라"(출 21:23b~25). 만약 다윗이 이 말을 곧이 곧대로 믿었다면 사울을 어떻게 처리했을까? 두말할 나위 없이 아비새를 시켜서 사울을 죽이라고 했을 것이다. 만약 다윗에게 긍휼이 없었다면 아비새가 단번에 사울을 죽일 수 있다고 호언장담한 것에 동의했을 것이다. 그러나 다윗은 원수갚는 일만큼은 철저히 거부하였다. 다윗은 보통 사람이 보기에는 이해할 수 없을 정도로 바보스러웠다.

다윗은 사울을 번번이 용서하였다. 용서라기보다는 사울에게 존경과 사랑을 보냈다. 다윗이 사울의 양심을 부끄럽게 만들었지만 수치스럽게 하지는 않았다. 긍휼을 가진 사람은 악한 사람들이 스스로 부끄러워하도록 만든다. 사울은 왕으로서 자신의 부덕함에 대하여 깊이 한탄하였다. 사울은 다윗 앞에 자신의 부끄러움을 드러내기까지 하였다. 다윗을 죽이려하지 않겠노라고 맹세까지 할 정도였다. 약한 것이 오히려 강한 것을 이긴다. 다윗의 긍휼이 사울의 완력을 이겼다. 그러나 사울은 다윗의 약함을 자신의 약함으로 받아들이지는 못했다. 잠시 동안의 부끄러움이 완전한 회개로 이어지지는 못하였다.

사울에게는 여전히 자신의 힘으로 상대를 점령하려는 의식이 남아 있었다. 자신의 힘으로 안되면 신접한 여인이라도 찾는다. 신비한 힘을 빌려 사무엘을 만나고, 사무엘의 지혜를 들어보자는 의도이다. 사울은 여전히 나라를 유지하고, 영토를 넓혀 보자는 속셈을 가지고 있다. 사울은 하나님을 찾지 않는다. 사울은 자신의 약함을 알지만 하나님 앞에서는 약해지지 않는다. 긍휼은 하나님 앞에서 약한 사람만이 나타나는 믿음의 표현이다. 긍휼은 하나님을 의지하는 사람에게 보이는 믿음의 현상이다. 하나님 앞에 약하지도 않고, 하나님을 의지하지도 않는 사울에게서 긍휼은 도저히 찾아볼 수 없다.

한편 아비새처럼 원수를 갚자고 하는 사람은 상대에게 억지로 수치를 가져다 주려 한다. 힘과 폭력으로 만들어내는 수치는 오히려 상대에게 더 깊은 원한만을 심어놓을 뿐이다. 상대방이 원수를 갚자고 달려들을 때, 한쪽에서는 그럴 수도 있다고 동의할 것이다. 행한 대로 받는 것이며, 인과응보라고 박수치는 사람도 있을지 모른다. 긍휼을 모르는 사람은 긍휼을 받을 수 없다. 다윗은 사울을 향하여 베풀 수 있는 한 긍휼을 베풀었다. 그러므로 그는 하나님께 긍휼을 구할만하다. 다윗은 동굴 속에서 사울과 맞닥뜨리려는 순간 하나님께 긍휼을 구하는 노래를 지었다. 이것이 시편 57편이다.

긍휼의 주님

사랑과 긍휼의 최고봉은 예수님이시다. 예수님은 달랐다. 예수님은 율법의 자구(字句)에 얽매지 않으셨다. 예수님은 율법을 재해석하셨다. 예수님은 율법의 조항보다 사랑과 긍휼의 관점에서 말씀하셨다. 예수님은 복음의 관점에서 율법을 평가하셨다. "또 눈은 눈으로, 이는 이로 갚으라 하였다는 것을 너희가 들었으나 나는 너희에게 이르노니 악한 자를 대적하지 말라 누구든지 네 오른편 뺨을 치거든 왼편도 돌려 대며 또 너를 고발하여 속옷을 가지고자 하는 자에게 겉옷까지도 가지게 하며 또 누구든지 너로 억지로 오 리를 가게 하거든 그 사람과 십 리를 동행하고 네게 구하는 자에게 주며 네게 꾸고자 하는 자에게 거절하지 말라"(마 5:38~42).

예수님의 말씀이 이어지는 것을 새겨보자. "또 네 이웃을 사랑하고 네 원수를 미워하라 하였다는 것을 너희가 들었으나 나는 너희에게 이르노니 너희 원수를 사랑하며 너희를 박해하는 자를 위하여 기도하라 이같이 한즉 하늘에 계신 너희 아버지의 아들이 되리니 이는 하나님이 그 해를 악인과 선인에게 비추시며 비를 의로운 자와 불의한 자에게 내려주심이라 너희가 너희를 사랑하는 자를 사랑하면 무슨 상이 있으리요 세리도 이같이 아니하느냐 또 너희가 너희 형제에게만 문안하면 남보다 더하는 것이 무엇이냐 이방인들도 이같이 아니하느냐"(마 5:43~47).

원수를 향하여 사랑과 긍휼을 베푸는 것이 과연 인간의 힘으로 가능할까? 어떻게 보면 가능할 것이라 생각할 수 있다. 죽어라고 노력하면 가능할 법도 하다. 그러나 원수를 죽이고 싶도록 미워해 본 사람은 원수를 용서한다는 것이 얼마나 힘든 것인지를 경험적으로 안다. 원수를 용서하고 사랑한다는 것이 결코 사람의 힘으로 되지 않는다는 것을 안다. 사람의 힘으로는 불가능하다는 것을 안다. 그렇다면 어떻게 해야 원수를 사랑할 수 있을까? 그것은 원수를 향하여 긍휼의 마음을 가지신 예수님의 마음을 본 받는 것이다. 예수님은 십자가에서 죽어가면서도 아버지 하나님께 용서와 사랑을 간구하셨다.

"아버지 저들을 사하여 주옵소서 자기들이 하는 것을 알지 못함이니이다"(눅 23:34a). 이러한 긍휼은 사람의 힘으로 불가능하다. 죽어가면서 자기를 죽이는 원수를 용서하는 기도가 사람의 힘으로 가당키나 할 일인가? 예수님이 이처럼 기도할 수 있었던 것은 그분이 하나님의 아들이었기 때문이다. 하나님의 사랑으로 사랑하기 때문에 이처럼 긍휼의 기도를 드릴 수 있었다. 그분은 자신이 가르치신 긍휼을 행함으로 실천하셨다. 그분은 긍휼에 관한 진리를 몸으로 증명하셨다. "긍휼히 여기는 자는 복이 있나니 그들이 긍휼히 여김을 받을 것임이요"(마 5:7). 우리는 곧 이러한 긍휼을 배우는 사람들이다.

시편의 영성

내 목숨이 경각에 달렸을 때, 과연 나는 어떤 행동을 취하는가? 내 목숨을 빼으려는 사람이 태연자약하게 내 눈앞에서 잠들었을 때, 과연 나는 어떻게 반응하는가? 세상의 악인 같으면 원수를 처치한 후 발을 뻗고 잠을 자겠다고 말할지 모른다. 그러나 원수를 처치했다고 과연 발을 뻗고 잘 수 있을까? 천만의 말씀이다. 오히려 발을 뻗고 잘 수 있는 사람은 하나님께 긍휼을 바라는 사람이다. 다윗이 바로 그런 사람이다. 왜냐하면 하나님이 피난처이며, 그늘이기 때문이다. "하나님이여 내게 은혜를 베푸소서 내게 은혜를 베푸소서 내 영혼이 주께로 피하되 주의 날개 그늘 아래에서 이 재앙들이 지나기까지 피하리이다"(1절).

곤경에 처한 사람이 긍휼을 구할 수 있다. 긍휼을 구하는 사람은 자신의 힘으로 곤경에서 빠져 나올 수 없다는 것도 알 수 있다. 긍휼을 구하는 사람은 자신을 향한 사람들의 생각이 악하다는 것을 알고 있다. "내 영혼이 사자들 가운데에서 살며 내가 불사르는 자들 중에 누웠으니 곧 사람의 아들들 중에라 그들의 이는 창과 화살이요 그들의 혀는 날카로운 칼 같도다" (4절). 그러나 긍휼을 구하는 사람은 악하지 않다. 자신이 억울함을 당하였지만 오히려 악인들이 웅덩이에 빠질 것이다. "그들이 내 걸음을 막으려고 그물을 준비하였으니 내 영혼이 억울하도다 그들이 내 앞에 웅덩이를 팠으나 자기들이 그 중에 빠졌도다(셀라)" (6절).

긍휼을 구하는 사람은 오직 하나님만 바라본다. 긍휼히 행할 수 있는 것도 오직 하나님이 계시기 때문이다. 하나님이 계시지 않는다면 긍휼히 행하는 것을 생각할 수 없다. 다윗이 사울을 향해 긍휼을 생각하는 것은 여호와 하나님 때문이다. 그러므로 긍휼을 사모하는 사람, 긍휼히 행하는 사람은 하나님을 바라보는 사람, 하나님께 부르짖는 사람이다. "내가 지존하신 하나님께 부르짖음이여 곧 나를 위하여 모든 것을 이루시는 하나님께로다" (2절). 아비새와 같은 사람은 하나님을 모르고 행하는 사람이다. 말로는 하나님이 존재하신다고 말할 테지만 실상은 마음에 하나님 두지 않고 사는 사람이다.

하나님의 긍휼을 바라보는 사람은 하나님의 은총을 체험한다. 긍휼을 바라보는 사람, 긍휼을 행하는 사람은 하나님의 구원을 체험한다. 긍휼을 사모하는 사람은 하나님께서 인자와 진리로써 행하심을 체험한다. "그가 하늘에서 보내사 나를 삼키려는 자의 비방에서 나를 구원하실지라(셀라) 하나님이 그의 인자와 진리를 보내시리로다" (3절). 긍휼보다 원수갚음을 선택한다면 하나님의 구원을 체험할 수 없다. 긍휼보다 악함으로 기울어진다면 하나님의 은혜를 체험하지 못한다. 긍휼을 모르는 사람의 영성은 소낙비에 흐르는 흙탕물처럼 탁하며, 비가 온 뒤에 곧 말라버리는 샘과도 같다. 이런 영성은 도랑물보다 더 얕다.

긍휼의 사람

긍휼의 사람은 자신의 인격이나 마음을 드러내지 않는다. 긍휼의 사람은 하나님으로부터 긍휼의 은총을 받았으므로 하나님의 영광을 드러내고자 한다. 오직 긍휼을 베푸시는 하나님만이 높아지기를 원한다. "하나님이여 주는 하늘 위에 높이 들리시며 주의 영광이 온 세계 위에 높아지기를 원하나이다"(5절). 어쩌다 한번 영광을 돌리는 것이 아니다. 그의 일생이 하나님께 영광을 돌리는 것에 초점을 맞추고 있다. "하나님이여 주는 하늘 위에 높이 들리시며 주의 영광이 온 세계 위에 높아지기를 원하나이다"(11절).

긍휼의 사람은 하나님께 마음을 둔다. 긍휼의 사람은 하나님을 향하여 마음을 정하였다. 긍휼의 사람은 하나님을 노래한다. 하나님께 찬양을 올린다. 왜냐하면 자신을 향하여 긍휼을 베푸신 하나님, 긍휼을 알게 하신 하나님, 긍휼을 구하게 하신 하나님, 긍휼을 행하게 하시는 하나님이기 때문이다. 하나님이 긍휼의 원천이시기 때문이다. "하나님이여 내 마음이 확정되었고 내 마음이 확정되었사오니 내가 노래하고 내가 찬송하리이다"(7절). 그의 마음은 하나님을 찬양하며 긍휼의 하나님을 깊이 신뢰하고 있다.

긍휼의 사람은 자신이 할 수 있는 한 하나님께 긍휼을 받을만한 일을 한다. 긍휼을 구하는 사람, 긍휼을 얻는 사람은 곧 그의 영성이 깨어 있는 사람이다. "내 영광아 깰지어다 비파야, 수금아, 깰지어다 내가 새벽을 깨우리로다"(8절). 긍휼의 사람은 하나님을 향한 감사와 찬송이 되는 행동을 한다. 비록 핍박과 비난이 있다 할지라도 하나님을 드러낸다. 긍휼이 없는 사람들의 틈바구니 속에서 하나님의 긍휼하심을 드러낸다. "주여 내가 만민 중에서 주께 감사하오며 뭇 나라 중에서 주를 찬송하리이다"(9절).

하나님의 긍휼하심은 무한하다. 하나님의 긍휼을 받은 사람들이 베푸는 긍휼도 사람의 상상을 초월할 정도로 넓고 크고 깊다. 사람으로부터 비롯

된 긍휼이 아니라, 하나님으로부터 기인된 긍휼이기 때문이다. 긍휼의 사람은 하나님의 긍휼이 온 하늘을 덮고, 온 세계에 가득함을 알고 있다. 온 하늘과 세계에 충만한 긍휼을 자신이 받았고 알고 있다는 것이 자랑스러울 따름이다. "무릇 주의 인자는 커서 하늘에 미치고 주의 진리는 궁창에 이르나이다"(10절). 긍휼의 사람은 하나님의 사람이다. 긍휼의 사람은 하늘과 궁창을 아우르는 영성을 가진 사람이다.

시편 58편

우선의 영성과 게하시

생각이 다 옳지는 않다

게하시는 엘리사에게 충성스러운 사람이었다. 그러나 게하시는 별로 칭찬받지 못한다. 그가 비록 선지자를 따라 다니며 나름대로 충성을 하였어도 칭찬받지 못한 이유가 무엇일까? 우리는 게하시의 행실을 알고 있다. 그는 나아만 장군의 뒤를 따라 가서 거짓말을 하고 선물을 얻었다. 나름대로는 엘리사 선지자의 청렴결백에 대하여 불만을 품었을 것이다. 혹은 선생님을 어리석다고 생각했을지도 모른다. 게하시는 선물을 감추어 두고 시치미를 떼며 엘리사 앞에 나타났다. 엘리사 선지자가 모를 리 없다. 하지만 게하시는 거짓말을 한다. 그 결과로 문둥병을 얻었고, 죽을 때까지 문둥병자로 살아야 했다.

선지자의 문하생도 이처럼 비윤리적이고 믿음이 부족할 수 있다. 게하시는 아람 나라의 군대가 성을 에워쌀 때 두려웠다. 하나님의 사람 엘리사라도 군대 앞에서는 어쩔 수 없을 것이라는 판단이 들었는가 보다. 게하시는 엘리사에게 두려움을 호소한다. 하지만 엘리사는 두렵지 않다. 왜냐하면 군대 뒤에 있는 하나님의 군대를 보았기 때문이다. 엘리사가 기도한다. "게하시의 눈을 뜨게 하여 하나님의 군대를 보게 하옵소서." 게하시의 눈에 하나님의 군대가 보인다. 하나님의 군대를 보면 두렵지 않다. 그래도 게

하시의 믿음이 자라지 못하였다. 증거를 보아도 믿음이 자라지 못하는 사람이 분명히 있다.

게하시는 전형적으로 한치만 알고 두치는 모르는 사람이다. 그는 눈앞에 보이는 것만 판단한다. 조금만 더 생각해보면 하나님의 뜻도 알고 자신의 행복도 알 수 있을 텐데, 그런 것들을 모르고 산다. 왜 그럴까? 성급한 판단을 하기 때문이다. 게다가 성급한 판단이 행동으로 옮겨진다. 성급한 판단이 들어도 한번 더 생각해보아야 하지만 그렇지 못하다. 판단이 서면 바로 말로 나온다. 그리고 즉각 행동에 옮긴다. 부지런함도 이 정도면 탈이 된다. 그의 성급한 말과 행동이 그에게 복이 되지 못하였다. 잘못된 판단에 의한 것이기 때문이다. 사람의 성급한 판단은 얼마든지 인생을 망칠 수 있다.

판단하는 것이야 사람의 자유이다. 사람은 어떤 것이든 생각할 수 있다. 그러나 그 생각을 밖으로 드러내는 것은 조심해야 한다. 말하고 행동하는 것은 신중해야 한다. 신중하려면 판단의 기준을 자기가 아닌 하나님께 두어야 한다. 즉 자신의 판단을 믿는 것이 아니라, 하나님의 판단을 믿어야 한다. 하나님이 판단하시는 것을 자신의 판단보다 우선(優先)해야 한다. 자신의 생각과 판단이 우선이면 그것이 곧 불행의 시작이다. 그러나 하나님의 생각과 판단이 우선이고, 그 판단에 의해 자신을 움직이면 그것이 곧 행복이다. 그리고 능력이다. 하나님은 하나님의 판단에 우선성을 두는 사람에게 능력을 주신다.

신기루

사람은 눈앞에 보이는 현상만을 가지고 판단하기 쉽다. 그러나 눈앞에 보이는 현상이 모두 진실이 아닐 수 있다. 왜곡된 현상이 보일 수 있고, 잘못된 생각 때문에 바른 것을 분별하지 못할 수도 있다. 게하시가 보는 것은 영적인 신기루였다. 아람 군대가 강력해 보이지만 그 군대는 곧 패배하고 도망할 군대였다. 게하시가 나아만으로부터 받은 은 두 달란트와 옷 두벌도 신기루에 불과했다. 비록 현실로 보이고, 손에 잡힐 수 있는 것이라 할지라도 그것이 영원한 것이 아니기 때문이다. 그것이 영원한 안전과 행복을 가져다 주는 것이 아니기 때문이다. 게하시의 불행은 신기루를 판단 기준으로 삼은 것에서부터 시작되었다.

사막을 횡단하는 사람의 눈에 보이는 신기루 현상은 진실이 아니다. 신기루는 지면의 온도가 올라가면 오아시스와 가로수가 어른거리는 현상이다. 그런데 다가가 보면 오아시스는 없고 저만치 다시 보인다. 한 사람만 보는 것이 아니라, 여러 사람이 한꺼번에 볼 수도 있다. 1798년 이집트에 원정한 나폴레옹의 군사들은 분명히 보이던 호수가 없어지고, 풀잎이 야자수로 변하는 광경 등 기묘한 신기루 현상을 보고 놀라웠다. 다만 그 중의 수학자 G. 몽지만은 이 현상이 사막에 접해 있는 더운 공기층에 기인되는 현상임을 최초로 밝혀냈다. 신기루는 진실이 아니라 공기층에서 빛의 굴절로 일어나는 허상일 뿐이다.

사막에서만 신기루가 있는 것은 아니다. 지표면의 공기가 급격히 내려가면 물체가 크거나 작게 보일 수도 있다. 북극해에서는 빙산이 풀잎처럼 작게 보일 수도 있다. 대기의 조건이 복잡하여 여러 가지 형태의 신기루가 한꺼번에 나타나는 경우도 있다. 이탈리아 반도와 시칠리아 섬 사이의 메시나 해협에서는 공기의 온도가 높아지고 물이 잔잔해지면, 구름 위에 아름답고 웅장한 항구도시의 모습이 나타나고, 다시 그 위에 제2, 제3의 도시가 솟아올라 현란한 탑이나 궁전 같은 것이 보인다. 이러한 현상은 지표면과 상층부의 공기 온도의 차이라고 본다. 그러나 아직도 그 정확한 실태와 원인은 밝혀져 있지 않다.

신기루는 진실이 아니다. 그럼에도 신기루를 따라간다면 헛수고만 할 뿐이다. 신기루는 사람을 지치게 하는 것이며, 탈진하게 만든다. 신기루를 따라가는 것은 죽음의 길을 향해 달려가는 것이다. 신기루를 진실이라고 판단하고 그것을 고집한다면 이미 죽음의 길을 향해 달리는 것이다. 인간 세계에 있는 것은 거의가 신기루와 같다. 공익성을 지니며, 진실성을 인정받는 것이라 할지라도 신기루 현상을 일으킬 때가 얼마든지 있다. 신기루 현상을 일으키지 않는 것은 오직 하나, 하나님의 은혜와 말씀뿐이다. 보이지 않지만 진실인 것은 우리에게 생명을 가져다 준다. 영원한 안전과 행복을 주는 것은 오직 하나님의 뜻이다.

전이해

소문을 잘 믿는 사람이 많다. "누가 그러더라"는 말을 잘 믿는 사람이다. 눈으로 확인해 본 적도 없이 소문만을 믿는다. 이런 사람은 다른 사람의 말을 자기의 판단 기준으로 삼는 사람이다. "누가 그러더라"는 전이해(前理解, preunderstanding)를 가지게 한다. 판단 기준을 미리 세워버리게 하는 것이다. 처음 들은 말을 믿어버리게 되면 다른 말은 귀에 들어오지 않는다. 바르게 이해하려고 시도하지도 않는다. 한 번 들은 것은 생각으로 굳혀 버린다. 만약 처음 들은 것이 비진리이거나 오류라면 어떻게 될까? 그러므로 가장 처음 듣는 말이 진실이어야 한다. 그것이 바른 판단을 가지게 하는 말이어야 한다.

사람들은 언론의 보도를 그대로 믿는 경우가 많다. 그러나 언론이 언제나 진실을 말하지는 않는다. 언론도 자기들 형편과 사상에 따라서 판단하고 짐작하는 경우가 많다. 그런데도 사람들은 신문에 났다면 그대로 믿는다. 방송에 나왔다면 그대로 다 믿어버린다. 이 경우 언론이 사람들에게 전이해를 가지게 하고, 사람들은 판단의 기준을 언론에 둔다. 언론인이 하나님은 아님이 분명한 데 언론을 하나님처럼 여겨 버리는 것이다. 언론의 중요성이 여기 있다. 언론이 잘못 판단하면 수많은 사람들이 잘못 판단할 수 있기 때문이다. 언론이 악의적으로 보도하면 수많은 사람들이 악의적인 말을 믿어버리기 때문이다.

언론에 의하여 피해를 입은 사람들도 있다. 언론이 진실을 왜곡하고 조작하여 피해를 입히는 경우도 있고, 혹은 언론이 진실을 말함에도 자신이 피해를 입는다고 생각하는 사람들이 있다. 언론 역시 "아니면 말고" 식의 무책임한 보도를 자제해야 한다. 언론은 정의와 진실을 바르게 전달하는 사명을 가졌기 때문이다. 진실을 바르게 전달할 때, 언론은 사람들의 판단을 바르게 할 수 있다. 진위여부를 제대로 판단하지도 않고 떠도는 소문만을 보도하면 반드시 피해자가 생기게 마련이다. 명예훼손은 물론이고, 금전적, 정신적으로 피해를 보는 사람들이 생길 것이다. 언론중재위원회가 생긴 것도 이런 까닭 때문일 것이다.

언론도 보도자료에 의하여 보도한다. 만약 보도자료가 잘못되었다면 언론도 언제든지 잘못 보도할 가능성이 있다. 그러나 보도할 판단의 주체는 언론이다. 언론은 보도 자료만을 그대로 전달하는 기능을 한다면 그것은 언론의 역할을 망각하는 것이다. 자료를 토대로 사실 여부를 판단해야 할 책임을 가진다. 추측하는 보도보다는 사실에 근거한 보도여야 한다. 그리고 언론보도를 판단하는 것은 국민들이다. 언론이 공익기관이기 때문에 바르게 보도할 것이라는 상식을 가지는 것이 당연하다. 그러나 언론도 사람이 모였고, 나름대로의 이익을 추구하기 때문에 얼마든지 보도의 실수가 있을 것이라는 생각도 가져야 한다.

정의가 선포되어도 입을 다물고 있는 사람이 있다. 정의를 수호하자니 힘이 약하고 고난받는 것이 두렵기 때문일 수 있다. 하지만 선을 행함으로 고난받는 것은 당연하다. 그것이 하나님의 뜻이기 때문이다(벧전 3:17). 반면에 정의와 선을 판단할 능력이 없어서 잠자코 있는 사람들도 존재한다. 시편 기자는 이것이 답답하기만 하다. "통치자들아 너희가 정의를 말해야 하거늘 어찌 잠잠하냐 인자들아 너희가 올바르게 판결해야 하거늘 어찌 잠잠하냐"(1절). 들려주어도 들은 것에 대한 반응이 없다. 선한 것을 들어도 대답이 없다. 사람들이 무반응이 마치 피리를 불어도 춤을 추지 않고, 애곡하여도 울지 않는 것과도 같다(눅 7:32).

왜 잠잠히 있을까? 왜 사람들이 선한 것과 정의로운 것에 대하여 반응하지 않을까? 그것은 악한 판단이 먼저 사람의 속을 점령하고 있기 때문이다. 악한 것을 선한 것보다 우선하고, 악한 판단을 선한 판단보다 우위에 두기 때문이다. 사람의 중심에 악한 것이 들어있고, 악한 것을 행하려 하면 선에 대하여 감각이 없다. 오히려 선을 행하는 사람을 보고 악을 행할 수 있다. "아직도 너희가 중심에 악을 행하며 땅에서 너희 손으로 폭력을 달아 주는도다"(2절). 악인은 악한 것을 우선적으로 생각하고 행하는 사람들이다. 악인은 악한 것을 진실인양 생각하고 따르는 사람이다. 악한 것이 신기루임이 분명한데도 말이다.

자기 나름대로 판단하는 것은 거의가 악한 것이다. 사람에 의해 나오는 판단은 선한 구석이 없이 악하기만 하다. 어거스틴은 "사람은 악을 행할 자유밖에 없다"고 한다. 왜냐하면 사람은 악한 것으로부터 출발하기 때문이다. 사람은 악한 몸으로부터 출발하였고, 악한 사람으로 태어났다. "악인은 모태에서부터 멀어졌음이여 나면서부터 곁길로 나아가 거짓을 말하는도다"(3절). 사람은 태어나면서부터 악한 것이 중심이 된다. 자기 본위로, 자기 중심으로 생각하고, 자기 유익을 위해서는 언제나 거짓을 말할 수 있다. 자기가 하나님보다. 다른 사람보다 우선이기 때문이다. 게하시가 그런 사람이다. 거짓을 말하는 사람은 독을 담은 말, 악한 말을 거침없이 내뿜는다. 그 말이 사람에게 상처를 줄 수 있다. 약을 준다고 하지만 그 약은 상처를 악화시킬 뿐이다. 그리고 거짓을 말하는 사람, 자기 우선으로 판단하는 사람은 자기와 다른 의견에는 귀를 막는다. 귀를 막고 자기 말만을 내뱉을 뿐이다. "그들의 독은 뱀의 독 같으며 그들은 귀를 막은 귀머거리 독사 같으니"(4절). 귀를 막은 사람은 하나님의 음성조차도 들리지 않는다. 자기의 악한 판단이 가득하기 때문이다. 시인은 이런 사람을 어리석고 고집이 센 독사에 비교한다. "술사의 홀리는 소리도 듣지 않고 능숙한 술객의 요술도 따르지 아니하는 독사로다"(5절).

바른 판단

바른 판단의 기준은 하나님이시다. 그러므로 사람은 하나님의 말씀, 하나님의 뜻을 판단의 우선 순위로 삼아야 한다. 하나님은 사람의 악한 생각을 외면하신다. 악한 말을 하지 못하게 하신다. 시인은 분명히 알고 있다. 악한 자의 입이 닫혀져야 한다. 이가 부러지더라도 말이다. "하나님이여 그들의 입에서 이를 꺾으소서 여호와여 젊은 사자의 어금니를 꺾어 내시며"(6절). 살려거든 하나님의 판단을 삶의 기준으로 삼아야 한다. 하나님의 생각을 최고의 자리에 놓아야 한다. 하나님은 이런 사람을 좋아하신다. 그리고 그를 의인이라 인정하신다. 하나님이 의인의 길을 인도하신다.

하나님은 자기 본위로 판단하는 악인을 이 땅에서 사라지게 하신다. 하나님이 그를 내버리시기 때문이다. 악인은 아무리 번성한다 할지라도 하나님이 쓸어 내버리시면 순식간에 사라진다. 계곡을 흐르는 물이 사라짐같이 사라질 것이다. 아무리 강하다 하여도 하나님이 꺾으시면 바로 꺾인다. "그들이 급히 흐르는 물 같이 사라지게 하시며 겨누는 화살이 꺾임 같게 하시며"(7절). 이로써 하나님이 살아계심이 증명된다. 하나님이 의인과 악인을 구별하고 계시며 공의를 세우심이 사람들에게 드러난다. 이를 바라보는 의인이 하나님을 기뻐한다. "의인이 악인의 보복 당함을 보고 기뻐함이여 그의 발을 악인의 피에 씻으리로다"(10절).

시인은 악한 자가 이 땅에 태어나지 않기를 바란다. 어차피 쓸모없는 데 태어난들 무슨 소용이 있으랴! 악인은 태어나지 않는 것이 더 나을지 모른다(막 14:21). "소멸하여 가는 달팽이 같게 하시며 만삭 되지 못하여 출생한 아이가 햇빛을 보지 못함 같게 하소서"(8절). 의인은 하나님의 전능과 판단을 믿는다. 의인은 하나님의 판단을 우선하는 사람이다. 악인의 계획이 조금이라도 이루어지는 것 같은 기미가 있을 때, 의인은 하나님께 기도한다. 악인의 계획이 실패하도록 기도한다. "가시나무 불이 가마를 뜨겁게 하기 전에 생나무든지 불 붙는 나무든지 강한 바람으로 휩쓸려가게 하소서"(9절).

의인은 자신의 기도가 하나님의 귀에 전달되리라 믿는다. 하나님의 음성에 귀를 기울이지 않는 악인의 소리는 소음일 뿐이다. 소음은 사라져야 한다. 하나님의 음성에 귀를 기울이고, 하나님의 판단을 우선하는 의인의 간구는 하나님의 귀에 달콤함으로 들린다. 하나님께서 기쁘게 들으신다. 하나님께서 의인의 간구를 이루어 주신다. 하나님께서 당신의 판단으로 의인을 인정하신다. 의인은 하나님의 판단과 응답의 혜택을 입는다. 그리고 하나님의 살아 계심과 전능하신 판단을 믿는다. 하나님을 찬양하는 목소리를 낼 것이다. "그 때에 사람의 말이 진실로 의인에게 갚음이 있고 진실로 땅에서 심판하시는 하나님이 계시다 하리로다"(11절).

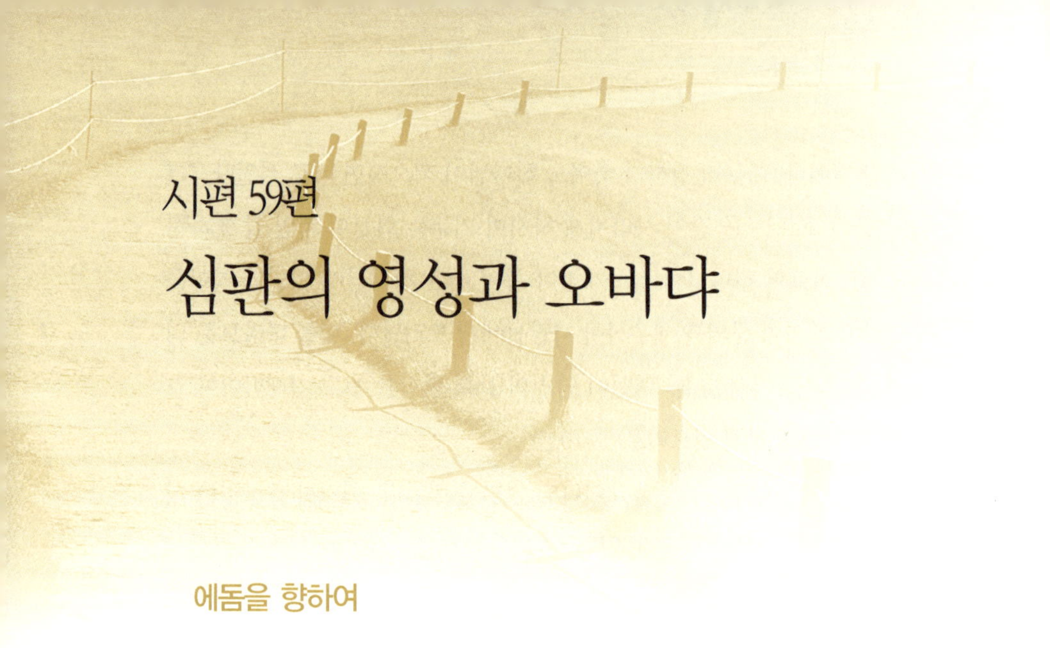

시편 59편

심판의 영성과 오바댜

에돔을 향하여

오바댜는 에돔을 향하여 예언한 선지자이다. 오바댜는 당시에 흔한 이름으로서 "여호와께 예배하는 자", "여호와를 경배하는 자"라는 뜻을 가졌다. 오바댜는 하나님의 백성을 향한 에돔 족속의 침략에 대하여 분노하였다. 왜냐하면 에돔 족속들이 하나님의 권위를 무시하고, 하나님의 백성을 괴롭히기 때문이다. 그들은 인간적인 힘만을 의지하고, 교만과 포악을 행하고 있다. 오바댜는 하나님이 에돔에 대하여 보복하실 것을 예언하였다. 에돔이 망하면 하나님의 백성에게 평화가 올 것이다. 에돔이 멸망하면 유다 백성에게는 회복의 은혜가 임할 것이다. 오바댜의 예언은 백성에게 희망과 용기가 된다.

에돔과 유다 족속은 형제나 마찬가지이다. 왜냐하면 조상이 같기 때문이다. 비록 에돔 족속이 이방민족이라고 낙인 찍혔고, 선택받지 못한 민족이었지만, 두 족속의 조상은 한 사람 이삭이다. 그런데 세월이 흐르고 두 민족이 서로 원수가 되었다. 에돔 족속은 그들의 조상 에서처럼 호전적인 민족으로 살아간다. 그들은 산 속에 요새를 구축하고, 그곳을 약탈과 살인의 거점으로 삼는다. 산 속에서 농사를 지을 수 없다. 그들은 추수 때가 되면 산 아래로 내려간다. 유다 민족이 1년 동안 피땀 흘려 농사지은 것을 남김없이 약탈해 간다. 에돔 족속은 형제의 것을 빼앗고, 형제를 괴롭히고 사는 민족으로 살아간다.

에돔 족속들은 교만해졌다. 자기들의 요새가 결코 점령되지 않을 것이라 장담한다. 그들은 바위 틈에 거하며, 높은 곳에 살고 있다. 그들은 서로 "누가 나를 땅으로 끌어내리겠느냐?"고 큰 소리를 친다(옵 1:3). 평야와 비옥한 토지를 가진 민족이 잘 사는 것은 누구나 다 아는 사실이다. 전쟁을 하여도 평야와 곡창지대를 얻으려고 한다. 그런데 산 속의 척박한 땅을 가지고, 약탈을 일삼고 사는 민족이 자기들을 자랑하고 있으니 어리석고 가소로운 일이다. 민족의 미래를 생각한다면 농사를 장려해야 한다. 그런데 약탈로 살고 있으니 그 민족에게 미래가 있을 리 없다. 에돔 족속들은 어리석음에 사로잡혔고, 교만하기까지 했다.

오바댜는 이런 에돔을 향하여 심판을 예언한다. 에돔 족속이 비록 높은 곳에 있을지라도 하나님이 그들을 끌어내릴 것이다. 에돔 족속이 멸망할 때는 전혀 긍휼을 얻지 못할 것이다. 왜냐하면 야곱 족속을 향한 포학 때문이다. 에돔 족속은 행한 대로 받을 것이다. 에돔 족속들은 불에 살라질 것이며, 남은 자가 없을 것이다. 에돔 족속들이 머물던 산은 남방 사람들이 점령할 것이다(옵 1:19). 에돔을 향한 심판의 예언은 곧 유다 백성을 향한 구원의 소망을 제시하는 것이었다. 에돔의 산은 무너질 것이다. 구원자들이 시온산으로 올라와 에돔을 심판하고 나라는 여호와께 속할 것이다(옵 1:21).

변화하는 사회

현대사에 있어서 우리 민족 최대의 아픔이라면 무엇이라고 대답할까? 대부분의 사람들이 6 · 25라고 대답할 것이다. 6 · 25는 우리 민족에 엄청난 상처를 안겨다 주었다. 수백만 명의 사람들이 동족의 총에 의하여 죽었다. 죽은 사람의 가족들은 평생 한을 품고 살아간다. 전쟁으로 인하여 가족과 이별하고 생사를 모른 채 가슴에 상처를 담고 살아가는 사람들이 지금도 많다. 전쟁은 필연적으로 상처를 남긴다. 사람들 가슴속에 상처는 물론이다. 그리고 국가적인 이미지도 엄청난 타격을 입었다. 올림픽과 월드컵을 치러냈어도 한국을 전쟁의 상처가 남은 나라, 가난한 나라로 인식하는 외국인들이 많다.

이데올로기가 피보다 진할 수 없다. 그런데 이데올로기에 의하여 피를 흘리게 되었다는 것이 역사의 아픔이다. 이데올로기에 의해 가족이 헤어지게 되었다는 것이 우리의 수치이다. 이데올로기가 사람을 잔학하게 만들 수 있다. 이데올로기가 사람에게 아픔을 가져다 줄 수 있다. 게다가 이데올로기라는 것이 민족 자존에 의한 것도 아니다. 외국의 정치적 책략에 의한 것이며, 우리는 그 책략에 놀아나고 말았다. 우리의 어리석음으로 외국에게 이용당하고 그 결과 더 큰 손해를 보게 되었다. 이데올로기가 진리라면 그럴 수 없다. 아픔과 수치를 가져다주는 이데올로기는 허상일 뿐이다.

그나마 다행이라면 이산가족들이 만날 수 있는 기회가 제공된 것이다. 경제가 발전하고, 올림픽과 월드컵 개최로 인하여 한국의 이미지를 세계 속에 다시 심게 된 것도 고무적인 일이다. 과정에 문제가 있다고 보는 경우도 있으나 남북 정상회담이 열렸다. 정상회담에서 발표한 것들이 구체적으로 이루어지지는 않으나 여전히 논의의 대상이 되고 있다. 과거의 상처를 치유하는 기회가 제공된 것이다. 한민족이 미래를 향하여 전진할 발판은 놓은 셈이다. 분열의 아픔을 딛고 화합의 시대를 꿈꾸고 있다. 보다 발전된 이데올로기들이 등장하였다. 아픔을 치유하고, 보다 잘 살아야하겠다는 사고방식으로 바뀌어 가는 것이다.

우리는 여전히 국방과 외교에 있어서 외국과 긴밀한 관계를 가져야 한다. 북한 핵 문제는 우리가 단독으로 대처할 수 없으므로 주변국들과 긴밀한 논의를 거쳐야 한다. 경제적인 문제에 있어서도 우리만 단독으로 설 수 없다. 무역과 다자간 협상을 통해서 글로벌 시대로 나아가고 있다. 여기 기독교인들의 기도제목이 있다. 단순히 잘 사는 것보다는 세계 속에 복음이 바로 심어져야 한다는 것이다. 구원이란 단순히 개인의 영혼만을 말할 수 없다. 가족과 사회, 나라와 민족으로 개념을 넓혀야 하고, 모든 민족에게로 팔을 뻗어야 한다. 기독교인들은 세계화의 물결 속에 복음이 화합과 공존의 역할을 하도록 전력을 만들어야 한다.

심판과 구원

다윗은 생명의 위기에 처해 있다. 사울 왕이 자신을 체포하라고 사람을 보냈기 때문이다. 체포조는 다윗이 지나는 길에 매복하여 있다. 그들은 다윗을 발견하기만 하면 고양이가 쥐를 덮치듯이 덮칠 것이다. 또 다른 체포조는 다윗이 머무는 집을 포위하고 있다. 다윗이 집 밖으로 나오기만 하면 독수리가 병아리를 낚아채듯이 붙들 것이다. 빠져나갈 방법은 하늘로 솟거나, 땅굴을 파고 나가는 방법밖에 없을 것이다. 하지만 다윗이 날짐승도 아니고 두더지도 아닌데 가능할 리 없다. 딱 한 가지 방법이 있다. 하나님을 찾는 것이다. 하나님 앞에 구원을 부르짖는 것이다. 하나님께는 어떤 방법이 있을 것이다.

한 사람이 여러 사람을 당해내기 쉽지 않다. 한 사람이 여러 사람을 당해내는 것은 무협지나 드라마에서 가능한 것이다. 실제로 한 사람이 여러 사람을 당해내기란 말처럼 쉽지 않다. 약한 사람이 강한 사람을 당해내기도 쉽지 않다. 강한 사람의 모략과 권력 앞에 약한 사람은 탄식할 수밖에 없다. 하지만 구원이란 한 사람이 여러 사람을 당해내는 능력을 가지는 것이다. 다시 말해 구원이란 약한 사람이 강한 사람을 당해내는 능력이다. 이러한 구원이 어디로부터 오는가? 하나님으로부터 온다. 다윗은 이것을 바라고 있다. 구원은 하나님이 강한 사람을 약화시킴으로 이루어진다. 사울이 약해지는 것 이것이 다윗에게는 구원이었다.

약한 나라가 강한 나라를 당해내지 못한다. 강한 나라의 침략에 약한 나라는 둘 중에 하나를 선택해야 한다. 금은보화를 갖다 바치더라도 화친조약을 맺든지(눅 14:32), 아니면 죽더라도 끝까지 싸워 이기는 방법이다. 유다가 에돔으로부터 공격을 받았다. 유다는 죽기 아니면 살기를 정해야 한다. 화친을 맺어도 다 빼앗기고, 살아갈 길이 막막할 것이다. 전쟁에 능한 에돔과 죽기까지 싸우자니 질 것이 뻔하다. 사람의 방법으로는 길이 없다. 사람의 방법으로는 구원의 가능성이 없다. 그러나 오바댜 선지자는 구원의 가능성을 보았다. 하나님이 계시기 때문이다. 하나님이 에돔의 포학을 보고 계신다. 하나님이 유다의 아픔을 알고 계신다.

에돔의 멸망은 곧 유다의 구원이었다. 에돔의 멸망과 유다의 구원을 동시에 이루시는 분이 누구인가? 여호와 하나님이시다. 유다 백성이 가지는 약탈과 죽음의 공포에서 해방시켜 주는 분이 누구인가? 하나님이시다. 하나님은 개인의 구원뿐만 아니라 민족의 구원, 국가의 구원을 이루신다. 하나님은 한 나라뿐만 아니라 전 세계의 구원도 이루신다. 하나님은 지구뿐만 아니라 온 우주의 구원도 이루신다. 하나님은 반드시 악한 자를 물리치신다. 하나님은 반드시 정의를 회복하시고 평화를 이루신다. 하나님은 구원의 하나님이시다. 하나님은 눌린 자를 자유케 하시고, 포로 된 자를 해방시키시는 구원의 하나님이시다(눅 4:18).

다윗은 자기가 원수에게 포위 당하고 있음을 안다. 그리고 하나님이 자기를 구원하실 것도 알고 있다. 원수와 사악한 자들이 자기를 노리지만 결국 하나님이 구원하실 것을 믿고 있다. "나의 하나님이여 나의 원수에게서 나를 건지시고 일어나 치려는 자에게서 나를 높이 드소서 악을 행하는 자에게서 나를 건지시고 피 흘리기를 즐기는 자에게서 나를 구원하소서"(1~2절). 다윗은 애매히 고통을 당하고 있어 억울하다. 하지만 누구에게도 하소연할 수 없다. 악인들끼리 뭉쳐 자기의 목숨을 해치려 하기 때문이다. 호소할 대상은 오직 하나님뿐이다. 다윗은 하나님이 악인들을 노려보고 계심을 안다. "그들이 나의 생명을 해하려고 엎드려 기다리고 강한 자들이 모여 나를 치려 하오니 여호와여 이는 나의 잘못으로 말미암음이 아니요 나의 죄로 말미암음도 아니로소이다 내가 허물이 없으나 그들이 달려와서 스스로 준비하오니 주여 나를 도우시기 위하여 깨어 살펴 주소서"(3~4절)

다윗은 외로운 처지에 있다. 다윗의 주변에 몇 명의 사람들이 있으나 그들은 다윗의 외로움을 달래주지 못한다. 다윗의 주변 사람들이 원수들보다 숫자적으로 훨씬 적다. 다윗의 주변에 있는 진실한 사람보다 다윗을 노리는 간사한 사람이 훨씬 더 많다. 다윗의 진심을 알아주는 사람보다 다윗을 해치고 상급을 노리는 악인들이 더 많다. 다윗의 할 일은 악인을 멸하시는 하나님을 기대할 뿐이다. "주님은 만군의 하나님 여호와, 이스라엘의 하나님이시오니 일어나 모든 나라들을 벌하소서 악을 행하는 모든 자들에게 은혜를 베풀지 마소서(셀라)"(5절). 하나님이 악을 행하는 사람들을 철저히 무시하실 것이다. 악인들의 꾀가 아무리 강해도 하나님은 그들을 비웃으신다. "여호와여 주께서 그들을 비웃으시며 모든 나라들을 조롱하시리이다"(8절).

원수들이 행하는 일이란 사람의 일이 아니다. 개같은 짓을 범하고 있다. 탐욕이 가득하고 뺏는 짓을 일삼는다. 그들은 더러운 말을 입 밖으로 내며 다닌다. 그들의 말은 개가 짖는 것에 불과하다. "그들이 저물어 돌아와서 개처럼 울며 성으로 두루 다니고"(6절). "그들에게 저물어 돌아와서 개처럼 울며 성으로 두루 다니게 하소서"(14절). 악인들이 말하는 것은 다른 사람을 해치는 말이다. 그 입 속에는 칼이 들어 있다. 악인의 말 한 마디에 수많은 사람들의 가슴에 상처가 난다. 악인은 그 말을 입 밖으로 내며, 아무도 듣지 않을 것이라 한다. "그들의 입으로는 악을 토하며 그들의 입술에는 칼이 있어 이르기를 누가 들으리요 하나이다"(7절). 낮 말은 새가 듣고 밤 말은 쥐가 듣는다는데, 아무도 듣지 않을 것이라 하니 어리석어도 이처럼 어리석을까?

악인들은 입으로 범죄하고 있다. 그들의 입은 축복보다는 저주를 내뱉는다. 그들의 입에는 진실이 없고 오직 거짓만이 담겨 있다. 그들의 입은 겸손이 없고 오직 교만이 나올 뿐이다. 이렇게 말해도 감히 대적할 사람이 없을 것이고, 해칠 사람이 없을 것이라 장담할 것이다. 사울의 심복들이 이렇게 말하며, 에돔 사람들이 이렇게 말한다. "그들의 입술의 말은 곧 그들의 입의 죄라 그들이 말하는 저주와 거짓말로 말미암아 그들이 그 교만한 중에서 사로잡히게 하소서"(12절). 악인들은 먹을 것만 밝힌다. 먹을 것을 얻기 위해 밤을 세우는 일도 불사한다. 사울의 심복들이 다윗을 기습하려고 밤을 새운다. 에돔 족속들이 약탈하려고 밤을 새운다. 진리탐구를 위해 밤을 새우는 사람은 드물고, 약탈을 위해 밤을 새우는 사람이 많다. "그들은 먹을 것을 찾아 유리하다가 배부름을 얻지 못하면 밤을 새우려니와"(15절).

하나님의 심판 방법

이러한 상황 속에서 할 일이 무엇인가? 그것은 오직 구원의 하나님을 의지하는 것뿐이다. 하나님을 향하여 전적인 신뢰를 보내야 한다. 악인의 성이 강하지만 하나님은 더 강한 성이시기 때문이다. "하나님은 나의 요새이시니 그의 힘으로 말미암아 내가 주를 바라리이다"(9절). 하나님이 다윗에게 인자를 베푸신다. 하나님이 다윗으로 하여금 원수가 망하는 것을 보게 하신다. "나의 하나님이 그의 인자하심으로 나를 영접하시며 하나님이 나의 원수가 보응 받는 것을 내가 보게 하시리이다"(10절).

다윗은 하나님의 심판 방법을 두 가지로 말한다. 첫 번째 방법은 악인을 살려 두는 방법이다. 악인들이 망하는 것을 눈으로 보기는 하지만 영영히 사라지면 안 된다. 왜냐하면 악인이 없어짐으로 의인이 경계심을 잃기 때문이다. 악인이 남아있음으로 인하여 의인이 각성한다. 악인은 의인을 위한 각성용으로 사용된다. 악인은 힘이 약해짐으로 하나님의 능력을 증명하는 도구가 될 뿐이다. "그들을 죽이지 마옵소서 나의 백성이 잊을까 하나이다 우리 방패 되신 주여 주의 능력으로 그들을 흩으시고 낮추소서"(11절).

두 번째 심판의 방법은 악인이 완전히 없어지는 것이다. 악인이 완전히 소멸함으로 하나님의 공의로 세상을 다스리심이 드러나는 것이다. "진노하심으로 소멸하시되 없어지기까지 소멸하사 하나님이 야곱 중에서 다스리심을 땅 끝까지 알게 하소서(셀라)"(13절). 이는 첫 번째 방법과는 상반되는 것이다. 그러나 하나님이 심판하시고자 하면 첫 번째 방법이나 두 번째 방법이나 상관이 없다. 둘 다 심판임이 분명하다. 둘 다 하나님의 권능이 드러나는 것은 마찬가지이다.

하나님의 심판의 권능을 드러내실 때, 의인은 노래할 것이다. 악인에게 하나님은 무서운 분이다. 그러나 의인에게 하나님은 인자한 분이시다. 하나님은 환난 중에 있는 의인에게 피난처를 제공하신다. 의인에게서 하나님이 직접 산성이요 피난처가 되어 주신다. “주는 나의 요새이시며 나의 환난 날에 피난처심이니이다”(16절b). 이로써 하나님은 의인을 긍휼히 여기시는 증거를 의인에게 보여 주신다. “하나님은 나의 요새이시며 나를 긍휼히 여기시는 하나님이심이니이다”(17절b).

그러므로 의인은 하나님을 찬양한다. 의인은 하나님의 인자하심과 능력을 아침부터 노래를 지어 부른다. “나는 주의 힘을 노래하며 아침에 주의 인자하심을 높이 부르오리니”(16절a). 의인은 하나님이 자기의 힘이라 분명히 믿고 있다. 의인은 전능한 하나님, 구원의 하나님을 찬양한다. 시인은 심판과 구원을 동시에 베푸시는 하나님을 찬송한다. 심판과 구원을 베푸시는 하나님이 곧 시인이 가지는 영적 능력의 근원이시다. 시인은 이 하나님을 찬양한다. “나의 힘이시여 내가 주께 찬송하오리니”(17절a).

시편 60편
탈환의 영성과 옷니엘

사사 옷니엘

가나안에 머문 이스라엘은 행복하게 살아야 했다. 이 행복이란 하나님과의 관계가 바로 되었을 때 가능하다. 이스라엘 민족이 자기들 마음대로 하는 것은 행복이 아니다. 왜냐하면 하나님이 그들을 외면하시기 때문이다. 하나님이 외면하신다면 어떻게 될까? 그것은 고난이다. 가나안에 정착한 이스라엘은 하나님을 잃어버렸다. 백성은 지도자 여호수아가 살았을 때는 하나님을 잘 섬겼다. 그러나 한 세대가 지나자 하나님의 존재와 백성을 위해 하나님이 하신 일을 알지 못하였다. 그들은 하나님의 눈앞에서 악을 행하며 바알을 비롯한 각종 우상들을 숭배한다. 하나님의 진노를 살 수 밖에 없었다. 하나님이 백성을 이방 사람들에게 넘겨주셨고, 이방인의 지배를 받게 하셨다. 우상을 섬기면 우상의 나라들에게 지배를 받을 것이다.

이스라엘 백성을 향한 하나님의 진노가 계속된다. 하나님이 이스라엘 백성을 메소포타미아 왕에게 넘기셨다. 이스라엘은 메소포타미아 왕 구산리사다임에 의해 압제를 받고, 그를 섬겨야 했다. 이런 일이 8년 동안이나 지속되었다.아마도 이스라엘은 가진 것을 빼앗겼을 것이다. 농사를 짓기는 하지만 거두는 기쁨은 가지지 못했을 것이다. 지배를 당하는 민족은 누리는 자유가 없다. 메소포타미아 왕도 이스라엘을 향해 인정을 베풀지 않는다. 인정을 베풀다가는 오히려 반역을 할 것이라고 생각하고, 억압하고 누를 뿐이다. 이스라엘의 억압이 풀려야 한다. 방법은 한 가지이다. 여호와 하나님을 찾는 것이다. 이스라엘이 여호와 하나님께 부르짖는다. 하나님께 부르짖음으로 하나님의 진노를 풀어드려야 한다.

하나님이 이스라엘을 측은히 여기셨다. 언약의 백성이요, 하나님의 섭리를 증명해야 할 백성이므로 진노를 거두셔야 했다. 하나님이 한 구원자를 세우셨다. 옷니엘이라는 사람이다. 사사기에서는 하나님이 이스라엘을 위해 세우시는 구원자를 "사사"라고 부른다(삿 2:16). 옷니엘은 이전에 기럇 세벨을 정복하므로 갈렙의 사위가 된 사람이다(수 15:16~17, 삿 1:12~13). 이미 옷니엘의 용맹과 능력이 검증되었다. 여호와의 신이 옷니엘 위에 임한다. 옷니엘이 성령의 기름부음을 받은 것이다. 옷니엘이 이스라엘의 사사가 되었다. 옷니엘은 하나님의 뜻에 따라 이스라엘의 억압을 풀어주는 사람, 하나님의 뜻에 따라 이스라엘을 통치하는 사람이 되었다. 이제 옷니엘은 이스라엘을 위해 할 일이 생겼다.

옷니엘은 이스라엘의 자유를 탈환해야 했다. 메소포타미아 왕 구산 리사다임과 그의 군대를 그 땅에서 쫓아냄으로 그들의 영토를 탈환해야 했다. 하나님의 뜻은 이스라엘이 하나님께서 주신 땅 가나안에서 안연히 거하는 것이다. 옷니엘이 나가 싸워 이겼다. 옷니엘의 싸움 과정은 자세히 소개되지 않는다. 다만 옷니엘이 이겼다는 사실만 기록할 뿐이다. 우리는 하나님이 옷니엘을 이기게 하신 것을 믿는다. 왜냐하면 하나님이 옷니엘을 선택하셨기 때문이다. 옷니엘이 살아있는 40년 동안 그 땅에 평화가 있었다. 옷니엘은 이스라엘에게 자유의 탈환, 영토의 탈환, 주권의 탈환을 가져왔다. 옷니엘은 영적 주권도 탈환하였다. 그는 하나님을 섬기되 억압 중 부르짖는 모습이 아니라, 평화 중에 교제하는 것으로 바꾸었다.

뺏고 뺏기는 세상

고대 세계에서 전쟁이란 대부분 영토를 뺏기 위한 것이었다. 좀 더 기름진 땅, 좀 더 넓은 땅을 차지하는 나라가 부강해졌다. 잘 살기 위해서 남의 땅을 점령하는 것이다. 땅을 점령하는 과정에서 전쟁은 불가피하다. 허허벌판에 말뚝만 박으면 되는 땅의 점령은 아주 쉽다. 그야말로 무혈 점령이다. 그러나 이미 사는 사람들이 있을 때, 그 땅을 차지한다는 것은 쉽지 않다. 원주민들의 저항을 물리쳐야 한다. 공격하는 사람들은 땅을 점령해야만 한다는 당위성이 있어야 하고, 당위성은 점령군의 사기를 높여 준다. 점령군의 전과에 따라 적절한 포상을 제시하는 당근 정책도 사기 진작에 도움이 될 것이다.

국가는 땅을 넓히는 것이 좋다. 미국은 땅을 넓히려고 소련으로부터 알래스카를 샀다. 동토의 땅이 아무 소용이 없어 보였지만 시간이 지나고 나서 효용가치가 인정되었다. 전략상 중요하고, 엄청난 자원이 매장되어 있기 때문이다. 돈을 주고 땅을 산 것은 양반이다. 전쟁으로 빼앗는 과정에서 나타나는 폭력과 무자비함이 문제이다. 땅을 차지하기 위해 죽이고 빼앗는 사람들이 있다. 영국은 한 때 해가 지지 않는 나라였다. 서구 열강들이 앞다투어 식민지를 개척해 나갔다. 국가의 주권을 빼앗고, 자원을 빼앗았다. 사람들을 잡아다가 노예로 삼았다. 역사는 이처럼 뺏고 빼앗기는 일을 반복하였다.

땅을 차지하도록 민족을 이끄는 지도자는 민족의 영웅으로 추앙을 받는다. 왜냐하면 민족이 잘 사는 터전을 제공하였기 때문이다. 민족의 역사에 지도력과 공적이 남는다. 지도자는 후대 사람들에게 영향을 끼친다. 그의 일대기는 젊은이들의 가슴을 크게 만든다. 민족의 위기가 닥치면 과거의 지도자를 기억한다. 지도자의 지도력을 다시 요구한다. 시대가 지도력을 요구하는 것이다. 경제 위기가 닥치면 과거 경제를 회생시킨 지도자를 생각하는 것도 같은 맥락이다. 나라가 혼란 속에 있으면 강한 지도력을 행사한 지도자를 생각하는 것도 이 때문이다. 현실에 대한 욕구가 독재자마저도 미화하며 역사의 판단을 흐려놓는다.

하지만 분명히 기억해야 할 것이 있다. 땅을 뺏는 과정에서 뺏기는 사람들의 아픔을 생각해야 한다. 힘이 약하여 뺏기지만 인간의 권리마저 뺏길 수는 없다. 그러나 인간의 오만은 다른 사람의 권리를 무참히 짓밟는다. 어떤 사람은 주장한다. "지도자가 독재를 행함으로 고통을 받은 사람이 있다는 것은 개발 과정에서 어쩔 수 없이 나타나는 희생이다. 하지만 많은 사람들이 잘 살게 되지 않았느냐?" 이것은 공리주의적 생각이다. 진정한 발전이란 구석구석 어두운 곳이 밝혀지는 것이어야 한다. 이 일은 뺏고 뺏기는 일을 하지 않는다. 오히려 나누며 더불어 잘 사는 것이어야 한다. 우리는 이런 방향으로 역사가 진행되기를 원한다.

역사와 땅의 주인

현재는 영원하지 않다. 그러므로 현재 누리는 것을 가지고 교만하면 안된다. 현재 누리는 것을 자기가 이룬 업적으로 착각하면 교만해진다. 교만한 사람은 자기만큼 능력이 부족하다고 생각되는 사람을 멸시한다. 생각의 멸시로 끝나지 않는다. 약한 사람의 것을 빼앗음은 물론이요, 자기의 이름을 하나님과 동일시하려 든다. 거대한 제국을 세운 사람들이 그랬다. 애굽 왕조의 파라오들이 스스로를 태양신의 아들로 여겼다. 로마의 황제들이 자기를 태양과 동일시하였다. 중국의 황제들이 하늘의 아들(天子)로 칭하였다. 인간이란 이처럼 높은 자리에 오르면 교만해진다. 더 이상 높아질 곳이 없으면 하나님의 자리까지 탐을 낸다.

교만한 사람들은 하나님의 영역을 자기 것으로 삼으려 한다. 땅을 가지는 것도 부족하여, 하나님의 명예를 자기의 소유로 삼으려 한다. 그러나 악한 사람들의 의도가 영원히 이루어지지 않는다. 하나님이 사람을 움직이심으로 인간의 교만을 깨뜨리신다. 하나님이 역사의 지배자, 우주의 지배자이심을 드러내신다. 인간이 잠시 차지한 하나님의 권위가 다시 하나님께로 돌아온다. 인간은 유한하고, 하나님은 무한하심이 드러난다. 잠시 하나님의 것을 가졌어도, 하나님이 다시 찾아오신다. 하나님이 스스로 하나님의 권위를 탈환하신다. 하나님이 당신의 사람을 사용하심으로 하나님의 권위를 탈환하신다.

역사의 역전은 어느 순간에 일어난다. 역사의 무대를 화려하게 장식한 나라는 사라지고, 새로운 나라가 등장한다. 힘없는 사람들을 억압하던 민족이 오히려 더 강한 나라에게 압제를 당한다. 역사 속에서도 먹고 먹히는 일이 발생한다. 앗수르가 바벨론에게 멸망하였다. 바벨론은 페르시아에게 멸망하였다. 페르시아는 헬라에게 멸망하였다. 헬라는 다시 로마에게 멸망하였다. 로마의 강력한 군사력과 평화도 영원하지 못하였다. 고트족, 게르만 족 등의 남하로 인하여 제국의 거대한 영토를 잃었다. 역사 속에 로마라는 이름과 흔적이 남았다. 그것만도 다행이다. 흔적도 없는 나라도 수없이 많으니 말이다.

역사의 흥망성쇠를 보면 하나님이 역사를 지배하고 계심이 분명히 드러난다. 하나님은 벨사살 왕의 교만을 책망하셨다. 그리고 그 밤에 바벨론이 메데와 페르시아 연합군에게 망하였다. 하나님이 교만한 사람들을 방관하지 않으신다. 역사의 흥망성쇠는 땅을 주시는 분도 하나님이심을 증명한다. 성경은 땅을 주시는 분이 하나님임을 분명히 증거한다. 성경은 진리이며, 우리의 믿음이다. "그러나 온유한 자들은 땅을 차지하며 풍성한 화평으로 즐거워하리로다"(시 37:11). 예수님이 이 말씀을 반복하셨다. 이는 예수님이 인정하시는 진리이다. "온유한 자는 복이 있나니 그들이 땅을 기업으로 받을 것임이요"(마 5:5).

다윗이 에돔 족속들과 전쟁을 벌인다. 다윗의 군대와 에돔의 군대가 소금계곡에서 만났다. 지금까지 이스라엘의 영토가 축소되었다. 그것은 백성이 하나님이 주신 영토를 지키지 못하였기 때문이다. 하나님이 백성의 우상 섬김에 분노하시고, 백성을 떠나셨기 때문이다. 하지만 하나님은 다윗의 시대에 이스라엘을 회복시키신다. 땅을 다시 차지하게 하신다. "하나님이여 주께서 우리를 버려 흩으셨고 분노하셨사오나 지금은 우리를 회복시키소서"(1절). 그동안 이스라엘은 하나님의 분노로 인하여 술취한 사람처럼 흔들리고 있었다. "주께서 주의 백성에게 어려움을 보이시고 비틀거리게 하는 포도주를 우리에게 마시게 하셨나이다"(3절).

하나님은 모세를 통해 이스라엘 열두 지파에게 가나안 땅을 분배하셨다. 이는 땅이 하나님의 소유임을 뜻한다. 열두 지파의 땅 뿐만 아니라 이방인들이 차지한 땅 모두가 하나님의 것이다. 온 땅이 하나님의 것이다. 온 땅이 하나님의 지배하에 있다. 온 땅이 하나님께 쓰임 받는다. "내가 세겜을 나누며 숙곳 골짜기를 측량하리라 길르앗이 내 것이요 므낫세도 내 것이며 에브라임은 내 머리의 투구요 유다는 나의 규이며 모압은 나의 목욕통이라 에돔에는 나의 신발을 던지리라 블레셋아 나로 말미암아 외치라 하셨도다"(6절b~8절). 그런데 이방인들이 땅을 차지하고 자기 것이라 큰 소리를 친다. 하나님의 것을 자기 것이라 착각한다.

하나님은 땅을 움직이실 수 있다. 하나님은 지진을 일으키실 수도 있고, 멈추게도 하실 수 있다. "주께서 땅을 진동시키사 갈라지게 하셨사오니 그 틈을 기우소서 땅이 흔들림이니이다"(2절). 땅을 움직이시는 이유는 하나님의 소유이기 때문이다. 하나님이 그 땅을 이방인으로부터 찾고 싶으시다. 하나님이 그 땅에 거하고 싶으시며, 땅을 지배하고 싶으시다. "하나님이 그의 거룩하심으로 말씀하시되 내가 뛰놀리라"(6절a). 다윗은 에돔을 정벌하고 그 땅을 점령하는 것이 하나님의 바람인 줄 믿는다. 그는 에돔을 찾고자 하시는 하나님의 음성을 들었다. "누가 나를 이끌어 견고한 성에 들이며 누가 나를 에돔에 인도할까"(9절).
다윗이 하나님의 뜻에 순종한다. 에돔이 점령한 땅을 찾으러 나선 것이다. 하나님이 다윗과 함께 하실 것이다. 하나님이 다윗의 군대가 갈 길을 지시하신다. 다윗은 그가 하는 일이 하나님의 진리를 드러내는 일임을 믿는다. "주를 경외하는 자에게 깃발을 주시고 진리를 위하여 달게 하셨나이다(셀라)"(4절). 다윗은 하나님이 그의 군대와 동행하심을 믿는다. 그의 군대가 전진할 때 하나님이 함께 전진하신다. "하나님이여 주께서 우리 군대와 함께 나아가지 아니하시나이다"(10절b). 하나님이 다윗의 군대를 도와주실 것이다. "우리를 도와 대적을 치게 하소서 사람의 구원은 헛됨이니이다"(11절).

영원한 나라

하나님이 이스라엘을 선택하셨다. 그리고 다윗을 이스라엘의 왕으로 세우셨다. 이스라엘은 주변의 국가들을 점령해야 한다. 땅을 차지해야 한다. 하나님이 그 땅을 이스라엘에게 주셨기 때문이다. 이스라엘이 땅을 차지한 것은 하나님을 향한 믿음을 그 땅에 심기 위함이다. 그래야 하나님을 믿는 민족이 그 땅에서 하나님의 복을 누릴 수 있다. 그러므로 땅과 믿음이 정비례한다. 하나님이 땅을 차지하게 하시는 것은 믿음을 회복하셨다는 것이다. 하나님이 다윗으로 하여금 땅을 탈환하게 하시는 것도 그들과 함께 하시기 때문이다. "하나님이여 주께서 우리를 버리지 아니하셨나이까"(10절a).

다윗은 하나님이 땅을 탈환하도록 도와주신다고 믿는다. 하나님이 다윗의 군대를 이끄시고 승리하게 하신다. 그러므로 그의 앞에는 거칠 것이 없다. 그의 군대도 거침없이 진격할 수 있다. "우리가 하나님을 의지하고 용감하게 행하리니"(12절a). 겉으로 보기에 다윗과 그의 군대가 대적을 물리치는 것 같지만 사실은 하나님이 물리치시는 것이다. 다윗이 승리하고 에돔 족속 위에 서는 것 같지만 사실은 하나님이 승리하시고 서는 것이다. "그는 우리의 대적을 밟으실 이심이로다"(12절). 하나님이 다윗을 통해 당신의 일을 행하시기 때문이다. 다윗이 하나님의 대리인이 되어 하나님의 땅을 탈환한다.

그러므로 다윗이 출전에 앞서서 먼저 하나님을 찾는다. 땅을 탈환하기에 앞서서 먼저 하나님의 뜻을 묻는다. 밀고 밀리는 전쟁 중에도 다윗은 하나님을 찾고, 하나님께 간구한다. 결국 다윗의 군대가 승리한다. 하나님이 다윗에게 승리를 안겨 주신다. 다윗의 장수 요압이 에돔 족속 1만 2천명을 소금계곡에서 물리쳤다. 다윗은 승리한 이후에 승리의 노래를 부른다. 그는 하나님이 백성을 사랑하심을 알게 되었다. 하나님이 백성을 구원하심도 깨닫게 되었다. 다윗은 하나님이 땅을 탈환하시고, 지배하시려고 먼저 사랑하는 자를 택하시고 사용하셨음을 믿는다. "주께서 사랑하시는 자를 건지시기 위하여 주의 오른손으로 구원하시고 응답하소서"(5절).

땅은 하나님의 것이다. "하늘이 주의 것이요 땅도 주의 것이라 세계와 그 중에 충만한 것을 주께서 건설하셨나이다"(시 89:11). 하나님은 하나님의 것을 찾으신다. 인간이 그것을 자기 것이라 우겨도 하나님이 인정하지 않으신다. 하나님이 반드시 땅을 다시 찾으신다. 하나님이 선택한 사람으로 하여금 당신의 땅을 탈환하게 하신다. 그리고 하나님이 지배권을 행하신다. 세우신 사람을 통해 하나님이 지배하신다. 하나님이 아담에게 이와 같이 명하셨기 때문이다. "하나님이 그들에게 복을 주시며 하나님이 그들에게 이르시되 생육하고 번성하여 땅에 충만하라, 땅을 정복하라, 바다의 물고기와 하늘의 새와 땅에 움직이는 모든 생물을 다스리라 하시니라"(창 1:28). 하나님이 이 명령을 영원히 기억하신다. 이 명령은 영원하다.

시편 61편

신원의 영성과 스가랴

마지막 기도

제사장 여호야다의 아들 스가랴가 죽어가면서 하나님께 부르짖는다. "여호와는 감찰하시고 신원하여 주옵소서 하니라"(대하 24:22b). 스가랴는 억울하게 죽어간다. 스가랴는 요아스 왕의 노여움을 받았다. 요아스 왕의 잘못을 꾸짖었기 때문이다. 꾸짖음의 내용을 들어보자. "이에 하나님의 영이 제사장 여호야다의 아들 스가랴를 감동시키시매 그가 백성 앞에 높이 서서 그들에게 이르되 하나님이 이같이 말씀하시기를 너희가 어찌하여 여호와의 명령을 거역하여 스스로 형통하지 못하게 하느냐 하셨나니 너희가 여호와를 버렸으므로 여호와께서도 너희를 버리셨느니라 하나"(대하 24:20).

그런데 요아스 왕이 듣지 않는다. 왕은 선지자들이 경계하여도 듣지 않는다. 스가랴가 경계하면 들어야 한다. 왜냐하면 스가랴가 요아스 왕의 은인 여호야다의 아들이기 때문이다. 그런데 요아스가 전혀 움직이지 않는다. 요아스의 마음이 돌덩이 같다. 아마도 스가랴 선지자가 죽도록 미웠던 것 같다. 아부하는 무리들이 스가랴에게 돌을 던진다. 스가랴는 여호와의 전에서 돌에 맞아 죽는다. 제물을 잡아야 할 여호와의 전에서 선지자를 잡은 셈이 되었다.

스가랴는 잘못한 일이 하나도 없다. 그는 성령에 감동되어 말했고, 행동했을 뿐이다. 다만 스가랴가 말한 대상이 악하여서 회개하지 않을 뿐이다. 성령에 감동된 사람이 이처럼 억울한 일을 당하거나 죽을 수 있다. 정의로운 일을 행하다가 고난을 당할 수 있다. 이 모습을 보며 사람들이 한탄한다. 과연 하나님이 어디 계시느냐며 의심할 수도 있다. 그러나 의인의 죽음은 결코 헛되지 않는다. 왜냐하면 스가랴의 신원(伸冤)이 하나님께 들려졌기 때문이다. 하나님은 의인의 기도를 들으신다. 그리고 악인에게 갚으신다.

스가랴의 외침을 가슴속에 묻어둔 사람들이 있다. 그들은 요아스가 권력을 휘두를 때 잠자코 있었다. 그러나 요아스가 위험에 처하였을 때, 정의를 세우기 위해 일어선다. 요아스가 아람 군대와의 전쟁에서 패하고 부상을 당했을 때, 스가랴의 외침을 기억한 사람들이 나섰다. 스가랴의 피흘림을 기억하고 요아스를 향해 모반을 일으켜 침상에서 잠을 자는 요아스를 죽이고 말았다. 스가랴의 외침을 하나님이 들으시고, 요아스를 데려가셨다. 억울한 고난으로 인한 외침이지만 그것은 메아리가 되어 다시 돌아온다. 스가랴와 요아스의 사이가 그렇다.

바른 예언자

구약의 예언자들은 거침없는 사람들이었다. 바른 선지자인지 거짓 선지자인지는 거침없이 말하는 것을 보아 알 수 있다. 바른 선지자는 왕의 구미에 맞는 말을 하지 않는다. 바른 선지자는 백성의 요구에 맞는 말을 하지도 않는다. 바른 선지자가 하는 일은 오직 여호와 하나님의 뜻대로 하나님의 말씀만을 말할 뿐이다. 반대로 거짓 선지자는 왕의 구미에 맞는 말, 백성의 요구에 맞는 말만을 한다. 왕과 백성은 평안하다는 소리를 듣기 원한다. 거짓 선지자들은 자의로 평안을 말하지만 실제로 평안이 없다(렘 23:16~17).

참 평안은 하나님으로부터 오는 것이다. 하나님이 평안을 주셔야 사람들이 평안을 누릴 수 있다. 바른 예언자는 하나님으로부터 오는 평안을 말한다. 바른 예언자는 거짓 선지자가 말하는 인위적 평안을 경고한다. 바른 예언자는 우상을 섬기거나, 사람을 의지하며 얻으려는 평안에 대하여 강력하게 경고한다. 바른 예언자는 국가적 위기가 닥쳐도 인간의 해결을 먼저 말하지 않는다. 인간의 노력으로 얻는 평안이란 제한적이기 때문이다. 그는 먼저 하나님과의 관계를 회복하라고 외친다. 평안이란 곧 하나님과의 바른 관계로부터 나오기 때문이다.

바른 예언자는 사람들로부터 비난을 받을 수 있다. 사람들이 듣기 좋아하는 말을 하면 비난도 고난도 없다. 사람들로부터 존경을 받을 지도 모른다. 그러나 하나님이 싫어하신다. 하나님이 노여워하신다. 거짓 선지자는 하나님의 노여움을 아랑곳하지 않는다. 오직 왕의 비위를 맞추려고 하고, 사람들이 듣기 좋아하는 소리만을 골라서 한다. 그러나 바른 예언자는 사람들이 듣기 싫어해도 하나님의 뜻이라면 거침없이 말한다. 그것 때문에 온갖 고난을 당하고, 심지어 죽는다 할지라도 할 말을 한다. 바른 예언자는 말의 내용으로 알 수 있다.

바른 예언자는 하나님의 말씀을 말하는 사람이다. 사람들이 듣지 않아도 하나님이 말하라고 시키면 말한다. 말하는 내용을 바꾸라는 압력을 받아도 굴하지 않는다. 왜냐하면 그가 하는 말의 근원이 하나님이며, 하나님이 그의 말을 듣고 계시기 때문이다. 그가 말하고 행동하는 것이 사람에게 보이지만 실상은 하나님 앞에서 하는 말이다. 사도들도 바른 선지자를 이어 받았다. 베드로와 요한이 그랬다. "베드로와 요한이 대답하여 이르되 하나님 앞에서 너희의 말을 듣는 것이 하나님의 말씀을 듣는 것보다 옳은가 판단하라 우리는 보고 들은 것을 말하지 아니할 수 없다 하니"(행 4:19~20).

오직 여호와

바른 예언자들은 하나님과의 관계를 우선으로 생각하는 사람들이다. 자신이 하나님과의 관계에서 바른 것뿐만 아니라 백성이 하나님 앞에서 바르게 되기를 원한다. 그러므로 왕과 백성이 하나님 앞에서 바르지 못하면 회개를 선포할 수 있다. 회개하지 않으면 멸망할 것이라고 외친다. 회개하지 않으면 하나님의 진노를 받을 것이라고 외친다. 왕과 백성의 안녕은 하나님으로부터 오는 것이다. 하나님과의 관계가 바를 때 백성의 정신도 바로 선다. 백성의 말과 행동도 바르다. 나라가 바로 선다. 나라가 평안해진다.

하나님은 모세를 통해 이스라엘에게 다른 신을 하나님 앞에 두지 말라고 명령하셨다. 하나님 외에는 섬기지 말아야 하며, 다른 우상을 섬겨서도 안 된다. 하나님의 이름을 망령되게 하여도 안 된다. 하나님은 백성에게 오직 하나님만을 섬기도록 요구하셨다. 이것이 백성에게는 가장 중요한 것이며, 우선적인 것이다. 백성의 안녕과 평화를 위해서도 가장 중요한 것이다. 왜냐하면 하나님이 그 백성과 언약을 맺으셨고, 그 백성을 다스리기 때문이다. 예언자들은 이것을 아는 사람들이다. 예언자들을 끊임없이 이것을 백성에게 상기시키고 지킬 것을 촉구한다.

그러나 이스라엘 백성은 이 문제에서 수많은 실패를 반복하였다. 가장 중요하고 우선적인 것에서 실패하였으니 그 나라의 역사가 얼룩질 수밖에 없다. 이방의 백성을 점령하고 다스려야 할 이스라엘이 오히려 이방 백성에 의해 지배를 받고 고통을 당하였다. 하나님과의 관계가 바르지 못하니, 이스라엘과 이방 나라의 관계가 반대로 되고 만다. 이스라엘이 이방인에 의해 고통을 받을 때마다 예언자들은 하나님과의 관계를 돌이키라고 요구한다. 돌이키는 길만이 나라가 사는 길이며, 나라의 미래가 보장되는 길이다. 하나님이 이스라엘의 역사에 간섭하신다.

문제는 백성이 예언자들의 말을 듣지 않는 것이다. 백성의 영적 눈이 어두워져 있기 때문이다. 왕의 영적 혜안이 무디어지면 백성이 회개하지 않는다. 그래서 지도자가 중요하다. 지도자 한 사람이 바로 서면 공동체가 바로 서기 때문이다. 지도자가 의롭지 못하면 나라가 불의의 도가니가 된다. 바른 예언자들이 고난을 당한다. 바른 생각과 믿음을 가진 한 사람이 불의한 다수에게 고난을 당한다. 이 때 예언자가 할 수 있는 일이 별로 없다. 오직 하나님께 신원하는 길이다. 탄식 중에서도 하나님을 찾고, 하나님께 외치는 것이다.

시편의 영성

시편의 기자는 하나님께 부르짖을 수밖에 없는 이유가 있다. 그 이유는 시인의 마음에 눌림이 있기 때문이다. 눌림의 원인이 무엇인지, 시인을 누르는 내용이 무엇인지는 본문에서 말하지 않는다. 다만 알 수 있는 것은 눌림 중에 부르짖고 있다는 사실뿐이다. 시인의 부르짖음은 하나님께 기도하는 것이다. 자신의 아픔을 아뢰며 하나님이 해결하시기를 원하는 신원의 부르짖음이다. "하나님이여 나의 부르짖음을 들으시며 내 기도에 유의하소서"(1절). 하나님은 신원을 유의하여 들으시는 하나님이시다. 하나님이 시인의 아픔을 자세히 살피신다.

시인은 하나님께 부르짖으며 상황의 반전을 요구한다. "내 마음이 약해질 때에 땅 끝에서부터 주께 부르짖으오리니 나보다 높은 바위에 나를 인도하소서"(2절). 상황의 반전이 자신으로부터 나오지 않는다. 자신은 상황을 반전시킬 힘이 부족하다. 하나님을 섬기는 시인은 혼자이며, 시인을 누르는 대적들은 다수이기 때문이다. 혼자의 힘은 약하고, 다수의 힘이 강하다. 그러나 사람이 아무리 많아도 하나님의 능력에 비교될 수 없다. 사람은 공격자이지만, 하나님은 피난처이시다. "주는 나의 피난처시요 원수를 피하는 견고한 망대이심이니이다”(3절).

신원하는 이유는 자신이 약하다는 것을 알고, 약함을 채울 수 있는 분은 오직 하나님뿐이라는 것을 믿기 때문이다. 그것을 믿지 못한다면 불의와 타협할 수밖에 없다. 다수의 힘 앞에 굴복할 수밖에 없다. 다수의 사람들은 가진 것이 많다. 악한 방법으로 남의 것을 뺏기도 하고, 서로 모의하여 의인의 것을 가로챈다. 시인은 이것이 안타깝다. 이대로 내버려두면 의인이 살 수 없어 보인다. 하나님이 참견하셔야 한다. 하나님이 의인에게 복을 주셔야 한다. “주 하나님이여 주께서 나의 서원을 들으시고 주의 이름을 경외하는 자가 얻을 기업을 내게 주셨나이다”(5절).

신원을 들으시는 하나님이 땅의 일에 개입하셔야 한다. 하나님이 역사에 개입하셔야 한다. 하나님이 국가적 일에, 국제 정세에 참견하셔야 한다. 시인이나, 예언자나 하나님께 이것을 간구한다. 하나님의 응답은 지도자를 다스려 주심으로 나타난다. 하나님이 왕을 다스리심으로 국가적 일에 개입하신다. 하나님이 다윗에게 언약하셨다. 다윗이 왕으로서 행하는 일, 나라를 다스리는 일, 영토를 넓히는 일을 도우시겠다고 약속하셨다. 그것도 다윗의 후대 영영히 도와주실 것이다(삼하 7:16). “주께서 왕에게 장수하게 하사 그의 나이가 여러 대에 미치게 하시리이다”(6절).

신원하는 사람

신원하는 사람은 하나님의 그늘 아래 머무는 사람이다. 사람이 그늘이 되지 않고, 환경이 그늘이 되지 않는다. 산골짜기가 그늘이 되지 않는다. 첩첩산중에 숨어도 두려움은 여전할 수 있다. 혼자 있다는 생각, 하나님의 도우심을 믿지 못하고 사람들의 압박에 두려움을 가질 수 있다. 두려움을 떨치는 유일한 방법은 하나님의 도우심을 믿는 것이다. 하나님의 강한 팔에 안기는 것이다. 시인은 하나님께 속한 사람으로 살고 싶다. 시인은 이러한 믿음을 사람들에게 선언한다. "내가 영원히 주의 장막에 머물며 내가 주의 날개 아래로 피하리이다(셀라)"(4절).

신원하는 사람은 자신의 문제만을 하나님 앞에 아뢰지 않는다. 나라 안에서 가장 중요한 사람, 백성을 좌우할 수 있는 영향력을 가진 사람을 하나님께 거론한다. 그 사람은 곧 왕이다. 예언자가 왕을 향하여 회개를 촉구하며 하나님의 뜻을 알려 주듯이, 시인도 왕의 신앙과 인격에 대하여 관심을 가진다. 왕의 안녕이 백성의 안녕, 나라의 안녕과 직결된다. 왕이 대대로 평안하면 백성도 대대로 평안할 것이다. 왕이 하나님과의 관계를 바르게 하면 하나님의 도우심을 받을 것이다. "그가 영원히 하나님 앞에서 거주하리니 인자와 진리를 예비하사 그를 보호하소서"(7절).

하나님은 멀리 계시는 하나님이며, 동시에 가까운 곳에 계시는 하나님이시다. 하나님은 왕의 하나님이시며 동시에 백성의 하나님이시다. 하나님은 과거의 하나님이셨고, 현재의 하나님이시다. 그리고 미래의 하나님이시다. 하나님은 약한 자의 하나님이시며, 고통 중에 부르짖는 사람의 신원을 들으시는 하나님이시다. 즉 하나님은 신원하는 사람의 하나님이시다. 하나님이 신원하는 사람의 부르짖음을 기억하신다. 하나님이 감찰하신다. 하나님이 신원하는 사람을 보호하신다. 하나님이 신원하는 사람의 울타리와 성벽 그리고 피난처가 되어 주신다.

그러므로 하나님의 보호를 확인하는 사람에게는 기쁨이 있다. 하나님의 신원하심을 믿는 사람에게는 즐거움이 있다. 그는 하나님을 즐거이 부른다. 그는 하나님을 떠날 수 없다. 하나님 안에서 사는 것이 그의 행복이다. 하나님과 더불어 사는 것이 그의 삶이다. 입을 열면 하나님을 찬양한다. 몸은 하나님의 뜻을 행한다. 하나님과 약속한 것이 있으면 반드시 이행한다. 하나님이 부르짖음을 들으셨는데, 하나님께 드리지 못할 것이 무엇이 있을까? 그의 인생은 하나님으로 인하여 의미가 있다. "그리하시면 내가 주의 이름을 영원히 찬양하며 매일 나의 서원을 이행하리이다(8절)."

시편 62편

기대의 영성과 요담

요담의 예화

기드온에게는 야심만만한 아들이 하나있다. 아비멜렉이다. 기드온의 아들 70명이 아비멜렉에 의해 한 반석 위에서 죽임을 당한다. 야심이 좋은 것이겠지만 지나치다 보니, 형제들까지 살해한다. 인격의 성숙이나, 지도력을 배양하는 것보다는 야심을 이루는 방법에만 치우치다 보니 이런 일이 벌어진다. 야심을 이루려고 형제들을 죽이는 것은 피도 눈물도 없는 것이다. 야심만만한 사람의 주변에 있으면 언제든지 희생을 당할 가능성이 있다. 야심에 동조하고 사이가 좋을 때는 함께 야심을 이루지만, 이룬 후에는 마음이 맞지 않고 원수가 될 수 있다. 어느 한편이 다른 한편을 해칠 수도 있다.

아비멜렉의 칼을 피해 숨은 아들이 있다. 막내아들 요담이다. 요담은 두려워 숨었다. 얼마나 지냈는지 모른다. 그 사이에 세겜 사람들이 아비멜렉을 왕으로 삼았다. 요담의 마음이 얼마나 착잡하였을까? 무엇을 하려 해도 자기에게는 힘이 없다. 분명한 확신이 하나 있는데, 그것은 아비멜렉이 왕으로 지내서는 안 된다는 것이다. 요담이 분연히 일어선다. 요담이 그리심 산 꼭대기에서 세겜 사람들을 향하여 소리를 지른다. 자기의 이야기를 들어주면 하나님이 세겜 사람들을 들으실 것이라며 솔깃한 제안을 한다. 요담의 마음 속에는 이 이야기로 인하여 아비멜렉이 망할 것이라는 기대가 있었다.

나무들의 나라에 왕이 필요하였다. 나무들이 모여 의논을 하다가 감람나무를 왕으로 삼으려 한다. 감람나무가 점잖게 거절한다. 기름으로 하나님을 영화롭게 하고, 사람을 유익하게 하는데 이것을 버릴 수는 없다는 것이다. 나무들이 무화과나무에게 왕이 되어 달라고 간청한다. 무화과나무는 달고 아름다운 열매를 버리고 왕이 될 수 없다고 거절한다. 이번에는 포도나무에게 왕이 되어달라고 요청한다. 포도나무는 새 술을 만드는 일이 하나님과 사람을 기쁘게 하는 일인데, 그것을 버리고 왕이 될 수 없다고 거절한다. 마지막으로 아카시아 나무에게 왕이 되어달라고 요청한다. 아카시아 나무가 얼른 수락하며 자기 그늘에 피하지 않으면 불로 사를 것이라고 큰 소리를 친다.

요담은 아비멜렉을 왕으로 삼은 것이 과연 옳은 것이냐를 말한다. 요담의 이야기를 보아 아비멜렉은 아카시아같은 사람이다. 자기 말을 듣지 않으면 그 입에서 불이 나오는 사람이다. 아마 세겜 사람들이 아비멜렉에 의해 태워질 것이다. 요담은 이 말을 하고는 아비멜렉을 피해 도망한다. 이후 세겜 사람들이 아비멜렉을 배반한다. 세겜 사람들이 아비멜렉을 훼방하고, 고의적으로 아비멜렉을 비난한다. 비난과 훼방의 결과는 전쟁이다. 세겜 사람들과 아비멜렉 사이에 전쟁이 벌어진다. 아비멜렉이 세겜 사람 1,000명 가량을 죽인다.

아비멜렉이 승승장구하며 데베스 망대를 정복하려 전진한다. 그런데 어떤 여인이 망대 위에서 떨어뜨린 맷돌이 아비멜렉을 덮쳤다. 아비멜렉은 여인에게 죽었다는 소리가 듣기 싫어 옆의 소년에게 자기를 찔러 달라고 부탁한다. 아비멜렉의 죽음은 하나님의 형제 70명의 피를 갚아주심이었다. 아비멜렉의 죽음은 하나님이 그의 행한 대로 갚으심이었다. 요담의 기대가 이루어졌다. 하나님이 세겜 사람들에게도 악한 일에 대하여 그들의 머리에 갚으셨다. 성경은 이렇게 말한다. "여룹바알의 아들 요담의 저주가 그들에게 응하니라"(삿 9:57b).

서로를 위한 기대

새로운 지도자가 등장하면 백성이 지도자에 대하여 기대를 가진다. 백성을 편하게 할 것이라는 기대, 백성을 안심하고 잘 살게 할 것이라는 기대, 백성의 삶이 더 윤택해질 것이라는 기대 등등, 수많은 기대가 있을 것이다. 기대를 가진 백성 중에는 지도자에 대하여 압력을 가하는 이익 집단도 있을 것이다. 지도자를 나서게 하는 데 공로를 세웠으면 압력 집단으로 작용할 가능성이 농후하다. 지도자 역시 자기를 도운 사람을 무시하지 못할 것이다. 그런데 이것이 지도자의 판단력을 흐리게 하는 원인일 수 있다. 지도자가 지도력의 의심을 받고, 백성 전체를 위함이 아닌 한 부류만의 지도자로 전락할 수도 있다.

한편 지도자가 자신을 돕던 사람들을 물리칠 수도 있다. 어차피 모든 백성의 지도자가 되어야 하니 일부 계층만의 요구를 들어줄 수 없다. 지도자는 균형을 갖추어야 한다. 지도자는 모든 백성을 공평하게 생각해야 한다. 그러다 보니 자신을 돕던 사람들을 떠나야 한다. 혹은 자신을 돕던 사람들을 멀리할 수도 있다. 지도자가 공정한 지도력을 행사하려고 자신의 후원 집단을 멀리할 수도 있다. 혹은 지도자가 후원 그룹을 싫어하게 되는 경우도 있다. 후원 그룹으로 도움을 받았지만 후원 그룹을 해체시키는 일도 생길 것이다. 후원 그룹에서는 토사구팽(兎死拘烹)이라고 반발도 하겠지만 어쩔 수 없는 일이다.

세겜 사람들이 아비멜렉을 도운 데에는 아비멜렉으로 인하여 무엇인가를 얻으려는 기대가 있었을 것이다. 아비멜렉 역시 세겜 사람들의 공적을 잊지 않을 것이다. 아비멜렉이 왕위에 오르기까지 도운 사람들을 외면한다는 것은 지도자의 신의에 관한 문제이기 때문이다. 그러나 아비멜렉이나 세겜 사람들이나 서로에 대한 기대가 순수하지 못하다. 아비멜렉의 형제들이 죽은 것이 순수하지 못한 증거이다. 아비멜렉이나 세겜 사람들이나 자신들만의 이익에 대한 기대가 있다. 만약 이 기대가 사라진다면 둘 사이는 언제든지 갈라질 수 있다. 친구 사이가 언제든지 원수 사이로 돌변할 수 있는 것처럼 말이다.

요담이 이를 간파하였다. 요담이 세겜 사람들에게 아비멜렉의 흑심을 드러낸다. 세겜 사람들은 하나님이 들으실 것이라는 말 앞에서는 꼼짝도 못하고 들어야 한다. 요담은 세겜 사람들과 아비멜렉의 사이가 갈라질 것이라는 기대를 가지고 이야기를 한다. 게다가 하나님이 아비멜렉의 악을 갚으실 것이라는 기대를 가지고 말한다. 죽음을 무릅쓰고 말하려는 때에는 하나님의 도우심을 기대할 수밖에 없다. 하나님이 요담의 기대대로 행하였다. 아비멜렉이 행한 대로 하나님이 갚으셨다. 하나님은 세겜 사람들의 어리석음과 죄에 대하여서도 갚으셨다. 하나님이 살아계시기 때문에 순수하지 못한 기대는 반드시 무너지게 되어 있다.

기대한 만큼 행하는 것

사람은 기대한 만큼 행한다. 하나님은 사람에게 아름다운 기대를 선물로 주신다. 하나님이 아브라함에게 기대를 주셨다. 아브라함을 복의 근원으로 삼으신단다. 아브라함이 보는 땅, 밟는 땅을 주시겠다고 하신다. 하나님이 여호수아에게 기대하게 하셨다. 여호수아가 밟는 땅을 하나님이 주실 것이다. 아브라함이나 여호수아의 기대는 하나님의 선물이었다. 하나님으로부터 선물을 받았으니 하나님을 바라볼 수밖에 없다. 하나님을 바라보는 것이 기대하는 사람이 행할 일이다. 기대가 크면 클수록 하나님을 바라본다.

하나님이 주신 기대는 동기와 방법이 순수하다. 하나님의 이름이 드러나야 한다. 자신은 감추어지고 오직 하나님의 능력이 드러난다. 하나님 앞에 겸손함이 보여진다. 하나님은 겸손한 사람에게 복을 주신다. 하나님이 주신 기대는 타인의 안녕과 복지를 위한 것이다. 타인 속에 하나님의 형상이 있기 때문이다. 하나님이 주신 기대는 공동체의 화합과 성장을 위한 것이다. 하나님이 공동체 속에 함께 하시기 때문이다. 하나님이 주신 기대는 교회를 빛과 소금되게 하는 것이다. 하나님이 그것을 원하시기 때문이다.

반면에 사람의 기대는 동기와 방법이 순수하지 못하다. 하나님을 배제하고, 사람의 유익만을 위한 것이다. 자기의 욕망만을 채우기 위한 기대는 안개에 불과하다. 사람으로 하여금 방황하게 하고, 혼란스럽게 할 뿐이다. 그리고 곧 사라질 것이다. 안개 속에 있을 때는 욕망을 채운 것 같으나, 안개가 걷히면 아무 것도 아님을 깨달을 것이다. 사람의 욕망만을 위한 기대는 무지개에 불과하다. 아름다운 모양과 색을 볼 수는 있으나 그것을 잡을 수는 없다. 그것은 잡는다고 잡아지는 것이 아니다. 잡으려 한다면 그것은 헛수고일 뿐이다.

사람은 기대하는 수준만큼 행한다. 악한 동기를 가진 사람, 악한 것을 기대하는 사람은 악을 행한다. 하나님의 영광을 기대하는 사람은 겸손을 드러낸다. 일부러 겸손한 척 하는 것이 아니라 마음 속 깊은 겸손이 몸에서 배어 나온다. 인류의 복지를 위한 기대를 가진 사람은 섬김과 돌봄으로 일한다. 테레사 수녀처럼 말이다. 공동체를 향한 기대를 가진 사람은 공동체 속에서 의를 행한다. 공동체 속에 공의가 강물처럼 흐르기를 원하고, 그것을 위해 일한다. 교회를 향해 기대를 가진 사람은 교회를 향하여 기꺼이 대가를 지불한다.

시편 기자는 하나님을 향하여 기대를 가지고 있다. 시인의 기대는 구원이다. 하나님이 구원자이심을 믿기 때문이다. 그러나 시인은 그 기대 때문에 요란을 떨지 않는다. 요란을 떤다고 하여 기대가 이루어지지 않을 것을 알기 때문이다. 잠잠히 바라만 보고 있어도 기대를 이룰 수 있다. 기대하는 것은 나지만 기대를 이루시는 분은 하나님이시기 때문이다. "나의 영혼이 잠잠히 하나님만 바람이여 나의 구원이 그에게서 나오는도다"(1절). 하나님의 기대를 따라 사는 사람은 하나님께로부터 소망을 찾는다. "나의 영혼아 잠잠히 하나님만 바라라 무릇 나의 소망이 그로부터 나오는도다"(5절).
시인은 하나님을 향한 기대를 더 자세히 기술한다. 그리고 하나님을 은유적으로 표현한다. 시인은 하나님을 은유적으로 표현하는 것을 즐겨한다. 그러다 보니 다양한 은유적 표현이 등장한다. 하나님이 자기의 반석과 산성이시란다. 그리고 구원이시란다. "오직 그만이 나의 반석이시요 나의 구원이시요 나의 요새이시니"(2절a). 이러한 은유적 표현은 단순히 시적 감성의 표현일까? 그것은 아니다. 시인의 영적 경험의 표현이다. 그것도 단순히 느끼는 감정이 아니라 깊은 고민과 고통에서 우러나오는 체험이다. 이렇게 체험하고 보니 하나님 앞에서 흔들이지 않는다. "내가 크게 흔들리지 아니하리로다"(2절b).
시인이 흔들릴 상황은 아주 많다. 대부분 사람들로부터 오는 공격들이다. 시인이라고 하여 공격대상에서 제외되지 않는다. 왕이라고 하여 공격 대상에서 제외되지 않는다. 믿음이 좋다고 하여 공격대상에서 열외일 수 없다. 오히려 믿음이 좋다면 더 크게 공격을 받을 수도 있다. 시인은 공격하는 사람들을 향하여 명령한다. "넘어지는 담과 흔들리는 울타리 같이 사람을 죽이려고 너희가 일제히 공격하기를 언제까지 하려느냐"(3절). 공격하는 사람들의 특성은 거짓과 저주의 말을 내뱉는 것이다. "그들이 그를 그의 높은 자리에서 떨어뜨리기만 꾀하고 거짓을 즐겨 하니 입으로는 축복이요 속으로는 저주로다(셀라)"(4절).

시인은 악한 사람들에게 세상을 기대하지 말고 하나님을 기대하기를 권고한다. 하나님을 향한 기대는 악을 버리는 것이다. 악한 행위를 그치는 것이다. 하나님을 향한 기대는 세상의 욕망을 버리는 것이다. 돈이나 사람을 의지하지도 않는 것이다. "포악을 의지하지 말며 탈취한 것으로 허망하여지지 말며 재물이 늘어도 거기에 마음을 두지 말지어다"(10절). 왜냐하면 하나님이 사람의 기대를 보시고 거기에 응답하시기 때문이다. 하나님은 선한 기대에 선하게 응답하시고, 악한 기대에는 심판으로 응답하신다. 이로써 하나님의 자비와 인자하심이 드러난다. "주여 인자함은 주께 속하오니 주께서 각 사람이 행한 대로 갚으심이니이다"(12절).

기대의 축복

하나님을 기대하는 사람에게는 하나님으로부터 은혜가 임한다. 은혜를 기대하는 사람에게는 축복이 임한다. 축복을 기대하는 사람에게는 흔들리지 않는 믿음이 있다. 하나님을 체험하였고, 믿음을 고백하며, 믿음의 결단이 확고하다. "오직 그만이 나의 반석이시요 나의 구원이시요 나의 요새이시니 내가 흔들리지 아니하리로다"(6절). 기대하는 사람이 가진 신앙은 갈수록 확실해진다. 믿음생활 속에서 체험하는 은혜가 다양하다. "나의 구원과 영광이 하나님께 있음이여 내 힘의 반석과 피난처도 하나님께 있도다"(7절).

기대하는 사람은 하나님을 찾는다. 하나님 앞에 와서 자신의 아픔을 드러낸다. 자신의 고통과 고난을 하나님께 내어놓는다. 하나님이 용납하실 것을 믿기 때문이다. 마지막으로 의지해야 할 분이 곧 하나님이시다. "백성아 시시로 그를 의지하고 그의 앞에 마음을 토하라 하나님은 우리의 피난처시로다(셀라)"(8절). 시인은 늘 하나님과 함께 하기를 원한다. 시인은 순간 순간 하나님이 생각난다. 그리고 하나님께 아뢴다. 이것이 하나님을 기대하는 사람의 살아가는 모습이다.

이 땅에 사는 사람들이란 하나님 앞에서 보면 아무 것도 아니다. 사람이 이루어 놓은 것도 하나님 편에서 보면 아무 것도 아니다. 아무리 말을 잘해도 하나님 편에서 보면 거짓과 오류 투성이이다. 진리를 말한다 하지만 하나님 편에서 보면 욕망이 들어 있는 독설일 수 있다. 그러므로 사람은 하나님 앞에서 겸손해야 한다. "아, 슬프도다 사람은 입김이며 인생도 속임수이니 저울에 달면 그들은 입김보다 가벼우리로다"(9절).

하나님의 약함이 사람의 강함보다 강하다. 하나님을 기대하는 사람은 하나님의 권능을 믿는다. 하나님의 권능을 기대한다. 하나님은 말씀으로 당신의 권능을 드러내신다. "하나님이 한두 번 하신 말씀을 내가 들었나니 권능은 하나님께 속하였다 하셨도다"(11절). 하나님의 말씀을 바로 듣는 사람은 그 권능 앞에 굴복한다. 하나님 앞에 굴복하는 것이 하나님의 기대이다. 신앙인은 하나님의 기대로 채워진 사람이다. 하나님의 기대로 채워진 사람은 하나님의 사람이다. 하나님께 소속된 사람이다.

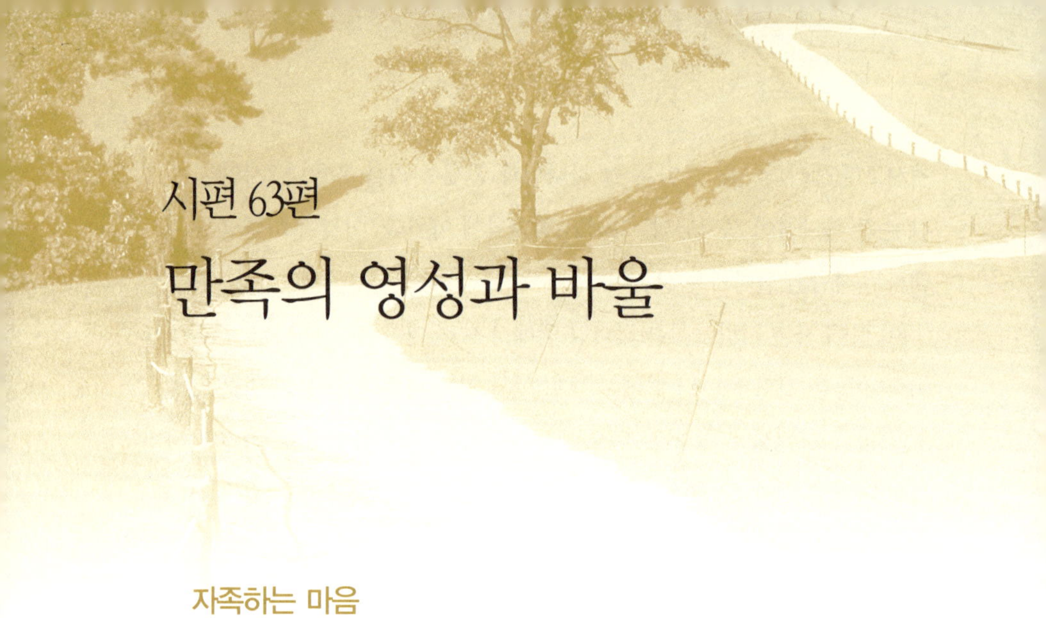

시편 63편
만족의 영성과 바울

자족하는 마음

바울은 배경으로 말해 둘째가라면 서러워할 정도이다. 유대 가문으로 말하면 베냐민 지파요, 율법의 계열로 가말리엘 문하생이다. 그는 길리기아 다소에서 태어나 헬라의 언어와 학문에 정통하였다. 게다가 나면서부터 로마인이다. 혈통, 종교, 학문, 시민권 등 어느 것 하나 빠지지 않는다. 이 정도 되면 충분히 우쭐할만하다. 한 때는 이런 것들로 만족하였다. 아무도 바울을 무시할 수 없었다. 바울이 마음만 먹으면 누구든지 곤경에 처하도록 만들 수 있었다. 실제로 바울은 권력도 가지고 있었다. 죽은 스데반의 시신이 발 앞에 놓여진 일이나, 체포영장을 가지고 그리스도인을 체포하려고 다메섹으로 가는 것만 보아도 권력자임을 짐작할 수 있다.

그런데 바울이 모든 배경을 다 버렸다. 예수 그리스도를 만나고 보니 그가 가진 모든 것이 아무 것도 아니다. 바울은 이전의 모든 배경들을 배설물처럼 여겼다. 그리스도의 사도가 되고 보니 과거의 배경이 사도로서 사역을 감당하는데 별로 도움이 되지 않는다. 그동안 자기를 만족시켰던 것들이 지금은 만족시키지 못하고 있다. 바울이 하는 일은 땅의 일이 아니었다. 땅의 일을 하려면 땅의 것이 필요하다. 그러나 바울은 하늘의 일을 하려다 보니 땅의 것이 필요하지 않았다. 바울은 만족의 근원을 땅의 것이 아닌 하늘의 것에서 찾았다. 예수 그리스도를 전하다 보니 예수 그리스도와 상관 없는 것은 아무 것도 아니었다.

바울의 주변 사람들이 바뀌었다. 다메섹으로 그리스도인을 체포하려 가기 전에는 대제사장, 유대인, 바리새인이 바울의 주변 인물들이었다. 그러나 다메섹으로 가는 도중에 변화된 바울은 그리스도의 제자들과 사도들 그리고 바나바와 사귀었다. 유대인들은 오히려 바울을 죽이려 들었다. 그들의 눈에 바울이 배신자로 보였기 때문이다. 바울의 동조자들이 바울을 원수로 여긴다. 이제 바울은 이전에 가졌던 모든 배경들을 끊을 수밖에 없다. 그것은 자의에 의해 끊어야 하지만 타의에 의해서도 끊겨졌다. 바울은 가는 곳마다 유대인들로부터 공격을 당한다. 신변의 위협을 당하는 것은 물론이요, 율법주의와 할례 우선주의로 무장한 유대인들로부터 영적 공격도 당한다.

바울에게서 가장 심각한 문제는 경제적인 문제이다. 아무리 선교사역을 한다지만 이슬만 먹고 살 수는 없는 노릇이다. 바울도 먹어야 힘을 차리고, 전도할 수 있다. 바울도 돈을 가져야 선교사역을 지속할 수 있다. 바울의 선교사역을 돕는 사람들, 경제적 후원자들이 있기는 해도 언제나 넉넉하지는 않다. 동역자 없이 혼자 하는 경우나, 경제적 어려움도 있을 것이다. 천막 깁는 일을 했어도 그것이 선교사역에 자금줄이 되지는 못한다. 그러나 바울은 두렵지 않다. 그는 비천에 처할 줄도 알고 풍부에 처할 줄도 안다. 그는 배부름과 배고픔, 풍부와 궁핍에 관한 일체의 비결을 배웠다. 바울은 먹을 것과 입을 것만 있으면 만족한다(딤전 6:8).

비교 세상

하버드 대학의 학생들에게 설문조사를 했다. 평균 연봉 2만5천 달러 회사에서 5만 달러를 받고 근무하겠느냐? 평균 20만 달러를 회사에서 10만

달러를 받고 근무하겠느냐? 그런데 학생들의 대답이 5만 달러를 받는 곳에서 일하겠단다. 이유인즉 다른 사람보다 더 받는 곳에서 얼굴 펴고 살겠다는 것이다. 학생들은 절대적 연봉이 얼마나 되느냐보다 상대적으로 얼마나 어깨를 펴고 사느냐에 더 관심이 있다. 동료보다 더 많이 받는 것에 대한 자부심이 생산성을 높이는 일인지는 본인들만이 알 일이다.

언론매체는 세계 곳곳의 상황, 나라 안의 상황, 이웃의 형편을 알게 하는 중요한 수단이다. 이웃의 형편을 알면 자연히 자신의 처지와 비교할 것이다. 이웃보다 내가 더 낫다면 별로 행복한 감정이 없다. 그저 그렇겠거니 무덤덤하게 지낼 수 있다. 그런데 이웃이나 친구보다 내가 못하면 왠지 불편한 감정이 마음속에 찾아온다. 내가 잘못한 것도 없고, 친구가 나보다 잘난 것도 아닌데, 나는 왜 이 모양으로 살아야 하느냐고 신세한탄을 하게 된다. 이웃과의 비교가 불편한 심정을 가져오는 것이다.

우리 속담에 사촌이 땅을 사면 배가 아프단다. 사촌이 나보다 잘 되는 것이 싫기 때문이다. 사촌보다 뒤진다는 것이 자존심 상하는 일이라고 보기 때문이다. 이웃집에는 무엇이 있고, 우리 집에는 없다는 것이 마음을 불편하게 할 수 있다. 여성의 경우 이웃집 남편은 직장 좋고, 매너 좋으면 우리 집 남편과 비교하여 신경질 난다. 여학교 시절 나보다 못난 친구가 남편 잘 만나 떵떵거리는 것을 보면 자존심이 상하여 치를 떤다. 그러니까 불행의 원인이 내게 부족한 것보다는 남이 가진 것이 없기 때문이다.

정보가 많은 사회일수록 내게 있는 것으로 만족하려는 것보다 남과 비교하여 만족하지 못하는 경향이 있다. 내면세계가 성숙하면 내게 있는 것으로 자존심을 세운다. 그러나 내면세계가 미성숙하면 이웃과 비교하기 시작한다. 만족하기 위한 비교가 아니라, 만족하지 못한 일을 찾기 위한 비교이다. 불만족이 목적이니 비교의식에서 불만족하게 되는 것이 당연하다. 정보의 양과 내면세계와 정비례하지 않는다. 오히려 반비례하는 것 같다. 이렇게 되려면 차라리 정보가 차단되는 것이 더 만족을 주는 길이 아닐까?

운명론을 넘어서서

어떤 이들은 아무리 많은 정보를 접하고 이웃과 사는 모습이 비교되어도 만족이나 불만족에 대한 개념조차 가지지 못한다. 정신세계를 다른 것에 의해 지배를 받는 사람이다. 소위 운명론자들이다. 운명론자들은 만족하지 못하게 사는 것이 신의 뜻이므로 자신의 운명으로 받아들인다. 운명론자들은 윤회라는 것을 믿는다. 그들은 지금 운명에 순응하며 살면 다음 세계에서는 새로운 운명을 가지고 태어날 것이라고 믿는다. 그러니 평생 빨래만 하고, 평생 가축을 도축해도 전혀 불평이 없다.

운명론자들은 자신이 아닌 다른 사람의 운명도 있을 것이라 믿는다. 그들은 건강과 질병, 사는 것과 죽는 것에서 운명론을 주장한다. 운명대로 살겠다는 것이다. 아프리카의 어머니들은 아이가 병들어서 죽어가도 신이 살려주면 살고, 죽이면 죽는 것이라고 내버려두는 경향이 있다. 자신이나 운명론대로 살면 될 것을 자식마저도 운명론대로 살라고 한다. 그래서 충분히 자식을 살릴 수 있음에도 죽어가게 한다. 운명론이 사람에게 만족과 불만족의 개념을 주지 않으니 사람의 생명에 대한 경외감마저 없는 것이다.

만족을 찾는 사람은 최소한 운명론만큼은 넘어선다. 만족을 찾는 사람은 운명론에 맡기자니 자신의 인생이 너무 불쌍하고 비참하게 될 것을 안다. 운명론에 맡기면 자신이나 가족 모두에게 불행이 닥칠 것을 안다. 만족을 누리고 싶은 사람은 최소한 환경을 개척하는 열정이 있다. 그의 환경이 운명론자들에 의해 결정되는 경향이 있다면 운명론자들과 맞서 싸운다. 억눌린 환경에서 탈출하는 사람도 있다. 그 과정에서 당하는 고통도 만만치 않다. 그래도 싸우는 것이 행복하다. 싸움이 곧 만족을 얻기 위한 길이기 때문이다.

그러나 자유를 가지고 그것을 누리며 살아도, 만족하지 못한 사람은 아무 생각이 없는 운명론자보다 못하다. 운명론자는 최소한 자기를 불행하다고 느끼지는 않는다. 만족을 전혀 모르는 사람은 자기 스스로 불행하다고 생각한다. 자신의 생각이 결박에 사로잡혀 있고, 따라서 인생도 결박에 사로잡혀 있다. 만족의 근원을 모르는 사람은 운명론자는 아니지만 운명론자보다 못한 생각에 사로잡혀 산다. 만족을 모르는 사람은 운명론자보다 더 고약한 생각의 그늘 속에 사로잡힌 포로들이다.

시편의 영성

만족하려는 사람은 반응할 것에만 반응한다. 사람의 악한 공격에는 반응하지 않는다. 운명론에 순응하지도 않는다. 시편 기자는 진정한 만족을 하나님으로부터 얻고 싶다. 그러므로 하나님을 찾는다. 만족하려는 사람은 하나님께 반응하고, 마음을 불편하게 하는 것에는 반응하지 않는다. 사람의 인생을 결박하는 운명론에는 거부와 인생개척으로 반응한다. 부족한 것이 있으면 탓하거나 불평하기보다 그것을 얻으려 한다. "하나님이여 주는 나의 하나님이시라 내가 간절히 주를 찾되 물이 없어 마르고 황폐한 땅에서 내 영혼이 주를 갈망하며 내 육체가 주를 앙모하나이다"(1절).

시편 기자에게도 만족하지 못하는 경우가 있다. 그 경우는 대부분 이웃과의 관계이다. 하지만 자세히 살펴보면 이웃 때문이 아니라 바로 자신 때문이다. 자기가 이웃의 공격에 대하여 짜증으로 반응하기 때문이다. 겉으로 반응하지는 않지만 속마음은 타들어간다. 반응이 없으면 죽은 동물이나 다름이 없다. 살아있는 인간이니 반응이 없을 리 없다. 그러나 시편 기자는 하나님께만 반응을 보이고 싶다. 그 반응이 곧 하나님의 권능을 보고 싶은 것이며, 주의 성소를 찾는 것이다. "내가 주의 권능과 영광을 보기 위하여 이와 같이 성소에서 주를 바라보았나이다"(2절).

진정한 만족은 돈으로 얻어지지 않는다. 명품을 가진다고 만족이 얻어지는 것도 아니다. 또 다른 명품을 가지기 위해서 또 목마름으로 살기 때문이다. 진정한 만족은 영혼의 만족이다. 이 만족은 주님의 인자하심을 깨닫는 사람에게 온다. 이 만족은 생명을 얻는 기쁨으로 인해 생긴다. "주의 인자하심이 생명보다 나으므로 내 입술이 주를 찬양할 것이라"(3절). 생명을 얻은 사람은 자기 안에 만족을 발견한다. 그리고 그 만족을 입술로 표현한다. 입술의 표현은 주님을 향한 찬양으로 나타난다. "골수와 기름진 것을 먹음과 같이 나의 영혼이 만족할 것이라 나의 입이 기쁜 입술로 주를 찬송하되"(5절).

만족하려면 일을 찾아야 한다. 무엇을 가지려 하느냐? 누구보다 잘나야 하느냐? 무엇을 성취해야 하느냐는 만족의 요건이 될 수 없다. 가지면 더 가지고 싶고, 비교하여 올라가면 갈수록 더 올라갈 길이 있기 때문이다. 한 가지 일을 성취하면 또 다른 일을 이루고 싶다. 끝없는 욕심은 만족의 적이다. 만족의 요건은 평생을 바쳐도 좋은 일을 찾은 사람이다. 바른 일이 만족의 길이다. 손을 들어 하나님을 찬양하는 것을 평생의 일로 삼는 사람이 곧 만족을 안다. "이러므로 나의 평생에 주를 송축하며 주의 이름으로 말미암아 나의 손을 들리이다"(4절).

만족하는 사람

만족하는 사람은 자신이 정한 일을 계속한다. 만족할 줄 아는 사람은 자신이 가는 길이 험해도 그 길을 걸어간다. 만족할 줄 아는 사람은 자신의 일을 더 잘하기 위해 생각하고, 반성한다. 자신의 일을 준비하고 자신이 목적에 맞게 행하고 있는지 점검한다. 그것은 하나님과의 만남의 시간으로 가능하다. 하나님과 단둘이서 가지는 교제가 만족을 가져온다. 하나님과의 은밀한 교제가 만족을 유지하는 비결이다. "내가 나의 침상에서 주를 기억하며 새벽에 주의 말씀을 작은 소리로 읊조릴 때에 하오리니"(6절).

하나님과 교제하는 사람은 하나님의 도우심을 받는다. 하나님의 도우심을 받는 사람은 하나님이 주시는 만족을 누린다. 만족하며 하나님의 도우심을 받는다. 하나님으로부터 도우심을 받다보니 만족이 유지된다. "주는 나의 도움이 되셨음이라 내가 주의 날개 그늘에서 즐겁게 부르리이다"(7절). 시인은 주님의 그늘에 있어도 만족한다. 주님의 그늘에 있는 것으로 기뻐하며 노래한다. 시인은 주님이 오른손으로 붙들고 있음을 기억하며 주님을 따른다. "나의 영혼이 주를 가까이 따르니 주의 오른손이 나를 붙드시거니와"(8절).

만족할 줄 아는 사람은 자신의 영혼을 황폐화시키는 범인을 알고 있다. 자신이 그 범인을 체포하거나 처단할 수 없다. 시인은 만족의 적이 어떻게 될 것인지를 알고 있다. 만족의 적을 향해 자신이 할 수 있는 일이란 반응하지 않는 일이요, 하나님의 심판이 적에게 있을 것이라는 소망을 드러내는 일이다. "나의 영혼을 찾아 멸하려 하는 그들은 땅 깊은 곳에 들어가며 칼의 세력에 넘겨져 승냥이의 먹이가 되리이다"(9~10절). 만족의 적은 시인을 떠날 것이다. 그리고 땅에 묻히고, 짐승의 밥이 될 것이다.

만족하는 사람은 자신을 다스리는 사람이다. 자신을 다스리는 사람은 남을 다스릴 줄도 안다. 남을 다스리는 사람 그가 곧 왕이다. 즉 만족하는 사람은 왕이 된다. 만족의 근원이 하나님이시니, 만족할 줄 아는 왕도 하나님을 찾을 줄 안다. 왕이 입술을 열어 하나님을 찬양한다. 만약 만족할 줄 모른다면 그 입에서 거짓말만 나올 것이다. 하나님이 거짓말하는 사람들의 입을 닫을 것이다. "왕은 하나님을 즐거워하리니 주께 맹세한 자마다 자랑할 것이나 거짓말하는 자의 입은 막히리로다"(11절).

시편 64편

사필귀정의 영성과 하만

야심가 하만의 결말

하만은 야심가이다. 그는 나라의 2인자가 되려는 야심을 가졌다. 그는 야심을 이루기 위해서 어떤 일이라도 하는 사람이다. 왕에게 잘 보이고 인정받기 위해서는 부정한 일이라도 할 것이다. 이런 사람은 높아질수록 교만해진다. 하만은 2인자의 자리에 오르자 다른 사람들로부터 존경을 받고 싶었다. 나라의 2인자 정도 되면 존경을 받는 것이 당연하다. 문제는 자기가 존경받고자 하는 욕망이 앞서 다른 사람에게 굽신거리기를 요구하는 것이다. 일인지하 만인지상(一人之下 萬人之上)의 자리이니 사람들이 와서 굽신거려야 한다. 굽신거리는 사람은 떡고물이라도 얻을 것이다.

하만이 지나가는 길에 사람들이 환호하고, 꿇어 엎드린다. 하지만 하만에게 굽신거리지 않는 사람이 딱 한 명 있었다. 다름 아닌 유대인 모르드개이다. 대궐 문지기가 모르드개의 행동을 이상하게 여겨 왜 하만에게 절하지 않느냐고 묻는다. 모르드개는 자기가 유대인이므로 절하지 않는다고 대답한다. 대궐 문지기가 하만에게 일러바친다. 모르드개가 어떻게 되는지 보자는 심보이다. 때리는 시어머니보다 말리는 시누이가 밉다고, 하만에게 붙어서 모르드개를 곤경에 빠뜨리는 대궐 문지기도 얄밉기는 매한가지이다. 굽신거리는 사람은 언제나 굽신거릴 일을 찾는다.

하만이 자기에게 굽신거리지 않는 모르드개의 이야기를 듣고 실제로 보았다. 하만의 마음에 분노가 가득찬다. 옆에서는 성난 하만의 부아를 부추긴다. 모르드개가 유대민족 출신이라는 것이다. 하만은 모르드개와 유대인을 죽이려는 계획을 세운다. 모르드개 한 사람이 잘못하면 그 사람만 벌하면 되지, 유대인 전체를 몰살하려고 계획을 세운다는 것은 너무하지 않은가? 한 사람이 밉다고 민족 전체를 미워한다면 과연 대장부라 할 수 있을까? 졸장부가 나라의 2인자가 되니 나라꼴이 이상하게 돌아갈 것이다. 하만이 아하수에로 왕을 부추겨서 유대인 전체를 멸하는 조서를 반포하게 한다. 이 명령으로 인해 성 전체의 유대인 사회가 혼란에 빠진다.

그러나 에스더의 도움으로 인해, 하만의 계획이 들통나고 실패로 돌아간다. 하만은 그렇게도 싫어하던 모르드개의 시중드는 일을 하였다. 모르드개는 반역죄를 고발한 포상을 뒤늦게 받았다. 그 포상은 왕의 옷을 입고, 왕이 아끼는 사람이 말고삐를 잡은 말을 타고 거리를 행진하는 것이었다. 하만은 조금 전만 해도 자신이 영광을 받는 존귀한 자인 줄 알았다. 왕의 옷을 입고, 말을 탈 것이라고 생각하고 우쭐했으나, 말고삐를 잡고 외치는 사람으로 전락하였다. 그리고 모르드개를 달려고 준비했던 장대에 하만 자신이 달려 죽음을 당했다. 하만의 집은 망하고, 모든 재산이 에스더에게로 돌아갔다.

정치가와 권력

아무나 정치를 하는 것 같지 않다. 정치가도 기질을 가져야 한다. 나름대로 카리스마도 갖추어야 하고, 다른 사람을 설득하는 능력도 가져야 한다. 정치 생리에서 견딜 수 있는 성격도 필요하다. 정치가는 고도의 정치술을 가져야 하고, 자신의 정치적 전략으로 다른 사람들을 제압하여야 한다. 정치가는 유권자들의 지지를 받아야 하고, 비난에는 '정치적' 이라는 말로 대처해야 한다. 그저 순진하기만 한 사람은 아무래도 정치판에서 견디기 어려울 것 같다. 유권자들이 정치하라고 지지하지도 않을 텐데, 그것을 무시하고 정치판에 뛰어든다 해도 남에게 이용 당할 것이 뻔하다.

정치가는 자신의 지지자가 많아야 한다. 정치적 대안을 제시하여 설득하든지, 인격과 정치적 소신을 굽히지 않든지, 어떤 모양으로든지 자신의 능력과 좋은 점을 심어주어야 한다. 게다가 정치가는 자신의 참모를 잘 두어야 한다. 좋은 참모는 정치가를 빛나게 한다. 좋은 참모를 둔 사람이 정치적 승리를 이끌어낼 수 있다(잠 24:6). 참모들이 제안하는 정책과 전략이 정치가를 빛나게 할 수도 있고, 곤란을 겪게 할 수도 있다. 정치가가 바르면 참모도 바르다. 지도자가 도덕적으로 건강하면 참모도 도덕적으로 건강할 것이다. 좋은 정치가란 참모를 잘 둔 사람이다.

정치가는 아무래도 권력 지향적이다. 국민이 선택을 받았다는 것은 일정 권력을 가졌다는 의미이다. 그러나 한 사람만이 권력을 가진 것이 아니다. 여러 사람이 비슷한 권력을 가졌다. 그중 누가 더 강하고 많은 권력을 가졌느냐가 정치가의 권위에 영향을 미친다. 만약 권력을 적게 가졌다면 어떤 방법으로든지 많이 가지고 싶을 것이다. 우리나라는 권력을 더 가지기 위해 돈이 필요하고, 돈을 조달하기 위해 권력을 부정하게 사용하는 예가 많다. 권력이 돈 맛을 알아, 돈을 가진 사람은 권력에 빗대어 더 돈을 벌려고 한다. 그러다 보니 권력은 곧 돈이며, 돈이 권력이라는 등식이 형성된다.

절대권력을 추구하는 사람일수록 권력을 놓을 때가 되어도 놓지 않는다. 권력이란 것이 마약과 같은 가보다. 권불십년(權不十年)이라는 데, 한번 권력을 가지면 그것이 영원하기를 꿈꾼다. 게다가 권력을 부정하게 사용한 권력자라면 더 놓지 않으려 한다. 왜냐하면 권력을 놓았을 때 자신을 향한 비난과 명예훼손을 감당할 수 없고, 권력을 이용하여 모은 것을 모두 뺏길 것을 알기 때문이다. 이런 이유가 독재자가 생겨나는 데 조금은 영향을 미치는 것 같다. 그러나 그들이 권력을 가졌을수록 정신이 건강해야 하는데,

오히려 부정을 일삼아 정신적으로 더 불안해진다. 그러다 보니 권력에 더 집착하는 것 같다.

이기는 것보다 더 귀한 것

정치는 이기는 것을 선호한다. 아마도 정치는 이기기 위해 존재하는가 보다. 하지만 이겨도 선한 방법으로 이겨야 한다. 그래야 이긴 사람에게 박수를 보낼 수 있다. 그러나 권력지향적인 사고방식은 이기는 것 자체에만 목적을 두고 있다. 상대방을 비난하여 깎아 내리고, 그것으로 반대급부를 얻어 이기려 한다. 이런 비겁한 방법으로 이긴다면 이겨도 이기는 것이 아니다. 잠시동안 이긴다 할지라도 나중에는 비겁한 방법이 들통나고 말 것이다. 그리고 유권자들의 지지를 잃고 그동안 쌓아놓은 권력과 명예를 잃고 말 것이다.

절대권력이란 있을 수 없다. 사람은 불완전하기 때문에 절대권력을 가지면 그만큼 부패해진다. 어리석은 사람은 절대권력을 영원한 승리로 착각하고 권력을 제 맘대로 휘두른다. 부패한 절대권력자가 다스리는 국가는 점점 기울질 것이다. 경제는 나락으로 떨어지고, 국민들은 피폐해질 것이다. 절대권력자의 호주머니를 채우고 배만 불리는 일에 국가의 에너지가 집중되다 보니 그렇게 될 수밖에 없다. 절대권력자를 따르는 사람들 역시 자기들 호주머니를 채우고 배를 불리려 할 것이다. 이런 나라에서 힘없는 백성은 설움만 당할 것이다.

사람은 불완전하므로 견제와 균형으로 적절히 통제되어야 한다. 견제는 권력자의 부패를 막을 수 있다. 균형은 권력의 분배로 인하여 정치 참여의 기회를 넓힌다. 민주주의란 견제와 균형이 법과 제도로 보장된 사회이다. 삼권분립이라는 말이 이럴 때 통한다. 적절하게 통제된 사람은 자기를 낮추어 조심하며, 사람을 귀하게 여긴다. 자기의 부족함을 알기 때문이다. 이런 사회가 발전할 것이다. 균형이 조화를 이루는 힘이 되고, 견제가 사람과 사회를 건강하게 만든다. 건강한 사회가 성장하는 것은 자명한 이치이다.

이기는 것보다 더 귀한 것은 함께 잘 사는 것이다. 함께 잘 사는 것이야말로 모두 이기는 전략이다. 이기는 것보다 더 귀한 것은 상대방을 이기도록 하는 것이다. 이긴 것 보다 더 귀한 것은 승리한 상대방의 손을 들어주고, 축하해줄 줄 아는 것이다. 승자나 패자나 모두 이기는 사회가 건강한 사회이다. 패자라도 절망과 좌절이 아닌 희망을 주는 사회가 건강한 사회이다. 이런 사회에서는 한편의 일방적 승리를 축하하지 않는다. 모두가 함께 이기는 전략을 채택한다. 윈-윈 전략이야말로 진정한 승리이다.

시편의 영성

시편 기자는 악인의 꾀와 모함 때문에 고통을 당하고 있다. 시인은 악인의 비난을 물리칠 힘이 없어서 근심하고 있다. 할 수 있는 일이란 하나님께 간구하는 것뿐이다. 하나님만이 악인을 물리칠 권능을 가지신 분이다. 하나님은 악인의 꾀를 제어하실 수 있다. 하나님만이 의인을 보존하시는 힘을 가지셨다. 시인은 하나님께 자신의 생명을 내어 "하나님이여 내가 근심하는 소리를 들으시고 원수의 두려움에서 나의 생명을 보존하소서"(1절). 시인은 악인의 그물에서 벗어나기를 하나님께 간구한다. "주는 악을 꾀하는 자들의 음모에서 나를 숨겨 주시고 악을 행하는 자들의 소동에서 나를 감추어 주소서"(2절).

악인들이 행하는 일들이 어떤 일인가? 한 마디로 부정한 일들이다. 악인들의 혀는 칼과 같다. 악인들이 내뱉는 독한 말이 의인의 심장을 도려낸다. 악인들은 어떻게 해야 의인의 폐부를 자르는 말을 만들어낼까를 고민한다. 대변인이니, 저격수니 하면서 악한 말을 만들어내는 일을 주로 한다면 스스로 악인의 길을 걸어가지는 않는지 살펴야 한다. "그들이 칼 같이 자기 혀를 연마하며 화살 같이 독한 말로 겨누고"(3절). 상대자를 모함하고도 "아니면 말고" 식의 사조가 이 땅에 있다. 죄책감도 두려움도 없다. "숨은 곳에서 온전한 자를 쏘며 갑자기 쏘고 두려워하지 아니하는도다"(4절).

혼자서 악한 꾀를 만들려면 무엇인가 부족한 느낌을 가진다. 그러면 악한 사람들의 얼굴을 맞대고 꾀를 짜낸다. 어떻게든 상대방을 공격하고, 상대방의 결점을 파헤치려는 계획이다. 상대방이 말려들도록 함정이라도 파야 한다. 함정을 파놓고 아무도 모르는 일이라며 비열한 웃음을 짓는다. "그들은 악한 목적으로 서로 격려하며 남몰래 올무 놓기를 함께 의논하고 하는 말이 누가 우리를 보리요 하며"(5절). 함정을 파놓고 기막힌 묘안이라고 자화자찬을 한다. 상대를 구렁텅이에 빠지게 하는 일이 뭐에 좋은 일이라고! "그들은 죄악을 꾸미며 이르기를 우리가 묘책을 찾았다 하나니 각 사람의 속 뜻과 마음이 깊도다"(6절).

그러나 하나님은 악인의 계획을 알고 계신다. 하나님이 악인을 싫어하신다. 하나님이 의인을 대신하여 악인을 공격하신다. 하나님이 악인을 향하여 공격하신다. 악인은 하나님의 단 한번 공격에 치명타를 입을 것이다. "그러나 하나님이 그들을 쏘시리니 저희가 갑자기 화살에 상하리로다"(7절). 치명타를 입은 악인은 치료방법을 찾을 수 없다. 치료할 약도 없다. 치료한다고 나서지만 가망이 없다. 그동안 함께 하던 악인들조차도 이제는 끝이라며 고개를 절레절레 흔들 것이다. "이러므로 저희가 엎드러지리니 그들의 혀가 그들을 해함이라 그들을 보는 자가 다 머리를 흔들리로다"(8절).

사필귀정

악인은 하나님을 외면하고 살면서도 잘 산다고 큰소리를 친다. 악인은 악한 방법으로 의인을 괴롭게 한다. 그러나 그들은 반드시 망할 것이다. 사필귀정이기 때문이다. 사필귀정(事必歸正)이란 무슨 일이든 결국 옳은 이치대로 돌아간다는 뜻의 고사성어이다. 이는 올바르지 못한 것이 임시로 기승을 부리는 것 같지만 결국 오래가지 못하고, 마침내 올바른 것이 이기게 되어 있음을 가리키는 말이다. 본문의 시인은 이것을 믿고 있다. 왜냐하면 하나님이 살아 계시기 때문이다. 하나님이 의와 악을 판단하시기 때문이다. 하나님이 의인을 가까이 하시고, 악인을 멸하시기 때문이다. 하나님이 반드시 심판하신다.

진시황이 분서갱유(焚書坑儒)를 일으켰다. 진시황은 전국시대를 통일한 이후 강력한 중앙집권제를 실시하였다. 승상 '이사' 가 진시황에게 건의한다. "옛 책을 통해 배운 사람들 중에는 옛 책만이 옳다고 생각하고, 중앙 집권적 법령이나 정책에 대해 비난하니 반드시 필요한 의학, 점, 농업, 진나라 역사에 관한 책을 제외하고 모두 불태우소서." 시황제가 '이사' 의 진언을 받아들이고 여타의 책들이 속속 불태워졌는데 이 일을 가리켜 '분서' 라고 한다. 다음해 진시황의 이런 행동을 비난하는 많은 유가들이 있자 최소한 460명을 생매장하였다. 이것을 '갱유' 라고 한다. 진시황은 통일 11년만에 사망했고, 진나라는 통일 19년만에 농민반란으로 멸망하였다.

역사가 악한 사람들의 멸망을 증거하고 있다. 사람의 목숨을 귀하게 여기지 않는 사람, 사람의 마음을 아프게 하는 사람, 억울한 피를 흘리게 하는 사람은 자기가 행하는 방법대로 당할 것이다. 부정한 권력을 사용한 사람은 비참한 최후를 맞을 것이다. 법정에 세워질 것이고, 전 세계 사람들이 보는 앞에서 죄상이 드러날 것이다. 절대권력을 휘두르며 의인을 억압하고, 사람의 생명을 해치던 사람들이 거의 모두 권좌에서 쫓겨났다. 히틀러,

무솔리니, 스페인의 프랑코 국왕, 이란의 팔레비 국왕, 캄보디아의 폴포트, 세르비아의 밀로셰비치, 이라크의 후세인 등 수없이 많다. 남은 사람은 피델 카스트로와 김정일뿐이다. 그들도 얼마 남지 않았다는 것을 알만한 사람은 다 안다.

사필귀정이 일어나면 사람들이 이구동성으로 말할 것이다. "하늘의 노여움을 사서 그렇다." 그들의 말속에는 하나님을 두려워하는 의식이 담겨 있다. 그리고 악하게 사는 사람은 하나님으로부터 심판을 받을 것을 깊이 깨달을 것이다. "모든 사람이 두려워하여 하나님의 일을 선포하며 그 행하심을 깊이 생각하리로다"(9절). 문제는 이런 것을 보고도 악한 일을 따라 가는 사람이다. 악이 전염된다. 사필귀정을 알고 악에 전염되지 않는 사람 그가 곧 의인이다. 의인은 하나님을 의지하고 그것으로 즐거워하는 사람이다. "의인은 여호와로 말미암아 즐거워하며 그에게 피하리니 마음이 정직한 자는 다 자랑하리로다"(10절).

시편 65편

기름짐의 영성과 아셀

기쁨의 사람 아셀

아셀은 야곱의 여덟 번째 아들이다. 야곱의 아내 레아가 아기를 낳는 것을 멈추게 되자 몸종 실바를 야곱에게 들여보냈다. 실바가 야곱에게서 두 아들을 낳았는데, 큰 아들을 갓이라 이름하였고, 둘째는 아셀이라고 불렀다. 레아는 실바의 둘째 아들의 이름을 아셀이라고 지을 때 모든 딸들이 자신을 향하여 기쁜 여자라고 부를 것이라 기대하였다. 레아의 몸종 실바가 낳은 아들도 사실은 레아의 아들이나 다름이 없다. 레아는 많은 아들을 얻어 여성의 부러움을 산다. 비록 남편으로부터 사랑을 받지 못하여도 아들을 많이 얻었다는 것은 여성들의 부러움과 축복의 대상이 될 만하였다. 레아는 아셀을 얻음으로 더 기뻐한다.

야곱은 죽음을 앞에 두고 열두 아들을 불러 놓고 각각 이름을 불러 가며 축복한다. 아셀에게는 이런 축복을 한다. "아셀에게서 나는 먹을 것은 기름진 것이라 그가 왕의 수라상을 차리리로다"(창 49:20). 아셀은 농사를 지을 것이다. 아셀이 머무는 땅과 농사짓는 땅은 기름질 것이다. 아셀이 농사지은 것은 최상급으로 평가받고, 왕에게 진설될 것이다. 왕이 아셀의 농산물로 배부르게 먹을 것이며, 아셀은 왕에게 올리는 농산물을 전담할 것이다. 농사만 잘 지어도 왕에게 칭찬을 받을 수 있고, 왕과 친해질 수 있다.

모세가 가나안 땅을 앞에 두고 이스라엘 열두 지파를 축복한다. 모세의 축복 내용이 이렇다. "아셀에 대하여는 일렀으되 아셀은 아들들 중에 더 복을 받으며 그의 형제에게 기쁨이 되며 그의 발이 기름에 잠길지로다"(신 33:24). 아셀의 자손이 많아질 것이다. 애굽에서 나올 당시만 해도 아셀의 자손들은 41,500명이었다(민 1:41). 그런데 가나안에 들어갈 때에는 53,400명이나 되었다(민 26:47). 아셀 지파는 다른 지파보다 훨씬 많은 인구증가율을 보였다. 그리고 아셀 지파는 가나안에 들어가서도 지중해 해변에서 가장 기름진 땅을 얻었다. 아셀 지파가 레아에게 기쁨이 된 것처럼 형제들에게도 기쁨이 될 것이다. 기름진 땅에서 나는 곡식을 형제들에게 제공할 것이기 때문이다.

아셀 지파는 철과 놋으로 된 문을 갖게 되어 더욱 튼튼하고 견고해져서 아무도 넘보지 못할 것이다. 하나님께서 그들에게 능력과 힘을 공급하실 것이다. 그들의 능력과 힘은 기름진 땅과 그곳에서 나는 곡식이다. 아셀 지파는 곡식을 다른 지파들에게 나눌 것이다. 나눔으로 인하여 형제들에게 기쁨을 줄 것이다. 나누는 지파가 힘이 있는 지파요, 복을 받은 지파이다. 아셀 지파는 행복한 지파이다. 하나님이 아셀 지파를 돕는 방패이시며, 영광의 칼이 되시기 때문이다. 대적들이 아셀 지파에게 복종할 것이다. 아셀 지파가 원수들의 높은 곳을 점령할 것이다. 기름진 땅과 곡식을 가진 그들은 힘이 있고, 행복한 사람들이다.

기름진 땅

문명은 대부분 강 유역에서 탄생되었다. 황하 문명은 황하 강 유역에서 발생하였다. 메소포타미아 문명은 티그리스 강과 유프라테스 강 사이 삼각주 지역에서 발생하였다. 이집트 문명은 나일 강 유역에서 발생하였다. 왜 문명이 강 유역에서 발생하였을까? 그것은 강 유역이 기름지고 농사가 잘 되어 식량을 얻을 수 있었기 때문이다. 우기가 되어 강이 범람하면 범람지역이 기름지게 된다. 거기에 농사를 지으면 최고의 농산물을 얻을 수 있다. 농사를 지으려면 물이 필요하다. 강은 농사에 필요한 물을 제공한다. 당연히 강 유역에서 문명이 발생할 수밖에 없다.

자연은 스스로 기름진 땅을 만들어낸다. 문제는 사람들이 억지로 기름진 땅을 만들려고 하는 것이다. 초기에는 나무를 자르고 태워 화전을 만들었다. 다시 나무를 심거나, 혹은 나무가 자라도록 둔다면 땅과 자연은 스스로 복원될 것이다. 그런데 사람들이 자연 복원을 방해한다. 힘들여 개간한 땅을 자연에게 돌려주기 싫기 때문이다. 다른 땅을 얻기 어려워 한번 개간한 땅을 영원히 차지하려 하기 때문이다. 사람들이 땅에 거름을 주며 인위적으로 기름지게 한다. 그 결과가 무엇인가? 땅의 힘이 점점 약해진다. 산을 개간한 이후 복원하지 못하면 장마철에 산사태가 난다. 기름진 땅이 아니라 재앙의 땅으로 바뀌는 것이다.

정기적으로 범람하는 강들은 주변을 기름지게 한다. 각종 동식물이 자라고, 천혜의 낙원이 된다. 이런 지역은 사람들도 살기 좋다. 그런데 사람들이 관개 공사니, 치수 공사니 하며 제방을 쌓고 강의 범람을 막는다. 강의 물줄기를 인위적으로 바꾼다. 뱀처럼 꼬불꼬불 흐르는 강을 일직선으로 바꾼다. 이렇게 하면 사람은 살기 좋아지지만 생태계가 파괴된다. 원래 있었던 동식물들은 사라지고, 새로운 종(種)이 자리를 잡는다. 그런데 문제는 새로운 종들이 사람에게 도움을 주지 못한다는데 있다. 사람이 개발한 환경인데 나중에는 사람에게 해를 끼치기 시작한다. 환경 재앙이 시작되는 것이다. 아차 싶을 때 빨리 깨닫고 자연을 복원시켜야 한다.

미국 플로리다 주에 에버글레이즈 국립공원이 있다. 이 공원에는 키시미 강이 흐르는 데 1880년대 농업과 도시 생활을 위해 인위적으로 배수 공사를 하였다. 허리케인으로 강이 범람하자 제방을 쌓고, 운하를 만들었다.

강의 길이가 절반 가량으로 줄어들었고, 강의 깊이는 세배 이상이 되었다. 그런데 에버글레이즈 부근이 살기 어려워졌다. 습지가 사라지고, 강이 오염되었다. 생물들이 멸종위기에 빠졌다. 생태계가 파괴될 위기에 처했다. 산호초는 1/3이 죽었고, 조사한 120개 곳 중에 100개 이상이 병들었다. 기름진 땅을 얻으려던 인간의 계획은 오히려 실패했다. 하나님이 기름지게 하시는 것이지 사람이 하는 것은 아닌가보다.

땅을 얻어라

1990년대 우리는 서해안 간척지를 만들어 엄청난 농토를 얻었다. 그러나 기름진 땅을 얻으려고 잃은 것이 있다. 먼 훗날을 보면 잃은 것이 훨씬 더 많다. 갯벌에서 나는 자원은 끝이 없다. 이것은 땅을 만들고, 식량을 생산하는 것보다 훨씬 더 경제적이다. 갯벌이 기름진 곳인데, 또 다시 기름진 것을 얻는다 하니 인간의 지나친 욕심이 아닐까? 일본 사람들이 서해안 간척 사업을 보고 코웃음을 치는 이유를 알아야 한다.

예전에는 기름진 땅이 좋은 땅이고, 비싼 땅이었다. 지금은 어떤가? 땅값이 비싼 땅이 좋은 땅이다. 땅이 작은 나라에서 살다보니 부동산 값이 천정부지로 뛰고 있다. 중국과 부동산 거래를 한다면 우리나라 땅값으로 중국을 족히 사고도 남을 것이다. 한 때 일본의 땅 값으로 미국의 모든 땅을 살 수 있었다니 땅이 작은 나라에서는 땅값만 올라가는가 보다. 그러다 보니 소위 투기라는 것이 생긴다. 그도 그럴 것이 도시가 개발되면 벼락부자 혹은 졸부가 등장한다. 부자 되고 싶은 것이 사람의 욕망이니 돈만 있으면 너도나도 땅을 사지 않겠는가? 이 나라는 땅을 터전이 아닌 재산 불리기 방법으로 이용한다.

한 때 남산 위에 올라가서 그런 생각을 한 적이 있다. 서울 시내에 저렇게 많은 집이 있고, 땅이 있는데 그 중에 내 집은 하나도 없고, 내 땅은 한 평도 없다. 땅이 작은 나라에서 사는 사람들의 비애가 이런 것인가? 여기저기서 땅 장사하고, 아파트 장사해서 돈 벌었다는 소리가 들리면, 비윤리적이니, 서민들은 어떻게 살라고 하는 거냐며 항의하지만 사실은 어느 누구든지 돈만 있으면 그렇게 해 보고 싶은 욕망이 있다. 법적인 제도로 막으려 하지만 잘 되지 않는 경우가 있다. 법을 제정하고 집행해야 할 사람이 땅과 연루되어 있기 때문이다. 이 정도 되면 정말로 없는 사람만 더 힘들어질 뿐이다.

급격한 도시화 현상으로 농토가 줄어든다. 대토(代土)를 한다고 하지만 땅이야 한계가 있지 않은가? 농업은 갈수록 피폐해지고, 식량 자급률이 떨어진다. 농업을 살리기 위해 국가가 진흥책을 펼치고 있지만 세계화라는 벽에 부딪혀 농업이 위기에 처했다. 땅 좁은 우리나라에서 생산한 농산물이 땅 넓은 나라에서 생산한 농산물과 애초부터 경쟁이 되지 못한다. 농산물 보호와 개방의 어간에서 농민들은 분노한다. 농업 개방에 반대하며 자살하는 사람까지 있다. 문제는 간단하다. 땅만 넓어지면 된다. 기름진 땅만 많아지면 된다. 농업경쟁력이 있으면 된다. 그러나 그렇지 못한 나라에 살고 있으니 행복추구에 비상이 걸린 것 아닌가?

이스라엘은 시온을 얻었다. 시온은 산 위의 성이다. 그런데 이스라엘 사람들은 시온에서 복을 받는다. 시온에 머무는 것이 복이다. 시온이 기름진 곳인가? 결코 아닌 것 같다. 그런데 백성이 시온을 기름진 곳으로 생각한다. 왜 그럴까? 그곳에는 은혜의 기름이 흐르기 때문이다. 그곳은 하나님의 말씀을 듣고, 하나님의 은택을 입는 곳이다. 시온은 하나님이 영적으로 기름지게 한 곳이다. 시온은 하나님과 언약이 맺어진 곳이다. 그러므로 사람은 언약을 지켜야 한다. "하나님이여 찬송이 시온에서 주를 기다리오며 사람이 서원을 주께 이행하리이다"(1절). 언약을 지키는 사람이 하나님의 은혜를 입는 사람이다.

언약의 당사자들은 긴밀한 관계를 가지고 있다. 긴밀한 관계는 기도로 깊어진다. 언약의 대상자인 사람은 언약의 주체이신 하나님께 기도할 수 있다. 사람은 하나님 앞에 나갈 수 있다. 언약이라는 관계를 맺고 있기 때문이다. "기도를 들으시는 주여 모든 육체가 주께 나아오리이다"(2절). 기도하는 사람은 하나님 앞에 자기의 죄를 회개한다. 기도하는 사람은 용서의 확신을 체험한다. 언약을 믿고 있으므로 하나님이 용서하실 것이라는 확신을 가진다. "죄악이 나를 이겼사오니 우리의 허물을 주께서 사하시리이다"(3절). 용서의 확신을 알고 믿는 사람은 곧 하나님으로부터 은혜의 기름부음을 받은 사람이다.

언약을 믿는 사람이 복 있는 사람이다. 언약의 대상 사람은 하나님의 품안에 머문다. 하나님의 성전에 들어가서 만족을 누릴 것이다. 하나님의 성전의 아름다움을 알고, 성전 안에서 하나님과 아름다운 관계를 맺기 때문이다. "주께서 택하시고 가까이 오게 하사 주의 뜰에 살게 하신 사람은 복이 있나이다 우리가 주의 집 곧 주의 성전의 아름다움으로 만족하리이다"(4절). 하나님은 간구하는 사람의 기도에 응답하신다. 하나님은 땅 끝,

바다 끝에 사는 사람도 의지할 주님이시다. "우리 구원의 하나님이시여 땅의 모든 끝과 먼 바다에 있는 자가 의지할 주께서 의를 따라 엄위하신 일로 우리에게 응답하시리이다"(5절).

응답하시는 하나님은 권능을 보이신다. 하나님이 산과 바다를 다스리신다. 하나님이 사람의 마음까지 다스리신다. "주는 주의 힘으로 산을 세우시며 권능으로 띠를 띠시며 바다의 설렘과 물결의 흔들림과 만민의 소요까지 진정하시나이다"(6~7절). 하나님의 권능을 아는 사람은 하나님을 두려워한다. 하나님을 두려워하므로 하나님 앞에 굴복한다. 하나님의 은혜를 받아 살기를 원한다. 하나님을 믿는 사람은 아침이 즐겁다. 하나님과 함께 사는 사람 곧 은혜의 사람은 자고 깨는 것이 즐겁다. "땅 끝에 사는 자가 주의 징조를 두려워하나이다 주께서 아침 되는 것과 저녁 되는 것을 즐거워하게 하시며"(8절).

기름짐의 복

땅을 주시는 분은 하나님이시다. 땅을 기름지게 하시는 분도 하나님이시다. 하나님이 사람에게 지혜를 주시면 척박한 땅이 기름진 땅으로 변한다. 사막과도 같은 땅, 광야의 땅이 옥토로 변한 사례가 있다. 이스라엘이라는 나라이다. 이 나라에서 생산하는 오렌지가 전 유럽에서 가장 맛있단다. 알고 보니 땅이 적다고 한탄할 일이 아니다. 땅이 기름지지 못하다고 불평할 노릇도 아니다. 자세를 어떻게 가지느냐에 따라 달라진다. 어떤 신앙을 가지느냐에 따라 땅이 달라진다. 환경이 달라지고 행복을 느끼는 감정도 달라진다. 하나님이 사람에게 땅을 적절하게 개발할 지혜를 주셨기 때문이다.

하나님은 땅과 강을 다스리신다. 하나님이 땅을 기름지게 하신다. 기름진 땅이 곧 하나님의 축복이다. 기름진 땅에서 곡식을 얻을 수 있는 것이 하나님의 축복이다. "땅을 돌보사 물을 대어 심히 윤택하게 하시며 하나님의 강에 물이 가득하게 하시고 이같이 땅을 예비하신 후에 그들에게 곡식을 주시나이다"(9절). 하나님이 물과 비를 다스리시고, 땅을 기름지게 하신다. 하나님이 기름진 땅에서 나는 싹을 복되게 하셨다. "주께서 밭고랑에 물을 넉넉히 대사 그 이랑을 평평하게 하시며 또 단비로 부드럽게 하시고 그 싹에 복을 주시나이다"(10절). 기름진 땅에 심겨진 씨앗과 거두는 결실은 모두 하나님이 주시는 복이다.

하나님이 기름지게 하신 땅은 가는 곳마다 축복이 흐른다. 언약의 땅 전체가 기름져 있다. 하나님이 은혜로 언약의 땅을 기름지게 하셨다. 길에 기름이 흐른다. 그런데 길이 기름지다니 무슨 말인가? 어디를 가나 하나님의 은혜를 입는다는 말이 아닌가? "주의 은택으로 한 해를 관 씌우시니 주의 길에는 기름 방울이 떨어지며"(11절). 언약의 땅에서는 들의 초장도 기름져 있다. 들에서 나는 풀이 양을 배불리 먹이고 살찌게 할 것이다. 양을 몰고 작은 산을 넘은 목동들이 기쁨으로 가득하다. "들의 초장에도 떨어지니 작은 산들이 기쁨으로 띠를 띠었나이다"(12절).

기름진 초장에는 양들이 몰릴 것이다. 목동들이 양을 몰고 어디로 가겠는가? 기름진 초장으로 가지 않겠는가? 기름진 초장을 위에서 보면 양들이 가득하다. 마치 양떼 옷을 입은 것처럼 보인다. 기름진 땅의 골짜기에는 곡식이 가득하다. 곡식이 덮여 있는 것 같다. 누렇게 벼가 익은 황금 들녘에서 추수하는 농부가 즐겁게 풍년가를 부른다. "초장은 양 떼로 옷 입었고 골짜기는 곡식으로 덮였으매 그들이 다 즐거이 외치고 또 노래하나이다"(13절). 기름진 땅에서는 이처럼 하나님의 은혜를 찬양하는 노래 소리가 들린다. 이것이 복이 아닌가!

시편 66편

증거의 영성과 이사야

이사야의 소명

이사야가 환상을 보았다. 하늘 보좌에 하나님이 앉아 계셨고, 옷자락이 성전에 가득하다. 하나님 곁에 스랍들이 섰고 서로 하나님의 거룩한 이름을 찬송하고 있다. 스랍들의 찬송소리가 얼마나 큰지 문지방이 움직이고, 집에 연기가 가득하였다. 이사야가 이 환상을 보고 두려웠다. 왜냐하면 이 죄인인 자신이 거룩하신 하나님을 뵈었으니 곧 죽을 것이라 생각했기 때문이다. 하지만 하나님은 이사야를 죽게 하지 않으셨다. 오히려 이사야에게 죄 용서에 대한 확신을 주신다. 스랍 중 하나가 불붙은 숯 하나를 젓가락으로 집어 이사야의 입에 댄다. 그리고 말한다. "그것을 내 입술에 대며 이르되 보라 이것이 네 입에 닿았으니 네 악이 제하여졌고 네 죄가 사하여졌느니라 하더라"(사 6:7).

그리고 하늘의 음성이 또 들린다. "내가 누구를 보내며 누가 우리을 위하여 갈꼬"(사 6:8a) 지금 하나님은 사람을 찾으신다. 하나님의 뜻을 세상에 전할 사람, 하나님의 말씀을 거침없이 말할 사람을 찾고 계신다. 두려움에 사로잡혔던 이사야가 하나님께 아뢴다. "내가 여기 있나이다 나를 보내소서." 이사야는 죄 용서함에 대하여 확신을 가졌다. 그리고 하나님의 부르심에 응답한다. 죄악을 마음 속에 품은 채 하나님의 말씀을 전한다면 그 사람은 이중 인격자요 위선자이다. 하나님은 말씀을 전할 사람을 찾으시되 죄가 없는 사람을 찾으신다. 만약 죄인들만 있다면 그 중 한 사람의 죄를 용서하시고 그를 부르신다.

하나님이 왜 말씀을 전할 사람을 부르실까? 그것은 백성이 영적으로 무지하기 때문이다. 그 백성은 말씀을 들어도 깨닫지 못하고, 하나님의 일을 보아도 알지 못한다. 그들은 말씀을 들어야 한다. 말씀을 바로 들으면 회개할 것이다. 그런데 하나님이 이사야에게 아주 이상한 말씀을 하신다. 백성의 마음을 둔하게 하고 귀와 눈을 어둡게 하라고 하신다. 그래야 그 백성이 멸망의 길로 간다는 것이다. 백성이 회개하고 돌이키는 것을 하나님이 싫어하신다. 그만큼 백성의 죄가 심각하다. 하나님이 백성을 외면하시고, 그들에게 얼굴조차 마주하시기를 싫어하신다. 백성을 죄 중에 내버려두도록 전하라니 답답한 노릇이다.

그러나 이사야가 하나님께 묻는다. "어느 때까지 하나님이 백성을 외면하시겠습니까?" 하나님이 대답하신다. "성읍들은 황폐하여 주민이 없으며 가옥들에는 사람이 없고 이 토지는 황폐하게 되며 여호와께서 사람들을 멀리 옮기셔서 이 땅 가운데에 황폐한 곳이 많을 때까지니라 그 중에 십분의 일이 아직 남아 있을지라도 이것도 황폐하게 될 것이나 밤나무와 상수리나무가 베임을 당하여도 그 그루터기는 남아 있는 것 같이 거룩한 씨가 이 땅의 그루터기니라"(사 6:11b ~13). 이사야는 말씀의 전달자로 살게 될 것이다. 이사야가 백성에게 하나님의 말씀을 전할 것이다. 그러나 백성이 회개하지 않아 하나님의 계획대로 될 것이다.

증거가 있는가

인간 사회에서는 필연적으로 갈등이 존재한다. 아무리 가까운 사람이라 할지라도 생각의 차이가 있다. 부모와 자녀간의 다름은 물론이요, 부부간에도 형제간에도 생각과 계획이 다르다. 심지어는 쌍둥이마저도 생각이 다를 수 있다. 쌍둥이에게도 세대 차이가 존재한다고 말할 정도이니 오죽하랴! 가까운 사람들도 이 정도이니 남과의 차이야 당연하다. 일반적으로 가족과 가까운 사람은 서로 협력하는 사람일 테지만, 남은 경쟁의 상대이다. 경쟁 상대는 넘어뜨려야 한다. 넘어뜨리지 못하면 자신이 넘어질 것이다. 이런 상황에서 비겁한 방법으로 다른 사람을 넘어뜨리는 사람들도 있을 것이다.

세상은 언제나 공정하지 않다. 부조리와 부정부패가 존재한다. 민주주의니 선진사회라고 불리는 나라도 여전히 범죄가 존재한다. 강력한 경찰력을 가진 나라에서도 경찰의 손길을 피해 범죄하는 사람들이 있다. 남의 눈에 뜨이지만 않는다면 자신의 범죄를 알지 못할 것이라고 생각하는 사람들이다. 그러나 어디에서나 보는 눈이 있다. 그 눈이 곧 증인이다. 범죄가 드러나고, 죄를 묻는 데에는 증인의 증언이 절대적이다. 누구든지 억울한 일을 만나면 증인을 확보해야 한다. 증인이 억울함을 풀어주기 때문이다. 경찰도 증인을 확보해야 한다. 증인의 증언으로 인해 죄인의 범죄 행각이 드러날 것이기 때문이다.

범죄를 목격한 사람이 나타나지 않아 애타는 경우도 있다. 거리마다 교통사고 목격자를 찾는다는 현수막에 억울한 사람들의 애타는 마음이 적혀있다. 증인이 나타나지 않을 수도 있다. 양심 없는 죄인들은 아무도 나타나지 않았다고 안심할 것이다. 하지만 자신이 알고 있다. 자신의 양심이 증언하고 있다. 양심의 소리가 그를 짓누를 것이다. 양심이 마비된 사람은 범죄가 드러나 체포되어도 증거를 대라고 큰 소리를 친다. 법정에서야 증거불충분으로 무죄로 판결할 수도 있다. 시간과 공간의 제약을 받는 사람이니 원하는 만큼 증거를 모으지 못할 수도 있고, 혹은 판단착오로 죄인의 죄를 묻지 못할 수도 있다.

그러나 범죄를 알고 있는 분이 계시다. 하늘에 계신 하나님이시다. 하나님은 사람의 마음을 보신다. 하나님은 범죄의 행동만이 아니라, 범죄의 동기까지도 알고 계신다. 하나님은 머리털까지도 세신다. 하나님은 사람의 깊은 곳까지 아신다. 하나님은 어리석고 완악한 사람들의 죄를 분명히 알고 계신다. 하나님은 증거를 완전히 가지고 계신다. 그러므로 하나님 앞에서는 죄를 숨길 수 없다. 하나님 앞에 죄를 숨기려는 것은 손바닥으로 하늘을 가리려는 것과 같이 어리석은 짓이다. 하나님이 반드시 죄에 대하여 책망하신다. 하나님의 책망과 경고를 전달하는 사람이 세워질 것이다. 그들에게 하나님의 증거가 들릴 것이다.

증인의 삶

하나님은 사람을 통해 일하신다. 하나님은 당신의 뜻을 사람들에게 알리시는 데, 그 방법은 하나님의 뜻을 먼저 안 사람으로 하여금 하나님의 뜻을 말하게 하는 것이다. 하나님은 선지자들을 사용하셨다. 선지자들을 택하시고, 그들에게 당신의 뜻을 알려 주셨다. 하나님의 뜻을 알게 된 선지자들은 하나님의 심정을 마음속에 새겼다. 하나님의 생각과 계획을, 하나님의 열정을 품었다. 열정은 인생을 결정한다. 선지자들이 하나님의 뜻을 대변하는 사람이 되었다. 그들은 하나님에 의해 증인이 되었다. 선지자들은 하나님의 마음에 일치되었다. 그리고 그들의 인생을 하나님의 뜻에 일치시켰다.

증인이란 보고 들은 대로 말하는 사람이다. 증인은 곧이곧대로 말하는 사람이다. 하나님이 세우시는 증인은 증거하는 사람이다. 이사야는 하나님이 보여주신 환상대로 말하였다. 예레미야는 환상을 본 대로, 하나님으로부터 말씀을 들은 대로 말하였다. 에스겔과 다니엘이 그랬고, 스가랴가 그

렜다. 선지자들은 모두 하나님의 증인이었다. 그들은 하나님이 증거하라고 부르신 것을 충실하게 감당하였다. 증인은 자기 생각대로 말하는 사람이 아니다. 증인은 증인으로 부르신 분이 보여주시고, 들려주신 대로 말하는 사람이다. 증인은 오직 자기를 부르시고 보내신 분의 뜻에 순종한다.

신약에서 하나님이 그리스도의 증인을 세우셨다. 성령이 강림한 이후 강력한 능력의 체험을 한 제자들이 그리스도의 증인이 되었다. 그들은 예수님과 함께 있었던 시절에 예수님으로부터 들은 말씀을 기억하고 있다. 그리고 예수님의 고난과 부활을 눈으로 보았으며, 예수님이 하셨던 말씀이 이루어졌음을 깨달았다. 성령의 임재를 체험하고 보니 예수님이 생명의 주님이심을 깨달았다. 성령을 받은 이후 제자들이 증인으로 나섰다. 이것은 예수님의 강력한 뜻이었다. "오직 성령이 너희에게 임하시면 너희가 권능을 받고 예루살렘과 온 유대와 사마리아와 땅 끝까지 이르러 내 증인이 되리라 하시니라"(행 1:8).

제자들은 목숨을 바쳐 예수 그리스도를 증거하였다. 증거를 중단시키려고 목숨을 해치겠다는 위협이 있어도 제자들은 굴복하지 않았다. 성령을 받고 보니 목숨이 아깝지 않았다. 제자들은 목숨보다는 증거의 삶을 더 중요하게 여겼다. 증인은 사람의 뜻보다, 하나님의 뜻에 순종한다. 권력으로 억눌러도 혹은 여론으로 압력을 가해도 증인은 타협하거나 순응하지 않는다. 그렇게 할 수밖에 없는 이유가 있다. 그것은 예수님이 자기들의 구주요, 생명의 주님이시기 때문이다. 생명의 주님과 바꿀 만한 가치를 가진 것이 있을 수 없다. 생명의 주님과 바꾸려 한다면 오히려 자기 생명을 잃을 것이다. 증인은 이런 가치를 가지고 사는 사람이다.

하나님이 원하시는 증인은 범죄를 증언하는 것보다는 하나님의 영광을 말하는 증언하는 사람이다. 하나님이 제시하시는 증거는 죄인의 죄를 묻는 것이 아니라 하나님의 통치하심을 확실히 깨닫게 하시는 것이다. 만약 사람이 증거하지 못한다면 자연이라도 증거 할 것이다. 시편 기자는 이것을 분명히 알고 있다. "온 땅이여 하나님께 즐거운 소리를 낼지어다 그의 이름의 영광을 찬양하고 영화롭게 찬송할지어다"(1~2절). 자연은 하나님의 창조물이다. 자연이 하나님을 증거 할 것이고, 하나님을 찬송할 것이다. "온 땅이 주께 경배하고 주를 노래하며 주의 이름을 노래하리이다 할지어다(셀라)"(4절). 자연이 하나님의 이름을 드러낸다.

사람들이 할 일은 하나님의 하신 일을 기억하고 증거하는 것이다. 그것만이 사람들이 할 수 있는 일 중에 가장 가치 있는 일이다. 증거하는 사람은 하나님의 권능을 체험하고 그 권능을 드러낸다. 하나님 앞에서는 원수라도 복종할 것이다. "하나님께 아뢰기를 주의 일이 어찌 그리 엄위하신지요 주의 큰 권능으로 말미암아 주의 원수가 주께 복종할 것이며"(3절). 증거하는 사람은 자신과 백성에게 드러낸 하나님의 권능을 사람들에게 전달한다. "와서 하나님께서 행하신 것을 보라 사람의 아들들에게 행하심이 엄위하시도다"(5절). 온 백성이 하나님의 증거를 들어야 한다. "만민들아 우리 하나님을 송축하며 그의 찬양 소리를 들리게 할지어다"(8절).

하나님은 자연을 다스리시고, 자연을 통해 백성을 도우셨다. 이스라엘 백성은 하나님의 도우심으로 홍해를 걸어서 건넜다. 홍해를 건넌 후 미리암과 여인들이 하나님을 찬양하였다. 여인들은 하나님의 일에 대한 증거자였다. "하나님이 바다를 변하여 육지가 되게 하셨으므로 무리가 걸어서 강을 건너고 우리가 거기서 주로 말미암아 기뻐하였도다"(6절). 하나님이 이스라엘의 대적들을 물리치시고, 가나안으로 들이셨다. "사람들이 우리

머리를 타고 가게 하셨나이다 우리가 불과 물을 통과하였더니 주께서 우리를 끌어내사 풍부한 곳에 들이셨나이다"(12절).

하나님은 이스라엘을 지키신다. 선지자는 이스라엘을 지키시는 하나님의 증인이다. 하나님은 이스라엘을 지키시려고 이방 민족을 향해 권능을 행사하셨다. 이방 백성은 이스라엘을 괴롭혔다. 그것은 하나님을 거역하는 것이었다. 하나님이 거역하는 사람들을 책망하신다. 그러므로 사람들은 하나님 앞에서 교만할 수 없다. "그가 그의 능력으로 영원히 다스리시며 그의 눈으로 나라들을 살피시나니 거역하는 자들은 교만하지 말지어다(셀라)"(7절). 교만한 사람은 마음속에 죄를 품은 사람이다. 시인은 알고 있다. 하나님께서는 이런 사람을 알고 계시며, 듣지 않으신다. "내가 나의 마음에 죄악을 품었더라면 주께서 듣지 아니하시리라"(18절).

증거자의 삶

증거자 곧 증인은 자신 안에 증거를 가진 사람이다. 그 증거는 하나님이 자신을 도와주셨다는 것, 하나님이 자신을 살려 주셨다는 것 그리고 하나님이 그의 길을 인도하신다는 증거이다. "그는 우리 영혼을 살려 두시고 우리의 실족함을 허락지 아니하시는 주시로다"(9절). 비록 고난의 길을 간다 할지라도 그것은 하나님의 뜻이 있기 때문이다. "우리를 끌어 그물에 걸리게 하시며 어려운 짐을 우리 허리에 매어 두셨으며"(11절). 하나님이 증인으로 하여금 결코 실패하게 하지 않으실 것이다. 증인은 고난으로 인하여 더 강해질 것이다. "하나님이여 주께서 우리를 시험하시되 우리를 단련하시기를 은을 단련함 같이 하셨으며"(10절).

증거자는 하나님 앞에 나갈 줄 안다. 하나님 앞에서 예배를 드릴 줄 알며, 하나님과의 약속을 지킬 줄 안다. 증인은 이미 그의 마음과 생각 속에 깊이 자리한 증거를 전하겠노라고 마음 먹었다. 이 결심은 자신과의 약속이요, 동시에 하나님과의 약속이다. 증인은 이 약속을 반드시 갚는다. "내가 번제물을 가지고 주의 집에 들어가서 나의 서원을 주께 갚으리니 이는 내 입술이 낸 것이요 내 환난 때에 내 입이 말한 것이니이다"(13~14절). 결심을 지킬 수 있다는 것은 하나님 앞에 예물을 드리며 감사할 일이다. "내가 숫양의 향기와 함께 살진 것으로 주께 번제를 드리며 수소와 염소를 드리리이다(셀라)"(15절).

증인은 이웃과 형제들을 향하여 외친다. 증인은 열방을 향하여 외친다. 증인은 하나님이 자신에게 행한 일을 말한다. 자기를 통해 이루시는 하나님을 말한다. 증인의 마음과 기억 속에는 간증으로 가득하다. 증인의 말을 들으면 하나님을 새롭게 알게 될 것이다. 두려운 하나님이 아니라, 자비로우신 하나님, 사랑의 하나님을 알게 될 것이다. "하나님을 두려워하는 너희들아 다 와서 들으라 하나님이 나의 영혼을 위하여 행하신 일을 내가 선포하리로다"(16절). 증인은 입을 열 때마다 하나님이 하신 일, 하나님이 이루신 크신 일을 찬송한다. "내가 나의 입으로 그에게 부르짖으며 나의 혀로 높이 찬송하였도다"(17절).

증인은 하나님이 기도에 응답하시는 분임을 믿는다. 하나님께서는 마가의 다락방에서 기도하던 사람들에게 성령을 보내셔서 응답하셨다. 성령의 임재는 기도 응답이었다. 그 기도는 약속을 믿는 기도였다. 하나님은 약속을 믿고 기도하는 사람의 기도를 들으신다. 그리고 증인으로 삼으신다. 동시에 하나님은 증인의 간구를 들으신다. 하나님이 증인을 보고 들으시며 돌보시기 때문이다. "그러나 하나님이 실로 들으셨음이여 내 기도 소리에 귀를 기울이셨도다"(19절). 증인은 기도에 응답하시는 하나님의 인자하심을 찬송하며 산다. "하나님을 찬송하리로다 그가 내 기도를 물리치지 아니하시고 그의 인자하심을 내게서 거두지도 아니하셨도다"(20절).

시편 67편
선교의 영성과 바울

이방 선교사 바울

바울은 이방의 선교사로 부름을 받은 사람이었다. 주님은 다메섹에 사는 아나니아에게 바울에 대하여 이렇게 말씀하셨다. "이 사람은 내 이름을 이방인과 임금들과 이스라엘 자손들에게 전하기 위하여 택한 나의 그릇이라"(행 9:15). 바울도 예루살렘에서 자신이 이방인의 사도로 부름을 받았다는 사실을 변증한다. 그는 자신을 해치려는 예루살렘 군중 앞에서 하늘로부터 이런 말씀을 들었다고 고백한다. "나더러 또 이르시되 떠나가라 내가 너를 멀리 이방인에게로 보내리라 하셨느니라"(행 22: 21). 그리고 헤롯 아그립바 왕 앞에서 이같이 말한다. "이스라엘과 이방인들에게서 내가 너를 구원하여 그들에게 보내어"(행 26:17).

사실 바울은 자기 민족의 구원에 더 많은 관심을 가졌다. 바울의 일차적인 관심은 유대인들의 구원이었다. 그러므로 그는 이방의 선교를 하면서도 유대인 공동체에 가서 복음을 전하였다. 바울은 유대인 디아스포라 공동체를 방문하여 들어가서 율법의 완성이신 예수를 전하였다. 이를테면 디아스포라 공동체가 복음의 접촉점이었고, 전진기지였던 셈이다. 그러니까 바울은 이방인을 위한 선교사이기도 하였지만 유대인들을 위한 선교사이기도 하였다. 바울은 자신이 유대인들을 언제나 우선적으로 생각하고 있었음을 고백한다. "먼저는 유대인에게요"(롬 1:16b, 롬 2:9b, 롬 2:10b). 그 이유는 유대인들이 바울의 동족이었기 때문이다.

그러나 바울의 열정에도 불구하고 동족들이 그의 말에 귀를 기울이지 않았다. 유대인들은 오히려 바울을 핍박하고, 죽이려 하였다. 그 이유는 바울의 복음이 율법과 맞지 않는다는 이유 때문이었다. 유대인들이 폭력배를 동원하여 바울을 핍박한다. 심지어는 죽이려 한 적도 있었다. 그러므로 그는 이방인에게로 갈 수밖에 없었다. 바울에게는 그 이유조차도 유대인들을 구원시키기 위한 전략이었다. "내가 이방인인 너희에게 말하노라 내가 이방인의 사도인 만큼 내 직분을 영광스럽게 여기노니 이는 혹 내 골육을 아무쪼록 시기하게 하여 그들 중에서 얼마를 구원하려 함이라"(롬 11:13~14).

그러나 바울은 유대인이나 이방인을 가리지 않고 누구에게든지 갔다. 바울은 유대인들의 공동체이든, 이방인의 지역이든 어디든지 복음을 전하러 갔다. 바울은 유대인의 공동체보다는 이방인 세계를 더 많이 다녔다. 바울은 이방인들이라도 아브라함의 복을 받아야 한다고 믿었다. "이는 그리스도 예수 안에서 아브라함의 복이 이방인에게 미치게 하고 또 우리로 하여금 믿음으로 말미암아 성령의 약속을 받게 하려 함이라"(갈 3:14). 바울은 자신이 이방인의 사도였음을 분명히 알고 있었다. "베드로에게 역사하사 그를 할례자의 사도로 삼으신 이가 또한 내게 역사하사 나를 이방인의 사도로 삼으셨느니라"(갈 2:8).

선교 중심 이동

국내 교회와 지역 교회가 성장한 이후 교회는 자연히 선교로 눈을 돌리게 된다. 선교는 교회 성장의 결과이기도 하고, 동시에 교회 성장의 전략이기도 하다. 교회마다 선교하는 교회가 성숙한 교회라고 하며 선교를 강조한다. 지역 교회가 선교 대회를 열기도 하고, 선교지를 방문하기도 한다. 선교지를 물색하고, 새로운 선교 전략을 세운다. 어떤 목사님의 말씀처럼 교회 성장이 정체되고 분위기가 가라앉으면 선교가 타개책이 되기도 한다. 선교에 집중하다 보면 교회의 분위기가 회복되고, 성장의 흐름을 탄다는 것이다. 어쨌든 선교라는 것이 교회의 중심 사역임은 말할 나위가 없다.

초대 교회의 선교는 어땠는가? 안디옥 교회는 교회가 성장한 결과에 따라 선교사가 배출된 경우이다. 안디옥 교회는 선교사에게 선교의 권위를 부여하고, 선교사를 돕는다. 사도행전에 안디옥 교회가 바울의 선교에 지속적으로 후원한 기록이 없지만, 아마도 바울과 안디옥 교회는 지속적인 관계를 가졌으리라고 본다. 바울이 제1차 선교 여행을 마치고 다시 안디옥 교회로 돌아온 것만 보아도 능히 짐작할 수 있다. 안디옥 교회는 선교를 위해서 성장한 교회이다. 안디옥 교회를 유지하는 전략과 성장 전략 자체가 선교는 아니었다. 성장한 교회의 여력이 자연스럽게 안디옥 교회의 선교로 나타난 것이다.

그러나 예루살렘 교회의 경우는 안디옥 교회와 사뭇 다르다. 예루살렘 교회는 신앙 생활 자체가 힘든 경우였다. 그러므로 수많은 사람들이 고난과 핍박을 피해 신앙의 자유를 찾아 흩어졌다. 새로운 디아스포라가 생긴 것이다. 일부 신앙인들이 안디옥에 정착하였다. 그곳에서 신앙생활을 하는데 얼마나 열심이었는지 그리스도인이라는 별명까지 얻었다. 이것을 보고 예루살렘 교회가 바나바를 안디옥으로 파송하였다. 예루살렘 교회가 모교회로서 선교의 전략을 세우고, 선교를 주도해야 했으나 그렇지 못하였다. 예루살렘 교회는 모교회로서 다른 지역의 교회에 대한 책임 때문에 이후 뒤늦게 선교사를 파송한 것이었다.

교회가 선교에 신경을 쓰지 않는다면 아마도 하나님이 강제로 신경을 쓰게 하실 것이다. 그래도 교회가 선교에 신경을 쓰지 못한다면 하나님이 교회가 가진 중심적 역할을 다른 지역으로 옮기실 것이다. 교회가 선교에 대하여 무감각하다면 하나님이 선교를 중심으로 교회의 권위를 이동시킬 것이다. 예루살렘 교회는 이방인의 구원에 대하여 말이 많았다. 물론 사도 야고보의 지혜로 인하여 잘 마무리되었지만, 이후 예루살렘 교회는 선교사를 파송하지 못하였다. 그리고 선교 중심이 예루살렘 교회에서 안디옥 교회로 이동하였다. 예루살렘 교회는 이방의 교회들로부터 구제금을 받는 즉, 선교의 지원을 받는 교회가 되고 말았다.

선교사의 삶

선교사의 삶이 얼마나 고달픈지 모른다. 이 때문에 선교를 중단하는 선교사도 있다. 선교사는 우선 언어와 풍토 그리고 문화가 다른 곳에서 사역을 한다. 충분히 훈련하고, 준비했다고 하지만 선교지에서 예기치 못한 상황들을 만날 수 있다. 선교사가 오해를 받아 테러를 당할 수 있으며, 가족들과 함께 죽음의 위기를 겪을 수 있다. 혹은 그동안의 선교 업적들을 한 순간에 모두 잃는 어처구니없는 경우를 당할 수도 있다. 바울도 이런 위험을 수없이 당하였다. "여러 번 여행하면서 강의 위험과 강도의 위험과 동족의 위험과 이방인의 위험과 시내의 위험과 광야의 위험과 바다의 위험과 거짓 형제 중의 위험을 당하고"(고후 11:26).

윌리엄 캐리는 현대 선교의 아버지라 불린다. 그는 인도 선교를 하며 사회의 각 방면에 영향을 끼쳤다. 인도의 농업과 임업을 발전시켰고, 글자를 가지지 못한 민족에게는 글자를 만들어 가르쳤다. 어린아이를 희생 제물로 드리는 풍습, 조혼 풍습과 과부를 화장하는 풍습 등 인간의 존엄성을 해치는 문화와도 싸워야 했다. 그러나 그에게도 아픔은 있었다. 그것은 선교의 소명을 받지 못한 아내와의 갈등이었다. 그의 아내는 캐리의 선교를 이해하지 못했다. 남편을 따라 인도에 왔지만 인도 문화에 적응하지 못했다. 게다가 남편은 선교의 일에 바빠 대화할 시간을 내지 못했다. 결국 아내는 정신분열증을 앓다가 죽었다.

언더우드는 한국 선교에 혁혁(赫赫)한 공을 세운 분이다. 그는 한국에 도착하여 무엇보다도 한 영혼을 구원하고자 하였다. 말을 타고 전국에 선교 여행을 다녔다. 언더우드는 학교를 세웠다. 금주와 금연, 도박을 금지하여 의식개혁에도 힘을 썼다. 신학교를 세워 사역자를 키워냄은 물론이요, 한국의 장로교가 총회를 세웠을 때에도 총회 제도의 확립을 위해 힘을 썼다. 그는 미국의 유수한 교회의 목회자 청빙을 한국 선교라는 이유로 거절하였다. 일신의 안위를 포기하고 동토의 나라 조선에 와서 조선의 근대화에 힘을 썼다. 한국의 근대화는 이처럼 자신을 돌보지 않고, 평생 몸을 바친 선교사의 땀과 열정의 결과이다.

지금도 세계 곳곳에 무명의 선교사들이 활동하고 있다. 사회를 개혁하고, 젊은이들과 청소년들을 교육시키는 선교사가 많다. 문자가 없는 민족에게는 문자를 만들어 준다. 인간의 존엄성을 모르고 사는 사람들, 사람의 목숨에 대한 가치를 모르는 사람들에게 사람의 가치를 일깨워준다. 다른 사람의 가치뿐만 아니라 자신의 가치까지도 깨닫게 해준다. 이것이 복음이다. 하나님의 형상을 따라 지음 받은 사람이 하나님의 형상을 회복하는 것이다. 선교사는 단순히 타문화권으로 복음을 전하러 가는 사람이 아니다. 선교사는 하나님이 본래 의도하시고 계획하신 사람을 찾고, 키우러 자신의 배경과 문화권을 버리고 옮겨가는 사람이다.

시편의 영성

구약 성경은 이방 선교에 대하여 그다지 적극적이지 못하다. 하지만 구약이 이방 선교를 결코 부정하지는 않는다. 시편은 이방 선교에 대한 기본적인 토대를 제공한다. 시편은 노골적으로 구원의 소식을 온 세상에 전하라고 한다. 시편 67편은 구약의 주기도문이라고 불리는 데, 구약의 다른 본문보다 선교의 사상을 분명하게 주장하는 장이다. 선교의 주체는 하나님이시다. 하나님이 어떤 방법으로든지 하나님의 뜻을 온 땅에, 만방에 알리실 것이다. "주의 도를 땅 위에, 주의 구원을 모든 나라에게 알리소서"(2절). 우리는 보통 선교의 주체를 사람이라고 생각한다. 그러나 아니다. 사람은 다만 하나님을 대행하는 선교의 수단이다.

선교는 하나님의 긍휼과 복을 이 땅에 알리는 일이다. 선교의 중심 메시지는 하나님의 성품과 복 주심 곧 복음이다. 선교는 하나님이 이 땅을 향해 빛을 비추심을 말하는 것이다. 선교는 하나님의 비추심을 믿고 그 빛이 온 땅을 환하게 하기를 기대하는 것이다. "하나님은 우리에게 은혜를 베푸사 복을 주시고 그의 얼굴 빛을 우리에게 비추사(셀라)"(1절). 선교는 하나님의 얼굴을 온 나라 백성이 뵙게 하는 일이다. 하나님의 얼굴을 뵌다는 것은 곧 죄의 용서와 거룩함을 체험하는 것이다. 죄인된 인간은 스스로 하나님을 뵙고 거룩함을 체험할 수 없다. 하나님이 당신을 드러내셔야 한다. 그러므로 선교의 주체는 하나님이시다.

선교지에서 전달되는 선교의 메시지로 인하여 온 땅에 찬송 소리가 울려 퍼질 것이다. 선교의 메시지를 듣는 민족이 복음을 알려 주신 하나님을 찬송할 것이다. 하나님은 선교를 통하여 사람을 사랑하시며 민족의 찬양을 받으신다. "하나님이여 민족들이 주를 찬송하게 하시며 모든 민족들이 주를 찬송하게 하소서"(3절). 하나님을 찬송하는 일은 한번만 하는 것이 아니다. 일생 동안 살아있는 하나님을 찬송해야 한다. 복음을 들을 때마다, 그 복음이 자신에게 적용됐음을 확인하는 순간마다 하나님을 찬송해야 한다. "하나님이여 민족들이 주를 찬송하게 하시며 모든 민족으로 주를 찬송하게 하소서"(5절).

선교는 열방을 변화시키는 일이다. 선교로 인하여 하나님을 모르던 열방이 하나님을 알게 될 것이다. 하나님 없이 살던 열방이 하나님을 모시고 살게 될 것이다. 자신들을 다스리도록 하나님께 자신들을 내어놓을 것이다.

선교는 하나님의 다스리심을 믿고 선포하는 행위이다. 선교사는 열방이 하나님께 돌아오며, 찬양하기를 기대한다. 그리고 그것이 하나님의 뜻이며 계획임을 믿는다. 하나님이 선교사를 다스리실 것이고, 선교지와 선교지의 교회, 그리고 역사를 주관하실 것이다. "온 백성은 기쁘고 즐겁게 노래할지니 주는 민족들을 공평히 심판하시며 땅 위의 나라들을 다스리실 것임이니이다(셀라)"(4절).

선교적 영성

앞서 말한 윌리엄 캐리는 인도를 변화시켰다. 캐리는 인도에 원예학을 정착시킨 식물학자였다. 캐리는 인도에 증기기관을 도입하였고, 인도에서 기관을 복제하도록 하였다. 그러니까 캐리는 인도 공업의 아버지인 셈이다. 캐리는 인도 경제의 먹구름인 고리대금업의 폐지를 위해 투쟁했고, 은행의 국유화로 인한 폐해와 뇌물문화의 만연함에 대하여 싸웠다. 캐리는 경제 정의를 실천하는 진보적 경제학자였다. 또한 그는 나환자를 치료하기 위해 캠페인을 펼쳤다. 캐리는 인도주의를 실천하는 의사였다. 더불어 그를 통해 인쇄 기술을 발전 되었고, 인도에서 종이가 생산되었다. 그는 인도에서 인쇄문화를 발전시킨 사람이었다.

윌리엄 캐리의 공로는 혁혁하다. 캐리는 인도 언어로 신문을 간행하였을 뿐만 아니라 인도 경전을 영어로 출간하였다. 그는 당대의 사람들이 악마나 여자들에게나 어울린다고 생각하였던 뱅갈어를 인도의 일류 문학 언어로 변환시켰다. 벵갈어, 산스크리트어, 마라티어 등 인도의 고유 언어를 가르치는 교수였다. 또한 캐리는 천문학을 인도에 소개하였다. 그는 인도 최초로 신식 도서관을 세웠다. 그는 인도의 산림과 자원을 효과적으로 사용하도록 개발하는 일을 도왔다. 그는 사회개발학자였던 셈이다. 그는 인도의 행정 제도를 도덕적으로 바르게 개혁하는데 공을 세웠다. 캐리는 인도의 르네상스를 일으킨 사람이었다.

이 정도 되면 윌리엄 캐리를 현대 선교사의 아버지라고 부르는 데 대하여 아무도 이의를 제기하지 못할 것이다. 어떤 사람이 이처럼 다방면에 걸쳐서 혁혁한 공을 세울 수가 있을까? 과거의 선교는 단순히 선교지의 사람들이 예수를 믿게 하는 데 집중되었다. 그러나 현대 선교는 예수를 믿게 하고, 동시에 예수 그리스도의 가치로 인하여 선교지의 상황과 환경이 긍정적으로 변화하도록 돕는다. 사는 땅이 척박하다면 하나님을 알고 사는 사람들을 통해 그 땅을 기름진 옥토로 바꾼다. 그 땅에서 얻는 모든 소산이 하나님의 축복의 결과임을 안다. "땅이 그의 소산을 내어 주었으니 하나님 곧 우리 하나님이 우리에게 복을 주시리로다"(6절).

선교는 문화 개혁이 아니다. 선교는 경제 개혁도 아니다. 선교는 부정한 사회의 개혁도 아니다. 선교는 이 모든 개념을 모두 포함한다. 선교는 이 모든 긍정적 변화의 동기가 하나님의 사랑이요, 하나님을 믿기 위한 방법임을 알고 시행한다. 선교는 선교지의 백성이 하나님 없이 피폐한 삶을 살았으나 하나님과 함께 윤택함을 누리도록 돕는 일이다. 선교는 죄악으로 물든 세상이 하나님의 의를 실천함으로 복을 누리게 하는 일이다. 개인에게는 믿음과 생활 전반에 축복이 나타나고, 사회와 국가에는 하나님의 질서로 회복되어 하나님을 섬길 것이다. "하나님이 우리에게 복을 주시리니 땅의 모든 끝이 하나님을 경외하리로다"(7절).

시편 68편

해방의 영성과 모세

해방의 지도자

모세는 어려서부터 민족의식을 교육받았다. 그의 어머니는 공식적으로 애굽의 공주이다. 그러나 명목상 유모인 생모로부터 젖을 먹으며 히브리 민족의 고난과 미래에 관하여 이야기를 들었을 것이다. 어려서부터 들은 말은 성인이 되어도 여전히 남아있다. 애굽의 궁중에서 잘 먹고 잘 살지만 마음속에는 동족에 대한 부담감이 남아 있다. 그 부담감이 자연스럽게 동족에 대한 애정으로 나타난다. 어느 날 모세는 동족이 애굽 사람으로부터 구타를 당하는 것을 보았다. 모세는 동족을 도우려다 애굽 사람을 죽이고 모래 속에 파묻었다. 모세는 이 일이 발각되어 미디안으로 도망쳐야 했다.

모세는 미디안 광야에서 40년을 지냈다. 말이 40년이지 보통 긴 세월이 아니다. 젊은 날 40년이면 청춘을 다 보내는 시간이다. 모세는 40년 동안 목동으로 지낸다. 그야말로 야인의 생활을 이어간다. 모세는 지금 허송세월을 보내는 것 같다. 오랜 동안 애굽 말을 사용하지 않다 보니 거의 잃어버렸고, 어느 샌가 애굽 말에 둔하여졌다. 동족에 대한 생각은 가물가물해졌다. 동족들이 고통 당하는 것도 별로 생각나지 않는다. 외지에서 목동으로 사는 사람이 동족을 생각한들 무엇하랴! 모세의 마음을 알아주는 이도 없고, 돕는 이도 없다. 그러나 이것이 끝이 아니다. 하나님이 모세를 기억하시고 부르신다.

지금 모세는 퇴물이라고 하는 편이 낫다. 나이도 많고, 말도 어눌해졌고, 행동도 둔해졌다. 모세는 애굽의 상황을 전혀 모르고 있으니 정확한 판단력도 흐려져 있다. 다만 가진 것이라고는 히브리 혈통으로 태어났으며, 젊은 날 호기를 부리다가 여기까지 왔다는 수치스러운 전력(前歷)뿐이다. 그래도 하나님은 그를 부르신다. 애굽에서 고통을 받는 히브리 민족을 해방시킬 지도자가 모세 밖에 없기 때문이다. 외형적인 조건이 중요한 것이 아니라 내적인 자세가 중요하다. 하나님을 향한 절대적인 신뢰, 불타는 추진력, 미래를 향한 비전 등을 종합해 볼 때 모세 만한 사람이 없다.

처음에 모세는 하나님을 향하여 못하겠노라고 대답한다. 그러나 하나님이 함께 하시겠다는 말에 모세가 애굽으로 돌아간다. 바로 왕과의 여러 차례 대결에서 모세가 이겼다. 그리고 백성과 함께 애굽을 나와 가나안을 향해 행진한다. 이것은 모세를 도우시는 하나님이 이기신 것이다. 모세가 백성을 이끌고 홍해를 건너고, 광야를 지나 약속의 땅으로 간다. 모세는 수많은 고난과 우여곡절이 겪으나 결코 포기하지 않는다. 하나님의 일을 포기하지 않고 백성을 포기하지 않는다. 의로움과 선한 일을 포기하지 않는 사람이 지도자로 부상할 것이며, 하나님이 그에게 마지막 승리를 주실 것이다.

억압의 상황

이스라엘은 애굽 사람들에게 의해 건설 공사장에 동원되었다. 히브리 민족은 비돔과 라암셋 성을 쌓는데 동원되어 매일 고된 노동에 시달렸다. 애굽의 지도자들은 히브리 민족이 피로가 심해지면 남성이 생식능력이 저

하될 것이라고 생각하는 듯 하다. 그런데 이상하게도 히브리 민족은 점점 더 인구가 증가한다. 애굽 지도자들은 산파들은 시켜서 남자아이가 태어나면 즉시 죽이라고 명령을 내린다. 하지만 산파들은 생명을 사랑하는 마음에 왕에게 거짓말을 한다. 히브리 여인들이 너무 건강하여 자신들이 도착하기도 전에 아이를 낳으니 어쩔 수 없다고 말이다. 급기야 왕은 군인들에게 남자아이를 발견하면 죽이라고 시킨다.

권력자들은 억압하는 것으로 쾌감을 느낄지도 모른다. 권력자들은 자신들의 권력을 유지할 명분을 찾는다. 가장 흔한 방법이 다른 민족을 왕따 시키고 억압하는 방법이다. 부정한 권력, 국수주의적인 사고방식, 민족주의자들, 폭력적 정권일수록 이런 일을 더 잘한다. 국가적 대업을 일으키고 영원한 영광을 누리기 위해 없어져야 할 민족은 없어지고, 종살이를 해야 할 민족은 종살이를 해야 한다는 것이다. 민족 이기주의적인 발상이다. 애굽의 바로 왕이 이런 유형이다. 히브리 민족은 애굽 왕의 권력유지를 위해 희생당하고 있다. 억압하는 사람의 그럴듯한 명분이 억압당하는 사람을 만들어 낸다.

우리 민족도 억압을 당한 적이 여러 차례 있다. 가장 가까운 시대에 일본과의 관계에서 일어났다. 억압의 상황을 기억하는 어른들이 여전히 살아계시다. 공산주의로부터 억압을 당한 적도 있었다. 그 당시를 기억하는 분들 역시 살아 계시다. 민족의 상황이 바뀌고, 역사가 변천하며, 용서의 분위기가 있어도 억압을 당했던 분들만큼은 용납하기 어렵다. 아픈 과거가 치유되지 않는 한 결코 용납되지 않을 것이다. 혹 용납한다 할지라도 경계심을 놓지 않을 것이다. 그만큼 잊지 못할 아픈 기억이기 때문이다. 이 기억은 자녀에게까지 물려진다. 아버지의 아픔이 자녀의 아픔이요, 아버지의 이념이 자녀의 이념으로 이어지는 것이다.

문제는 이런 아픔을 당한 사람이 다른 사람에게 똑같이 아픔을 준다는 것이다. 시집살이를 한 며느리가 시집살이를 시키는 경우와 같다. 다른 민족을 차별하고 괴로움을 주는 민족이 된다면 그야말로 개구리 올챙이 시절을 모르는 것이다. 이 땅에서 태어나 자란 사람 중에 중국과 러시아에 가서 동족들에게 사기행각을 벌이는 사람, 외국에 나가 어글리 코리안 이미지를 심고 오는 사람, 우리를 도우러 온 외국인들을 차별하고 욕하고 때리며, 임금을 주지 않는 사람 등 이상한 우월 의식으로 다른 이들을 억압하는 경우가 많다. 내 이익을 찾아 다른 사람에게 아픔을 주는 것이야말로 억압구조이며, 이 구조야말로 해방되어야 한다.

자유를 찾아

이스라엘 백성이 자유를 찾아 나섰다. 애굽으로부터 나와 광야를 행진하였다. 비록 고난의 길이지만 젖과 꿀이 흐르는 땅을 찾아 나섰다. 자유를 찾는 길은 험하다. 그러나 그 길의 끝은 분명 희망적이다. 우리 민족의 자유와 해방을 찾아 인생을 개척한 분들이 있다. 그분들이 국내에서 해방과 자유를 위해 일하다가 외국으로 간 적도 있다. 외국에서나마 해방과 자유를 맛보고 국내로 돌아왔다. 그러나 해방과 자유를 누릴만한 준비가 되지 못한 민족은 혼란과 갈등으로 서로 싸우고 미워했다. 자유는 누릴만한 자격을 갖추어야 제대로 누린다. 그 자격이란 외적인 것이 아니라 내적인 것이다.

자유를 찾는 길은 본인의 선택여하에 달려 있다. 자유를 찾는 길은 현재에 대한 불만이 있기 때문이다. 그리고 그 길에는 고난이 있다. 하지만 그 길이 옳은 길이라면 반드시 가야 한다. 자유를 찾는 길이 곧 해방의 길이다. 해방은 그냥 얻어지지 않는다. 반드시 대가를 치르게 마련이다. 대가를 치르지 않고는 결코 자유도 해방도 없다. 대가 없는 해방은 헛된 꿈에 불과하다. 헛된 꿈은 반드시 깨어날 때가 있다. 철저한 실패를 맛보고,

후회할 때가 있을 것이다. 해방은 꿈이지만 실현 가능성이 있는 꿈이다. 그 꿈은 인간의 존엄성을 찾는 꿈이다. 자유와 해방은 인간의 존엄성을 회복하는 길이다.

자유를 찾는 길, 해방을 향한 길이 인간의 존엄성을 찾는 길이라면 그 길은 곧 하나님의 형상을 회복하는 길이다. 그 길이 바른 길이라면 하나님이 그 길을 도와주신다. 하나님이 약한 자를 도와주신다. "그의 거룩한 처소에 계신 하나님은 고아의 아버지시며 과부의 재판장이시라"(5절). 하나님이 가난한 사람, 억압당하는 사람들에게 은혜를 베푸신다. 하나님이 은혜를 예비하셨고, 예비하신 대로 주신다. "주의 회중을 그 가운데에 살게 하셨나이다 하나님이여 주께서 가난한 자를 위하여 주의 은택을 준비하셨나이다"(10절). 그리고 하나님이 약한 사람들과 함께 하시는 것을 증명하신다(18절).

하나님이 해방이 필요한 사람을 도와주시는 방법은 악인을 물리치는 것이다. 그것이 곧 구원이며, 생명을 허락하시는 하나님의 은혜이다. "하나님은 우리에게 구원의 하나님이시라 사망에서 벗어남은 주 여호와로 말미암거니와 그의 원수들의 머리 곧 죄를 짓고 다니는 자의 정수리는 하나님이 쳐서 깨뜨리시리로다"(20~21절). 하나님이 약한 사람, 고난 당하는 사람을 대신하여 싸우시고 승리하신다. 사람들이 하나님의 승리를 외칠 것이다. 하나님이 약한 사람들로 하여금 가지게 하실 것이다. "주께서 말씀을 주시니 소식을 공포하는 여자들은 큰 무리라 여러 군대의 왕들이 도망하고 도망하니 집에 있던 여자들도 탈취물을 나누도다"(11~12절).

하나님은 백성보다 앞서서 행하신다. 백성이 해방하는 길을 하나님이 인도하신다. 하나님이 먼저 길을 가셨다. "하나님이여 주의 백성 앞에서 앞서 나가사 광야에 행진하셨을 때에(셀라)"(7절). 하나님이 인도하시는 해방의 길을 누구도 막지 못한다. 하나님의 피조물들이 감히 창조주 하나님을 막을 수 있으랴! 자연이라도 하나님 앞에 굴복하고 하나님의 길을 터놓는다. "땅이 진동하며 하늘이 하나님 앞에서 떨어지며 저 시내 산도 하나님 곧 이스라엘의 하나님 앞에서 진동하였나이다"(8절). 주님이 해방을 말씀하시면 남성이든지 여성이든지 그것을 말해야 한다. "주께서 말씀을 주시니 소식을 공포하는 여자들은 큰 무리라"(11절).

하나님이 해방의 백성이 살아가는 환경도 제공하신다. 척박한 땅도 하나님이 함께 하시면 기름진 땅으로 변한다. 메마른 땅도 하나님이 은혜를 주시면 옥토로 변한다. 그리고 가난한 사람도 넉넉히 살아갈 수 있는 은혜를 주신다. "주의 회중을 그 가운데에 살게 하셨나이다 하나님이여 주께서 가난한 자를 위하여 주의 은택을 준비하셨나이다"(10절). 주의 백성이 어디에 거하든지 넉넉하고 영화롭게 살아갈 수 있게 하신다. 그리고 아름다운 환경을 만드신다. "너희가 양 우리에 누울 때에는 그 날개를 은으로 입히고 그 깃을 황금으로 입힌 비둘기 같도다"(13절).

하나님은 억압하는 사람들을 물리치신다. 하나님의 형상인 사람을 훼방하고, 핍박하는 것은 곧 하나님을 훼방하는 것이요, 핍박하는 것이기 때문이다. 하나님이 대적을 흩으신다. "전능하신 이가 왕들을 그 중에서 흩으실 때에는 살몬에 눈이 날림 같도다"(14절). 해방의 하나님이 산을 다스리신다. 그리고 당신의 산에서 백성로 하여금 해방을 맛보게 하신다. 산이라 할지라도 해방시키려는 하나님의 은혜를 방해하지 못한다. "바산의 산은 하나님의 산임이여 바산의 산은 높은 산이로다 너희 높은 산들아 어찌하여 하나님이 계시려 하는 산을 시기하여 보느냐 진실로 여호와께서 이 산에 영원히 계시리로다"(15~16절).

해방의 하나님은 전능자로 계신다. 하나님이 부리시는 것들이 엄청난 규모에 이른다. 그것들이 하나님을 도와 해방의 일을 이룬다. 해방의 하나님은 거룩한 곳에 계신다. "하나님의 병거는 천천이요 만만이라 주께서 그 중에 계심이 시내 산 성소에 계심 같도다"(17절). 하나님이 해방시키심은 당신이 높은 곳에 오르시기 위함이다. 동시에 해방을 받은 사람과 함께 하시기 위함이시다. 하나님은 낮은 곳으로 오심으로 인해 높아지신다. 해방이란 바로 이런 것이다. "주께서 높은 곳으로 오르시며 사로잡은 자들을 취하시고 선물들을 사람들에게서 받으시며 반역자들로부터도 받으시니 여호와 하나님이 그들과 함께 계시기 때문이로다"(18절).

해방의 기쁨

해방은 하나님이 무거운 짐을 대신 지는 것이다. 하나님이 나의 짐을 대신 져주시거나 혹은 나의 짐을 함께 져주신다. 이것이 하나님의 구원이다. 구원은 의무와 책임으로 얻는 것이 아니라 하나님의 은혜로 얻는 것이다. 그러므로 해방의 기쁨을 누리는 사람은 구원의 하나님을 찬양한다. "날마다 우리 짐을 지시는 주 곧 우리의 구원이신 하나님을 찬송할지로다"(19절). 구원의 하나님은 우리를 사망에서 해방시키셨다(20절). 하나님은 죄의 길에서 죄의 열매를 먹는 사람을 깨뜨리신다. 죄의 열매를 먹는 사람이 다시는 먹지 못하도록 그를 깨뜨리신다. 하나님이 원수의 머리와 정수리를 부수심으로 해방을 이루신다(21절).

해방은 하나님께로 돌아오도록 하는 것이다. 하나님이 원상복구를 지시하시고, 제자리로 돌아오게 하신다. 원래 있던 아름다운 모습을 회복하게 하신다. "주께서 말씀하시기를 내가 그들을 바산에서 돌아오게 하며 바다 깊은 곳에서 도로 나오게 하고"(22절). 해방을 얻은 사람은 하나님으로부터 받을 것이 있다. 하나님이 해방의 백성을 향하여 줄 것을 예비하셨다. 하나님이 원수의 것을 빼앗아 당신의 백성에게 주신다. 해방의 백성이 살아가는데 필요한 것을 주신다. 하나님이 해방의 백성으로 하여금 승리하게 하신다. "네가 그들을 심히 치고 그들의 피에 네 발을 잠그게 하며 네 집의 개의 혀로 네 원수들에게서 제 분깃을 얻게 하리라 하시도다"(23절).

해방의 백성은 하나님의 은혜에 감사드린다. 혼자만 감사하는 것이 아니라 온 백성이 함께 감사드린다. 해방으로 인하여 하나님이 사람들 사이에 계심을 보았기 때문이다. 해방을 얻은 백성은 하나님이 왕으로서 백성 사이를 지나가시는 것을 본다. "하나님이여 그들이 주께서 행차하심을 보았으니 곧 나의 하나님, 나의 왕이 성소로 행차하시는 것이라"(24절). 왕의 행차를 본 백성이 너도나도 그 뒤를 따른다. 따르는 백성은 모두 아름다운 음악을 연주하는 이들이다. 왕과 함께 음악의 행진을 한다. "소고 치는 처녀들 중에서 노래 부르는 자들은 앞서고 악기를 연주하는 자들은 뒤따르나이다"(25절). 이는 하나님이 백성 사이에서 일하심을 찬양하는 것이다(25~26절).

해방의 백성이 감사함으로 하나님께 예물을 드린다. 왕이라도 예물을 드려야 한다. 하나님이 왕의 마음을 다스리시기 때문이다. 왕이라도 주의 전을 위해 예물을 드린다. 해방의 하나님이 높여져야 하며, 해방의 메시지가 온 세상에 전달되어야 하기 때문이다. "예루살렘에 있는 주의 전을 위하여 왕들이 주께 예물을 드리리이다"(29절). 웅장한 소리와 여러 악기로 하나님을 찬송하고(31~33절), 해방의 능력을 행하신 하나님을 찬양한다. "너희는 하나님께 능력을 돌릴지어다 그의 위엄이 이스라엘 위에 있고 그의 능력이 구름 속에 있도다"(34절). 그러므로 사람은 위엄을 드러내시고, 힘과 능력을 주시는 하나님을 찬송할 수밖에 없다(34~35절).

시편 69편
호소의 영성과 요나

물고기 뱃속에서

요나가 물고기 뱃속에 갇혀 있다. 그는 캄캄한 곳에서 하나님을 찾는다. 하나님께 울부짖는 요나의 모습이 처참하기까지 하다. 요나는 이미 엄청난 수치를 당했다. 요나는 니느웨로 가라는 하나님의 명령을 어기고 다시스로 가다가 풍랑을 만났다. 풍랑의 원인을 찾는 선장과 선원들에 의해 요나가 죄인으로 지목되었다. 요나는 자신이 죄인이라고 말하기는 하지만, 이방인 선원들 앞에서 죄인임을 드러낼 수밖에 없는 수치를 당하였다. 게다가 바다를 잠잠케 하여야 하는 제물이 되어서 바다에 빠졌다. 요나는 자기 자신을 돌아보니 수치스러울 따름이다. 요나는 하나님 앞에서 수치를 당하고 사람 앞에서도 수치를 당했다.

요나의 행동이 어리석었다. 하나님의 명령을 어기고 다른 곳으로 간들 하나님을 떠날 수 없다. 그런데도 무모한 짓을 했으니 어리석기 한량없다. 도망간다고 하나님께서 모르지 않는다. 하나님은 끝까지 추적하실 수 있다. "하나님이여 주는 나의 우매함을 아시오니 나의 죄가 주 앞에서 숨김이 없나이다"(5절). 요나 때문에 풍랑이 일었고, 요나 때문에 배 안에 탄 사람들이 고통을 당했다. 한 사람 때문에 여러 사람이 곤경을 겪었다. 혹시 요나 때문에 하나님의 사람에 대한 부정적인 인식이 생기면 어쩌나! "주 만군의 여호와여 주를 바라는 자들이 나를 인하여 수치를 당하게 하지 마옵소서 이스라엘의 하나님이여 주를 찾는 자가 나로 말미암아 욕을 당하게 하지 마옵소서"(6절).

요나는 물고기 뱃속에서 하나님을 향해 부르짖는다. 그의 부르짖음이 시편 기자들의 부르짖음과 흡사하다. 요나는 물고기 뱃속에 있으며, 물 속에 잠겨 있다. 물이 요나의 몸 속에 들어와 요나의 감각을 마비시키고 있다. 요나가 하나님께 구원을 요청할 수밖에 없다. "하나님이여 나를 구원하소서 물들이 내 영혼에까지 흘러 들어왔나이다"(1절). 요나의 힘으로는 그 물을 어쩔 수 없다. 요나의 힘으로 할 수 있는 것은 하나도 없다. 다만 그 사정을 하나님께 아뢰는 것 외에는 방법이 없다. "내가 설 곳에 없는 깊은 수렁에 빠지며 깊은 물에 들어가니 큰 물이 내게 넘치나이다"(2절). 불순종으로 수치를 당했어도 다급하면 하나님을 찾아야 한다.

요나는 물 속에서 죽고 싶지 않다. 그는 물 속에서 건짐을 받고 싶다. 구원받고 싶은 것이다. 그렇다면 회개하고 하나님께 부르짖어야 한다. 할 수 있는 한 하나님께 큰 목소리로 아뢰어야 한다. "큰 물이 나를 휩쓸거나 깊음이 나를 삼키지 못하게 하시며 웅덩이가 내 위에 덮쳐 그것의 입을 닫지 못하게 하소서"(15절). 물도 하나님이 다스리시는 피조물이다. 물이 하나님에 의해 움직인다. 하나님이 하시고자 하면 얼마든지 구원할 수 있다. 그러므로 하나님께 구원을 호소할 수밖에 없다. 요나의 호소가 하나님께 들렸다. 하나님이 물고기를 명하심으로 물고기가 요나를 내뱉었다. 어차피 소화되지 않을 먹잇감은 일찌감치 토하는 것이 낫다.

불순종의 이유

요나의 불순종은 순전히 자기 생각에서 비롯되었다. 니느웨 백성은 악한 사람들이다. 포악하기 이를 데 없는 사람들이며, 그동안 자기 동족들을 무던히도 괴롭혔다. 니느웨 사람들은 자기 동족을 이 땅에서 완전히 사라지게 하려는 민족이다. 그들은 철천지 원수이다. 도저히 용서할 수 없는 사람들이고, 이 땅에서 사라져야 마땅한 사람들이다. 그들은 내버려둬도 망할 것이다. 그런데 하나님이 왜 그들에게 가서 망할 것이라고 말하란 말인지 이해할 수 없다. 하나님이 괜한 헛수고시키는 지도 모른다. 내버려두면 그대로 될 일을 사람까지 보내는 것을 보니 하나님도 하실 일이 어지간히 없으신가 보다.

물론 그렇지는 않을 것이다. 하나님이 요나를 헛수고시키지 않는다. 반드시 하나님의 뜻과 계획이 있을 것이다. 요나가 거기까지 생각이 머물렀다. 언뜻 불안감이 스친다. 만약 내가 니느웨에 가서 망할 것이라고 외치는데, 니느웨 사람들이 회개하면 어떡하지? 곰곰이 생각해 보니 니느웨 사람들이 회개할 것만 같다. 하나님이 뜻이 있으니까 자기를 보내는 것이지 그냥 보내실리 만무하다. 요나는 생각이 여기가지 다다르자 몸서리를 친다.

'망해야 할 사람들이 회개한다면 나는 무엇인가? 나는 결과적으로 매국노가 되는 것이 아닌가? 하나님이 나를 매국노로 만드시려고 니느웨로 보내신다는 말인가? 그럴 수는 없지! 내 눈으로 원수들이 회개하고 구원받는 것을 볼 수 없어! 아무리 하나님이 시키는 것이라지만 하나님이 용서할 사람들을 용서해야지 어떻게 저런 포악하고 무지한 사람들을 용서하실 수 있을까? 아무래도 이해할 수 없어! 어떻게 해야 하나?

순종하자니 매국노가 되고, 불순종하자니 하나님께 들볶일 것이다. '그래, 차라리 하나님이 찾지 않는 먼 곳으로 가자.' 요나의 민족주의 국수주의가 하나님의 생각보다 앞질렀다. 개인의 생각이 하나님보다 앞서고, 민족의 이데올로기가 하나님의 생각보다 앞선다. 그러면 당연히 불순종이라는 것이 나온다. 불순종하고 싶어 그렇게 하는 것은 아닐 게다. 누구나 불순종에는 그럴듯한 핑계를 댄다.

그러나 인간의 생각, 계획, 지혜, 역사적 아픔, 민족주의, 이데올로기 기타 등등 그 어떤 것이라도 하나님의 생각보다 앞설 수 없다. 피조물인 사람이 창조주 하나님의 말씀에 거역할 수 없다. 하나님이 하시고자 하면 그대로 되어야 한다. 비록 사람이 이해할 수 없는 일이라도 하나님의 뜻에 순종해야 한다. 사람의 뜻보다 더 깊은 하나님의 의도가 있기 때문이다. 그것은 모든 나라와 모든 민족을 향한 하나님의 구원 계획이 있기 때문이다. 사람의 좁은 소견이 불순종하게 하는 원인이 된다. 사람의 조급함과 이기심이 불순하게 하는 이유이다. 불순종하려고 마음먹으면 이유는 얼마든지 찾을 수 있다. 약한 것에 사람은 지혜를 발휘한다.

하나님 외에는

국제 정세가 시끄럽다. 중동의 화약고는 한번 폭발하고 그것으로 끝나지 않는다. 건들면 터지는 뇌관들이 곳곳에 숨겨 있다. 이 문제는 풀어도 또 풀어도 해법이 없다. 해결된 것 같으나 조금 지나면 또 다른 문제가 발생한다. 평화롭게 살자고 합의했으나 잉크가 채 마르기 전에 테러와 살인이 일어난다. 인간 폭탄이 되어 다른 사람들을 향해 돌진한다. 상대가 내게 죄를 범한 것이 아니다. 상대가 적국의 사람, 원수의 나라 국민이라는 이유 하나밖에 없다. 너는 죽으면 개죽음이고, 나는 죽으면 영웅적 죽음이 된다. 너의 죽음과 나의 죽음은 차원이 다르다. 이처럼 죽고 죽이는 곳에 해답이 나올리 만무하다.

그런데 죽는 사람이나 죽이는 사람이나 모두 신앙심이 깊은 사람이라는데 할 말이 없다. 유신론자들이 하는 짓들이 무신론자들보다 더 무자비하다. 신의 이름으로 행동하고, 신의 이름으로 상대방을 심판한다는 것이 이처럼 무자비한 짓인가! 한번 폭력의 희생을 당하면 그 다음에는 용서도 없다. “이에는 이, 눈에는 눈”이라는 말을 잘도 갖다 붙인다. 이 말은 법을 집

행하는 원칙이 될 수는 있어도 결코 상대방처럼 가혹해지라는 말이 아니다. 당한 만큼 갚아주라는 말도 아니다. 성경 어디에 당한 만큼 갚으라고 하는가? 오히려 앙갚음 당하지 않도록 피해야 한다. 그래서 도피성을 만든 것이 아닌가?

전쟁의 원인이 사람에게 있다. 민족 감정은 사람의 편견과 짧은 소견 때문에 생긴다. 알고 보면 형제인 것을, 함께 산다는 것이 그리도 어렵다는 말인가? 무엇 때문에 하나님을 찾고, 신의 뜻을 갖다 붙이는가? 자신들의 이데올로기를 고집하고, 그 이데올로기를 세상의 지배 이데올로기로 만들기 위함인가? 그렇다면 과연 그것이 인류를 위한 길일까? 민주주의와 정의라는 이름으로 전쟁을 벌인다면 그 피해를 누가 당하는가? 여자들과 어린이와 같은 약한 사람들이 가장 먼저 당한다. 그리고 전쟁 피해자들을 구호한다고 물자를 가져다 주니 이거야말로 병 주고 약 주는 것이 아닌가? 사람이 한다는 것이 모두 이런 식이다.

사람에게서 희망을 찾을 수 없다. 하나님께 희망을 찾아야 한다. 사랑하고 용서하라 하신 하나님, 평화를 주시는 하나님을 찾아야 한다. 총칼로 이겨도 사람의 마음을 얻을 수 없다. 사람의 마음을 얻으려면 하나님의 성품대로 해야 한다. 하나님의 마음을 얻는 것이 곧 사람의 마음을 얻는 것이 아니겠는가? 하나님께 호소하고, 비폭력으로 사는 사람이 진정으로 믿음 좋은 사람이 아니겠는가? 그런 사람이 후대에 존경받지 않을까? 믿음 좋다는 사람들이여! 믿음을 이데올로기로 격하시키지 말라. 믿음을 세계 정복의 도구나 목적으로 이용하지 말라. 먼저 하나님께 호소하라. 오직 하나님뿐이다.

시편 기자는 억울함을 당하고 있다. 자신을 미워하는 원수가 많고 빼앗지 않은 것도 변상해 주어야 한다. "까닭 없이 나를 미워하는 자가 나의 머리털보다 많고 부당하게 나의 원수가 되어 나를 끊으려 하는 자가 강하였으니 내가 빼앗지 아니한 것도 물어 주게 되었나이다"(4절). 시인이 억울함을 당하는 이유는 대부분 인간의 완악함 때문이다. 주님의 뜻대로 바르게 살려고 하지만 악한 사람들은 그것을 싫어한다. 어떻게든지 자기네들의 악함 속에 들어오게 한다. 그래서 욕하고 훼방하고 핍박하며 회유하고 유혹한다. "내가 주를 위하여 비방을 받았사오니 수치가 나의 얼굴에 덮였나이다"(7절). 요나와는 상황이 사뭇 다르다. 어쨌거나 하나님께 호소할 상황이다. 시인이 하나님께 호소할 수밖에 없는 상황이 계속 생긴다. 가장 가까운 사람들이 시인을 조롱하고, 비난하기 때문이다. 믿음 없는 사람은 믿음 가진 사람이 가족이라 할지라도 외면하고 관계를 끊으려 한다. "내가 나의 형제에게는 객이 되고 나의 어머니의 자녀에게는 낯선 사람이 되었나이다"(8절). 믿음이 없으면 아무리 가까워도 믿음 가진 사람을 이해하지 못한다. 이것이 믿는 이에게 상처가 된다. "주의 집을 위하는 열성이 나를 삼키고 주를 비방하는 비방이 내게 미쳤나이다"(9절). 시인은 하나님께 호소하는 방법 외에 없다. "여호와여 나를 반기시는 때에 내가 주께 기도하오니 하나님이여 많은 인자와 구원의 진리로 내게 응답하소서"(13절).

불신자들은 신앙인의 순수한 의도를 흠잡는다. "내가 곡하고 금식하였더니 그것이 도리어 나의 욕이 되었으며 내가 굵은 베로 내 옷을 삼았더니 내가 그들의 말 거리가 되었나이다 성문에 앉은 자가 나를 비난하며 독주에 취한 무리가 나를 두고 노래하나이다"(10~12절). 사람은 이와 같을지라도 하나님은 전혀 그렇지 않으시다. 하나님은 인자하시고 긍휼을 베푸신다. "여호와여 주의 인자하심이 선하시오니 내게 응답하시며 주의 많은 긍휼에 따라 내게로 돌이키소서"(16절). 하나님은 구원의 하나님, 죄를 속량하시는 분이시다. "내 영혼에게 가까이하사 구원하시며 내 원수로 말미암아 나를 속량하소서"(18절).

호소의 내용은 구원이다. 이처럼 하나님께 호소하는 이유가 있다. 그것은 자신의 믿음을 지키기 위함이다. 믿음을 지키지 못한다면 훼방이 사실로 증명된다. 마음의 상처가 그대로 남아 있으면 자신에게 손해이다. 사람이 외면하고, 욕한다 할지라도 시인은 하나님만을 바라본다. 하나님께 호소하는 것만이 구원을 받는 길이며, 위로를 받는 것이다. "비방이 나의 마음을 상하게 하여 근심이 충만하니 불쌍히 여길 자를 바라나 없고 긍휼히 여길 자를 바라나 찾지 못하였나이다"(20절). 시인은 자신이 호소할 수밖에 없는 처지를 하나님께 토로한다. "오직 나는 가난하고 슬프오니 하나님이여 주의 구원으로 나를 높이소서"(29절).

호소의 결과

악인들이 시인에게 가하는 압력이 엄청나다. "그들이 쓸개를 나의 음식물로 주며 목마를 때에는 초를 마시게 하였사오니"(21절). 니느웨 사람들이 이스라엘에게 행한 것이 이와 같다. 이 정도가 되면 요나의 불순종도 나름대로 이유가 있고, 대충 이해할 만하다. 그러나 하나님의 뜻은 다르다. 하나님은 악인을 멸망시킬 것이다. 그 이유는 하나님의 권위와 능력을 드러내기 위함이다. 하나님이 악인을 멸망시키는 것이 의인에게는 구원이다. 이 역시 하나님의 권위와 능력이 드러나는 일이다. 그 과정에서 하나님이 의인의 호소를 들으신다. 의인과 악인을 판단하는 기준이 무엇인가? 그것은 사람의 기준이 아니라 하나님의 기준이다.

하나님이 악한 사람을 어리석게 하신다. 하나님이 악한 사람의 감각을 무너지게 하신다. "그들의 밥상이 올무가 되게 하시며 그들의 평안이 덫이 되게 하소서 그들의 눈이 어두워 보지 못하게 하시며 그들의 허리가 항상 떨리게 하소서"(22~23절). 호소할 줄 알고, 하나님을 찾아 회개하는 사람이 지혜있는 사람이다. 믿음이 좋다 자부해도 하나님께 호소할 줄 모르면 결코 의롭게 산다고 할 수 없다. 악한 사람들은 그들의 거처마저 무너질 것이다. "그들의 거처가 황폐하게 하시며 그들의 장막에 사는 자가 없게 하소서"(25절). 뿐만 아니라 하나님으로부터 영원히 제외될 것이다. "그들을 생명책에서 지우사 의인들과 함께 기록되지 말게 하소서"(28절).

하나님이 시인의 호소를 들으신다. 하나님이 시인에게 구원을 베푸신다. 시인이 하나님의 구원을 확인하면 하나님께 영광을 돌릴 것이다. 찬송함으로 하나님께 영광을 돌릴 것이다. "내가 노래로 하나님의 이름을 찬송하며 감사함으로 하나님을 위대하시다 하리니 이것이 소 곧 뿔과 굽이 있는 황소를 드림보다 여호와를 더욱 기쁘시게 함이 될 것이라"(30~31절). 이러한 찬송으로 의인이 기뻐한다. 호소하는 사람이 호소에 대한 결과가 있음을 보고 만족한다. 이것이 믿음을 회복하는 계기이다. "곤고한 자가 이를 보고 기뻐하나니 하나님을 찾는 너희들아 너희 마음을 소생하게 할지어다"(32절).

하나님이 호소를 들으시고 질서를 회복시키신다. 하나님이 약한 사람을 위로하신다. "여호와는 궁핍한 자의 소리를 들으시며 자기로 말미암아 갇힌 자를 멸시하지 아니하시나니"(33절). 이로써 하나님이 세상을 다스리심이 증명된다. 사람뿐만 아니라 천지만물도 하나님을 찬송할 것이다. "천지가 그를 찬송할 것이요 바다와 그 중의 모든 생물도 그리할지로다"(34절). 그러므로 시인은 하나님이 당신의 백성을 영원히 다스리실 것을 믿는다. "하나님이 시온을 구원하시고 유다 성읍들을 건설하시리니 무리가 거기에 살며 소유를 삼으리로다 그의 종들의 후손이 또한 이를 상속하고 그의 이름을 사랑하는 자가 그 중에 살리로다"(35~36절).

시편 70편

구원의 영성과 다윗

다윗의 눈물

다윗이 시글락에 본거지를 두었을 때였다. 다윗과 그의 군대가 전쟁에 나간 사이 아말렉 사람들이 시글락을 침공하였다. 아말렉 사람들은 시글락을 점령하고 성을 불살랐다. 그리고 다윗의 아내들과 자녀를 사로잡아 갔다. 다윗이 이 소식을 듣고 전쟁터에 나갔다가 급히 돌아왔다. 성은 불에 탔고, 다윗의 아내들과 자녀는 사로잡혀 가고 없었다. 다윗의 백성 역시 아내와 자녀가 사로잡혀 갔다. 남자들이 전쟁터에 나가는 이유는 아내와 자녀를 보호하기 위해서이다. 그런데 아말렉 사람들에게 기습을 당해 본거지가 쑥대밭이 되었으니 전쟁터에 나간 보람이 없어졌다. 다윗의 군대와 부하들이 술렁거린다. 백성이 다윗을 원망하기 시작했다.

다윗과 그의 군대는 누구를 원망하거나 신세한탄을 하기에 앞서 슬픔에 사로잡혔다. 다윗과 백성이 모두 넋을 놓고 있다. 슬픔에 북받쳐서 울고 있는데 얼마나 울었는지 나중에는 울 기력조차 없다. 가족을 잃은 슬픔을 무엇으로 위로할 수 있을까? 그동안 전쟁터에 나가서 목숨을 바쳐 싸웠는데, 가족들이 사로잡혀 갔으니 전쟁이 허무하다. 가족들이 무지하고 악랄한 아말렉 사람들에게 얼마나 고초를 겪을까? 생각할수록 눈물만 나온다. 온 몸에 힘이 빠지고, 눈에 들어오는 것이 없다. 배가 고프고 탈진하여도 무엇을 먹고 싶지 않다. 혼자만 배부른들 그것이 무슨 기쁨이 될까! 누구든지 이 정도가 되면 인생의 허무함이 든다.

급기야 백성이 다윗을 향해 공격을 가한다. 다윗도 그의 아내와 자녀가 사로잡혀 갔다. 하지만 백성은 다윗의 슬픔에 아랑곳하지 않는다. 자신들의 슬픔이 앞설 뿐이다. 백성이 다윗에게 돌을 던지며 달려든다. 다윗이 위기에 처하였다. 다윗의 권위가 땅에 떨어지고, 그동안 받았던 신뢰가 한꺼번에 사라지게 되었다. 이 문제가 해결되지 않는다면 앞으로 다윗을 따를 사람이 하나도 없을 것이다. 모두 다윗을 떠나고 다윗은 떠돌이 신세가 될 것이다. 다윗이 가졌던 큰 꿈도 물거품으로 돌아갈 것이다. 다윗에게 인생의 최대 위기가 닥쳤다. 반드시 이 난관을 극복해야 한다. 이 시대 사람들 같으면 아마도 자살할지 모른다.

그러나 다윗에게는 믿는 구석이 있었다. 그것은 여호와 하나님이시다. 하나님이 다윗에게 말씀하셨다. 무슨 내용의 말씀을 하셨는지 성경에 자세히 기록되어 있지 않다. 그러나 분명한 것은 다윗이 하나님의 말씀을 듣고는 힘을 얻었다는 것이다. 다시금 용기를 내었다(삼상 30:6). 다윗이 용기를 내어 백성을 추스른다. 그리고 전열을 정비하여 아말렉 사람들을 뒤따른다. 제사장 아비아달은 다윗을 뒤따르면 반드시 아말렉을 무찌르고, 사로잡힌 가족들을 구해올 것이라고 격려한다. 과연 아비아달의 말대로 되었다. 다윗이 아내와 자녀, 백성의 아내와 자녀 중 아무도 상하지 않고 다시 찾아왔다. 오히려 아말렉의 물건들을 탈취하여 왔다.

위기 중에서

누구든지 위기의 순간들을 만난다. 위기가 닥칠 것을 미리 감지하고 있다면 약간은 고통이 덜할 것 같으나 아프고 괴롭다. 그런데 안심하고 있다가 갑자기 위기가 닥치면 누구든지 허둥지둥할 것이다. 이성을 잃고 일을 그르칠 수 있다. 위기가 닥치면 두 가지 생각이 든다. 한 가지 생각은 그래도 희망이 있다고 생각하는 것이다. 하늘이 무너져도 솟아날 구멍이 있다고 생각하는 것이다. 호랑이에게 물려가도 정신만 차리면 산다고 정신을 바짝 차리는 경우이다. 이런 사람은 위기를 기회로 바꾼다. 위기의 순간에 기지를 발휘하고, 그가 가진 능력을 발휘한다. 이런 사람은 위기의 때에 자신의 인격과 능력을 증명한다.

다른 생각은 위기의 순간에 절망하는 것이다. 희망을 버리고 좌절한다. 과거에 가졌던 열심과 행복한 것들을 기억할 뿐이지 회복하려는 생각이 없다. 내가 위기를 자초한 것도 아니고, 다른 사람이 갑자기 기습해 온 것을 난들 어찌하겠느냐고 위기에 대한 책임을 다른 이에게 떠넘긴다. 이런 사람은 안 되는 쪽으로만 생각한다. 그리고 위기를 해결할 수 없으면 그 자리를 피한다. 물론 일단 피하고 한숨 돌린 후 문제를 해결할 수 있다. 일단 피하는 것이 문제를 해결하는 일종의 방법일 수도 있다. 그러나 피하는 것이 상책이라고 한다면 그것은 무책임의 소치(所致)이다. 이 시대에 무책임한 사람들이 많다는 것이 커다란 문제이다.

혼자만 위기를 당한다면 그나마 견딜 수 있다. 그런데 가족들에게 위기가 닥친다면 참기 어렵다. 죄책감이 들 수도 있다. 자신의 실수와 잘못, 자신의 어리석음으로 인해 가족들이 고초를 겪는다는 것이 마음 아프다. 모든 허물이 다 자신에게 있다는 자책감 때문에 견디기 어려워할 수 있다. 가족이 당하는 고초를 보며 차라리 자기가 고통을 당하는 것이 더 낫다고 생각할 수 있다. 그리고 가족에게 고통을 가져다 준 사람에게 대하여 이를 갈 수도 있다. 반드시 이 원수를 갚겠다고 주먹을 불끈 쥘 수도 있다. 아마 원한에 사무쳐 위기를 극복할는지도 모른다. 원한이 위기를 이기는 에너지가 될지 모른다.

어떤 이들은 당하기 어려운 상대가 있으면 약점을 찾아 공격한다. 그 약점이 다름 아닌 가족들이다. 본인을 공격하는 것이 아니라 가족들을 공격하는 것이다. 약점을 찾아 공격하는 것은 스포츠 경기에서나 할 일이다. 그것도 스포츠 정신에 위배된다면 약점보다 강점을 찾아 당당하게 맞서야 한다. 인간관계에 있어서 약점을 찾아 공격하는 것은 비겁한 사람들이나 하는 짓이다. 가족들을 볼모로 잡는 것은 더욱 더 비겁한 짓이다. 남성이 이 정도라면 남성으로서의 체면을 포기하는 것이다. 신앙인이 이렇다면 신앙인의 자존심을 포기하는 것이다. 아말렉 사람들과 같은 짓이기 때문이다. 약점을 찾아 공격하는 것은 마귀나 하는 짓이다.

위기를 이기는 방법

성공한 사람들은 모두 위기를 이긴 사람들, 위기를 극복한 사람들이다. 위기를 이기지 못한다면 성공도 없다. 위기와 성공은 다른 길이 아니다. 위기와 성공은 같은 길에 있다. 다만 위기부터 만난다는 것이 사람에게 괴로울 것이다. 위기를 지나지 않는다면 결코 성공을 만날 수 없다. 이것을 아는 사람은 위기를 만나도 당황하지 않는다. 올 것이 왔다고 생각하며 위기를 즐긴다. 마치 게임을 하듯이 위기와 맞서서 게임을 벌이는 것이다. 위기를 게임으로 생각할 정도라면 대단한 담력이고 배짱이다. 이런 담력과 배짱을 가진 사람에게 성공이 찾아오니 담력과 배짱을 누구에게 사서라도 가져야 할 것이다.

다윗이 이런 위기를 한두 번 겪었을까? 그는 목숨의 위기를 겪은 것이 셀 수 없이 많다. 아내와 자녀가 고통을 당한 적도 여러 번 있다. 아들 압살롬이 반역하여 백주 대낮에 광장에서 다윗의 후처들을 욕보인 적도 있었다. 그야말로 수치스러워 얼굴을 들 수 없을 정도이다. 왕이 되어 부귀영화를 누린들 그것이 무슨 소용이 있는가? 왕을 내놓고 초야에 묻히는 것이 낫지 이런 수치는 사람으로서 단 한번이라도 당하면 안될 일이다. 하지만 높아질수록 공격이 거세지고, 야망이 클수록 심각한 위기를 당할 수 있다. 이것을 아는 사람들은 위기의 순간에 침착할 수 있다. 호랑이에게 물려가도 정신만 차리면 살 수 있다 하지 않는가?

다윗은 사람으로부터 공격을 받았다. 아말렉에게는 가족들을 납치 당하고, 백성에게는 목숨의 위협을 당하였다. 그야말로 사면초가이다. 다윗은 이 위기를 어떻게 이겼을까? 다윗은 사람에게서 해결의 방법을 찾지 않았다. 사람의 지혜로 길을 찾지 않았다. 어차피 사람의 힘으로는 되지 않을 일이니 말이다. 다윗은 하나님을 찾았다. 그는 하나님만이 위기를 해결해 주실 분으로 알았다. 하나님이 아니고서는 방법을 찾을 수 없다. 위기의 순간에 신앙과 인품을 확인할 수 있다. 절망하는 사람, 원망하는 사람, 책임을 떠넘기는 사람에게서 신앙과 인품이 아름답다고 할 수 없다. 사람은 어려울 때 본성과 진가가 나타난다.

다윗이 하나님을 생각하고 위로를 얻었다. 다윗이 위기의 순간에 하나님을 찾았다. 다윗이 하나님의 말씀을 듣고 용기를 얻었다. 하기야 하나님이 아니고서는 어디서 위로를 받을 것이며, 용기를 얻을 것인가? 가족을 주신 분도 하나님이시고, 가족을 돌보시는 분도 하나님이시다. 가족을 지키시는 분도 하나님이시고, 가족을 구원하시는 분도 하나님이시다. 그러므로 가족의 안전을 하나님께 의뢰하는 것이 당연한 일이다. 하나님은 당신을 의뢰하는 사람에게 말씀하신다. 하나님의 뜻과 계획을 제사장 아비아달이 알아차렸다. 그리고 아비아달이 다윗을 축복한다. 다윗에게 하나님의 뜻을 전달한다. 하나님을 의뢰하는 사람은 복을 받는다.

다윗은 고통을 누구보다 많이 겪었다. 다윗은 고난에 관한 한 이력이 난 사람이다. 고난의 순간은 하나님을 찾을 수 있는 시간이다. 그러므로 고난받는 사람, 위기를 겪는 사람은 하나님을 찾아야 한다. 하나님을 찾아야 구원을 간구할 수 있다. 하나님의 도우심이 곧 구원이다. 하나님이 위기와 고난에서 의인을 건져 주셔야 한다. 구원이란 곧 건져냄이다. "하나님이여 나를 건지소서 여호와여 속히 나를 도우소서"(1절). 구원을 사모하는 사람은 물에 빠진 사람이 살려달라고 허우적대는 것과도 같다. 물에 빠진 사람은 스스로 나올 힘이 없으니 누가 손을 내밀어 주어야 한다. 구원은 자기 힘이 아니라 하나님의 힘으로 된다.

구원은 고난을 가져다 주는 사람, 고통을 겪게 하는 사람에게 부끄러움과 심판이다. 하나님이 의인을 구원하시면, 그것이 악인에게는 수치스러움이다. 그러므로 하나님의 구원을 사모하는 사람은 하나님이 구원을 이루시기 원한다. 그리고 위인에게 고난을 가져다 주는 사람은 당하는 사람보다 더 큰 고난을 당할 것이다. 하나님이 그렇게 하실 것이다. "나의 영혼을 찾는 자들이 수치와 무안을 당하게 하시며 나의 상함을 기뻐하는 자들이 뒤로 물러가 수모를 당하게 하소서"(2절). 악한 사람은 의인의 고난을 보고 고소하다고 비웃지만 그들이 한 것처럼 당할 것이다. "아하, 아하 하는 자들이 자기 수치로 말미암아 뒤로 물러가게 하소서"(3절).

구원은 하나님을 사모하는 사람에게는 은혜이며, 복이다. 하나님의 구원을 경험할 수 있다는 것은 신앙인에게 있어서 가장 큰 행복이다. 구원을 경험한다는 것이야말로 이 땅에서 얻을 수 있는 가장 큰 기쁨이며 즐거움이다. "주를 찾는 모든 자들이 주로 말미암아 기뻐하고 즐거워하게 하시며"(4절a). 구원은 하나님께 찬양이 돌려질 일이다. 구원받은 사람이 구원의 하나님을 찬양한다. 구원이야말로 하나님이 사람에게 하실 수 있는 가장 위대한 일이다. "주의 구원을 사랑하는 자들이 항상 말하기를 하나님은 위대하시다 하게 하소서"(4절b). 구원받은 사람이 하나님께 할 수 있는 일은 하나님의 위대함을 찬양하는 것이다.
구원을 사모하는 사람은 자신의 약함을 알고 있다. 구원뿐만 아니라 어떤 일이라도 스스로 되어질 일이 없다는 것을 알고 있다. 그러므로 하나님을 의지할 수밖에 없다. 하나님이 그에게 임하시기를 사모하는 것이 구원을 사모하는 사람의 기도 제목이며, 평생의 소원이다. "나는 가난하고 궁핍하오니 하나님이여 속히 내게 임하소서"(5절a). 구원을 사모하는 사람은 하나님이 구원을 베푸시는 분임을 믿는다. 하나님을 향하여 믿음을 고백할 수 있다. 구원의 능력을 베푸시는 분이 구원을 지체하실 수 없다. 그러므로 하나님께 속히 구원을 베푸시기를 간구한다. "주는 나의 도움이시요 나를 건지시는 이시오니 여호와여 지체하지 마소서"(5절b).

구원의 영역

사람에게는 영혼이 있다. 영혼이 존재하는 것은 오직 사람에게만 있다. 왜냐하면 사람만이 하나님과 교제하는 존재이기 때문이다. 사람만이 하나님을 알고 하나님을 섬길 수 있는 존재이다. 영혼이 구원받는 것은 가장 기본적인 일이다. 영혼의 구원은 하나님이 원하시는 일이며, 우리가 반드시 얻어야 하는 것이다. 영혼 구원이야말로 하나님이 사람에게 하신 일 중 가장 위대한 일이며, 사람이 하나님으로부터 얻을 수 있는 가장 위대한 축복이며 선물이다. 영혼 구원을 도외시하는 사람은 하나님과의 관계를 단절한 사람이다. 이것이야말로 하나님이 가장 싫어하는 일이다. 사람이 사람으로 살아가는 것을 포기하는 것이다.

구원은 전인적이다. 전인적이라 함은 구원의 영역이 사람이 관계하는 모든 영역에 적용되어야 한다는 것이다. 사람은 영혼으로만 존재하지 않는다. 사람은 육신과 정신, 마음과 생각을 가진 존재이다. 사람은 다른 사람과 관계를 가지며 산다. 즉 인간관계와 사회생활을 하는 존재이다. 인간관계와 사회생활에는 도덕이 존재한다. 사회의 관습이 존재하며, 그것이 사람들의 사고방식과 문화를 이룬다. 전인적 구원은 인간의 모든 생활 속에 구원이 임하여야 하는 것이다. 어느 한 영역이라도 구원에서 제외될 수 없다. 왜냐하면 하나님이 사람의 모든 영역에 관계하시며 사람의 모든 영역을 다스리시기 때문이다.

육신에 구원이 임하여야 한다. 배고프면 먹어야 하고, 졸리면 자야 한다. 정신적 고통을 당하는 사람은 그 고통으로부터 벗어나야 한다. 가족이 고통을 당한다면 가족의 평안을 이루어야 한다. 이것도 하나님이 주시는 구원이기 때문이다. 인간관계에서 당하는 고통도 치유되어야 한다. 인간관계의 고통은 모두 마음에 상처를 남긴다. 마음에 상처는 육신의 아픔을 가져온다. 상처가 치유되어야 한다. 마음이든 육신이든 병든 사람은 건강을 찾아야 한다. 건강은 곧 구원의 다른 말이기도 하다. 가진 사람들이 못 가진 사람들을 학대하고, 강한 사람이 약한 사람을 고통스럽게 한다면 못 가진 사람과 약한 사람이 구원받아야 한다.

가족도 구원받아야 한다. 하나님이 구원하시지 않으면 가족들이 피해를 입는다. 사람이 관계하는 영역은 모두 구원받아야 한다. 도덕과 관습, 문화도 구원을 받아야 한다. 하나님 없는 도덕과 관습, 문화는 악의 길을 향하고 악의 문화를 형성한다. 악의 문화는 곧 구원받아야 할 영역이다. 세상과 사회 속에 존재하는 악으로 인해 고통받는 사람들이 있기 때문이다. 인간의 모든 영역은 하나님의 다스리심과 임재가 필요하다. 하나님이 천지를 창조하시고, 사람을 창조하셨다. 하나님이 가정도 창조하시고, 가족도 주셨다. 그렇다. 하나님의 구원은 전인적이다. 사람의 모든 영역에 하나님의 도우심과 은혜가 필요하다.

시편 71편
소망의 영성과 아브라함

아브라함의 소망

아브라함과 처음부터 함께 하던 롯이 그의 곁을 떠났다. 롯의 가축이 많아지고, 아브라함의 가축도 많아졌다. 아브라함이 롯과 함께 있을 수 없었다. 아브라함과 롯 사이에 갈등은 없지만 이대로 가다가 둘 사이에 금이 갈지도 모른다. 롯이 요단 동편에 기름진 땅 소돔과 고모라를 선택하여 떠났다. 롯이 떠났으니 아브라함이 절망할만하다. 아브라함이 머무는 땅은 척박한 산지이다. 그러나 하나님이 아브라함에게 약속하신다. "보이는 땅을 네게 주고 너의 자손을 땅의 티끌처럼 많게 하며, 네가 밟는 땅을 너에게 주겠다"(창 13:15~17).

조카가 떠나도 아들이 있다면 위로가 될 것이다. 그런데 아브라함에게 아들이 없었다. 아들이 없다는 것은 미래의 희망이 없다는 것이다. 자손을 퍼트리지 못하는 데 잘 먹고 잘 사는 것이 무슨 의미가 있을까? 아내 사라는 이미 아이를 낳을 수 없도록 나이가 들었다. 아브라함은 그저 아들은 고사하고 다메섹 사람 엘리에셀이나 건강해, 아브라함의 유업을 이어주면 다행이라 생각한다. 아브라함도 스스로 포기할 정도에 이르렀다. 새로운 땅 가나안에 와서 자수성가를 하였지만 아이가 없다는 것이 못내 가슴 아프다. 이 나이에 아들을 얻을 리 없으니 아무런 희망이 없다. 인간적으로 희망이 보이지 않는다.

그런데 하나님이 아브라함을 불러 내셨다. 그것은 하나님이 아브라함에게 후손의 약속을 한 번 더 확인시키기 위함이다. 하나님의 약속이 아브라함에게는 소망이다. 하나님은 아브라함의 몸에서 난 아들이 아브라함의 후사가 될 것이라고 약속하신다. 하나님이 아브라함에게 하늘의 별을 세어보라고 말씀하신다. 하늘의 별을 어찌 셀 수 있다는 말인가? 아무리 계산이 빠르고 눈썰미가 있는 사람이라도 별을 셀 수 없다. 눈에 보이는 별은 셀 수도 없으며, 눈에 보이지 않는 별은 더 많다. 아브라함의 자손들이 하늘의 별처럼 많아질 것이다. 아브라함의 자손들이 셀 수 없이 많아질 것이다. 이 하나님의 약속이 아브라함에게 소망이 될 것이다.

하나님의 약속은 아주 강하게 나타난다. 하나님이 아브라함과 영원히 대대로 지켜질 언약을 맺으신다. 하나님이 아브라함에게 짐승을 제물로 준비하라고 이르신다. 아브라함이 제물을 준비하여 중간을 쪼개어 놓았다. 해질녘에 아브라함이 잠들었을 때 하나님이 불 가운데 임하셨다. 하늘의 음성이 들린다. 아브라함의 자손들이 이방에서 객이 되어 400년 동안 괴로움을 당할 것이다. 그러나 하나님이 이방을 꾸중할 것이며, 아브라함의 자손들이 큰 재물을 취하여 이 땅으로 돌아올 것이다. 타는 횃불이 쪼갠 고기 사이로 지나갔다. 하나님이 언약의 성취로써 아브라함의 자손들에게 애굽 땅과 가나안 땅을 주실 것이다.

소망을 희미하게 하는 것

아브라함은 롯이 떠났을 때 절망할 수 있다. 실제로 절망하였을 것이다. 조카라면 자식이나 마찬가지이다. 아브라함이 고향을 떠날 때 롯을 데리고 나왔다. 그동안 아브라함은 롯과 생사고락을 같이 하였다. 롯은 아브라함의 자식 노릇을 하였다. 아브라함은 롯에게 기대하는 것이 있었다. 그러나 기대가 크면 실망도 크다. 롯이 떠났으니 아브라함으로서는 살을 도려내는 것과 같은 아픔을 가진다. 아브라함에게 절망이 찾아 왔을지 모른다. 믿었던 사람이 떠나면 희망을 잃을 수 있다. 그동안 가졌던 희망이 아무 것도 아니라고 생각하고 좌절하며 절망할 수도 있다.

위기는 소망을 희미하게 한다. 아브라함이 고향을 떠나 하나님이 지시하시는 땅으로 갔지만 당분간 떠돌이 생활을 하였다. 아브라함은 가나안에서 기근을 만났다. 아브라함은 그 땅에서 살기 어려워 애굽으로 피난하였다. 그런데 애굽에서 봉변을 당할 위기에 처했다. 아브라함의 아내 사라가 너무 아름다워서 뭇 남성을 자극할 수 있기 때문이었다. 아브라함이 아내 때문에 목숨을 잃을까 두려웠다. 그는 아내를 누이라고 속여서 사람들에게 말하여 목숨을 부지한다. 남편으로서 차마 할 일이 아니지만 그래도 살기 위해서 어쩔 수 없다고 합리화 시킨다. 아브라함은 위기 때에 소망보다는 변칙적인 방법을 취한다.

가까운 사람들의 불신앙이 소망을 희미하게 만들 수 있다. 아브라함에게 가장 가까운 사람이라면 아내 사라이다. 그런데 사라가 아들이 없다는 것에 대하여 더 조급한 마음을 가진다. 사라가 아브라함에게 방법을 제시한다. 그것은 사라의 몸종 하갈을 통해 아들을 얻자는 것이다. 믿음이 없는 사람은 하나님이 제시하시는 방법이 아니라 비정상적인 방법을 채택한다. 아브라함도 아내의 제안을 거절하지 못한다. 가까운 사람이 하나님의 뜻을 믿지 않으면, 그 불신앙을 꾸중하거나 바로 잡아야 한다. 그런데 오히려 가까운 사람의 불신앙에 의해 영향을 받고 있다. 소망을 제시하며 이길 힘이 없다는 것을 스스로 증명하는 것이다.

가족들이 화목하지 못하는 것이 소망을 희미하게 만들 수 있다. 애굽 여인 하갈이 임신한 이후 사라를 무시하였다. 사라가 하갈에 대하여 분노하였다. 사라는 아브라함을 원망한다. 사라의 수치스러움을 모두 아브라함의 탓으로 돌린다. 사라가 하갈을 쫓아내었다. 그나마 아브라함의 자식을 가진 여인이 쫓겨났으니 아브라함이 가진 일말의 희망도 사라졌다. 하나님이 아브라함의 몸에서 자손이 나올 것이라 하셨는데, 이 방법도 허사가 되었으니 절망할 만도 하다. 그러나 이 모든 것들을 극복하는 소망이 있다. 그것은 하나님의 영원한 언약이다. 사람의 방법으로는 불가능한 것을 하나님은 반드시 가능하게 하실 것이라는 소망이다.

비전과 소망

사라는 아이를 갖지 못했다고 수치를 당했다. 사라의 수치는 곧 아브라함의 수치이기도 하다. 아브라함의 수치는 곧 하나님의 수치이다. 수치를 당하는 사람은 하나님께 수치를 없애달라고 아뢰어야 한다. 영원한 언약을 주신 하나님이시니 당연히 수치를 없애 주실 것이다. "여호와여 내가 주께 피하오니 내가 영원히 수치를 당하게 하지 마소서"(1절). 절망을 가질 만한 상황이 많다. 절망이 사람을 억압하고 있다. 그러나 하나님께서 들으시면 소망이 생긴다. 그 소망은 곧 마음의 억눌림을 해방하는 소망이요, 구원의 소망이다. "주의 의로 나를 건지시며 나를 풀어 주시며 주의 귀를 내게 기울이사 나를 구원하소서"(2절).

하나님은 아브라함에게 놀라운 비전을 주셨다. 하나님은 아브라함을 복의 근원이 되게 하셨다. 아브라함을 통해 자손들이 복을 받을 것이고, 모든 인류가 복을 받을 것이다. 아브라함 때문에 대대손손 복을 받을 것이다. 아브라함에 주신 비전을 이루기 위해 아들이 태어날 소망을 주셨다. 아들이 태어나면 하나님이 주신 비전이 이루어진다는 것을 보다 분명하게 확인할 수 있다. 그런데 소망을 희미하게 하는 무리들이 있다. 하나님이 주신 비전을 이루지 못하도록 방해하는 세력들이다. 하나님이 당신의 비전을 이루시기 위해 악인을 물리치셔야 한다. "나의 하나님이여 나를 악인의 손 곧 불의한 자와 흉악한 자의 장중에서 피하게 하소서"(4절).

소망이 희미해질 때 찾아야 할 분은 오직 하나님이시다. 하나님은 언제 어디서나 우리를 은밀한 중에 만나시고 당신이 소망이심을 선명하게 확인시키신다. "주는 내가 항상 피하여 숨을 바위가 되소서 주께서 나를 구원하라 명령하셨으니 이는 주께서 나의 반석이시요 나의 요새이심이니이다"(3절). 신앙인은 하나님을 만나 소망을 확인하며 하나님이 주신 비전에 대하여 열심을 품는다. 비록 불신자로부터 무시를 당하고, 이상하게 여김을 받을지라도 여전히 하나님께 소망을 둔다. "나는 무리에게 이상한 징조 같이 되었사오나 주는 나의 견고한 피난처시오니 주를 찬송함과 주께 영광 돌림이 종일토록 내 입에 가득하리이다"(7~8절).

불신자는 어떻게든지 신앙인들의 소망을 별것 아닌 것으로 치부한다. 불신자는 신앙인이 가진 비전을 꺾고, 절망하게 한다. 이는 신앙인의 영혼을 빼앗는 일이다. 그러나 영혼을 빼길 수 없다. 소망을 포기하면 영혼을 빼긴다. "내 원수들이 내게 대하여 말하며 내 영혼을 엿보는 자들이 서로 꾀하여 이르기를 하나님이 그를 버리셨은즉 따라 잡으라 건질 자가 없다 하오니"(10~11절). 소망을 가진 사람은 하나님께 영혼을 지켜달라고 부탁해야 한다. "하나님이여 나를 멀리 하지 마소서 나의 하나님이여 속히 나를 도우소서 내 영혼을 대적하는 자들이 수치와 멸망을 당하게 하시며 나를 모해하려 하는 자들에게는 욕과 수욕이 덮이게 하소서"(12~13절).

하나님은 사람이 평생 바라보아야 할 소망이시다. "주 여호와여 주는 나의 소망이시요 내가 어릴 때부터 신뢰한 이시라"(5절). 하나님은 사람의 어린 시절부터 알고 계신다. 하나님은 예레미야를 짓기 전부터 구별하셨고, 어머니 몸 속에서부터 세우셨다. 시편 기자 역시 자신의 출생 이전부터 하나님으로부터 구별되었음을 알고 있다. "내가 모태에서부터 주를 의지하였으며 나의 어머니의 배에서부터 주께서 나를 택하셨사오니 나는 항상 주를 찬송하리이다"(6절). 하나님은 어려서부터 시인을 가르치시고, 그 마음에 소망을 넣어 주셨다. "하나님이여 나를 어려서부터 교훈하셨으므로 내가 지금까지 주의 기이한 일들을 전하였나이다"(17절).

어릴 적부터 지키신 하나님은 늙을 때도 지키신다. "늙을 때에 나를 버리지 마시며 내 힘이 쇠약할 때에 나를 떠나지 마소서"(9절). 사람은 나이가 들어도 소망이 변하지 않아야 한다. 자연히 나이가 들면 소망이 사라질 것이다. 그러나 하나님의 사람은 나이가 들수록 소망이 더욱 강해진다. 하나님이 주시는 천국의 소망이 있기 때문이다. "하나님이여 내가 늙어 백발이 될 때에도 나를 버리지 마시며 내가 주의 힘을 후대에 전하고 주의 능력을 장래의 모든 사람에게 전하기까지 나를 버리지 마소서"(18절). 소망은 젊으나 늙으나 모두가 가져야 할 신앙의 덕목이다. 소망을 가진 사람은 언제나 주님이 함께 하심을 믿는다.

소망은 신앙인이 믿음을 버리지 않았다는 표시이다. 소망을 가졌다는 것은 곧 믿음이 있다는 표시이다. "나는 항상 소망을 품고 주를 더욱더욱 찬송하리이다"(14절). 소망은 주님의 측량할 수 없는 은혜와 능력을 말하는 힘이다. "내가 측량할 수 없는 주의 공의와 구원을 내 입으로 종일 전하리이다 내가 주 여호와의 능하신 행적을 가지고 오겠사오며 주의 공의만 전하겠나이다"(15~16절). 소망을 이루시는 하나님이 능력을 베푸신다. 하나님이 능력을 베푸심으로 의를 행하신다. "하나님이여 주의 의가 또한 지극히 높으시니이다 하나님이여 주께서 큰 일을 행하셨사오니 누가 주와 같으리이까"(19절).
소망을 가진 사람은 고난을 통과할 수 있다. 소망을 가진 사람은 유혹을 물리칠 수 있다. 소망을 가진 사람은 망해도 회복되는 꿈을 꾼다. 소망의 사람은 넘어져도 다시 일어난다. 소망의 사람은 죽음 앞에서도 부활을 바라본다. 소망의 사람은 소망의 근원이 하나님이신 줄을 안다. 그러므로 소망의 사람은 하나님께 소망이 이루어지기를 간구할 것이다. "우리에게 여러 가지 심한 고난을 보이신 주께서 우리를 다시 살리시며 땅 깊은 곳에서 다시 이끌어 올리시리이다"(20절). 하나님은 땅 속에 묻힌 사람까지 이끌어 올리신다. 소망의 사람만이 하나님의 놀라운 능력을 체험한다. 소망을 가지고 기도하기 때문이다.

소망을 이루면

소망을 이룬 사람은 창대한 것을 본다. 하나님이 아브라함을 창대하게 하신 약속이 이루어지는 것처럼, 소망의 사람은 하나님의 창대하게 하심을 목격한다. 소망의 사람은 창대하게 됨으로 과거에 있었던 고통에 대하여 하나님의 위로를 얻는다. "나를 더욱 창대하게 하시고 돌이키사 나를 위로하소서"(21절). 하나님은 갑자기 사람을 창대하게 하지 않으신다. 반드시 먼저 소망을 주시고, 그 소망을 붙잡게 하신다. 소망을 얼마나 어떻게 붙잡았는지를 판단하고 비로소 창대하게 하신다. 그러니까 소망은 하나님께서 창대하게 하신다는 약속이며, 예고편이다.

소망을 이룬 사람은 하나님을 찬양한다. 그가 할 수 있는 모든 일로 하나님을 찬양한다. 자신의 소망이 이루어진 것은 물론이요, 하나님의 소망이 이루어졌다. 당장에 급한 일만 해결한 것이 아니다. 하나님이 가지신 영원한 계획이 이루어졌기 때문이다. 소망이 이루어진 것을 보고 온갖 악기를 동원하여 하나님을 찬양한다. 하나님의 성실하심과 거룩하심을 찬양한다. "나의 하나님이여 내가 또 비파로 주를 찬양하며 주의 성실을 찬양하리이다 이스라엘의 거룩하신 주여 내가 수금으로 주를 찬양하리이다"(22절). 소망을 이룬 사람은 하나님을 향하여 최고의 찬양을 돌리며, 최선을 다하여 찬양한다.

소망을 이루신 하나님은 찬양을 받기 합당하신 분이다. 하나님이 구원의 소망을 이루셨다. 하나님께서 영혼을 구원하셨다. 구원받은 사람은 즐거워한다. 구원이 즐거움의 원인이다. 소망이 기쁨의 원인이고, 구원은 기쁨이 진실임을 증명한다. 구원받은 사람은 입술로 찬양한다. 입술만이 아니다. 영혼으로 찬양한다. 마음으로 찬양하고 영으로 찬양하는 것이다. "내가 주를 찬양할 때에 나의 입술이 기뻐 외치며 주께서 속량하신 내 영혼이 즐거워하리이다"(23절). 하나님은 영혼의 소망이시다. 하나님만이 소망을 주시는 분이요, 이루시는 분이다. 그 하나님이 영광과 찬양을 받으시기에 합당하다.

소망을 가진 사람, 소망이 이루어진 사람은 그 입으로 하나님의 의를 말한다. 하나님의 의가 나타나는 것을 보았고, 그것으로 인하여 악인들이 수치를 당하는 것을 보았기 때문이다. 이로써 하나님이 살아 계심을 눈으로 확인하였다. "나의 혀도 종일토록 주의 의를 작은 소리로 읊조리오리니 나를 모해하려 하던 자들이 수치와 무안을 당함이니이다"(24절). 소망을 가진 사람, 소망을 붙잡는 사람은 소망을 이룰 것이다. 반면에 소망을 무시한 사람은 소망의 사람이 성취하는 것을 보고, 땅을 치며 후회할 것이다. 소망을 무시했던 것, 소망을 방해하였던 것을 후회할 것이다. 그리고 남의 성취에 참여할 수 없어 배가 아플 것이다.

시편 72편

존귀의 영성과 솔로몬

솔로몬의 영광

솔로몬은 지혜의 상징이다. 그의 지혜를 따를 만한 사람이 세상에 아무도 없다. 그에게 지혜를 배우기 위해 세계 곳곳에서 사람들이 왔다. 애굽의 여왕 시바도, 주변 나라의 지혜자들도 솔로몬에게 지혜를 배우기 위해 왔다. 솔로몬은 모르는 것이 없다. 하늘의 새, 땅의 짐승과 나무와 풀, 바다의 물고기, 하늘에 떠 있는 별 등 솔로몬이 말하는 것 하나 하나에 사람들이 감탄할 지경이다. 사람들이 솔로몬에게 그냥 배우러 오지 않았다. 무엇인가 선물을 잔뜩 준비해 온다. 그것도 보통 사람들은 볼 수 없는 것들, 이스라엘에서는 이름도 들어본 적이 없는 물건들을 가지고 온다. 자연히 솔로몬의 창고에 재물이 쌓이게 된다.

솔로몬은 왕이 된 직후에 하나님께 제사를 드렸다. 하나님이 솔로몬에게 나타나 말씀하셨다. "무엇을 너에게 주랴?" 솔로몬은 자신이 왕으로서 가장 필요한 것이 무엇인지를 생각하였다. 그것은 지혜였다. 왕으로서 백성을 다스리며 수많은 일들을 만나게 될 것이다. 사람들마다 생각이 다르고, 이해 관계가 다를 것이다. 쉽게 풀 수 있는 문제도 있을 것이고, 얽히고 설켜서 풀기 어려운 문제도 있을 것이다. 왕이 조금이라도 판결을 잘못 내리는 날에는 백성로부터 원망을 들을 것이 뻔하다. 그러니 바른 판단을 할 수 있는 지혜가 필요하다. 솔로몬이 하나님께 백성을 바로 재판할 수 있는 지혜를 달라고 구하였다.

솔로몬의 생각이 하나님 마음에 합하였다. 하나님이 솔로몬을 칭찬하셨다. 왕으로서 가장 필요한 것을 구하였고, 게다가 자신의 영광이 아닌 백성의 유익을 위하여 구한 것이니 과연 왕으로서 다스릴 만하다. 하나님이 솔로몬에게 지혜를 주셨다. 그리고 가장 좋은 것을 구하였으니 부귀와 영광을 함께 주겠다고 약속하셨다. 솔로몬의 나라가 강력하여지고, 주변 나라들을 제압할 것이다. 주변 나라들이 솔로몬에게 복종하고, 조공을 바치게 될 것이다. 솔로몬이 존귀한 자가 된다. 어느 한 분야에서만 존귀한 사람이 아니라 여러 방면에서 존귀한 사람이 된다. 지혜, 부, 영화로움 등을 가지고 여러 나라를 좌우할 수 있는 권력자가 된다.

솔로몬이 지혜를 시험할 만한 때가 왔다. 두 여인의 고소 사건이다. 두 여인이 각각 아기를 키웠는데, 한 여인이 잠을 자다가 실수로 자기 아기를 눌러 죽게 하였다. 그리고는 다른 여인의 아기를 빼내어 자기 품에 안았다. 아기를 도적질 당한 여인이 내 아기 내놓으라고 할 것이 뻔하다. 급기야는 두 사람 사이에 소송이 벌어졌다. 솔로몬 앞에 이 사건이 올라왔다. 솔로몬의 판결은 아주 간단하다. 아기를 반 토막내어 두 여인에게 각각 나누어주라는 것이다. 그러나 한 여인이 울면서 아기를 살려달라고 사정한다. 그 여인이 진짜 엄마이다. 솔로몬은 진짜 엄마를 가려내었다. 이 사건을 보고 백성이 솔로몬의 지혜에 감탄하였다.

존귀한 자가 되려는가

언젠가 카드 회사에서 새해 인사랍시고, "여러분 부자 되세요"를 외친 적이 있었다. 이 광고 카피가 최고의 유행어가 되었다. 부자 된다는 것이 사람들의 소망이었다는 말이다. 이 시대의 최고 가치가 돈이 되어 버렸다. 사람들이 사는 목적이 돈이며, 목표가 돈이다. 돈만 있으면 무엇이든지 할 수 있다. 과거에는 돈버는 상인들을 가장 천하게 여겼는데, 지금은 돈을 가진 사람이 존귀하게 여겨진다. 돈만 있으면 무엇이든지 할 수 있다고 생각하는 세상이다. 돈 때문에 살고, 돈 때문에 죽는 세상이니 부자되라는 말이 결코 싫은 말이 아니다. 정치가들도 경제만 살리면 된다. 돈 문제를 처리하지 못하는 정치가는 무능하다는 소리를 듣는다.

그러다 보니 누가 뭐라고 하든, 남이야 어쨌든 부자가 되면 그만이라는 사람들의 생각이 이 시대에 팽배해 있다. 왜냐하면 부자가 되면 존귀하게 여김을 받을 것이라고 생각하기 때문이다. 사업을 하며 근로자의 임금을 떼먹거나 세금을 포탈하는 경우도 생긴다. 부정한 방법으로라도 돈을 벌어 존귀한 사람이 되려는 사람이 이 땅에 너무 많다. 그리고 존귀한 사람이 되려 하면서 그 목적을 돈에 두는 사람, 호의호식에 두는 사람들이 많다. 그들 역시 부정한 방법을 사용한다. 비자금을 주고받으며, 소위 존귀하다는 사람들끼리 잔머리를 쓴다. 하지만 반드시 들통날 것이다. 이 땅이 그렇게 만만치 않기 때문이다.

세속적인 가치관에서 본다면 돈과 권력 그리고 명예가 최고의 가치를 지닌다. 세속적인 가치관이 맞다는 말인가? 그렇다면 우리도 세속적이 가치관으로 살아야 하는가? 돈을 최고의 가치로 알고 살아야 하는가? 그렇지 않다. 그래서 솔로몬이 허무를 외치지 않았던가? 지혜도 지식도, 재물도 명예도, 권력도 헛되다고 말한 것이 거짓말은 아닐 터이다. 솔로몬도 살아 보고, 경험하고 하는 소리이니 말이다. 존귀한 사람이란 어떤 사람인가? 솔로몬의 경험에 의하면, 하나님을 경외하는 사람이다. 세속적인 가치관이 아니라 하나님의 의도와 가치에 의해 사는 사람이다. 하나님이 존귀하다고 인정하는 사람이 존귀한 사람이다.

그러므로 존귀한 사람이 되려면 하나님을 찾아야 한다. 존귀한 분 옆에 있어야 존귀해 진다. 하나님이 존귀하시기 때문이다. 하나님 곁에 있는 성도가 곧 존귀한 사람이다. 그가 즐거움을 얻을 것이다(시 16:3). 세속적인 가치관에 사는 사람은 이 땅에서는 자기 능력으로 존귀함을 얻을지 모른다. 그러나 이 땅에서의 삶을 끝내면 어찌 할 터인가? 한 번 죽는 것은 사람에게 정한 것이요, 그 후에는 심판이 있을 것이라는데, 심판을 어찌 피할 터인가? 제한적인 존귀보다 영원한 존귀를 바라보아야 할 것이 아닌가? 존귀해도 깨닫지 못하면 짐승과 같다. "존귀하나 깨닫지 못하는 사람은 멸망하는 짐승 같도다"(시 49:20).

존귀한 자의 책임

개신교는 부자가 되는 것, 존귀하게 되는 것을 죄악시하지 않는다. 기독교는 할 수만 있으면 돈을 모으고, 존귀하게 되기를 권한다. 다만 존귀하게 되는 방법이 선해야 하고, 존귀한 후에 행동이 선해야 한다. 그만큼 존귀한 사람은 책임이 막중하다. 존귀한 사람은 존귀한 사람다운 윤리적, 도덕적 가치 기준과 더 높은 책임을 가진다. 서구 사회에는 '노블리스 오블리주(noblesse oblige)' 라는 말이 통용된다. 이 말은 본래 '귀족은 귀족다워야 한다' 는 프랑스어 속담에서 유래한 것으로, 지금은 사회의 지도적인 지위에 있거나 여론을 주도하는 위치에 있는 사람들이 마땅히 지녀야 할 도덕적, 정신적 의무를 뜻하는 말로 사용되고 있다.

개신교의 나눔 원리를 가장 잘 설명한 사람은 요한 웨슬레이다. 그는 할 수만 있으면 돈을 많이 벌라고 한다. 그리고 할 수만 있으면 많이 저축하라고 한다. 또 할 수만 있으면 많이 나누어주라고 한다. 그러니까 버는 이유와 모으는 이유가 나누기 위함이다. 부자가 되는 것은 호의호식이 아니다. 돕고, 나누고, 구제하기 위함이다. 부자가 되고, 존귀하게 되는 것은 결코 자신을 위함이 아니다. 남을 위함이고, 인류를 위한 것이다. 여러 사람이 십시일반으로 모은 돈은 큰돈이 되어 공익사업에 쓰일 수 있다. 그러나 돈을 모으기까지 많은 시간과 인력이 소모된다. 만약 한 사람이 큰돈을 쾌척할 수 있다면 그만큼 시간과 인력을 절약할 수 있다.

서구 사회에서 부자는 자선 사업에서도 큰손 행세를 한다. 미국은 부자가 죽으면서 유산은 공익을 위해 기부한다. 그 돈으로 대학을 세우고, 병원을 세운다. 자선 재단을 세울 수 있고, 기독교계에서는 선교단체를 세우기도 한다. 미국의 유수 대학들이 모두 이런 방법으로 세워졌다. 그러다 보니 학교도 공익을 위해 존재한다. 설립자를 위해 존재하는 한국의 사학재단과는 근본적으로 다르다. 미국의 이런 전통은 지금도 존재한다. 마이크로 소프트의 빌 게이츠는 인도의 어린이가 교육을 받도록 거액을 쾌척하였다. 대부분의 기업가들이 이런 일에 참여한다. 그들이 생각하는 기업의 목적은 곧 사회 환원이다.

존귀한 사람이란 하나님을 아는 사람, 하나님을 섬기는 사람, 하나님의 의도대로 사는 사람이다. 하나님의 의도가 어떻게 나타나야 하는가? 그것은 곧 이웃을 향한 사랑으로 나타나야 한다. 이웃에게 나눌 줄 아는 사람이 존귀한 사람으로 인정을 받을 것이다. 나 혼자만 잘 살고 남에게 신세 안 진다고 하는 사람이 많다. 그렇게 하면 될 것 같지만 결코 그렇지 않다. 그렇게 사는 사람은 폐쇄된 생각을 가진 사람이다. 개방적인 생각을 가지고 적극적으로 벌어, 나눌 줄 아는 사람이 곧 존귀한 사람이다. 하나님이 그를 존귀하다고 인정하시기 때문이다. 솔로몬의 존귀도 처음에는 지혜를 사용하여 백성을 이롭게 하는 곳에서 시작되었다.

존귀해 질수록 바른 판단력을 가져야 한다. 한 사람의 판단이 수많은 사람에게 영향을 미칠 수 있다. 판단력의 근원은 하나님이시다. 사람의 판단은 제한적이지만 하나님의 판단은 완전하시다. 그러므로 하나님께 바른 판단력을 구해야 한다. 하나님이 주시는 판단력이 곧 의로움이다. "하나님이여 주의 판단력을 왕에게 주시고 주의 공의를 왕의 아들에게 주소서"(1절). 존귀한 사람의 판단은 백성에게로 향할 것이다. 그의 판단은 의로움이어야 한다. 가난하고 힘든 사람에게는 자비로움이어야 한다. 자비로움이 곧 의로움이기 때문이다. "그가 주의 백성을 공의로 재판하며 주의 가난한 자를 정의로 재판하리니"(2절).

존귀한 사람은 백성에게 영향을 끼친다. 존귀한 사람이 백성에게 불안을 줄 수도 있고, 평안을 줄 수도 있다. 어떤 것을 주느냐에 따라 존귀함의 진실 여부가 판가름날 것이다. 그의 존귀함으로 인하여 다른 이들에게 평강을 준다. 존귀한 사람을 따라 자연도 변한다. 자연이 존귀한 사람을 돕는 것이다. 자연이 존귀한 사람을 따라 백성에게 평강을 준다. "의로 말미암아 산들이 백성에게 평강을 주며 작은 산들도 그리하리로다"(3절). 그러니까 존귀한 사람이 자연을 다스리는 셈이다. 여호수아가 해를 멈추게 하였던 것처럼 자연이 존귀한 사람의 명령을 듣는다. "그가 바다에서부터 바다까지와 강에서부터 땅 끝까지 다스리리니"(8절)

자연마저도 순종할 수 있다면 사람이야 오죽할까? 나름대로 잘 산다는 사람, 부자라는 사람, 권력을 가졌다는 사람이 존귀한 사람 앞에서 엎드릴 것이다. 왜냐하면 그런 사람일수록 더 높은 권위 앞에 두려워하기 때문이다. 그리고 그 앞에 굴복하는 것만이 생명을 부지할 수 있다는 것을 알기 때문이다. "다시스와 섬의 왕들이 조공을 바치며 스바와 시바 왕들이 예물을 드리리로다 모든 왕이 그의 앞에 부복하며 모든 민족이 다 그를 섬기리로다"(10~11절). 왜 자연이 존귀한 사람에게 순종할까? 그것은 존귀한 사람이 그에 걸맞는 책임을 감당하기 때문이다. 무엇을 감당하는가? 가난한 사람, 궁핍한 사람을 돕기 때문이다.
남을 무시하는 사람은 결코 존귀한 사람이 아니다. 그는 존귀하게 되어도 그 존귀가 복이 아니라 화로 작용할 것이다. 가난하고 궁핍한 사람을 돕는 것 그것이 존귀한 왕이 할 일이다. 존귀한 사람은 의를 세우고, 악을 행하는 사람을 제압하여 악을 그치게 한다. "그가 가난한 백성의 억울함을 풀어 주며 궁핍한 자의 자손을 구원하며 압박하는 자를 꺾으리로다"(4절). 존귀한 사람은 가난한 사람의 음성을 들을 줄 안다(12절). 그리고 약한 사람의 생명을 구원한다. "그는 가난한 자와 궁핍한 자를 불쌍히 여기며 궁핍한 자의 생명을 구원하며 그들의 생명을 압박과 강포에서 구원하리니 그들의 피가 그의 눈 앞에서 존귀히 여김을 받으리로다"(13~14절).

존귀한 사람이 받는 복

존귀한 사람이 왜 가난한 사람을 돌보아야 할까? 그것은 사람을 살피시는 주님을 두려워하기 때문이다. "그들이 해가 있을 동안에도 주를 두려워하며 달이 있을 동안에도 대대로 그리하리로다"(5절). 그가 행하는 의로움이 사람들에게 단비가 될 것이다. "그는 벤 풀 위에 내리는 비 같이, 땅을 적시는 소낙비 같이 내리리니"(6절). 주님을 두려워할 줄 아는 것이 그에게 평강이다. 존귀한 자가 나누는 평강은 영원할 것이다. "그의 날에 의인이 흥왕하여 평강의 풍성함이 달이 다할 때까지 이르리로다"(7절). 평강이 임하면 악한 자들이 땅에 엎드러질 것이다. "광야에 사는 자는 그 앞에 굽히며 그의 원수들은 티끌을 핥을 것이며"(9절).

존귀한 사람이 책임을 다하면 할수록 그는 높임을 받을 것이다. 그에게 재물이 늘어날 것이다. 왜냐하면 그의 재물이 그의 주머니로 가는 것이 아니라 가난한 사람에게로 전달될 것이기 때문이다. 그리고 존귀한 사람이 칭찬을 받을 것이다. 존귀한 사람 때문에 주변의 사람들이 믿음을 알게 된다. 믿음이 더 깊어진다. 기도하고 찬송하게 된다. 존귀한 사람이란 곧 이웃에게 믿음을 가지게 하는 사람이다. "그들이 생존하여 스바의 금을 그에게 드리며 사람들이 그를 위하여 항상 기도하고 종일 찬송하리로다"(15절). 물질도 생기고, 이웃이 믿음을 가지게 되는 이거야말로 일거양득이 아닌가? 이런 놀라운 복을 어디서 찾을 수 있단 말인가?

존귀한 사람은 땅에서 풍성한 복을 누린다. 풍부한 곡식을 거두고, 열매를 얻을 수 있다. 그의 삶이 왕성해진다. "산 꼭대기의 땅에도 곡식이 풍성하고 그것의 열매가 레바논 같이 흔들리며 성에 있는 자가 땅의 풀 같이 왕성하리로다"(16절). 누구든지 그를 보고 풍성한 복을 누리는 것이 합당하다고 말해야 한다. 그것이 진짜 존귀함이 아니겠는가? 그의 명예를 더럽히는 사람이 하나도 없다. 그 이름이 높여진다. 온 세상 사람이 그를 복되다고 할 것이다. 아브라함처럼, 다윗처럼, 솔로몬처럼 말이다. "그의 이름이 영구함이여 그의 이름이 해와 같이 장구하리로다 사람들이 그로 말미암아 복을 받으리니 모든 민족이 다 그를 복되다 하리로다"(17절).

존귀한 사람으로 인하여 하나님께 영광이 돌아간다. 존귀의 마지막 대상이 곧 하나님이시기 때문이다. 존귀한 사람을 다스리는 하나님, 그를 통해 일하시는 하나님만이 홀로 찬송을 받으셔야 한다. 사람이 받을 칭찬은 그에 비하면 아무 것도 아니다. "홀로 기이한 일들을 행하시는 여호와 하나님 곧 이스라엘의 하나님을 찬송하며"(18절). 하나님이 영원히 찬송 받으셔야 한다. 왜냐하면 하나님은 영원토록 존귀하신 분이요, 그 영광이 온 땅에 충만하기 때문이다. 존귀한 사람을 보니 과연 그런 것 같다. 아멘이다. "그 영화로운 이름을 영원히 찬송할지어다 온 땅에 그의 영광이 충만할지어다 아멘 아멘 이새의 아들 다윗의 기도가 끝나니라"(19~20절).

시편 73편

주권의 영성과 스바냐

왕족 선지자

스바냐는 요시야 왕 때의 사람으로서 왕손이었다. 히스기야의 현손, 아마랴의 증손, 그다랴의 손자, 구시의 아들이다(습 1:1). 그의 이름의 뜻은 "여호와께서 숨기시다"이다. 그의 시대는 요시야 왕이 종교개혁을 주도하던 시대였다. 요시야 앞에서 유다를 다스리던 두 왕 므낫세와 아몬은 우상숭배에 관한 타의 추종을 불허하는 사람들이었다. 나라 안에 우상숭배와 함께 온갖 악한 일들이 일어났다. 우상숭배는 필연적으로 윤리적 타락을 가져온다. 부자는 가난한 자를 핍박하고, 관리는 백성을 등친다. 윤리적 타락은 백성의 원성을 자아내고, 국가적인 결속력을 깨뜨린다. 그 결과는 곧 나라의 힘이 약해지는 것이다.

얼마나 백성이 원망하는지 신하들이 들고 일어났다. 왕을 몰아내고 새로운 왕을 세우려는 반역을 꾀한 것이다. 반역의 결과로 요시야가 약관 여덟 살의 나이에 왕위에 올랐다. 요시야는 하나님 앞에서 정직하려고 노력하였다. 그가 일으킨 종교개혁은, 남왕국 유다의 마지막 개혁운동이었다. 그는 예루살렘의 산당을 제하고, 산당의 제사장들을 화형에 처했다. 그는 성전을 보수하고, 유월절을 지키게 하였다. 유월절은 사사 시대 이후 처음으로 드려진 것이었다. 이러한 시대에 스바냐는 우상숭배에 관한 심판을 예언하였다. 이것이 요시야의 종교개혁에 힘을 더하였을 것이다. 스바냐는 요시야 종교개혁의 영적 이론을 제시한다.

스바냐는 그 타락에 대한 우주적인 심판을 미리 경고한다. 모든 것이 멸절(滅絕)할 날이 올 것이다. 여호와께서 지면의 모든 것을 멸절시키실 것이다. 공중의 새와 바다의 고기를 진멸하실 것이다. 하나님은 백성을 걸려 넘어지게 하는 영적 요소들을 제거하시며, 의인을 괴롭히는 악인을 진멸하실 것이다. 바알의 신자들, 그마림(바알 종교의 제사장)의 신자들, 지붕에서 하늘의 일월성신에게 절하는 자들이 진멸될 것이다. 여호와를 배반하고 찾지 않는 사람들, 여호와를 구하지 않는 사람들이 진멸될 것이다. 여호와가 화도 복도 내리지 않는다고 떠드는 사람들이 진멸될 것이다. 교만한 사람들이 진멸될 것이다. 이처럼 진멸되는 날이 곧 여호와의 날이다.

하지만 하나님은 마지막에 백성을 위로하신다. 이스라엘 중에 겸손하여 공의를 따르는 얼마의 무리가 남을 것이다. 이스라엘 중에 하나님을 찾는 사람들이 남아서 하나님의 사랑을 독차지할 것이다. 이들이 구원을 받을 것이다. 여호와의 날은 이런 은혜를 체험하는 구원의 날이다. 하나님이 백성 가운데서 구원을 베푸신다. 하나님이 백성에게 구원을 베푸심을 기뻐하시며, 사랑하시는 것을 즐거워하신다(습 3:17). 하나님은 구원받는 백성, 사랑을 받는 백성에게 명성과 칭찬을 얻게 하실 것이다(습 3:19~20). 스바냐는 이처럼 심판과 구원이 하나님의 주권임을 선포한다. 하나님이 스바냐에게 이것을 말하게 하셨기 때문이다.

복을 향한 노력

새해가 되면 세배를 드리면서 덕담을 한다. 어르신에게는 복을 많이 받으시라고 말씀드리고, 젊은이에게도 복 많이 받으라고 화답한다. 일단은 복 받으라는 말이 좋은 말임에 틀림이 없다. 복의 내용이 어떠하든지 복 받으라는 말에 서운하다고 말할 사람은 없다. 복의 내용은 각자의 상황에 따라 다를 것이다. 병든 사람은 건강을 되찾는 것, 인간관계에 문제가 있는 사람은 관계를 정상화하는 것, 어리석었던 사람은 지혜를 가지는 것, 가난한 사람은 부자가 되는 것 등 다양할 것이다. 누구든지 현재의 상황보다 더 좋아지는 것을 원할 것이다. 이것이 복이라면 대체로 틀리지는 않을 것이다.

복을 받으라는 말에는 누군가 복을 준다는 의미가 포함되어 있다. 그러니까 복이라는 것이 사람의 노력으로 얻어지는 것 이전에 누군가로부터 선물로 받는다는 의미이다. 혹은 사람이 노력하는 것보다 더 크게 받는 것을 의미한다. 복의 근원이 나에게 있지 않고 다른 이에게 있다는 의미이다. 우리 민족의 의식 속에는 복이 하늘로부터 온다는 개념이 세워져 있다. 일반적으로 복을 주는 주체를 신이라 한다. 이는 종교 다원주의자들이나 하는 소리이고, 기독교 신앙은 하나님이 복을 주시는 분임을 믿는다. 하나님은 아브라함을 복의 근원이 되게 하겠다고 말씀하셨다. 아브라함에게 나타나신 하나님은 복을 주시는 분이시다.

하지만 이 시대에 사람들이 과연 복을 받는 것으로만 생각하고 행동할까? 결코 그렇지 않다. 수단과 방법을 가리지 않고, 얻으려 하고 쟁취하려는 사람이 복을 받는다는 것은 어려운 일이다. 이런 사람들도 복을 만들어 낸다. 복을 만들려다 보니 교육을 받아야 한다. 교육을 받은 이후에는 노력해야 한다. 남보다 더 많은 노력이 필요하다. 무조건 노력하는 것이 아니다. 효율적인 노력이 있어야 한다. 결과를 얻지 못하거나 미미한 노력이라면 그 노력은 헛수고에 불과하다. 결과를 얻되 효과적이어야 한다. 남과 비교하여 더 효과적이어야 한다. 이 말에 대하여 반론을 제기할 사람이 누가 있을까? 아무도 없다.

이러한 노력이 일반적으로 인정된다는 것은 그만큼 사람의 가능성을 높인다는 의미이다. 이 시대는 하나님의 주권보다는 사람의 능력을 앞세우는 분위기이다. 하기야 하나님을 외면하고 살거나, 하나님 없이 사는 사람들은 자기 능력과 주먹을 의지하고 산다. 잘못된 것은 하나님을 안다는 사람, 믿는다는 사람조차도 자기 힘을 의지하는 경우가 많다는 것이다. 사역자들은 이것이 실패의 원인인 줄 뻔히 알면서도 번번이 속는다. 하나님께 복을 달라고 하면서도 하나님을 절대 의지하기보다는 자기 힘으로 해결하려는 경향을 보인다. 기다리라면 기다리는 것이 순종인데, 기다리기보다는 억지로 가져보려 한다.

사람의 길

웨스터민스터 소요리 문답에서는 사람의 제일 되는 목적을 이렇게 표현한다. "사람의 제일 되는 목적은 하나님을 영화롭게 하는 것과 영원토록 그를 즐거워하는 것이다." 사람은 하나님과 함께 살아야 한다. 사람은 하나님을 모시고 살아야 한다. 하나님을 즐거워하고, 하나님을 영화롭게 하여야 한다. 이것이 사람의 길이다. 즉 사람의 길은 하나님을 향한 길이어야 하고, 하나님과 함께 하는 길이어야 한다. 이 길이 행복의 길이다. 반대로 하나님 없이 사는 길은 불행의 길이다. 이것을 아는 사람이 자기 길을 제대로 안다. 목표가 분명하고, 방향이 바르다. 목표와 방향을 바르게 세운 사람이 길을 바로 가는 사람이다.

사람의 길이 언제나 바를까? 사람이 생각하기에는 바를 수 있다. 그러나 하나님을 배제하거나, 하나님을 잘못 믿고 있다면 그 길이 바르지 않을 수 있다. 이사야가 이렇게 말한다. "이는 내 생각이 너희의 생각과 다르며 내 길은 너희의 길과 다름이니라 여호와의 말씀이니라 이는 하늘이 땅보다 높음 같이 내 길은 너희의 길보다 높으며 내 생각은 너희의 생각보다 높음이니라"(사 55:8~9). 하나님의 길은 진리이다. 그 길은 하나님이 정하신다. 하나님만이 그 길에 대한 권리를 가지고 계신다. 이것이 하나님의 주권이다. 이 길에 들어서기를 거절하는 것은 불순종이며, 죄악이다. 하나님의 주권을 인정하지 않고 제 갈길로 가는 것은 우상숭배이다.

하나님을 향한 바른 길이 무엇인가? 하나님을 향해 가는 길이다. 성경은 그 길을 예수님이라고 증언한다. 예수님은 스스로를 길이라고 규정하셨다. "예수께서 이르시되 내가 곧 길이요 진리요 생명이니 나로 말미암지 않고는 아버지께로 올 자가 없느니라"(요 14:6). 히브리서 기자는 그 길이 새롭고 살 길이라고 표현한다. "그 길은 우리를 위하여 휘장 가운데로 열어 놓으신 새로운 살 길이요 휘장은 곧 그의 육체니라"(히 10:20). 그러므로 예수님을 믿는 것이 인생의 바른 길이다. 예수님을 믿고 따르며 그분을 섬기는 것이 바른 길을 가는 것이다. 예수님을 믿는 길이 하나님의 주권을 인정하는 삶이며, 그 삶이 진리이며 의로운 삶이다.

신앙인은 예수님의 뒤를 따르는 길을 자신의 길이라고 믿는 사람이다. 그 길에 하나님의 섭리와 경륜, 계획과 의도가 있음을 믿는다. 그 길에 하나님의 주권과 은혜의 역사가 있음을 믿는다. 신앙인은 그 길을 간다. 그 길에 예수님이 함께 하신다. 그 길에 들어선 사람에게 예수님께서 당신의 마음을 주신다. 그 길에 들어선 사람을 하나님이 정결하다고 하신다. 의인이라 인정하신다. 그리고 하나님이 의인을 돌보신다. "하나님이 참으로 이스라엘 중 마음이 정결한 자에게 선을 행하시나"(1절). 하나님은 정결한 의인에게 주권을 행사하신다. 이것이 축복이다. 반면에 악인에게 심판을 행하신다. 이 역시 하나님의 주권이다.

시편 기자는 자신이 하나님의 주권을 따르는 사람임을 믿는다. 그런데 악인들이 자기를 괴롭히고 있다. 악인들은 하나님의 주권을 인정하지 않는다. 자기들끼리 잘 살아보려는 사람들, 자기 힘으로 행복을 찾으려는 사람들이다. 그들은 의인으로 하여금 넘어지게 한다. 그런데도 이상하게 악인들이 이 땅에서 행복을 누리는 것 같다. 이것이 시인에게는 적잖은 의문거리이다. 조금이라도 잘못 생각하면 실족하기 쉽다. "나는 거의 넘어질 뻔하였고 나의 걸음이 미끄러질 뻔하였으니 이는 내가 악인의 형통함을 보고 오만한 자를 질투하였음이로다"(2~3절). 하나님이 주권을 행하고 계시다면 과연 그래야만 할까? 스스로 풀기 어려운 숙제이다.

악인들이 뻔뻔하게도 잘 살고 있다. 괴로움도 슬픔도 염려도 없는 것 같다. 순탄하게 살며 재앙을 만나지 않는 것 같다. "사람들이 당하는 고난이 그들에게는 없고 사람들이 당하는 재앙도 그들에게는 없나니"(5절). 그들은 돈도 많이 벌고 부자로 산다. 병도 없는 것 같고 항상 건강한 것 같다. 가족들도 모두 건강하고 나름대로 잘 사는 것 같다. 그야말로 평안만 지속되는 것 같다. 그래도 그들은 악인이 분명하다. "볼지어다 이들은 악인들이라도 항상 평안하고 재물은 더욱 불어나도다"(12절). 그들은 죽을 때도 평안하다. 죽음의 고통이 엄습하여도 편해보인다. "그들은 죽을 때에도 고통이 없고 그 힘이 강건하며"(4절).

그러나 이 땅에서 아무리 잘 살아도 하나님의 주권을 모르는 사람은 죄인이다. 하나님의 주권을 모르는 사람들은 교만하다. 자신의 힘만 자랑한다. 그리고 악한 일을 행한다(6절). 그럴 수밖에 없다. 그들은 생각한 것보다 훨씬 더 많이 얻었기 때문이다(7절). 그들은 자기들의 능력을 과시한다. 그들의 말이라면 누구든지 들어야 하고, 수긍해야 한다. 그들의 말 앞에 굽신거려야 한다. 그들의 말은 거만하고, 그 말의 내용은 사람을 억누르는 것이다(8절). 그들은 하늘도 땅도 두려워하지 않는다. 자기들의 생각과 말함으로 하늘과 땅을 다스릴 줄로 믿는다. "그들의 입은 하늘에 두고 그들의 혀는 땅에 두루 다니도다"(9절).

그들은 하나님도 무시한다. 하나님을 지식이 없는 분, 감각이 없는 분으로 몰아간다(11절). 그러나 의인은 고난을 당하며, 잠시라도 숨을 고를 틈 조차도 없다. "나는 종일 재난을 당하며 아침마다 징벌을 받았도다"(14절). 의롭게 사는 길이 헛된 길처럼 보일 수 있다. "내가 내 마음을 깨끗하게 하며 내 손을 씻어 무죄하다 한 것이 실로 헛되도다"(13절). 이것이 시인에게는 고통이었다. 아무리 생각해도 하나님의 뜻을 알 길이 없다. 풀리지 않는 숙제도 괴로움이다. "내가 어쩌면 이를 알까 하여 생각한즉 그것이 내게 심한 고통이 되었더니"(16절). 그러나 하나님 앞에 설 때 이유를 깨닫는다. "하나님의 성소에 들어갈 때에야 그들의 종말을 내가 깨달았나이다"(17절).

하나님밖에 없소이다

하나님은 사람을 보고 계신다. 세상을 내려다보시며, 사람의 행위를 판단하신다. 그리고 하나님은 심판과 구원을 적절히 행하신다. 심판과 구원은 모두 하나님의 소관이다. 하나님의 주권에 의하여 악인들이 심판을 받는다. "주께서 참으로 그들을 미끄러운 곳에 두시며 파멸에 던지시니 그들이 어찌하여 그리 갑자기 황폐되었는가 놀랄 정도로 그들은 전멸하였나이다"(18~19절). 잠자코 앉아 계시던 하나님이 일어나시면, 하나님의 주권을 무시하던 사람들이 하나님으로부터 멸시를 당할 것이다. "주여 사람이 깬 후에는 꿈을 무시함 같이 주께서 깨신 후에는 그들의 형상을 멸시하시리이다"(20절).

그동안 악인들은 자기들 식으로 생각하고 행동했다. "그러므로 그의 백성이 이리로 돌아와서 잔에 가득한 물을 다 마시며"(10절) 이것이 시인에게는 적잖은 유혹이었다. 의인이 의를 포기하고 싶은 유혹을 받은 것이다. "내가 만일 스스로 이르기를 내가 그들처럼 말하리라 하였더라면 나는 주의 아들들의 세대에 대하여 악행을 행하였으리이다"(15절). 그러나 이제는 알고 있다. 악인은 반드시 망하고 말 것이다. 하나님이 살아 계시며 권능을 행하시기 때문이다. 하나님의 주권이 엄연히 존재하고 있기 때문이다. "무릇 주를 멀리하는 자는 망하리니 음녀 같이 주를 떠난 자를 주께서 다 멸하셨나이다"(27절).

악인은 이렇게 망할것을 모르고 그동안 하나님의 주권에 대하여 의인은 의심했다. 하나님이 왜 참고 계시는지 이해하지 못했다. 이해하지 못하는 그 시간은 어리석음 속에 빠져 있었던 시간이었다. "내 마음이 산란하며 내 양심이 찔렸나이다 내가 이같이 우매 무지함으로 주 앞에 짐승이오나"(21~22절). 그런데 하나님이 이처럼 어리석은 사람을 깨우치시고 하나님의 주권과 은혜 그리고 구원을 알려 주신다. 얼마나 놀라운 하나님이신가! "내가 항상 주와 함께 하니 주께서 내 오른손을 붙드셨나이다 주의 교훈으로 나를 인도하시고 후에는 영광으로 나를 영접하시리니"(23~24절).

시인이 하나님 앞에 다시 엎드린다. 오직 하나님 밖에 없음을 피부로 느꼈고, 마음 깊이 체험하였다. 그래서 하나님만 사모할 것을 고백한다. "하늘에서는 주 외에 누가 내게 있으리요 땅에서는 주 밖에 내가 사모할 이 없나이다"(25절). 이제 시인은 하나님을 자신의 삶에 있어서 가장 중요한 분으로 받아들였다. "내 육체와 마음은 쇠약하나 하나님은 내 마음의 반석이시요 영원한 분깃이시라"(26절). 그러므로 시인은 하나님을 가까이 한다. 그것이 행복인줄 알고 있기 때문이다. 그리고 하나님의 주권을 세상에 선포한다. "하나님께 가까이 함이 내게 복이라 내가 주 여호와를 나의 피난처로 삼아 주의 모든 행적을 전파하리이다"(28절).

시편 74편

개입의 영성과 미가

미가의 메시지

미가는 정의의 예언자이다. 지금으로 말하면 정의를 실천하라고 촉구하는 선지자이다. 미가는 농촌에서 살다가 도시로 나와서 예언을 하였다. 그는 사마리아와 예루살렘의 죄악상을 고발하였다.미가가 살 당시 도시의 죄악상은 경제적인 부분이었다. 부자들은 가난한 사람을 서럽게 하고, 관리들은 백성을 무시하였다. 미가는 동족을 냉혹하게 대하는 범죄가 사람에게만 하는 것이 아니라 하나님께 범죄하는 것임을 외쳤다. 관리와 정치가들이 범죄하였다(미 3:1~3). 제사장이 삯을 위해 교훈하고, 선지자가 돈을 위해 점을 쳤다. 거짓 선지자는 입에 무엇을 물려주면 평강을 말하고, 입에 채우는 것이 없으면 저주하였다.

죄악이 귀족, 제사장, 평민에 이르기까지 사회 구석구석에 스며들었다. 사람들은 시온 성을 피로 건축하고, 예루살렘을 죄악으로 건축하였다. 재판장은 뇌물을 위해 재판하며, 선지자는 돈을 노리고 점을 치면서도 하나님이 자기네들과 함께 하시므로 재앙이 오지 않을 것이라고 큰 소리를 쳤다. 그들은 하나님께서 자기들의 행위를 무조건 인정하신다고 생각하였다. 하나님은 통치자들과 백성의 범죄로 인해 마음이 상하셨다. 백성은 종교의식을 계속하였으나, 미가는 이런 것이 쓸데없다고 하였다. 나라 안에 사랑과 정의가 실종되면 반드시 망할 것이다. 이스라엘과 유다가 망할 것이다. 그 이유는 대도시 지도자들의 죄 때문이다.

그러나 미가는 남은 자가 있을 것이라 말한다. 나라가 망하고, 사람들이 흩어져도 남은 사람들이 있을 것이다. 왜냐하면 주님이 백성의 허물을 간과하시고, 죄악을 사유하실 것이기 때문이다. 하나님이 백성을 긍휼히 여겨주시며 인애를 베푸실 것이다. 하나님은 긍휼과 인애를 기뻐하시는 분이시다. 하나님이 백성의 죄를 발로 밟으시고, 모든 죄를 깊은 바다에 던지실 것이다. 미가는 이 모든 말이 하나님이 전하시는 말이었음을 강조한다. 미가는 세 번이나 "너희는 여호와의 말씀을 들을지어다"라고 말하였다(미 1:1, 3:1, 6:1). 이 말의 내용 중 마지막 부분에는 언제나 구원의 약속이 있다. 즉 하나님은 구원 베풀길 기뻐하시는 분이시다.

미가는 백성에게 신앙을 가졌다고 자랑하기보다는 생활 속에서 사랑과 정의의 실천을 요구한다. 신앙이란 지식, 감정의 차원뿐만 아니라 생활의 차원을 포함한다. 신앙은 영적, 육체적, 사회적 관계를 포함한다. 이런 신앙이 지혜로운 신앙이요, 참 신앙이다. 신앙은 종교의식을 잘 행하는 것으로 끝나지 않는다. 신앙은 하나님의 뜻하신 바를 사회 속에서 실현하는 것이다. 이 일을 가장 잘하신 분은 예수 그리스도셨다. 미가는 구세주의 베들레헴 탄생을 예언하였다(미 5:2). 구세주는 하나님의 보내심을 받아 세상에 오신다. 그분은 하나님의 개입을 이 땅에 실현하신다. 구세주의 개입으로 인하여 악한 것들이 거룩하게 될 것이다.

왜 법이 필요했을까

아리스토텔레스는 "사람은 사회적 동물이다"라고 말했다. 사람이 혼자 살 수 없고, 무리를 지어 살아야만 한다는 것을 알고 한 말일 것이다. 산 속의 절에서 사는 사람들도 혼자 살지 않는다. 반드시 함께 수행하는 사람들이 있다. 그곳에서도 공동체를 이루어 산다. 히말라야 산 속에서 수행하는 사람이 혼자 사는 것 같으나 사실은 아니다. 누군가 그에게 음식을 공급해야 하고, 가끔씩 그를 찾아와야만 한다. 그래야 육체의 생명을 유지할 수 있기 때문이다. 혼자서 잘 사는 사람이 있는 것 같아도 결코 그렇지 않다. 누구든지 다른 사람의 손길이 닿아야 제대로 살 수 있다. 그러나 사회에 이상한 손길이 닿는 것에 문제의 발단이 시작된다.

공동체가 바르게 움직여야 하지만 그렇지 못하다. 내버려두면 잘될 것 같은데 점점 나빠진다. 결국 공동체에는 사회를 바르게 하자는 합의가 있어야 한다. 말로만 하는 것이 아니라 지키지 못하면 그에 상응하는 책임도 물어야 한다. 이러한 사회적 합의를 법이라고 표현할 수 있을 것이다. 법의 이름으로 잘못한 사람에게는 개인의 자유를 제한할 수도 있다. 이것을 심판이라고 말한다. 즉 법은 사람들이 어리석음과 범죄에 대한 개입이다. 사회가 건강하게 돌아가기 위한 최소한의 개입이라고 할 수 있으며, 강제적인 개입이라고 말할 수도 있다. 개입이 없는 사회가 자유롭겠지만, 인간 사회는 개입에 의해 자유를 누리고 있다.

법은 사람들의 행동을 제한하는 것이다. 법은 사람들 속에 개입하여 최소한 악한 손길만은 막아보자는 취지이다. 그런데 사람들이 얼마나 영악한지 법을 빠져나가는 방법을 찾는다. 혹은 법을 만든 사람들이 그 법을 어기는 경우도 있다. 그러면 새로운 법을 다시 만든다. 법이 범죄 행위의 뒤를 따라 조치를 취하는 데 알고 보니 뒷북을 치는 것이다. 그러나 여전히 법은 사람들 뒤를 따라 다니며 사람들의 생활에 개입하려고 한다. 이 개입은 자유를 주는 개입은 아니다. 어찌 보면 부담을 주는 개입이다. 그래도 개입을 받아들여야 한다. 그래야 자신과 타인이 편하고 공동체도 평화로워지기 때문이다.

법은 필요한 것 같다. 한두 사람이 잘못한 것 때문에 자유를 제한 받는 것을 보고 다른 사람들이 알아서 조심할 것이다. 이것은 법이 무서워서 억지로 지키는 경우이다. 양심적으로 사는 사람, 지혜롭게 사는 사람, 이웃에게 선한 손길을 행하는 사람에게는 전혀 적용되지 않는 이야기이다. 법이 필요한 것은 그만큼 인간이 죄인이며, 내버려두면 둘수록 죄를 많이 짓기 때문이다. 법의 개입이 필요하다는 것은 인간 스스로가 의로워질 수 없다는 것을 의미한다. 그런데 법을 먼저 지켜야 할 사람들도 어기고 있으니 사람의 본성이라는 것이 구제불능인 모양이다. 법이 아닌 영원한 진리가 사람들 속에 개입되야 할 것 같다.

무시되는 법

정치가들이 비자금 때문에 곤욕을 치르고 있다. 정치를 하려면 돈이 필요한 것은 사실인데, 비자금을 조성하고 사용했다면 그것은 무엇인가 탈법적인 일을 했다는 것이다. 탈법적인 일이 무엇인지 구체적으로 거론하기는 힘들지만, 남에게 공개하기를 꺼리는 것만은 사실이다. 정치가들이 사람을 만나는 것도 바른 관계가 아닐 수 있다. 기업체 임원을 만나는 것이 이상한 거래를 위한 것일 수 있다. 만나기는 했으나 불법적인 것이다. 그래서 만났다고 말할 수도 없다. 손을 붙잡기는 하지만 그 손은 결코 선한 일을 하는 손이 아니다. 사회적 동물들이 내미는 손길이 서로를 이용하고, 서로를 죽이는 손길이 될 수도 있다.

기업체 쪽에서도 불만이다. 달라고 해서 주었는데, 왜 준 사람만 죄인이 되냐고 항변한다. 불법인 줄 알면서도 달라는 사람, 검은 돈을 꿀꺽 삼킨 사람을 먼저 조사해야 하는 것이 당연한데, 그들은 권력자들이니 나중에 건들고 힘없는 사람들만 먼저 건드린다는 식이다. 그리고서도 경제 살리기를 담보로 빨리 수사를 마무리해 달라고 촉구한다. 죄인이 죄를 묻는 사람에게 이래라 저래라 하고 있는 경우이다. 죄인이 죄를 묻는 사람의 일에 개입하고 있다. 정치가들도 개입하고, 기업체도 압력을 행사한다. 이 땅에는 법도 권위가 떨어진다. 법을 만드는 사람이나, 집행하는 사람이나 모두 법의 권위를 훼손했기 때문이다.

깨끗하기를 기대되는 사람들이 이 정도면 국민들이야 말할 나위가 없다. 이 땅에 수많은 법들이 있지만 그런 법들이 있었는지도 모르고, 설사 안다고 하여도 지킬 필요가 없는 법들도 많다. 왜냐하면 그 법과 관련된 일을 전혀 하지 않는 사람들이기 때문이다. 예를 들어서 부동산 거래를 할 수 없는 가난한 사람들은 양도소득세를 내지 않는다. 그들은 양도소득과 관련된 법과 상관이 없다. 문제는 법의 대상들이 이 법을 지키지 않는다는 것이다. 교묘하게 빠져나가는 방법을 알고 있으며, 그렇게 행하는 사람들이 있으니, 부동산 값이 하늘 높은 줄 모르고 올라간다. 법의 대상이 아닌 사람들은 박탈감에 빠져 세상만 원망하고 있다.

법이 무시된다는 것은 결국 자신의 손을 악하게 만들어서 다른 사람들에게 내미는 격이다. 그리고 다른 사람들로부터 일정부분 견제를 받아야 할 것을 거부하는 모양이다. 이런 일들이 자주 일어나면 공동체의 평화가 깨진다. 계층간의 위화감이 생기고, 반목(反目)이 일어난다. 누구든지 믿을 수 없다는 자조섞인 목소리가 사람들로부터 나온다. 그렇다고 법의 개입을 환영하지도 않는다. 남들도 그렇게 하고 있으니 나도 해보자는 식으로 나온다. 결국 법이 무시되고, 사회는 혼란이 더 가중되는 악순환이 일어난다. 이 모든 것이 영원한 진리의 개입을 부정하고 악한 모습으로 개입하려는 죄의 모습에 대한 결과들이다.

시편 기자는 사람들의 악함으로 인해 고통받고 있다. 악한 사람들의 악행이 여전히 횡행하는 것을 보니 하나님이 의인을 버리신 것 같다는 생각이 든다. 하나님이 당신의 백성을 향해 진노하시는 것과도 같다. "하나님이여 주께서 어찌하여 우리를 영원히 버리시나이까 어찌하여 주께서 기르시는 양을 향하여 진노의 연기를 뿜으시나이까"(1절). 그러나 시인은 하나님께 간구한다. 하나님이 옛적부터 도와주셨고, 백성을 기억하셨으니 지금 의인이 모인 자리도 기억해야 한다고 말이다. "옛적부터 얻으시고 속량하사 주의 기업의 지파로 삼으신 주의 회중을 기억하시며 주께서 계시던 시온 산도 생각하소서"(2절).

하나님이 사람들의 삶 속에 개입하셔야 한다. 의인을 생각하시고, 악인을 물리치시는 것은 하나님의 개입이다. 하나님이 악한 사람의 행위로 보고, 알고 계신다. 그래서 하나님이 필요한 곳으로 발길을 옮기신다. "영구히 파멸된 곳을 향하여 주의 발을 옮겨 놓으소서 원수가 성소에서 모든 악을 행하였나이다"(3절). 악인들의 행동을 두 눈으로 보기 어렵다. 그들은 성소의 모든 조각을 부수었다(5~6절). 성소를 사라지게 하자며 성소와 회당을 불살랐다(7~8절). 그리고 그것도 업적이라며 자기들의 깃대를 세워 표적을 삼는다(4절). 이 일이 언제까지 계속될지 아는 사람이 없다(9절). 필연적으로 하나님의 개입이 있어야 한다(10절).

하나님은 사람의 삶에 개입하신다. 사람은 지어질 때부터, 태초부터 하나님의 개입에 의해 창조된 존재이다. 하나님은 자연을 창조하시고 사람에게 주셨다. 하나님은 자연환경을 통해 사람의 삶에 개입하신다. 하나님이 시간을 정하셨다. 시간이 있다는 것은 하나님의 개입이다. 낮과 밤이 하나님의 개입에 의해 이루어진다. "낮도 주의 것이요 밤도 주의 것이라 주께서 빛과 해를 마련하셨으며"(16절). 하나님이 땅과 계절을 정하심으로 사람의 삶에 개입하신다. "주께서 땅의 경계를 정하시며 주께서 여름과 겨울을 만드셨나이다"(17절).

사람은 하나님의 개입을 받아들여야만 하는 하나님의 종이다. 하나님은 사람의 삶에 개입하시는 왕으로서 사람들에게 구원을 베푸셨다. "하나님은 예로부터 나의 왕이시라 사람에게 구원을 베푸셨나이다"(12절). 하나님은 자연을 당신의 마음대로 다스리시며, 악한 영을 결박하신다. "주께서 주의 능력으로 바다를 나누시고 물 가운데 용들의 머리를 깨뜨리셨으며"(13절). 하나님이 악한 것들을 물리치시고, 의인에게 거두도록 하신다. "리워야단의 머리를 부수시고 그것을 사막에 사는 자에게 음식물로 주셨으며"(14절). 하나님의 개입은 역사적 사실이다. "주께서 바위를 쪼개어 큰 물을 내시며 주께서 늘 흐르는 강들을 마르게 하셨나이다"(15절).

개입의 원인과 결과

하나님은 악한 사람들의 비방과 능욕을 알고 계신다. 그리고 그에 대하여 적절히 조치하신다. 하나님이 악인의 일에 개입하심으로 나타나는 결과는 악인의 멸망이다. "주께서 어찌하여 주의 손 곧 주의 오른손을 거두시나이까 주의 품에서 손을 빼내시어 그들을 멸하소서"(11절). 하나님은 억울한 사람, 가난한 사람의 삶에도 개입하신다. 하나님이 가난한 사람의 목숨을 보호하신다. 하나님은 연약한 짐승이라도 보호하신다. "주의 멧비둘기의 생명을 들짐승에게 주지 마시며 주의 가난한 자의 목숨을 영원히 잊지 마소서"(19절). 하나님의 개입으로 하나님의 공의와 사랑, 책망과 자비가 동시에 드러난다. 하나님이 한 번에 여러 일을 이루신다.

하나님이 개입하시는 것은 옛적에 맺었던 언약 때문이다. 하나님이 한 번 약속하신 것을 결코 잊지 않으시기 때문이다. "그 언약을 눈여겨 보소서 무릇 땅의 어두운 곳에 포악한 자의 처소가 가득하나이다"(20절). 하나님이 모른 채로 내버려두신다면 사회가 악한 길로 치달을 것이다. 내버려두면 사람들은 스스로 멸망할 것이다. 그만큼 사람들의 생각과 계획이 항상 악하다(창 6:5). 내버려두면 의인들이 원통함을 계속 당할 것이다. 하나님의 개입은 억울한 사람들의 아픔을 치유하심이다. "하나님이여 일어나 주의 원통함을 푸시고 우매한 자가 종일 주를 비방하는 것을 기억하소서"(22절). 하나님은 참으로 인격적이시다.

하나님은 악한 사람들의 노랫소리가 들리는 것을 싫어하신다. 하나님은 가증한 사람의 노래와 제사를 받지 않으신다. 하나님은 입술로만 노래하는 것이 아니라 몸으로 노래하기 원하신다. 믿음이 있다면 이웃에게 선을 행할 줄 알아야 한다. 이웃이 곧 하나님의 형상을 따라 지음을 받은 존재이기 때문이다. 하나님은 공동체에 선이 이루어지기를 원하신다. 그러므로 악한 사람들의 소리를 듣고 역겨워하신다. 하나님의 개입을 믿는 사람은 하나님의 성품을 믿는다. 그러므로 악인을 향한 하나님의 진노가 있을 것을 알고 구한다. "주의 대적들의 소리를 잊지 마소서 일어나 주께 항거하는 자의 떠드는 소리가 항상 주께 상달되나이다"(23절).

하나님의 개입이 이루어지면 악한 사람은 심판을 받을 것이며, 악행의 결과를 자기 손으로 얻을 것이다. 하나님의 개입이 이루어지면 억울한 사람이 찬송을 하게 될 것이다. 하나님의 자비와 인애하심이 드러나기 때문이다. "학대 받은 자가 부끄러이 돌아가게 하지 마시고 가난한 자와 궁핍한 자가 주의 이름을 찬송하게 하소서"(21절). 미가 선지자가 하나님의 개입을 믿고 구세주의 오심을 예언한 것처럼, 시인은 법으로 되지 않는 선과 공동체의 회복이 하나님의 개입으로 이루어짐을 믿는다. 하나님의 개입을 몸으로 보여주신 분이 그리스도이시다. 그분의 오심으로 세상 속에 하나님의 주권과 사랑이 더욱 충만해진다.

시편 75편

재판의 영성과 드보라

여선지 드보라

이스라엘은 전통적으로 남성 중심의 사회이다. 남성이 가정의 주권을 가진다. 남성이 국가를 세우며 다스리고, 질서를 유지한다. 남성이 전쟁에 나서며, 국가의 흥망성쇠를 좌우한다. 그런데 남성이 제 역할을 하지 못하면 어떻게 될까? 남성이 타락하고, 용기와 지혜가 없어서 국가의 위기를 구할 수 없다면 과연 누가 나라를 구할 수 있을까? 남성이 안 된다면 여성이라도 나서야 한다. 이스라엘에도 여성이 나서서 나라를 구한 적이 있었다. 사사 시대의 여선지 드보라가 대표적인 경우이다. 범죄한 이스라엘이 가나안 왕 야빈에게 압제를 받을 때였다. 이 때 여선지 드보라가 이스라엘의 사사가 되었다.

백성이 여선지 드보라에게 와서 재판을 받았다. 자신들의 갈등에 대한 판단을 드보라에게 맡기는 것이다. 여성이라면 가정을 잘 지키면 될 터인데, 드보라는 나라를 다스리고 있다. 드보라가 백성을 재판하고 있다. 재판이라는 것이 보통 어려운 일인가? 우선 판단력이 뛰어나야 한다. 지혜가 있어야 한다는 것이다. 백성에게 판단력과 지혜에 대한 권위를 인정받아야 한다. 재판관은 재판과 관련된 사람들 모두를 만족시켜야 한다. 그러기 위해서는 경험이 많아야 한다. 사람들의 마음도 헤아릴 줄 알아야 한다. 재판관은 자비와 결단력이 있어야 한다. 억울한 사람에게는 억울함을 풀어주되, 잘못한 사람은 처벌해야 한다.

드보라는 나라의 위기를 알고 있었다. 그러므로 바락이라는 남성을 향해 이스라엘 남성을 군대로 소집하여 가나안 왕과 전쟁을 하라고 이른다. 그런데 바락이 드보라를 향해 함께 가지 않으면 전쟁에 나갈 수 없다고 한다. 바락은 남성이지만 스스로 할 수 있는 것이 없다. 남성답지 못해 보인다. 여선지 드보라가 함께 해야 할 수 있다. 바락에게는 전쟁을 승리로 이끌 지혜나 판단력이 없다. 하기야 없다는 것을 알고 솔직하게 인정하는 편이 더 나을지도 모른다. 그래야 다른 사람으로부터 도움이라도 입을 것이 아닌가? 드보라가 대답한다. "내가 반드시 너와 함께 가리라 그러나 네가 이번에 가는 길에서는 영광을 얻지 못하리니"(삿 4:9 a).

드보라와 바락이 이끄는 이스라엘의 군대가 가나안 왕 야빈을 물리쳤다. 가나안 왕 야빈이 가지고 있던 철병거 부대가 여지없이 무너졌다. 철병거 부대의 대장 시스라가 도망하다가 이스라엘 여인의 속임수에 빠져서 죽었다. 헤벨의 아내 야일이 잠들어있는 시스라의 몸에 말뚝을 박았다. 야빈를 몰아내고 드보라와 바락이 하나님께 노래한다. 승리의 노래이며, 하나님께 영광을 돌리는 노래이다. 하나님이 대적을 물리치시고, 주를 사랑하는 백성에게 힘을 주셨다. 하나님이 사람들을 판단하신다. 드보라는 하나님의 판단을 믿었다. 하나님이 재판관이시며, 자신은 하나님의 지혜에 의해 재판하는 일을 맡았을 뿐이였다.

이 땅의 재판관

재판관이란 재판을 하는 사람이다. 사람들 사이의 갈등이 있을 때 그 갈등을 해결하는 사람이다. 범죄한 사람은 범죄에 대한 책임을 물어서 형벌을 주고, 억울한 사람에게는 억울함을 풀어주어야 한다. 재판관은 사람들의 사회 속에 정의가 강물같이, 공법이 물같이 흐르게 하는 일에 앞장서는 사람이다. 다른 사람이 타락하였어도 재판관은 타락하면 안 된다. 다른 사람의 판단력이 흐려져도 재판관만큼은 고도의 판단력을 유지하여야 한다. 재판관의 판단이 사회에 커다란 영향력을 미친다. 재판관의 판단 하나로 역사가 뒤바뀔 수도 있다. 재판관의 판단 하나로 사회적 소용돌이가 일어날 수도 있다.

재판관이 되려면 많은 공부를 해야 한다. 어려운 시험을 통과해야 하고, 국가로부터 재판관이라는 인정을 받아야 한다. 재판관의 권위는 대단하다. 재판관이 되기까지의 과정이 그만큼 험난하기 때문에 재판관이 되었다는 것 자체로도 권위가 있다. 재판관의 나이가 젊다고 하여도 재판정에서만큼은 최고의 권위를 지닌다. 재판관의 판단은 존중된다. 재판관의 법적 해석에 대하여 누구도 비난하지 않는다. 이의가 있다면 상위 법정에 상고, 또는 항소하면 될 일이다. 재판이란 국가적인 일이다. 재판에 대하여 죄를 물을 사람은 없다. 재판에 대하여 왈가왈부를 할 수는 있을 것이나, 법적 판단의 대상이 되지 않는다.

그러므로 재판관은 고도의 양심가여야 한다. 재판관의 양심이 흐려지면 재판을 받는 사람들이 억울하게 될 수 있다. 만약 재판관이 돈맛을 알거나, 인정에 치우친다면 그 재판으로 인해 억울한 사람들이 많아질 것이다. 억울함을 풀어주어야 할 사람이 오히려 억울한 사람을 만들어내는 모양이 된다. 재판관의 재판에 대한 양심은 오직 재판관 자신만이 알 뿐이다. 재판관은 외부로부터 압력이 들어와도 굴복하면 안 된다. 압력에 굴복한 재판은 반드시 잘못된 결과를 낳는다. 총독 빌라도가 유대인의 압력에 굴복하여 예수님을 십자가에 못 박히도록 내 놓았었다. 그 결과 빌라도는 영원토록 수치스러운 이름을 역사에 남겼다.

재판관은 시대를 읽는 눈이 있어야 한다. 재판관은 과거와 현재 그리고 미래를 아우르는 혜안이 있어야 한다. 재판이 이루어지기까지의 배경이 되는 시대적 상황을 읽을 줄 알아야 한다. 재판관은 자신의 재판으로 인해 어떤 결과가 나올 것인지를 예상해야 한다. 양심과 지혜가 없는 재판관은 어리석은 재판관일 것이다. 이런 재판관을 가진 나라의 백성은 불행하다. 게다가 사리사욕에 눈 먼 재판관은 백성을 어지럽게 할 수 있다. 양심과 지혜로 바르게 판단할 수 있는 재판관, 시대를 바로 읽는 재판관은 국민들의 자랑이다. 이 나라가 이처럼 민주화될 수 있었던 것도 보이지 않는 곳에 이런 재판관이 있었기 때문이 아닐까?

이스라엘의 재판관

드보라가 활동하던 당시 이스라엘에는 왕이 없었다. 그래서 백성은 저마다 자기 소견에 옳은 대로 행하였다. 이것은 백성이 저마다 왕이라는 뜻이다. 다른 사람의 의견이나, 생각은 아랑곳없이 자기의 감정대로 말하고, 하고 싶은 대로 행하였다는 이야기이다. 사람들이 누구로부터 지시도 받으려 하지 않는다. 누구에게 의지하려 하지도 않는다. 심지어는 하나님으로부터도 참견을 받으려 하지 않는다. 하나님이 이스라엘에게 왕을 주시지 않은 이유는 하나님이 그들의 왕이시기 때문이었다. 그런데 백성은 자기를 왕으로 생각한다. 하나님을 무시하고 제 맘대로 산다. 이러한 풍조가 곧 우상숭배로 나타났다.

우상숭배의 결과가 무엇인가? 사회 속에 윤리와 도덕 그리고 질서가 무너지는 것이다. 질서가 무너진 사회는 힘이 약해진다. 사람들이 뭉치지 못하고, 모래알처럼 따로 논다. 이런 사회는 다른 민족으로부터 지배를 받는다. 사사 시대에 이스라엘이 이방으로부터 침략을 받고 지배를 받게 된 것도 이런 이유 때문이었다. 하나님은 이스라엘 백성에게 진정한 재판관이 누구인지를 알게 하신다. 진정한 재판관은 바로 하나님이시다. 사사들이 한시적으로 재판관으로 선택되었지만 그들은 영원한 재판관이신 하나님에 의해 지시를 받는 사람들이다. 사사들이 궁극적 재판관이신 하나님으로부터 재판의 지혜를 받는다.

이스라엘의 지도자들은 재판을 하는 사람들이다. 왕정 시대에는 왕이 곧 재판을 하는 사람이었다. 솔로몬이 왕이 되었을 때 자신의 임무를 알았다. 왕으로서 재판관의 임무를 가졌는데, 만약 잘못 판단하면 왕의 권위가 서지 않을 것이다. 솔로몬은 이것을 깨닫고 하나님께 재판할 수 있는 지혜를 달라고 구하였다. 이는 솔로몬이 판단의 근원을 하나님께 두는 것이었다. 즉 하나님이 최고의 재판장이심을 인정하는 것이다. 하나님이 솔로몬의 이런 모습을 기뻐하시고 축복하셨다. 옳은 것을 구한 솔로몬에게 다른 것들도 덤으로 주시겠다고 약속하셨다. 솔로몬이 지혜와 영광을 얻은 것은 바로 재판에 대한 바른 이해가 있었기 때문이었다.

하나님은 이스라엘의 영원한 재판장이시다. 사사들이나 왕들은 자기 시대에만 재판관이다. 그러나 하나님은 시대를 초월하신다. 하나님은 영원토록 바르게 판단하신다. 사사들이나 왕들은 어리석은 판단을 할 수도 있다. 그러나 하나님은 언제나 바르게 판단하신다. 죄인을 책망하시고, 의인을 칭찬하신다. 사람의 판단에 의해 억울하게 된 사람도 하나님께 가면 위로를 받는다. 죄인들이 사람의 판단에 의해 바르다고 인정되어도 하나님은 그것을 인정하시지 않는다. 하나님은 사람들이 하나님의 판단에 먼저 따르기를 원하신다. 하나님의 판단에 따르는 사람의 판단을 하나님은 존중하신다. 하나님 마음에 합하였기 때문이다.

하나님께서 세상과 사람을 다스리신다. 하나님의 다스리심을 깨닫는 사람은 하나님께 감사한다. 하나님을 찬양하고, 하나님의 위대하심과 다스리심을 사람들에게 말할 수 있다. "하나님이여 우리가 주께 감사하고 감사함은 주의 이름이 가까움이라 사람들이 주의 기이한 일들을 전파하나이다"(1절). 하나님의 다스리시는 방법은 여러 가지이다. 하나님이 환경을 다스리신다. 하나님이 자연을 다스리신다. 하나님이 동물과 식물을 다스리신다. 심지어 하나님은 이방인조차도 다스리신다. 하나님이 왜 이처럼 다스리실까? 하나님의 다스리심과 영광을 온 땅에 드러내기 위함이다. 하나님의 자비와 사랑이 온 세상을 민족에게 드러나기 위함이다.

하나님께 세상과 사람을 다스리는 가장 강력한 방법이 있다. 그것은 말씀으로 다스리시는 것이다. 하나님은 말씀으로 세상을 창조하셨다. 하나님이 말씀으로 당신을 계시하신다. 하나님이 말씀으로 당신의 뜻을 알리신다. 하나님이 말씀으로 사람들의 옳고 그름을 알려 주신다. "주의 말씀이 내가 정한 기약이 이르면 내가 바르게 심판하리니"(2절). 하나님이 말씀으로 사람들의 미래를 알려 주신다. 의로운 사람을 칭찬하시고 악인들을 책망하신다. 하나님이 말씀으로 우주의 주인이시며, 세상을 보고 계시며, 사람을 다스리신다고 계시하신다. "땅의 기둥은 내가 세웠거니와 땅과 그 모든 주민이 소멸되리라 하시도다(셀라)"(3절).

하나님의 다스리심을 아는 사람은 하나님 앞에 겸손하다. 혼자만 겸손하는 것이 아니라 다른 사람들도 하나님 앞에 겸손할 것을 요구한다. "내가 오만한 자들에게 오만하게 행하지 말라 하며 악인들에게 뿔을 들지 말라 하였노니"(4절). 의인은 하나님께서 사람의 교만과 겸손에 대해 판단하심을 알고 있다. 의인은 자신의 판단을 자기 생각이나 경험에 두지 않는다. 의인은 자기 판단의 근원을 하나님께 둔다. 의인은 자기가 재판장이 아니라 하나님이 재판장이심을 알고 있다. 그러므로 의인은 재판장이신 하나님 앞에서 겸손히 말할 수밖에 없다. "너희 뿔을 높이 들지 말며 교만한 목으로 말하지 말지어다"(5절).
하나님은 사람을 높이시기도 하시고, 낮추시기도 하신다. 하나님은 당신 앞에 낮아진 사람을 높이신다. 반면에 하나님은 당신 앞에서 목이 곧은 사람, 스스로를 높이는 사람을 낮추신다. 하나님은 겸손한 사람을 높이시고, 교만한 사람을 낮추신다. 사람을 높이는 것은 세상으로부터 되지 않는다. "무릇 높이는 일이 동쪽에서나 서쪽에서 말미암지 아니하며 남쪽에서도 말미암지 아니하고"(6절). 사람을 높이는 일은 오직 하나님만이 하실 수 있다. 하나님이 사람을 창조하셨기 때문이다. 하나님이 사람을 다스리시고, 판단하시는 영원한 재판장이시기 때문이다. "오직 재판장이신 하나님이 이를 낮추시고 저를 높이시느니라"(7절).

재판장 하나님

하나님의 판단을 무시하는 사람은 어떤 사람일까? 그 속에 악함이 가득한 사람이다. 그곳에 더러움이 가득한 사람이다. 겉으로 보일 때는 깨끗한 것 같다. 그런데 한번 건들면 그 속에서 더러운 것들이 마구 나온다. 왜냐하면 그 속에 더럽고 악한 것들을 품고 있기 때문이다. 그들은 하나님의 선하심을 속에 담으려 하지 않는다. 하나님의 주권을 생각하지도 않는다. 오직 자기만이 제일이다. 오직 자신만이 판단의 근원이며, 자기 생각만 고집한다. 하나님이 재판장이시라는 것을 깨닫지 못한다. 자기가 재판장이다. 교회도, 하나님의 일도, 선한 사업도 자기가 재판장이 되려 한다. 교만과 어리석음의 극치이다.

하나님은 이런 사람들을 재판하신다. 어떤 방법으로 재판하실까? 하나님이 이 땅에서 쓸모 없는 것, 더러운 것을 악인에게 더 많이 가지게 하신다. 악인은 쓸모 없는 것을 가지고서도 그것을 얻었다고 즐거워한다. "여호와의 손에 잔이 있어 술 거품이 일어나는도다 속에 섞은 것이 가득한 그 잔을 하나님이 쏟아 내시나니 실로 그 찌꺼기까지도 땅의 모든 악인이 기울여 마시리로다"(8절). 악인은 쓸모 없는 것을 축복이라고, 삶의 질을 높이는 것이라고 착각하는 사람이다. 하나님의 생각을 전혀 고려하지 않는 사람에게서 하나님이 무엇을 기대하실까? 하나님이 그들을 외면하실 것이다.

그러나 의인은 하나님의 판단을 믿고 있다. 악인이 이 땅에서 득세하여도 의인은 그것을 부러워하지 않는다. 악인이 이 땅에서 힘을 가져도 의인은 그것 때문에 괴로워하지 않는다. 의인은 오직 하나님의 판단을 믿는다. 의인은 하나님의 판단이 정확하고 의롭다고 믿는다. 하나님의 판단이 지금 자신에게 고통을 가져다 주어도 불평하지 않는다. 왜 그럴까? 하나님의 판단이 결국에는 자신에게 유익이 될 것을 알기 때문이다. 그러므로 의인은 하나님을 찬양한다. "나는 야곱의 하나님을 영원히 선포하며 찬양하며"(9절). 의로우신 하나님, 영원한 재판장이신 하나님은 찬양받으실 하나님이시다. 의인은 찬양받으실 하나님을 선포한다.

하나님이 의인을 재판하신다. 하나님이 악인이 가진 권세를 낮추실 것이다. 반면에 하나님은 의인을 권세 있게 하실 것이다. "또 악인들의 뿔을 다 베고 의인의 뿔은 높이 들리로다"(10절). 세상의 질서가 하나님 앞에서는 반대가 될 것이다. 재판장이신 하나님 앞에서 사람들의 처지가 뒤바뀔 것이다. 그러므로 세상의 질서를 보고 즐거워하거나 실망하지 말라. 지금 이루지 못한 것들이 있다고 염려하지 말라. 영원한 재판장, 의로우신 재판장이신 하나님이 계시지 않는가? 하나님이 사람과 세상을 다스리시되, 재판장으로서 다스리실 것이다. 하나님은 우주와 온 인류 그리고 모든 지식의 완전한 재판장이시다.

시편 76편

최강의 영성과 여호수아

여호수아의 승리

여호수아는 모세의 후계자이다. 모세가 이스라엘 백성을 애굽에서 이끌어내어 광야 생활을 지도했다면, 이스라엘 백성이 가나안으로 들어가는데 여호수아가 지대한 역할을 하였다. 여호수아가 모세의 후계자가 되었을 때, 하나님이 그에게 말씀하셨다. "네 평생에 너를 능히 대적할 자가 없으리니 내가 모세와 함께 있었던 것 같이 너와 함께 있을 것임이니라 내가 너를 떠나지 아니하며 버리지 아니하리니 강하고 담대하라 너는 내가 그들의 조상에게 맹세하여 그들에게 주리라 한 땅을 이 백성에게 차지하게 하리라"(수 1:5~6). 하나님이 여호수아를 향해 강하라고 하셨다. 강한 여호수아는 원하는 일을 하게 될 것이다.

하나님이 여호수아에게 거듭 강하라고 하신다. "오직 강하고 극히 담대하여 나의 종 모세가 네게 명령한 그 율법을 다 지켜 행하고 우로나 좌로나 치우치지 말라 그리하면 어디로 가든지 형통하리니 이 율법책을 네 입에서 떠나지 말게 하며 주야로 그것을 묵상하여 그 안에 기록된 대로 다 지켜 행하라 그리하면 네 길이 평탄하게 될 것이며 네가 형통하리라"(수 1:7~8). 여호수아의 강함은 여호수아 자신의 노력보다는 하나님과의 관계에서 얻어진 것이다. 여호수아의 강함은 스스로 만드는 것이 아니라 하나님으로부터 받는 선물이다. 여호수아에게 강함을 주시는 여호와 하나님이 가장 강한 분이시다.

여호수아 앞에 강한 성, 여리고가 있었다. 이스라엘의 힘으로는 여리고를 무너뜨릴 수 없었다. 그러나 하나님이 여호수아에게 여리고를 무너뜨릴 방법을 알려 주셨다. 아주 간단하다. 법궤를 멘 제사장을 앞세우고, 온 백성이 하루에 한 번씩 여리고 성을 6일 동안 돌고 7일째 되는 날에는 일곱 번 돌면 된다. 마지막으로 성을 돈 이후에는 나팔을 불고, 온 백성이 크게 소리를 치면 된다. 여호수아가 하나님의 명령대로 행하였다. 상식적으로 보기에 여리고가 이런 방법으로 무너지지 않을 것이다. 그러나 여리고 성이 무너졌다. 왜 그럴까? 그것은 강하신 하나님이 여리고를 무너뜨리셨기 때문이다. 이로써 하나님의 힘이 가장 강함이 증명되었다.

여호수아는 큰 일을 앞에 두고 하나님을 만났다. 모세의 후계자가 되어서 하나님을 만났고, 여리고 성을 공략하기에 앞서서 하나님을 만났다. 아이 성 공략에 실패한 뒤에도 하나님을 만났다. 가나안 다섯 왕과의 전쟁에 앞서서도 하나님을 만났다. 하나님은 그 때마다 여호수아에게 힘과 용기를 불어넣어 주셨다. 가나안 다섯 왕을 물리칠 때 여호수아가 태양과 달을 멈추라고 명하였다. 이에 태양과 달이 멈추어 낮 시간이 연장되고 가나안 다섯 왕을 멸망시킬 수 있었다. 여호수아의 기도 능력, 여호수아의 명성이 퍼지는 것이 모두 하나님으로부터 강함을 받았기 때문이다. 여호수아에게 강함을 주시는 여호와 하나님이 가장 강하시다.

강한 나라

팍스 아메리카나(Pax Americana)라는 말이 등장하였다. 미국 주도로 세계의 평화가 유지된다는 의미의 말이다. 미국이 가진 힘이 막강하여 어느 나라도 감히 미국을 대적할 수 없고, 국지적인 분쟁을 일으키지 못한다는 의미이다. 미국은 냉전시대를 이기기 위해 막대한 자금을 들여 무기를 개발하였다. 소련이 붕괴된 이후 미국은 세계에서 가장 강한 나라가 되었다. 미국 주도로 세계의 질서가 재편되고, 어느 나라이든지 평화를 유지하려면 미국과 긴밀한 관계를 가져야 했다. 이제 미국을 대적할 세력은 세계 어디에도 존재하지 않는다. 미국에게 대적하려면 엄청난 희생을 치러야 한다. 하지만 미국을 싫어하는 사람들이 점점 늘어간다.

미국은 강해짐으로써 세계의 경찰 국가가 되어 가고 있다. 인권 해방이라는 명분으로 다른 나라의 내정을 간섭하고 있다. 어느 정도 필요한 일이고, 긍정적인 것도 가지고 있다. 문제는 이러한 명분 뒤에 미국만의 국익을 위한 속임수가 존재한다는 것이다. 그야말로 고양이가 쥐를 생각하고 있다. 강함을 나누어서 다른 사람을 도와준다고 하지만, 그것으로 인해 돈을 벌고 자기들은 더 강해지는 것이다. 전쟁으로 점령하면 비난을 받을 것이다. 범죄행위라고 욕을 먹을 것이다. 그러나 자본으로 점령하면 비난이 덜하다. 범죄행위가 드러나지도 않는다. 미국의 정책이라는 것이 눈 가리고 아웅하는 식임을 알만한 사람은 다 안다.

어떤 이들은 미국이 강대국인 이유가 합리적 사고, 민주주의, 거대한 자본 때문이라고 한다. 그러니까 강하게 되려면 미국처럼 합리적 사고, 민주주의, 거대한 자본을 가져야 한다는 것이다. 그러나 과연 미국이 강한 나라일까? 미국의 가치와 도덕성이 강할까? 어떤 이들을 그렇다고 말한다. 법을 어기는 사람, 이웃에게 피해를 주는 사람은 발을 붙일 수 없는 나라라고 두둔하는 사람들도 있다. 다양한 인종들이 모여 살지만 어떤 일에는 엄청난 힘을 발휘하는 것을 보고 놀랍다고 경탄하는 이들도 있다. 이런 법치와 합리적 사고방식 그리고 연합의 힘이 그들을 강하게 하는 것임에 틀림없다. 그렇다고 과연 강할까?

정치적, 군사적 힘으로 보면 분명히 강하다. 그러나 도덕적인 부분에서 이해할 수 없는 일들이 그 나라에서 일어나고 있다. 이혼율이 50%가 넘고, 동성연애자가 한 도시를 점령하고, 끔찍한 범죄가 세계에서 가장 많이 일어나는 나라가 바로 미국이다. 이것이 과연 강하다고 할 수 있을까? 밖으로는 강하지만 안으로는 약하기 그지없다. 안으로 약하니까 그것을 감추려고 밖으로 강함을 드러내는 것은 아닐까? 국가와 인간의 심리를 연결하면 그렇다는 말이다. 도덕적으로 약하고, 극단적인 세속주의가 강한 나라가 과연 얼마나 오래 갈까? 기독교적 가치를 중요시하는 나라가 오히려 하나님을 대적하는 것은 아닐까?

강함을 얻으려면

강하다는 것은 일단은 긍정적인 개념이다. 강하다는 것이 쉽게 얻어지는 것이 아니다. 피나는 노력의 결과로 강해진다. 강한 것을 유지하는 것도 엄청난 노력이 필요하다. 노력이 없다면 강함을 잃어버릴 것이다. 강한 사람이 대우받는 것은 노력을 높이 사기 때문이 아닐까? 이 세대의 사고방식은 노력하는 사람이 강해진다는 것이다. 일부 맞는 말이다. 강한 훈련을 통과한 운동선수가 실력이 뛰어나다. 승부에서 이길 수 있고, 승리의 쾌감을 맛볼 수 있다. 강한 훈련을 받은 군대가 강하다. 적게 피를 흘린 군대가 전쟁에서 승리할 수 있다. 노력하는 사람이 경쟁에서 이긴다. 하지만 어느 정도 맞으나 완전히 맞지는 않다.

강하면 편하다. 약한 사람이 그 앞에 줄을 대고 설 것이다. 약한 사람들이 이 일, 저 일을 처리해 주고, 대우해 줄 것이다. 강하면 목소리를 높일 수 있다. 약한 사람을 호령하고, 약한 사람을 괴롭혀도 감히 덤비거나 대항하지 못할 것이다. 그렇기 때문에 기성세대들은 강해져야 한다고 목소리를 높인다. 아마도 인생의 가장 큰 목표가 강해지는 것일 것이다. 그리고 강해지는 방법은 오직 그들이 이미 알고 있었던 것만을 고집할 것이다. 이런 사회에서 강해지려면 전쟁터에 나가는 군인들의 비장한 심정을 가져야 한다. 이런 사회는 전쟁터와도 같다. 과연 이 사회가 약한 사람은 다 없어져야 한다는 말인가? 그렇다면 이 사회는 미개한 사회이다.

진정으로 강함을 얻는 방법은 무엇일까? 인간의 노력만으로 과연 강함이 가능할까? 인간의 노력으로 얻은 강함이 영원할까? 사람에게 수명이 있듯이 강함도 수명이 있다. 법치만 좋아하는 강함이라면 강함의 수명이 짧을 것이다. 왜냐하면 강함은 약함의 반대가 아니기 때문이다. 강함은 약함의 보완 개념이어야 한다. 즉 강함은 전쟁터에서 통용되는 것이 아니라 공동체의 진정한 평화를 위해 사용되어져야 한다. 경쟁자를 이기는 강함이 아니라, 상대방을 높여주고 세워주는 강함이어야 한다. 그러니까 진정한 강함을 얻으려면 힘을 키우는 노력 이전에 도덕성과 인간성을 가져야 한다. 공동체성과 자비심을 가지는 것이 진정으로 강한 것이다.

나귀 두 마리가 주인의 짐을 지고 여행을 하였다. 힘이 약한 나귀가 병이 났다. 건강한 나귀에게 짐을 나누어 달라고 부탁하였다. 그런데 건강한 나귀가 거절하였다. 얼마 후 병든 나귀가 죽었다. 주인은 병든 나귀의 짐과 병든 나귀까지 건강한 나귀의 등에 실었다. 건강한 나귀는 힘들었다. 약한 나귀가 짐을 나누어 달라고 할 때 들어주면 이런 일이 없었을 것이라고 후회하지만 소용이 없다. 강함이란 외적인 힘만이 아니다. 내면의 힘도 강해야 한다. 더불어 살 수 있는 배려와 힘도 강함이다. 이 강함은 깊이 생각하고 얻어지는 것이다. 이런 강함이 곧 지혜이다. 참 지혜는 하나님으로부터 받는다. 그러므로 하나님만이 진정한 강함을 주신다.

시편 기자는 자신이 약하다는 것을 알고 있다. 주변 나라가 강하지만 강함이 영원하지 않다는 것도 알고 있다. 자신을 괴롭히는 악인들이 강하지만 그것도 영원하지 않다는 것을 알고 있다. 그러니까 사람의 강함은 결코 강함이 아니다. 강하신 분이 따로 있다. 그분은 하나님이시다. 하나님이 크시며 강하신 분이시다. 강하신 하나님이 스스로를 드러내신다. "하나님은 유다에 알려지셨으며 그의 이름이 이스라엘에 알려지셨도다"(1절). 강하신 하나님이 유다 백성과 함께 하신다. "그의 장막은 살렘에 있음이여 그의 처소는 시온에 있도다"(2절). 강하신 하나님을 모신 나라가 강하다. 유다가 하나님을 모셨다면 그 나라가 강하다.

강한 하나님은 소위 강하다는 나라를 깨뜨리신다. "거기에서 그가 화살과 방패와 칼과 전쟁을 없이하셨도다(셀라)"(3절). 예루살렘은 본래 여부스 사람들의 성이었다. 여부스 성은 강한 나라였다. 그러나 그 성은 다윗에 의해 점령되었다. 그리고 예루살렘이라고 이름이 바뀌었다. 그 성은 하나님이 함께 하시는 성, 하나님이 임재하시는 성이 되었다. 그래서 시온 성이라는 새로운 이름이 붙었다. 강하신 하나님이 함께 하시고 임하신다면 그 성이 곧 강한 성이다. 하나님이 함께 하시는 백성은 강한 백성이다. 그 성에서 하나님이 찬양을 받으신다. 그 성에서 하나님이 존귀해지셨다. "주는 약탈한 산에서 영화로우시며 존귀하시도다"(4절).

하나님이 가장 강하신 분이시다. 하나님을 이길 민족이 없다. 하나님을 이길 나라가 없다. 역사상 세계를 제패하였다는 수많은 나라들이 있었으나, 하나님을 이긴 민족이 없다. 모두 하나님 앞에서 패하고 사라져 갔다. 아무리 강한 나라와 용사라도 하나님 앞에서는 꼼짝도 할 수 없다. "마음이 강한 자도 가진 것을 빼앗기고 잠에 빠질 것이며 장사들도 모두 그들에게 도움을 줄 손을 만날 수 없도다"(5절). 하나님께서 버리시면 아무리 강한 민족이라도 단번에 망한다. 앗수르가 그랬고, 바벨론이 그랬다. 에돔이 그랬고, 페르시아가 그랬다. 하나님 앞에서 감히 대항할 수가 없다. 왜냐하면 하나님이 최강(最强)이시기 때문이다.
하나님 앞에서는 아무리 강한 사람이라도 마음이 녹을 것이다. 이스라엘 백성의 진입에 앞서서 여리고 사람들의 마음이 녹았었다. 하나님을 두려워하고, 하나님이 도우시는 이스라엘을 두려워했기 때문이다. 자칭 강하다는 어떤 왕이라도 하나님 앞에서는 뼈가 녹을 것이다. "그가 고관들의 기를 꺾으시리니 그는 세상의 왕들에게 두려움이시로다"(12절). 왕중의 왕이신 하나님이 가장 강하시다. 만주의 주이신 하나님이 가장 강하시다. 그러므로 하나님 곁에 선 사람이 강하다. 하나님의 지배를 받는 나라와 민족이 강하다. 하나님을 두려워하는 사람이 강하다. 왜냐하면 하나님을 두려워하는 사람이 하나님의 강함을 받기 때문이다.

하나님의 강하심 앞에서

강하신 하나님은 인격적인 하나님이시다. 하나님은 사람의 행동을 보고 계신다. 교만한 사람을 책망하시고 꺾으신다. 강하신 하나님은 군대를 잠들게 하실 수 있다. 강하신 하나님은 아무리 강한 군대라고 무력화시키실 수 있다. "야곱의 하나님이여 주께서 꾸짖으시매 병거와 말이 다 깊이 잠들었나이다"(6절). 하나님이 진노하시면 감히 하나님 앞에 설 사람이 없다. 나라도 군대도 하나님 앞에 설 수 없다. "주께서는 경외 받을 이시니 주께서 한 번 노하실 때에 누가 주의 목전에 서리이까"(7절) 아무도 하나님을 대적하거나 대항할 수 없다. 하나님을 대적하거나 대항하면 하나님의 진노만 더 살뿐이다.

하나님은 높은 곳에서 사람의 모습을 보고 계신다. 하나님은 사람의 행위를 보시고 판단하신다. 하나님의 판결 앞에서는 아무도 입을 열지 못한다. 심지어는 땅도 입을 열지 못한다. 땅이 할 일은 하나님을 찬양할 일뿐이다. "주께서 하늘에서 판결을 선포하시매 땅이 두려워 잠잠하였나니"(8절). 하나님이 판결하시는 이유가 무엇일까? 그것은 사람을 구원하시기 위해서이다. 약한 사람을 구원하시고, 온유한 사람을 감싸주시기 위함이다. "곧 하나님이 땅의 모든 온유한 자를 구원하시려고 심판하러 일어나신 때에로다(셀라)"(9절). 하나님이 강한 사람을 물리치시고, 약한 사람을 세우신다. 약한 사람을 하나님의 강함으로 강하게 하신다.

사람은 천성적으로 교만하다. 하나님을 배반한 인간은 내버려두면 반드시 교만해진다. 사람을 해치고 사람들과 싸운다. 자기 힘만 믿고 까불며 조금이라도 잘될라 치면 강하다고 떠들어댄다. 그러나 사람의 힘을 판단하시는 하나님을 알아야 한다. 하나님이 사람을 버리시면 어떤 힘이라도 남아있지 않을 것이다. "진실로 사람의 노여움은 주를 찬송하게 될 것이요 그 남은 노여움은 주께서 금하시리이다"(10절). 하나님은 사람이 가진 분노의 에너지를 사람을 향해 사용하지 않게 하신다. 오히려 그 에너지가 찬양으로 전환되게 하신다. 이것이 하나님의 의도이다. 찬양으로 전환되지 않는 에너지는 결단코 사용되면 안 된다. 하나님이 원치 않으신다.

강하신 하나님 앞에서 모든 사람들이 엎드려야 한다. 사람은 강하신 하나님 앞에 충성을 약속해야 한다. 그리고 약속한 충성을 지켜야 한다. 충성을 지키는 사람이 강한 사람이 될 것이다. 그런 사람이 하나님의 강함을 의지하는 사람이기 때문이다. 그들은 하나님 앞에 예물을 드려야 하고, 입술을 열어 찬송해야 한다. "너희는 여호와 너희 하나님께 서원하고 갚으라 사방에 있는 모든 사람도 마땅히 경외할 이에게 예물을 드릴지로다"(11절). 여호수아가 하나님의 강함을 그의 강함의 근원으로 삼고 "나와 내 집은 여호와만 섬기겠노라"(수 24:15b)고 말했다. 하나님은 가장 강하신 분 곧 최강의 하나님이시다.

시편 77편

역전의 영성과 미리암

우여곡절 여인

미리암은 모세의 누나이다. 그녀는 모세의 인생에 있어서 결정적인 역할을 여러 번 하였다. 그녀는 아기 모세가 갈대상자에 실려 나일강을 떠돌 때 강가에서 숨을 죽이며 바라보았다. 바로 왕의 공주가 모세를 발견하자, 유모를 소개해 주겠다고 나선 것도 그녀였다. 말이 유모이지 사실은 친어머니였다. 모세가 어머니의 젖을 먹으며 히브리 사람의 정체성을 가지게 된 것이 사실은 미리암의 재치 때문이었다. 아직 나이가 어린 소녀였지만 동생을 사랑하는 마음과 재빠르게 행동하는 것, 그리고 재치있게 일을 처리함으로 동생을 애굽의 왕궁에서 귀하신 몸으로 대접을 받도록 하였다. 그러니까 미리암은 모세에게 있어서 생명의 은인이다.

어느 덧 미리암은 이스라엘 여인의 지도자가 되었다. 노예로 사는 백성의 여인은 그야말로 지푸라기 신세이다. 그러나 지도자가 되었다는 것은 인생 역전이다. 동생 모세가 백성의 지도자이니 누이가 여인들의 지도자가 되는 것이 어찌 보면 당연할 것이다. 그러나 동생의 후광을 업고 지도자가 되지는 않았을 것이다. 미리암 나름대로의 신앙과 인격 그리고 분명한 주관이 그녀로 하여금 여인들을 이끌어 가는 리더십을 발휘하게 하였을 것이다. 미리암이 모세의 노래에 화답하여 찬양한 적이 있었다. 이스라엘이 하나님의 도우심으로 홍해를 건너고, 뒤따르던 애굽 군대가 수장(水葬)된 것에 대하여 하나님께 찬양하는 노래였다.

미리암은 이스라엘 여인들을 대표할만한 여성이었다. 그녀는 모세에게 조언을 할 수 있는 위치였다. 어찌 보면 큰 누님으로서 어머니의 역할을 할 수도 있었다. 그래서 미리암이 모세에게 지나친 간섭을 한 적도 있었다. 모세를 앞세우고, 모세를 높여 주어야 하는데 오히려 모세를 비난한 적도 있었다. 모세가 구스 여인을 아내로 취하자 미리암이 아론과 함께 모세를 비난하기도 했다. 미리암이 자신의 위치를 지나치게 높이 보았던 모양이다. 가족으로서 모세의 심정을 헤아려 감싸주기보다는 모세의 행동을 먼저 비판하였다. 그 결과 미리암이 하나님으로부터 책망을 받고 문둥병이 들었다.

모세는 미리암의 비난에 아무런 대꾸를 하지 않았다. 대꾸가 없는 것이 당연했다. 성경은 모세를 향해 온유함이 지상에서 최고라고 치켜세운다. 미리암은 명예를 내려놓고 추방당해야 했다. 미리암의 인생이 역전패 할 지경이었다. 미리암에게는 인생 최대의 위기였다. 그런데 모세가 하나님께 미리암을 용서해 달라고 기도한다. 한 쪽에서 미르암을 비난할지라도 가족이니 용서의 기도를 드린다. 하나님이 모세의 기도를 들으시고, 미리암을 낫게 하셨다. 미리암이 밖에서 7일을 지낸 후에 백성에게로 돌아왔다. 미리암의 인생이 다시 역전한 것이다. 모세가 그녀의 인생 역전에 가장 큰 역할을 하였다.

여성의 인생

우리 어머니 세대에서는 이런 말을 자주 하였다. "여자 팔자 뒤웅박 팔자다." 무슨 말일까? 여성의 인생이라는 것이 스스로 개척하기 어렵고, 남성에 의해 지배당하고 규정지어지는 인생이라는 뜻이다. 이 말을 하는 사람들이 누군가? 남성인가? 아니다. 여성이 더 자주 사용한다. 즉 여성이 자기들의 인생을 자기들의 문제로 생각하는 것이 아니라 남성에게 기대고 있다는 말이다. 그래서 남편을 잘 만나면 인생이 피는 것이고, 남편을 잘못 만나면 인생이 꼬인다는 것이다. 물론 맞는 말이다. 이 땅에 그런 일들이 일어나고 있으니 말이다. 그러나 이는 자신의 인생에 대한 책임을 남에게 돌리는 일이다.

이런 말도 있다. 여성은 어렸을 때는 부모에게 의지하고, 결혼하여서는 남편에게 의지하고, 늙어서는 자식에게 의지한다는 말이다. 여성을 남성의 종속적 위치에 놓는 유교적 시대에서는 맞는 말이었다. 이 말로 인하여 얼마나 많은 여성이 억압을 당하였는가? 얼마나 많은 여성이 자신의 인생을 스스로 결정하지 못하고, 눈물을 흘려야 했던가? 그 말대로라면 여성의 인생 역전은 남편을 잘 만나거나, 자식이 성공하는 것 밖에 없다. 그래서 남편을 출세시키려고 로비에 나서고, 자녀를 출세시키려고 치마 바람을 일으키는 것이 아닌가? 그러나 여성이 인생을 개척한다고 나서는 것이 남성의 인생을 꼬이게 만드는 일이 아닌지 모르겠다.

이슬람 여성은 결혼도 마음대로 할 수 없다. 가족이 반대하는 결혼을 하려다가는 죽음을 각오해야 한다. 남성은 자기 가문의 명예를 지킨다는 이유로 딸 혹은 여동생의 목숨을 끊거나 불구로 만들어버린다. 소위 명예 살인이라는 제도이다. 이 경우 이슬람의 법은 살인이나 폭력을 정당하다고 결정한다. 남성은 죄책감이 없이 여성을 향해 폭력을 행사한다. 파키스탄에서만 매년 수백 건씩 일어난다. 이것 역시 여성의 운명을 남성이 결정하려는 시도이다. 여성이 스스로 자기 인생을 개척해보려고 할 때, 그것을 남성이 막는 것이다. 국법으로 막고 여론이 비난해도 꿈쩍도 하지 않는 남성의 법이 존재한다.

누구나 자신의 인생을 개척할 권리가 있다. 미리암처럼 말이다. 비록 불가촉천민(不可觸賤民)으로 태어났다고 하여 인생이 그대로 끝날 수 없다. 그것은 인간의 존엄성을 훼손하는 일이기 때문이다. 누구나 인생의 역전을 경험할 수 있다. 미리암이 여성이었어도 지도자가 될 수 있었던 것은 남과는 다른 적극적인 생각과 행동 때문이었다. 그러나 인생의 성공을 거두었을 때 조심할 일이 있다. 그것은 성공하였을 때 남을 배려하는 일이다. 다른 이를 무시하고 깎아내리다가 자신이 추락해 스스로 인생 역전패를 경험할지도 모른다. 역전승한 사람에게는 사람이 따르지만, 역전패하면 사람들이 접근조차 하지 않을 것이다.

희망 언저리

인생은 한번 결정되었다고 끝까지 유지되지는 않는다. 봉건 시대에는 가문과 서열이 인생을 결정하였다. 왕가에서 태어나면 끝까지 왕가로 살아야 한다. 왕이 될 서열에 있으면 그의 인격, 지식, 도덕, 정치력과는 상관없이 왕이 되어야 했다. 반면에 서민 집안에서 태어나면 어지간해서 신분이 상승하기 어려웠다. 그러나 그런 시대에도 운명을 거스르고 개척하는 사람들이 있었다. 사랑을 위해 왕가의 영화를 내던진 사람들이 있었고, 도전정신을 가지고 인생을 개척하여 꽃피우고 열매를 맺는 사람들이 있었다. 시대는 그들을 향해 비난할 수 있지만 역사는 그들을 향해 박수를 보낸다.

현실을 거스르는 일은 쉽지 않다. 비난을 감수해야 한다. 혹은 기존에 가지고 있는 특권들을 포기해야 한다. 어떤 때는 목숨의 위협을 받을 수도 있다. 미래가 불투명할 수도 있다. 인생길이 가시밭길일 수도 있다. 갈등을 싫어하는 사람, 고난과 고통을 싫어하는 사람은 이런 길을 선택하기 어렵다. 고난을 헤쳐나가는 것을 마치 게임을 즐기듯 즐기는 사람이 이런 길을 선택한다. 현실에 만족하지 않고 새로운 것을 찾는 사람이 이런 길을 선택한다. 비록 고난이 있지만 고난의 저편에 만나고 싶고 이루고 싶은 일이 있다는 것을 믿기 때문이다. 고난의 끝에 멋진 결과가 기다리고 있다는 희망을 가지기 때문이다.

동물의 세계에서도 반항아가 있다. 힘이 약할 때는 죽은 듯이 지내다가도 힘이 키워진 이후에는 새로운 도전을 나서는 경우가 있다. 이런 것이 없다면 인생이 재미가 없다. 인생에 역전 스토리가 없다면 그야말로 인생이란 맛을 느낄 수 없다. 인생의 맛은 역전 스토리가 있기 때문에 가능하다는 말이다. 역전 스토리의 결과에는 정의가 승리하고, 불의가 망한다는 상선벌악(償善罰惡)의 사상이 들어있다. 그리고 다른 사람에게 영감을 불어넣어 그들도 인생을 개척하라고 외친다. 고진감래(苦盡甘來)를 외치고 있는 것이다.

그러나 상선벌악과 고진감래 이전에 반드시 생각해야 할 것이 있다. 그 뒤에 누군가가 있다. 사람의 뒤에 누군가 계시고 있음을 알아야 한다. 누가 계시는가? 바로 하나님이 계신다. 인생을 창조하신 하나님, 환경과 배경을 초월하신 하나님, 환경을 개척하고 극복할 힘을 주시는 하나님이 계신다. 그 하나님을 믿으면 인생을 역전할 수 있다. 남성만 인생 역전의 주인공이 되지 않는다. 여성도 주인공이 될 수 있다. 하나님을 믿는 사람, 하나님으로부터 영감을 받는 사람, 하나님을 목적으로 하는 사람은 누구든지 인생 역전의 주인공이 될 수 있다. 불신자도 하겠다고 나서는데, 신자가 못할리 있겠는가!

시편 기자는 무엇인가 불편한 상태에 있다. 그리고 그것이 불만스럽다. 그러나 그 불만을 사람에게 드러낼 수 없다. 사람은 자신의 불만을 받아주지 않을 것이기 때문이다. 사람들은 자신을 이해해 주지 않는다. 겉으로는 이해한다고 하지만 실제로는 그렇지 않다. 남을 이해한다는 것은 본질적으로 불가능하기 때문이다. 자신의 불만을 받아줄 분은 오직 하나님이시다. 사람을 지으신 하나님이 사람의 마음을 알고 계시기 때문이다. 그러므로 하나님 앞에서만 불만을 토로할 수 있다. 하나님이 불만이라도 들으실 것이다. "내가 내 음성으로 하나님께 부르짖으리니 내 음성으로 하나님께 부르짖으면 내게 귀를 기울이시리로다"(1절).

하나님은 우리의 인생을 역전시켜 주실 수 있는 분이시다. 환난 날에 기쁨을 주시는 분은 오직 하나님뿐이다. 사람이 주는 기쁨은 한계가 있다. 하나님이 주시는 기쁨은 영원하다. 하나님이 영원한 것으로 주실 때까지 끝까지 하나님께 매달려야 한다. 잠시 왔다가 사라질 것이라면 당연히 거절하신다. 하나님께 완전한 것을 요구해야 한다. "나의 환난 날에 내가 주를 찾았으며 밤에는 내 손을 들고 거두지 아니하였나니 내 영혼이 위로 받기를 거절하였도다"(2절). 지금 시인은 무엇인가 하나님과 불편한 관계에 있다. 그것 때문에 마음이 아프다. "내가 하나님을 기억하고 불안하여 근심하니 내 심령이 상하도다(셀라)"(3절).

시인은 하나님에 의해 괴롭힘을 당하고 있는 것 같다. "주께서 내가 눈을 붙이지 못하게 하시니 내가 괴로워 말할 수 없나이다"(4절). 시인은 그의 인생의 고난이 하나님 때문이라 생각하는 것 같다. 그러나 사실은 자기 때문이다. 그와 하나님과의 관계에 문제가 있기 때문이다. 그러므로 인생의 역전이 이루어지려면 하나님과의 관계를 개선해야 한다. 하나님이 자신을 향해 주셨던 은혜를 기억해야 한다. 하나님과의 관계만큼은 본래의 모습으로 돌아가야 한다. "내가 옛날 곧 지나간 세월을 생각하였사오며"(5절). 그리고 하나님을 묵상해야 한다. "밤에 부른 노래를 내가 기억하여 내 심령으로, 내가 내 마음으로 간구하기를"(6절). 하나님의 뜻을 찾아야 한다. 인생 역전의 답은 오직 하나님께 있다. 혹시 자신에게 하나님을 향한 소홀함이 있지는 않는지 반성하면 거기 역전의 답이 나올 것이다. "주께서 영원히 버리실까, 다시는 은혜를 베풀지 아니하실까, 그의 인자하심은 영원히 끝났는가, 그의 약속하심도 영구히 폐하였는가, 하나님이 그가 베푸실 은혜를 잊으셨는가, 노하심으로 그가 베푸실 긍휼을 그치셨는가 하였나이다(셀라)"(7~9절). 실패는 자기 꿈을 이루지 못하는 것이 아니라, 하나님이 막으시는 것이다. 반면에 성공은 하나님이 형통케 하심이다. 일의 결과보다는 하나님과의 관계, 하나님의 만지심을 생각하는 것이 곧 성공이다. "또 주의 모든 일을 작은 소리로 읊조리며 주의 행사를 낮은 소리로 되뇌이리이다"(12절).

영원한 축복

인생의 고난을 당하는 사람은 자신의 약함을 알고 있다. 자신의 약함을 안다면 하나님의 강하심도 알게 될 것이다. 자신의 약함을 고백하는 사람은 하나님의 강함도 동시에 고백할 수 있다. "또 내가 말하기를 이는 나의 잘못이라 지존자의 오른손의 해 곧 여호와의 일들을 기억하며 주께서 옛적에 행하신 기이한 일을 기억하리이다"(10~11절). 인생의 역전은 자신의 약함을 알고 하나님의 강함을 고백할 때 가능하다. 이것은 세상의 상식과 다르다. 세상의 상식은 불굴의 의지를 가진 사람에게 가능하다고 말한다. 그러나 하나님이 가르치시는 지식에 의하면 인생역전은 하나님 앞에서 약하지만 하나님의 강함을 받아 도전하는 사람의 몫이다.

하나님은 강하시다. 하나님이 가르치시는 지식은 사람이 찾을 수 없는 신비한 것이다. "하나님이여 주의 도는 극히 거룩하시오니 하나님과 같이 위대하신 신이 누구오니이까"(13절). 하나님은 이미 이스라엘 백성의 역사 속에서 일하심으로 그들에게 엄청난 역전을 체험하게 하셨다. 이스라엘은 역전의 이야기와 승리의 이야기를 가지고 있다. "주는 기이한 일을 행하신 하나님이시라 민족들 중에 주의 능력을 알리시고 주의 팔로 주의 백성 곧 야곱과 요셉의 자손을 속량하셨나이다(셀라)"(14~15절). 하나님이 물을 다스리심으로 이스라엘을 구속하셨다. "하나님이여 물들이 주를 보았나이다 물들이 주를 보고 두려워하며 깊음도 진동하였고"(16절).

미리암이 모세의 노래에 화답함도 인생의 역전, 상황의 역전을 체험하게 하신 하나님을 찬양하는 것이다. 이스라엘 민족 전체가 위기의 순간에서 하나님의 능력을 체험하였다. 사람의 힘으로 어쩔 수 없는 상황에서는 하나님의 도우심이 있어야 한다. 모세가 어쩔 수 없었을 때 하나님이 말씀하셨다. " 너희는 두려워하지 말고 가만히 서서 여호와께서 오늘 너희를 위하여 행하시는 구원을 보라"(출 14:13a). 그들은 다음과 같은 사건을 분명히 경험하였다. "주의 길이 바다에 있었고 주의 곧은 길이 큰 물에 있었으나 주의 발자취를 알 수 없었나이다 주의 백성을 양 떼 같이 모세와 아론의 손으로 인도하셨나이다"(19~20절).

미리암은 이러한 역전을 눈으로 보고 경험한 여인이다. 그녀 자신이 파란만장한 인생 역전을 경험하였고, 민족의 역전도 경험하였다. 그녀가 경험한 인생 역전의 노래가 후대에 여성들의 입을 통해 전해지며 불려진다. 그 노래를 부르고 듣는 사람들이 하나님의 자비와 능력을 찬양할 것이다. 세상을 다스리며, 자연을 움직이시는 하나님을 높일 것이다. 자연의 모든 현상들이 하나님의 말씀에 의해 움직일 것이다. 하나님이 그를 인생 역전을 위해 사용하신다. "구름이 물을 쏟고 궁창이 소리를 내며 주의 화살도 날아갔나이다 회오리바람 중에 주의 우렛소리가 있으며 번개가 세계를 비추며 땅이 흔들리고 움직였나이다"(17~18절).

시편 78편
택함의 영성과 유다

장자권을 받은 유다

유다는 야곱의 넷째 아들이다. 그는 형들을 제치고 아버지 야곱으로부터 장자의 명분을 받았다. 유다가 형들을 제치려고 했던 것도 아니다. 그런데 유다에게 장자의 명분이 돌아왔다. 그 이유는 형들이 장자의 명분을 받을만하지 못하였기 때문이다. 르우벤은 맏아들로서 능력과 리더십이 있었지만 아버지 야곱의 침상을 더럽혔기 때문에 장자의 명분을 받지 못했다. 시므온과 레위는 용맹함을 가지고 있었지만 세겜 성에서 남자들을 죽이는 잔학함을 보임으로써 아버지로부터 책망을 받았다. 야곱의 축복이 넷째 유다에게 돌아갔다. 유다는 형제의 찬송이 되고, 홀(왕이 손에 쥐던 단장이나 패로 왕권이나 왕위를 상징함:비전성경사전 참조)이 유다를 떠나지 않으며, 모든 백성으로부터 존경을 받을 것이다(창 49:8~10).

그러면 과연 유다는 장자의 명분을 받을 만큼 깨끗하고, 탁월한 능력을 가졌는가? 결코 그렇지 않다. 유다가 아버지를 속인 적이 있었다. 유다가 동생 요셉을 미워하고 요셉을 미디안 장사꾼에게 팔아 넘기는 데 앞장섰었다. 형제들이 양을 잡아 요셉의 채색옷에 피를 묻히고 요셉이 짐승에게 물려 죽었다고 아버지에게 거짓말까지 하는데 유다도 동조하였다. 동생을 버리는 일에는 주동자가 되고, 그것을 감추고 숨기는 일에는 공범이 되었다.

그렇다면 이것 자체로 장자의 명분을 받기에 틀렸다고 볼 수 있다. 명분을 받으려면 온 가족을 애굽으로 데리고 간 요셉이나, 요셉의 맏아들 에브라임이 받아야 할 것이다.

하지만 야곱이 유다를 장자로 선택하였다. 유다 지파에서 다윗이 나오고 다윗마저 하나님의 선택된 사람이었다. 유다 지파의 다윗이 이스라엘의 목자로 선택되었다. 이것은 하나님이 유다를 택하시고, 야곱을 선택하신 것과 같은 맥락이다. "또 요셉의 장막을 버리시며 에브라임 지파를 택하지 아니하시고 오직 유다 지파와 그가 사랑하시는 시온 산을 택하시며 그의 성소를 산의 높음 같이, 영원히 두신 땅 같이 지으셨도다 또 그의 종 다윗을 택하시되 양의 우리에서 취하시며 젖 양을 지키는 중에서 그들을 이끌어 내사 그의 백성인 야곱, 그의 소유인 이스라엘을 기르게 하셨더니" (67~71절). 하나님의 택하심이 우리의 상식과 달라서 참으로 신비롭다.

그러면 왜 유다가 야곱으로부터 장자로 선택받을 수 있었을까? 아마도 요셉을 판 것에 대한 깊은 후회가 있었기 때문일 것이다. 애굽으로 곡식을 사러 가면서 베냐민을 아끼는 유다의 마음이 야곱에게 전달되었을 것이다. 즉 막내 동생을 아끼는 마음이라면 형제 전체를 이끌어 갈만한 리더십과 역량이 있다고 여겨지기 때문이다. 그 리더십과 역량의 실체는 사랑과 희생이었다. 야곱이 유다에게 장자권을 주었다. 이것은 하나님께서 유다를 선택하신 것이었다. 유다는 이후 영원토록 선택된 지파로 살아간다. 유다 지파에서 다윗 왕가가 나왔다. 다윗 왕가에서 왕들이 계속 나왔다. 하나님께 한번 선택되면 이처럼 영원까지 지속된다.

선택받으려는 사람들

재벌에게는 아들이 없고 상속자만 있다는 말이 있다. 재벌가의 분열과 다툼을 보고 사람들이 쓴소리로 하는 말이다. 여러 아들들은 아버지로부터 재산을 물려받으려고 혈안이 되어 있었다. 어떻게든지 아버지에게 잘 보이려고 하였다. 몇 번째로 태어났느냐가 중요한 것이 아니다. 아버지에게 후계자로 인정을 받으려고 피나는 노력을 한다. 후계자가 되기 위해 배워야 하고, 경영 수업을 쌓고 일정 부분 실적도 올려야 한다. 그리고 미래를 내다보는 감각도 있어야 한다. 아버지의 마음에 들어 선택을 받으려고 온갖 지혜를 다 동원한다. 일단 후계자가 되었다고 하면 형제들도 다 고개를 숙일 것이다.

국가적 문제도 그렇다. 봉건 시대에는 왕이 세습되었다. 왕의 후계자가 되면 선대로부터 받은 유산을 고스란히 물려받는다. 왕의 후계자가 되려면 왕재(王才)로서 교육을 받아야 한다. 왕의 후계자가 되는 것도 쉽지 않은 일이다. 왕의 맏아들로 태어났다고 하여 자동적으로 되는 것이 아니기 때문이다. 왜냐하면 왕의 자리를 노리는 사람들이 워낙 많기 때문이다. 형제들 중에 노리는 사람들이 있다. 혹은 형제들을 이용하여 권력을 챙겨보려고 하는 사람들도 있다. 선대(先代) 왕의 선택권에 영향을 미치려 하는 시도들이 수없이 많다. 선대 왕의 선택이 후대 왕이 세워지는 데 결정적이 역할을 하기 때문이다.

왕이 후계자를 선택하든지 혹은 정치 지도자가 후계자를 선택하든지, 재벌이 후계자를 선택하든지 이것은 필연적으로 하는 일이다. 왜냐하면 자기가 영원토록 살 수 없기 때문이다. 목회자도 후계자를 선택해야 한다. 선택할 사람들은 후계자에 대한 그림을 그리고 있다. 그리고 그 그림에 합당한 사람을 찾는다. 인격적으로나 성품이 합당해야 한다. 뿐만 아니라 재능과 역량 그리고 리더십이 있어야 한다. 단순히 혈통에 의해서 후계자를 선택하면 자신이 자수성가로 세운 것이라 할지라도 얼마 못 가서 무너질 수 있다. 자신이 세운 것을 더 발전시키려 한다면 후계자를 바로 세워야 한다. 후계자도 계승 발전에 대한 비전이 있어야 한다.

후계자로 선택된다는 것은 본인에게 있어서 커다란 명예이다. 존경과 기대에 찬 눈길들이 본인에게 쏠린다. 한편으로 그런 시선이 부담이나 스트레스로 작용할 수도 있다. 개인의 사생활이 투명하게 드러날 수도 있고, 칭찬보다는 비난을 더 많이 받을 수도 있다. 그렇다고 해서 후계자의 자리를 놓을 사람은 아무도 없다. 비난과 스트레스보다 후계자가 되었다는 긍지와 보람, 후계로서 일하는 기쁨이 훨씬 더 크기 때문이다. 이 즐거움 때문에 후계자가 되려고 한다. 후계자로 선택받으려면 최선을 다하여 노력해야 할 것이다. 재능과 비전 그리고 리더십도 개발해야 할 것이다. 경쟁자를 물리치려고 야비한 방법을 쓰는 이도 있으나 그래서는 안 될 것이다.

일단 선택만 받으면

일단 후계자로 선택되면 그 후에 어떻게 될까? 지명을 받았다고 하여도 다 된 것이 아니다. 바로 서기 위해 혹독한 훈련 과정을 거쳐야 한다. 훈련 과정을 통과한 사람만이 후계자의 역할을 제대로 할 것이다. 혹독한 훈련을 받을 때는 현실에 대한 불만이 많아진다. 그렇다고 훈련의 목적이 무엇이라고 제대로 가르쳐주는 이도 없다. 훈련의 목적은 훈련을 시키는 사람만이 알며 훈련받는 사람에게는 비밀이다. "내 백성이여, 내 율법을 들으며 내 입의 말에 귀를 기울일지어다 내가 입을 열고 비유로 말하며 예로부터 감추어졌던 것을 드러내려 하니"(1~2절). 선택과 그에 대한 훈련은 하나님께 감추어진 비밀이다.

그러나 지혜가 있는 사람은 훈련의 목적을 안다. 훈련의 목적이 무엇인지 묻지도 않는다. 다만 미루어 짐작할 뿐이다. 지혜가 있는 사람은 미루어 짐작하여도 정확하게 알아 차린다. 왜냐하면 그 훈련의 목적이 결코 비밀이 아니기 때문이다. 훈련을 시키는 사람의 과거를 보든지, 앞서간 사람들의 발자취를 더듬어보면 얼마든지 알 수 있는 비밀들이다. 하나님도 그러하셨다. 하나님이 이미 알리신 것을 다시 알려 주신다. "이는 우리가 들어서 아는 바요 우리의 조상들이 우리에게 전한 바라 우리가 이를 그들의 자손에게 숨기지 아니하고 여호와의 영예와 그의 능력과 그가 행하신 기이한 사적을 후대에 전하리로다"(3~4절). 그러므로 이것은 알려진 비밀이다.

후계자로 완전히 서기까지 피땀을 흘리는 훈련이 있어야 한다. 훈련을 시키는 사람으로부터 자존심의 상처를 입기도 한다. 버림받을 것 같은 불안감에 시달리기도 한다. 혹은 배신을 당하거나 이용만 당할지도 모른다는 어두운 생각을 가질 수도 있다. 게다가 훈련을 시키는 쪽에서는 한 사람만 선택하지 않는다. 반드시 둘 이상을 선택하여 경쟁을 붙인다. 경쟁자와의 경쟁 관계가 스트레스가 될 수도 있다. 상대방을 압도해야 선택을 받을 수 있고, 상대방을 제압해야만 선택될 것이라고 생각한다. 그러니까 선택을 받았다고 할지라도 언제든지, 얼마든지 선택에 대하여 다시 생각해볼 수밖에 없는 기회들이 수없이 찾아온다.

유다가 막내 동생 베냐민을 구하기까지 자기 아들의 목숨을 내놓으려 하였다. 심지어 자기의 목숨마저도 내놓았다. 유다가 베냐민을 구하려고 애걸복걸하였다. 애굽총리에게 애걸하는 것도 목숨을 내놓지 않고는 어렵다. 그러나 이러한 애걸이 유다를 선택할 수 있는 이유였다. 유다는 포도나무와 포도주를 얻어 풍요로울 것이며 그것은 곧 그가 선택받았다는 결과로 알려질 것이다. "여호와께서 증거를 야곱에게 세우시며 법도를 이스라엘에게 정하시고 우리 조상들에게 명령하사 그들의 자손에게 알리라 하셨으니"(5절).

시편은 하나님의 선택이 후대에 알려지기를 원한다. 그 이유는 선택받았다는 것이 하나님의 은혜임을 알게 하려는 것이다. 선택받은 사람은 하나님께 소망을 두며 말씀에 순종한다. 선택을 받은 사람은 달라야 한다. 불순종하는 사람과는 달라야 선택받은 사람으로서 성공적인 인생을 산다. "이는 그들로 후대 곧 태어날 자손에게 이를 알게 하고 그들은 일어나 그들의 자손에게 일러서 그들로 그들의 소망을 하나님께 두며 하나님께서 행하신 일을 잊지 아니하고 오직 그의 계명을 지켜서 그들의 조상들 곧 완고하고 패역하여 그들의 마음이 정직하지 못하며 그 심령이 하나님께 충성하지 아니하는 세대와 같이 되지 아니하게 하려 하심이로다"(6~8절).

강한 힘을 가졌다고 하나님의 선택을 거절하는 사람들이 있다. 하나님의 선택을 무시하고, 제 맘대로 사는 사람도 있다. 야곱의 쌍둥이 형 에서가 그랬다. 에서는 자기 힘만 믿고 장자권을 무시하다가 하나님의 선택으로부터 배제되었다. 에브라임도 그랬다. 요셉의 맏아들로서 강력한 힘을 가졌지만, 하나님의 선택에 관한 한 아무런 비전을 가지지 못했다. 그러므로 그들은 하나님으로부터 받은 은혜를 잊어버렸다. "에브라임 자손은 무기를 갖추며 활을 가졌으나 전쟁의 날에 물러갔도다 그들이 하나님의 언약을 지키지 아니하고 그의 율법 준행을 거절하며 여호와께서 행하신 것과 그들에게 보이신 그의 기이한 일을 잊었도다"(9~11절).

하나님이 이스라엘을 선택하셨다. 선택받은 이스라엘은 애굽에서 탈출할 수 있었다. 애굽에서의 탈출은 모두 하나님의 선택 때문이었다. 애굽에서 나온 이스라엘 백성이 홍해가 갈라지는 것을 보았다. 그리고 홍해 길을 지남으로 하나님의 구원하심을 체험하였다(12~13절). 광야 길을 행진하는 이스라엘 백성에게 하나님께서 구름기둥과 불기둥으로 인도하셨다(14절). 하나님께서 광야에 있는 백성에게 물을 주셨다(15~16절). 하나님이 광야의 백성에게 만나로 먹이셨다(18~19절, 24절). 고기가 먹고 싶다는 백성에게 메추라기를 주셨다(20절, 26~29절). 하나님은 이러한 일로써 당신의 선택하신 백성을 돌보셨다.

광야 길은 선택받은 사람들에게 있어서 훈련 과정이었다. 그런데 이 훈련 과정에서 백성이 하나님을 향한 불신을 드러낸다. 하나님의 선택하심에 대해 불평하는 것이며, 하나님께 소망을 두지 않는 것이었다. 하나님이 이 백성을 향해 진노하셨다. "그러므로 여호와께서 듣고 노하셨으며 야곱에게 불 같이 노하셨고 또한 이스라엘에게 진노가 불타 올랐으니"(21절). 그 이유는 곧 하나님을 향한 불신 때문이었다. 하나님의 진노는 곧 이스라엘의 젊은이들이 죽어나가는 것이었다(31절). 미래를 위해 선택받아야 할 젊은이들이 헛되이 죽었다(33절). 만약 하나님의 선택을 믿지 않으면 미래 세대에 불행이 닥칠 것이다.

선택을 믿으라

하나님의 선택을 믿는다면 하나님을 의지하게 될 것이다. 선택받은 사람이 할 일이란 오직 하나님만 의지하는 것이다. "하나님이 그들의 반석이시며 지존하신 하나님이 그들의 구속자이심을 기억하였도다"(35절). 선택을 받은 사람은 비록 범죄하였어도 하나님께로 돌이킬 줄 아는 사람이다. 선택받은 사람은 자기가 무가치하지만 하나님이 자기를 귀하게 여기신다는 것을 믿는다. 하나님의 용서는 선택받았다는 표시이다. "오직 하나님은 긍휼하시므로 죄악을 덮어 주시어 멸망시키지 아니하시고 그의 진노를 여러 번 돌이키시며 그의 모든 분을 다 쏟아 내지 아니하셨으니 그들은 육체이며 가고 다시 돌아오지 못하는 바람임을 기억하셨음이라"(38~39절).

선택을 믿지 않는 사람은 하나님께 반항한다. 이스라엘 백성이 광야에서 하나님을 여러 차례 반항하였다(40절). 선택을 믿지 못하면 하나님을 시험하며 주변 사람들에게 피해를 끼친다. 이스라엘이 바로 그러하였다(41절). 선택을 믿지 못하면 구원도, 하나님의 권능도 생각하지 못한다(42절). 하나님이 애굽에 재앙을 내리시고 이스라엘을 애굽에서 나오게 하셨다(43~51절). 하나님이 이스라엘을 지키실 때 양을 지키는 목자처럼 지키셨다(52절). 하나님이 이스라엘을 안전하게 인도하시고, 두려움을 중에서 구원하셨다(53절). 홍해의 사건이 대표적이다. 그리고 하나님은 가나안으로 인도하시고 땅을 분배해 주셨다(54~55절).

이스라엘은 이처럼 엄청난 은혜를 받았다. 이러한 은혜가 한두 해만 이루어지는 것이 아니다. 적어도 40년 이상 지속되었다. 하나님이 한번 선택하시면 이처럼 오랜 시간동안 선택한 사람을 돌보신다. 그런데 선택을 믿지 못하는 사람은 이것마저도 잊어버린다. 역사적 사실과 증거를 잊어버렸다는 것은 하나님의 선택마저도 잊었다는 것이다(56절). 이런 사람들이 우상을 숭배한다. 하나님을 향하여 화를 돋구는 것이다(57~58절). 하나님의 분노가 어떻게 나타날까? 그것은 하나님께서 그 백성을 미워하시는 것이다. 선택받은 것을 모르니 미움받는 것이 당연하다(59절). 하나님이 미워하시는 결과는 집을 잃고 사람이 죽는 것이었다(60~64절).

하지만 하나님이 진노하시고 미워하셨다고 하여 영원히 버리실까? 그렇지 않다. 하나님이 대적을 물리치신다(65~66절). 하나님의 선택받은 자는 어떻게 될까? 하나님이 선택한 자를 잊지 않으신다. 유다와 다윗이 선택되었다. 하나님이 선택한 자를 기억하신다. 하나님이 성실하심으로 그 백성을 기르신다. 그리고 하나님이 선택받은 사람으로 살아가는 방법을 자세하게 지도하신다. "이에 그가 그들을 자기 마음의 완전함으로 기르고 그의 손의 능숙함으로 그들을 지도하였도다"(72절). 그러므로 내가 하나님의 은혜를 받고 산다면 하나님의 선택을 믿고 순종할 수밖에 없다. 그것이 은혜의 길이요, 행복의 길이기 때문이다.

시편 79편

긍휼의 영성과 사가랴

대제사장 사가랴

사가랴는 제사장으로서 세례요한의 아버지이다. 그는 나이가 많도록 아들을 얻지 못하였다. 나이가 많아진 사가랴가 순서에 따라 제사장의 직무를 행하러 성소에 들어갔었다. 이 때 주의 천사가 사가랴에게 나타났다. 천사가 사가랴에게 아들을 낳을 것이고, 그 이름을 요한이라고 지으라 이른다. 사가랴의 아들이 태어나면 많은 사람이 기뻐할 것이고, 그 아기가 주님 앞에 큰 자라고 일컬어질 것이다. 아기는 어머니 몸 속에서부터 성령으로 충만할 것이다. 아기는 정결한 사람으로 자랄 것이고, 자란 후 엘리야의 심정을 가지고 외칠 것이며, 수많은 이스라엘 백성을 하나님 앞으로 돌아오게 할 것이다.

사가랴가 이 음성을 듣고 어떻게 반응하였을까? 평생 소원이 이루어졌다고 기뻐할까? 그럴 수 있다. 하지만 기뻐하기 이전에 과연 타당한 것인지를 생각하게 된다. 왜냐하면 사가랴의 나이가 많고, 그의 아내 엘리사벳도 나이가 많기 때문이다. 그래서 사가랴는 천사에게 자기와 아내의 나이가 많은데 과연 아들을 낳는다는 말이 가능한지를 먼저 묻는다. 그러나 천사의 말은 명백한 사실로 스가랴에게 전하기 위해 온 것이었다. 천사는 사가랴가 의심하였으므로 아기가 태어날 때까지 말을 못할 것이라고 말한다.

성소에서 나온 사가랴가 말을 못한다. 사람들이 이상하게 여기지만 몸짓만 하는 사가랴의 의사를 알 수 없다.

사가랴가 집으로 돌아왔는데 과연 그의 아내 엘리사벳이 아기를 가졌다. 엘리사벳이 부끄러워 다섯 달 동안 숨어 있었다. 그러나 아기가 태어나면 부끄러움이 사라질 것이다. 드디어 엘리사벳에게 아기가 태어났다. 사람들이 사가랴의 가정에 하나님의 긍휼이 임하였다고 기뻐한다. 아기가 태어났으니 이름을 지어야 한다. 주변의 사람들은 아기 이름을 아버지를 따라 사가랴라고 짓자고 한다. 반면에 엘리사벳은 요한이라고 짓자고 주장한다. 사람들이 가족 중에 그런 이름을 가진 사람이 없기 때문에 반대한다. 말을 못하는 사가랴에게 묻는데, 사가랴가 서판에 요한이라고 쓴다. 사람들이 신기하게 여기는데 사가랴의 입이 풀려 말을 한다.

사가랴가 입이 열리자 하나님을 찬양한다. 하나님을 찬양하며, 하나님의 긍휼하심을 노래한다. 하나님은 이스라엘을 긍휼히 여기시고, 그 긍휼을 지키셨다. 하나님이 자신에게 아들을 주신 것은 백성을 하나님께로 돌아오게 하려는 하나님의 의도였기 때문이다. 이것은 하나님의 긍휼이다. 하나님은 그 백성이 죄를 지었더라도 용서하시고 구원하시기 원하신다. 하나님은 어두움과 죽음의 길을 가는 사람들을 밝은 빛과 생명의 길로 이끄신다. 그 일을 위해 사가랴의 집에 아들을 주셨다. 하나님의 의도가 아기를 통해 나타났다. 하나님의 긍휼은 이처럼 구체적이다. 하나님의 긍휼이 기적적으로 그리고 신비하게 나타난다.

신용불량자 양산 시대

전국적으로 신용불량자들이 400만명이 넘는다. 신용불량자들 대부분이 신용카드를 잘못 사용하였기 때문이다. 당장에 써야 할 곳은 있는데, 돈이 아쉬우니 신용카드로 현금 서비스를 받는다. 신용카드 회사는 마구잡이로 회원을 모집하고, 신용도가 없는 사람에게도 마구 대출해 주었다. 나중에 돌려 받을 자신이 있었을 터이다. 하기야 법적으로 나올 것이고, 신용불량자가 될 것이라며 으름장을 놓으면 누구든지 겁을 먹을 것이다. 누구나 처음에는 조금 빚을 졌을 것이다. 그러나 시간이 지나면서 점점 빚이 늘어나고, 돌려 막기를 하다가 감당할 수 없을 정도로 늘어난다. 신용불량자 양산이 과연 누구 책임일까?

일차적으로는 카드를 무분별하게 사용한 사용자들의 책임일 것이다. 외상이면 소도 잡아먹는다는 말처럼 당장에 아쉽다고 갚을 것을 생각하지 못하고 쓰는 소비자들이 문제이다. 그러나 자격이 없는 회원을 모집하고, 돌려 받을 걱정도 없이 포인트를 팍팍 쌓아준 카드 회사는 전혀 책임이 없을까? 카드사의 경영 부실이 심각해지는 것을 아는 사람은 다 알고 있다. 회사의 경영부실이 누구 책임인가? 그것도 사용자들 탓인가? 결코 아니다. 회사의 경영부실은 경영자들의 책임이다. 경영 전략을 바르게 정하지 못했었고, 바르지 못한 방법으로 경영을 했기 때문이다. 카드사의 불량 경영이 신용불량자를 낳았다 해도 과언이 아니다.

신용카드 회사는 카드를 어떻게 사용하는 것이 효과적인 것인지를 홍보하지 않았다. 무조건 자기네 카드를 많이 사용해 달라고 광고했을 뿐이다. 그 광고비 역시 회원들의 주머니에서 나온 돈이다. 어떻게든지 회원들을 유치하고, 자기들 카드를 많이 사용하도록 유혹한다. 사용하지 않아도 되는데도 사용하면 좋은 것으로 유혹한다. 카드사의 치밀한 마케팅 전략이 소비자들에게는 달콤한 유혹이었다. 소비자들의 주머니를 무분별하게 털어 내려는 카드사들이지만 소비자에 대한 책임의식을 가진 사람은 없다. 자기 회사 경영이 어려우면 수수료를 올리지만 어려울수록 수수료를 내리며 소비자에게 유익을 주는 회사는 없다.

카드 대금 때문에 가족의 불화가 생긴다. 빚을 지면 그것 때문에 가족간에 갈등과 반목이 생긴다. 어떤 이는 카드 빚을 갚으려다가 죄를 범한다. 도둑질을 하거나 은행을 터는 일도 있다. 혹은 돈을 빼앗으려다 사람의 목숨을 해치는 경우도 있다. 전에는 먹을 것이 없어서 범죄 하는 경우가 많았었다. 과거에는 이런 경우가 딱하다고 하여 정상참작이 되었다. 그런데 지금은 빚에 떠밀려서 죄를 범한다. 시민단체들에서는 카드사의 불량경영 때문이라고 지적하고 나서지만 거대한 카드사들은 꿈쩍도 하지 않는다. 어느 카드사의 대표도 자기들 때문에 신용불량자와 범죄자가 많아졌다고 용서를 비는 경우는 없다. 아마도 자기 배만 부르면 만족일 터이다.

긍휼이 필요한 세상

카드사가 가정을 무너뜨렸다. 인간의 양심도 무너뜨리고, 사람들의 건강한 정서를 해쳤다. 일차적으로 사용자의 과실이라고 하지만, 사용자들의 신용불량으로 인한 부채는 고스란히 카드사가 지게 될 것이다. 소비자를 살려주지 못하는 기업은 반드시 망할 것이다. 소비자를 높여주지 못하고, 건강하게 하지 못하면 기업도 건강해지지 못하고, 나락으로 떨어질 것이다. 기업과 소비자의 공생관계가 무너지면 둘 다 망할 것이다. 소비자를 살려줄 수 없는 기업은 시장에서 외면을 받을 것이다. 우리는 외면 받는 기업의 결과를 충분히 예측할 수 있다. 비전문가도 예측할 수 있는 일을 전문가들이 예측하지 못하고 있으니 한심스럽다.

이 땅에 빚을 지고 사는 사람들이 한숨을 쉬고 있다. 그들이야말로 어떤 긍휼이 필요하다. 어떤 방법으로든지 신용불량자들을 회복시켜 주어야 한다. 그것이 긍휼이기 때문이다. 빚을 탕감해주자니 도덕적 해이 현상이 두렵기는 하지만 그렇다고 신용불량자들이 한숨만 쉬도록 내버려 둘 수는 없는 일이다. 내버려둔다면 기업은 돈만 벌고, 소비자들에 대한 책임을 외면

하는 것이다. 정부는 정책을 세우되 국민들의 편이 아니라, 돈 많은 사람들과 기업의 편이 되는 것이다. 돈이 있을수록 권력을 가졌을수록 긍휼지심을 더 가져야 한다. 만약 그렇지 않다면 군자라고 할 수 없다. 배부른 돼지에 불과할 뿐이다.

어떤 방법으로 긍휼을 베풀어야 할까? 탕감의 방법이 어렵다. 그렇다면 오랫동안 갚아나갈 수 있는 프로그램을 만들어서 거기에 참여시켜야 한다. 그런데 그것도 자격 조건이 까다로워 소비자들이 가까이 하기 어렵다. 좀 더 책임감을 가지고 회복될 수 있는 방법을 찾아야 한다. 동시에 소비자를 울리고 현혹하는 기업에는 강력한 제재를 가해야 한다. 강한 쪽에는 제재를 가하고, 약한 쪽에는 회복할 수 있도록 도와야 한다. 이것이 긍휼의 원칙이다. 하나님도 그렇게 하셨기 때문이다. 하나님이 강한 사람의 악함을 책망하셨고, 약한 사람의 고난을 위로하셨다. 하나님의 긍휼이 양 쪽에서 동시에 나타난 것이다.

네 잘못은 네가 해결하라는 식은 결코 긍휼이 아니다. 하나님이 언제 이스라엘에게 네 잘못을 네가 해결하라고 했던가? 하나님은 회개하고 돌이키는 백성을 용서하셨다. 범죄한 사람들을 향해 진노하셨고, 책망하셨지만 회개한 사람을 향해서 자비를 베푸셨다. 그리고 약한 사람을 괴롭히는 이방의 포악한 무리들을 향해 심판으로 갚으셨다. 긍휼은 돌아오는 것을 전제로 한다. 긍휼은 회복시켜야 할 목표를 가지고 있다. 긍휼은 잘못에 대한 책망이 초점이 아니라, 용서하고 자비를 베풀며 건강하게 서도록 도와주는 것이 목표이다. 경제적으로 어렵다고 하는 시대야말로 긍휼이 필요한 시대가 아닐까?

이스라엘 백성은 나라가 망하는 고통을 겪었다. 이방 백성이 침략하여 성전을 더럽혔다. 성전을 파괴하고 예루살렘 성을 무너뜨렸다. 사람들이 살던 예루살렘 성이 돌무더기로 변하였다. "하나님이여 이방 나라들이 주의 기업의 땅에 들어와서 주의 성전을 더럽히고 예루살렘이 돌무더기가 되게 하였나이다"(1절). 전쟁에서 패하면 사람이 다치는 일도 함께 일어난다. 전쟁이란 사람을 다치게 하는 일이기 때문이다. 시체가 쌓여 새와 짐승들의 밥이 되어도 시체를 지키는 사람들이 없다. "그들이 주의 종들의 시체를 공중의 새에게 밥으로, 주의 성도들의 육체를 땅의 짐승에게 주며"(2절). 전쟁의 참상이 이와 같다.

피가 강처럼 흐르는 상황에서 인력이 부족하고 장사를 치를만한 사람들도 없다. "그들의 피를 예루살렘 사방에 물 같이 흘렸으나 그들을 매장하는 자가 없었나이다"(3절). 이방의 백성은 예루살렘 거민을 향하여 비웃고 있다. 하나님의 백성이 이방 백성에 의해 비웃음거리가 되었다. "우리는 우리 이웃에게 비방 거리가 되며 우리를 에워싼 자에게 조소와 조롱 거리가 되었나이다"(4절). 왜 이러한 지경까지 되었을까? 그것은 하나님의 진노가 있었기 때문이다. 시편 기자는 하나님께 진노를 거두어주시기를 질문하며 간구한다. "여호와여 어느 때까지니이까 영원히 노하시리이까 주의 질투가 불붙듯 하시리이까"(5절).

하나님이 진노하신 결과가 무엇인가? 이스라엘 백성이 이방인들에게 삼키웠고, 그들의 터전이 황무지로 변했다(7절). 이스라엘 백성은 지금 긍휼이 필요한 상황이다. 하나님의 백성이 이 지경이 되었는데, 스스로는 회복할 힘이 없다. 하나님의 백성이 회복되려면 하나님으로부터 긍휼을 얻어야 한다. 비록 조상들이 죄를 범했어도 하나님을 조상들의 죄를 기억하지 않으신다. 하나님이 버렸던 백성을 다시 품어주신다. 이것이 곧 하나님의 긍휼 하심이다. "우리 조상들의 죄악을 기억하지 마시고 주의 긍휼로 우리를 속히 영접하소서 우리가 매우 가련하게 되었나이다"(8절).
하나님이 어떤 방법으로 긍휼을 베푸실까? 그것은 이스라엘을 향한 하나님의 도우심과 용서하심 그리고 구원하심으로 나타난다. "우리 구원의 하나님이여 주의 이름의 영광스러운 행사를 위하여 우리를 도우시며 주의 이름을 증거하기 위하여 우리를 건지시며 우리 죄를 사하소서"(9절). 하나님이 이스라엘을 도우시는 방법은 무엇인가? 하나님의 진노가 이스라엘 백성로부터 이방 백성에게 옮겨지는 것이다. "주를 알지 아니하는 민족들과 주의 이름을 부르지 아니하는 나라들에게 주의 노를 쏟으소서"(6절). 비록 이스라엘이 죄를 짓고, 이방인이 이스라엘을 책망하는 도구로 사용되었어도 이방인들은 그들의 죄로 인해 하나님의 책망을 들을 것이다.

긍휼을 얻으라

하나님이 긍휼을 배풀어야 할 이유가 어디에 있을까? 그것은 하나님의 이름이 영광 받기에 마땅하기 때문이다. 이스라엘의 고통은 곧 하나님의 이름이 훼손되는 것이다. 반면에 이스라엘이 높아지면 하나님의 이름도 함께 높아진다. 왜냐하면 이스라엘은 하나님의 백성이기 때문이다. 이스라엘과 하나님이 같은 배를 타고 있으므로 하나님이 백성에게 긍휼을 베푸셔야 한다. 긍휼을 베푸시는 하나님이 이방 백성에게 하나님의 권능을 알리셔야 한다. "이방 나라들이 어찌하여 그들의 하나님이 어디 있느냐 말하나이까 주의 종들이 피 흘림에 대한 복수를 우리의 목전에서 이방 나라에게 보여 주소서"(10절).

하나님 앞에 범죄하고 진노를 받은 사람이 이방의 포로가 되기도 한다. 그들은 감옥에 갇혀서 탄식하며 하나님께 긍휼을 구한다. 전에는 하나님을 떠났었지만 이제는 하나님 앞에 나가기를 원한다. 전에는 하나님의 버림을 받아 죽을 운명에 처해 있었지만 이제는 주님의 능력을 힘입어 보존되기를 원한다. "갇힌 자의 탄식을 주의 앞에 이르게 하시며 죽이기로 정해진 자도 주의 크신 능력을 따라 보존하소서"(11절). 긍휼히 여김을 받기 원하는 사람은 이미 주님께로 돌아와 있다. 하나님은 당신께 돌아온 사람에게 긍휼을 베푸신다. 하나님은 자신의 약함을 탓하며 회개하며 의지하는 사람에게 긍휼을 베푸시는 분이다.

하나님의 긍휼은 악인에게는 책망과 심판으로 나타난다. 시편 기자는 하나님의 백성을 핍박하고 괴롭히는 사람들에게 심판이 임하기를 하나님께 구한다. "주여 우리 이웃이 주를 비방한 그 비방을 그들의 품에 칠 배나 갚으소서"(12절). 얼마나 마음에 상처를 받았으면 이렇게 말할까? 하지만 자신들이 받은 상처 때문에 이렇게 말하는 것은 아니다. 하나님의 이름을 더럽히는 것 때문에 이렇게까지 하는 것이다. 긍휼을 베푸시는 하나님이시지만 악인에게 긍휼을 베푸시지 않는다. 긍휼은 하나님 앞에 엎드리는 사람들의 몫이다. 악인에게는 책망하시며 의인에게는 긍휼을 베푸신다. 의인이 회개하면 하나님의 자비하심으로 그들을 감싸주신다.

하나님의 긍휼을 통해 하나님의 자비와 인자하심이 드러난다. 하나님의 긍휼을 입은 사람은 하나님의 이름을 높인다. 자신이 입은 긍휼을 자기만 가슴에 품고 살지는 않는다. 이웃에게도 전하고, 자손들에게도 전한다. 하나님의 긍휼은 영원토록 물려주어야 할 유산 중 하나이다. "우리는 주의 백성이요 주의 목장의 양이니 우리는 영원히 주께 감사하며 주의 영예를 대대에 전하리이다"(13절). 긍휼을 받은 사람은 자신이 하나님의 양된 백성임을 믿는다. 하나님의 보호와 도우심이 없다면 결코 살아갈 수 없다는 사실을 안다. 그러므로 하나님을 의지하며, 하나님으로부터 받은 긍휼을 자손만대에 전할 것이다.

시편 80편

회복의 영성과 요엘

회복의 예언자

요엘은 '여호와는 하나님이시다' 라는 이름의 뜻을 가진 선지자이다. 그는 하나님으로부터 징계를 받아 낙심한 백성에게 위로와 소망을 준다. 백성이 하나님으로부터 어떤 징계를 받았는가? 엄청난 재앙이 그들에게 닥쳤다. 곤충들이 습격하는데, 땅의 식물이 남은 것이 없다. 심지어는 잡초조차도 남은 것이 없다. "팥중이가 남긴 것을 메뚜기가 먹고 메뚜기가 남긴 것을 느치가 먹고 느치가 남긴 것을 황충이 먹었도다"(욜 1:4). 어떤 이들은 이러한 곤충을 이방의 군대에 비유한다. 아람과 앗수르, 바벨론이 연거푸 들이 닥쳐서 백성의 소유를 싹쓸이했다는 것이다. 어쨌거나 백성에게 남은 것이 없다. 당장에 끼니가 걱정이다.

먹을 것만 사라진 것이 아니다. 마실 것도 없어졌다. 음료수로 마시는 포도주가 떨어졌다. 이방의 침략에 의하여 포도 농사를 짓지 못하였다. 너무 목이 말라서 무화과나무를 긁어서 거기서 나오는 진을 마시려한다. 나오지도 않는 진을 억지로 내려 하니 무화과나무만 말갛게 벗겨놓았을 뿐이다. 먹는 즐거움이 없어졌으니 사실 살맛이 없을 것이다. "포도나무가 시들었고 무화과나무가 말랐으며 석류나무와 대추나무와 사과나무와 밭의 모든 나무가 다 시들었으니 이러므로 사람의 즐거움이 말랐도다"(욜 1:12). 먹을 것과 마실 것이 없는 땅에 사는 사람들에게 요엘이 연거푸 외치는 소리가 있다. "너희는 곡할지어다."

왜 요엘이 울라고 말할까? 단순히 먹을 것이 없다고 울기만 하면 될까? 먹을 것이 없어서 우는 것은 탄식이다. 그러나 요엘은 탄식의 수준을 말하지 않는다. 먹을 것이 없으면 일을 하고 식량을 생산해야지 울기만 한다고 되겠는가? 요엘의 의도는 다른 데 있다. 먹을 것이 없어진 원인을 알고 그 원인을 근본적으로 해결하라는 것이다. 그 원인이란 하나님과의 문제이다. 하나님과의 관계가 어그러졌고, 그것 때문에 하나님으로부터 책망을 받아 식량이 부족해졌다. 그러므로 가장 먼저 하나님과의 관계를 개선하여야 한다. 하나님과의 관계 개선에서 필요한 것이 눈물이다. 참회의 눈물이며, 하나님의 돌이키심을 부르짖는 것이다.

하나님은 부르짖음을 듣고만 계시지 않는다. 하나님은 사람들이 마음을 찢어가며 부르짖는 것을 보신다. 그리고 하나님이 마음을 돌이키신다. "너희는 옷을 찢지 말고 마음을 찢고 너희 하나님 여호와께로 돌아올지어다 그는 은혜로우시며 자비로우시며 노하기를 더디하시며 인애가 크시사 뜻을 돌이켜 재앙을 내리지 아니하시나니"(욜 2:13). 하나님이 재앙을 내리셨으나 회복을 주신다. 땅을 회복시키시고, 사람들의 심령을 회복시키신다. 하나님의 회복은 성령의 강림을 통해 나타난다. "내가 내 영을 만민에게 부어 주리니"(욜 2:28 a). 즉 하나님은 회복을 원하신다. 요엘은 하나님이 백성을 회복시키실 것이라 믿고 그 소망을 주신다.

회복이 필요한 사람들

가난하게 사는 사람들은 부자가 되는 것이 소원이다. 생활비가 없어서 쩔쩔 매는 사람들은 돈 걱정 안 하고 사는 것이 소원이다. 먹을 것이 부족했던 시절에는 쌀밥과 고깃국을 원 없이 먹어보고 싶었다. 문제는 이 사회가 부지런히 일해서 돈을 벌고, 생활비를 해결하는 것으로만 만족하지 못한다는 것이다. 어떤 이들은 정치 자금에 수십 억을 모아 감옥에 갔어도 그곳에서 특별 대우를 받으며 산다. 이것을 보는 백성은 박탈감에 시달린다. 높은 사람도 저렇게 사는데 나라고 성인군자처럼 살아야 할 필요가 있냐며 자신이 세웠던 삶의 기준을 무너뜨린다. 돈 때문에 자신의 인격과 성품 그리고 체면마저도 스스로 포기하는 것이다.

우리 속담에 "개같이 벌어서 짐승같이 쓴다"는 말이 있다. 사람이 과연 짐승처럼 될 수 있을까? 남이 나보고 짐승같다고 말하면 화가 날 것이다. 진짜 짐승처럼 덤벼들지도 모른다. 그래서 남의 말이 맞는 것으로 증명해버린다. 만약 짐승처럼 돈을 버는 사람이 있다면 다른 한 쪽에서는 반드시 피해를 보고, 분통이 터지는 사람이 있을 것이다. 경제란 공생이고, 서로에게 이익을 주는 것이어야 하는데, 남의 것을 빼앗아 오는 수준으로 격하시킨다. 이것은 전쟁이나 마찬가지이다. 그래서 경제전쟁이라고 말하는가보다. 경제활동을 사람들과의 전쟁으로 여기는 사람들에게서 정말 필요한 것이 무엇일까? 마음의 회복이 아닐까?

해방 이후 우리 나라에 사상 논쟁이 있었다. 민주주의와 사회주의의 이념 대립이 심했다. 어떤 이념이든지 나라를 세우고, 백성을 잘 살게 하겠다는 것이었는데, 오히려 이념 대립으로 희생되는 사람들이 늘어났다. 이념 대립으로 인해 우정에 금이 가고, 이웃을 적으로 간주하는 경우가 생겨났다. 6·25가 터지고, 공산주의자들은 남한 사람들의 분열 정책을 썼다. 소위 말하는 엘리트들을 색출하고 처단하기 위해 노동자와 농민을 앞세웠다. 총칼 앞에 어쩔 수 없이 협조한 사람들이었지만, 공산당들이 물러간 이후의 후유증이 심각했다. 사이좋던 이웃들이 어느 새 원수가 되어 있었다. 그 후유증은 반세기를 지나도 씻어지지 않는다.

핵폐기장을 건설한다는 것 때문에 한 지역이 완전히 마비되었다. 행정,

치안, 경제, 민생 등 수많은 것들이 마비되었다. 더 심각한 것은 이웃간의 정이 사라진 것이다. 찬성하는 쪽과 반대하는 쪽 모두가 형제 같은 이웃들이었다. 그들 모두가 자기 고향을 사랑하는 사람들이고 고향의 발전을 원하는 사람들이다. 다만 사랑의 방법, 발전의 방법이 다를 뿐이다. 서로가 사랑으로 감싸안아 이웃간의 정을 끊지 말아야 한다. 그러나 이미 원수가 되어버렸다. 아이들이 어른을 욕하고, 이웃을 향하여 죽이겠다는 위협이 계속되고 있다. 어쩌다 이렇게 되었는가? 속히 회복되어야 한다.

회복을 위해서 치뤄야 할 것

사람의 본성이 회복되어야 한다. 하나님으로부터 멀어졌던 마음이 회복되어야 한다. 사람을 미워하는 마음이 회복되어야 한다. 그런데 회복된다는 것이 매우 어렵다. 상처를 받은 사람들은 그 상처를 되돌려 주려 할 것이다. 상처를 준 사람들도 상처를 준 만큼 당하려 하지 않는다. 혹시 받은 만큼 돌려주어도 아직도 분이 남았다는 사람들이 있을 것이다. 준 것만큼 받았어도 지나치게 받았다고 생각하는 사람들도 있을 것이다. 은혜와 사랑을 주는 것이 이렇게 되어야 하는데, 상처를 돌려주고 받는 것이 이렇게 된다면 어느 정도가 되어야 하는지 조정이 필요하다. 하지만 안색이 굳어진 사람들과 대화가 될지 의문이다.

회복은 대화로만 이루어지지 않는다. 회복은 참회와 용서로 이루어진다. 참회는 자신의 자존심을 완전히 포기하는 것이다. 심지어 자기 목숨마저도 포기할 수 있어야 한다. 누가 돌을 던진다면 맞을 것이라는 각오가 있어야 한다. 한편 용서가 있어야 한다. 용서를 구하는 사람에게 용서하는 것이야 쉽지만, 뉘우치지 못하는 사람을 용서한다는 것은 어렵다. 그런 적이 없다고 회피하고 도망을 다니는 사람을 향해 보상하라고 말할 수도 없다.

용서하려고 수천 번 마음을 먹었어도 그런 사람을 보면 화가 치밀고 용서의 마음이 사라진다. 그러나 회복하려면 반드시 용서의 과정을 거쳐야 한다. 참회하지 않는 사람이라도 용서하여야 한다.

하나님은 참회하고 울부짖으며 부르짖는 사람을 용서하시고 회복시키신다고 하셨는데, 우리는 참회하지도 않는 사람을 용서해야 한다니 너무 가혹하고 높은 수준을 요구하는 것은 아닌지 모르겠다. 그러나 냉철히 생각해 보라. 나의 결정이 완전한 적이 얼마나 있었는가? 나 역시 아무런 사심이 없이 사람을 사랑한 적이 얼마나 있었는가? 억울함과 분노로 눈물이 날 정도였으나 진정으로 용서의 마음을 가져본 적이 얼마나 있었는가? 나는 다른 사람에게 상처를 주지 않았는가? 다른 이를 아프게 하고 분노하게 하지는 않았는가? 그러므로 나 역시 무조건적으로 용서받아야 할 대상이 아닌가?

용서를 빌고, 용서하는 데는 자기 포기의 아픔을 거친다. 용서를 비는 것도 용서하는 것도 아픔이다. 그러나 이 아픔은 수술과도 같다. 수술 후에 몸이 회복되듯이 용서 후에 관계가 회복되기 때문이다. 비가 온 후에 땅이 굳어지듯이 진정한 용서의 과정을 거친 후에 깊은 신뢰가 쌓일 것이다. 이러한 회복이 과연 사람의 힘으로 가능할까? 불가능할 것 같으나 할 수 있다. 사람의 힘이 아니라 하나님의 힘으로 가능하다. 하나님이 우리의 마음과 생각에 은혜를 넣어 주시면 회복이 가능하다. "만군의 하나님 여호와여 우리를 돌이켜 주시고 주의 얼굴의 광채를 우리에게 비추소서 우리가 구원을 얻으리이다"(19절).

시편 기자는 회복이 필요한 지경에 있다. 자신의 삶이 고달파서 누군가로부터 도움을 받아야 한다. 그러나 자신을 도울 사람이 없다. 사람이 도와도 완전하지 못하다. 하나님으로부터 도움을 받아야 한다. 그래서 하나님 앞에 도움을 구한다. 회복을 원한다면 가장 먼저 하나님께 부르짖어야 한다. "요셉을 양 떼 같이 인도하시는 이스라엘의 목자여 귀를 기울이소서 그룹 사이에 좌정하신 이여 빛을 비추소서"(1절). 하나님만이 완전하시고 해결하실 수 있기 때문이다. 하나님이 온 백성을 향하여 능력을 행하셔야 한다. "에브라임과 베냐민과 므낫세 앞에서 주의 능력을 나타내사 우리를 구원하러 오소서"(2절).

회복이 필요한 사람은 하나님께 부르짖는다. 하나님이 사람의 부르짖음을 외면하고 계신 것 같아도 사람은 어떻게든지 하나님의 마음을 돌려보려 한다. 회복이란 곧 하나님의 마음을 돌리는 것이다. "만군의 하나님 여호와여 주의 백성의 기도에 대하여 어느 때까지 노하시리이까"(4절). 하나님이 작정하시면 우리에게 회복이 일어난다. 하나님이 회복시키시면 우리에게 구원이 일어난다. 구원은 어려움과 고통의 해결을 동반한다. 구원은 완전한 회복을 의미한다. 회복의 은혜를 누리는 사람이 주님의 얼굴을 뵈옵는 것 같다. "하나님이여 우리를 돌이키시고 주의 얼굴빛을 비추사 우리가 구원을 얻게 하소서"(3절).

회복이 필요한 사람은 눈물로 양식을 삼았다. 눈물을 흘리지 않는 사람에게는 회복이 그만큼 절실하지 않다는 것이다. "주께서 그들에게 눈물의 양식을 먹이시며 많은 눈물을 마시게 하셨나이다"(5절). 눈물로 양식이 될 수밖에 없었던 상황을 수없이 당했다. 이웃들이 비난하고 비웃었다. "우리로 우리 이웃에게 다툼 거리가 되게 하시니 우리 원수들이 서로 비웃나이다"(6절). 백성의 거처가 허물어졌고 그들의 삶이 짐승들에 의해 피해를 보고 있다. 하나님이 백성의 삶을 피폐하게 만드셨다. "주께서 어찌하여 그 담을 허시사 길을 지나가는 모든 이들이 그것을 따게 하셨나이까 숲 속의 멧돼지들이 상해하며 들짐승들이 먹나이다"(12~13절).

회복이란 이전에 아름다운 삶이었다는 것을 전제로 한다. 하나님이 이스라엘을 애굽에서 이끌어내어 가나안에 정착하게 하셨다. 백성은 가나안에서 하나님의 은혜를 마음껏 누리며 살게 되었다. 백성이 가나안에서 풍요와 번영을 누렸다. "주께서 한 포도나무를 애굽에서 가져다가 민족들을 쫓아내시고 그것을 심으셨나이다 주께서 그 앞서 가꾸셨으므로 그 뿌리가 깊이 박혀서 땅에 가득하며 그 그늘이 산들을 가리고 그 가지는 하나님의 백향목 같으며 그 가지가 바다까지 뻗고 넝쿨이 강까지 미쳤거늘"(8~11절). 시인은 옛날을 회상하고 있다. 옛적에 가졌던 아름다움을 다시 누리고 싶다. 회복은 아름다운 과거를 가진 사람의 꿈이다.

회복의 축복

회복은 하나님의 특별한 도우심이 있어야 한다. 회복은 하나님의 눈에 들어야 한다. 이스라엘은 이미 하나님의 눈에 든 사람들이고 하나님에 의해 선택받은 사람들이다. 이스라엘은 하나님의 정원에 심어진 아름다운 포도나무와도 같다. 그런데 이 포도나무가 말랐다. 이 포도나무에서 다시 꽃이 피고 탐스런 포도가 열려야 한다. 하나님이 농부로서(요 15:1) 포도나무를 다시 살려 주셔야 하는 것이다. "만군의 하나님이여 구하옵나니 돌아오소서 하늘에서 굽어보시고 이 포도나무를 돌보소서 주의 오른손으로 심으신 줄기요 주를 위하여 힘있게 하신 가지니이다"(14~15절). 회복은 말랐던 포도나무가 다시 열매를 맺는 것과도 같다.

포도나무는 열매를 맺어야 한다. 그렇지 않으면 잘려나갈 것이다

(요 15:2). 하나님이 이스라엘이라는 포도나무를 잘라내려고 하신 적이 있었다. 아니 백성은 포도나무가 아주 잘려나간 것 같은 느낌을 받았었다. "그것이 불타고 베임을 당하며 주의 면책으로 말미암아 멸망하오니"(16절). 회복이란 잘려나간 가지가 다시 붙는 것이다. 이것은 쉽지 않다. 그러나 하나님이시라면 가능하다. 하나님의 손은 잘려나간 것을 접붙이신다. 하나님이 가지를 줄기에 붙게 하고, 줄기로부터 영양을 받게 하신다. 농부는 파괴된 포도밭이라도 복구하는 능력을 가졌다. 심지어 포도나무를 다시 살리는 것은 너무 쉬운 일이다.

하나님이 상처받은 사람을 만져 주시면 그 때 회복이 일어난다. 회복이란 하나님의 따뜻하고 강력한 권능의 손길을 느끼는 것이다. 하나님은 오른손이 닿는 곳에 당신의 백성을 두신다. 회복된 백성은 언제나 하나님의 손길이 미치는 곳에 있다. "주의 오른쪽에 있는 자 곧 주를 위하여 힘있게 하신 인자에게 주의 손을 얹으소서"(17절). 오른편이란 옳다고 인정받는 곳이다. 회복이란 틀린 것을 바르게 하는 것이다. 하나님이 백성의 실수와 잘못을 교정하시고 바른 길로 가게 하신다. 하나님이 원하시는 곳, 하나님이 옳다고 인정하는 곳에 회복된 백성이 있다. 회복된 사람은 삶이 바르게 세워지는 축복을 받는다.

회복된 백성은 다시 살아난 사람이다. 회복이 필요한 상태는 침체된 상태였다. 회복이란 침체로부터 벗어나는 것이다. 회복된 사람은 하나님과 더 돈독한 관계를 가진다. 하나님께서 회복시키신 것이 감사하고 감격스럽기 때문이다. 회복된 사람은 언제나 주님의 이름을 부른다. "그리하시면 우리가 주에게서 물러가지 아니하오리니 우리를 소생하게 하소서 우리가 주의 이름을 부르리이다"(18절). 주님을 부를 수 있고, 주님과의 친밀한 관계를 유지할 수 있는 것이 회복의 축복이다. 회복을 통해 신선한 에너지를 얻었으므로 주님과 동행하여 전진할 수 있다. 회복의 축복은 과거를 딛고 일어서서 미래를 아름답게 여는 것이다.

시편 81편

다스림의 영성과 바로 왕

바로 왕의 욕심

바로는 애굽을 다스리는 왕의 명칭이다. 바로 왕은 애굽 왕조의 상징이며, 절대군주의 상징이다. 또한 우상 숭배와 교만의 상징이기도 하다. 애굽에서 바로 왕은 신과 같은 존재이다. 그는 자신을 태양의 아들로 여겼다. 태양을 똑바로 볼 수 없듯이 바로 왕도 똑바로 볼 수 없었다. 누구든지 바로 왕 앞에서는 항상 고개를 숙여야 한다. 바로 왕의 명령은 절대적이다. 그러므로 바로 왕의 말과 다스림에 절대 순종해야 한다. 왕의 말에 순종하지 않는 사람은 역적이다. 역적이 되지 않고 역사로부터 정당한 평가를 받으려면 바로 왕보다 더 강한 사람이 나타나 새로운 왕조를 만들고 애굽을 다스려야 한다.

바로 왕은 애굽을 다스린다. 당연히 애굽 땅에 머물고 있는 히브리 민족도 다스린다. 바로 왕이 히브리 민족을 여러 차례 핍박하였다. 강제 노역으로 종살이를 시키고, 산아 제한으로 민족말살정책을 폈다. 절대 군주는 이처럼 한 민족의 생존까지 결정할 수 있는가 보다. 그런데 히브리 사람들의 생산이 멈추지 않는다. 80년이 지나도록 히브리 사람들의 숫자가 줄지 않았다. 동시에 히브리 사람들의 강제 노역도 멈추지 않았다. 히브리 사람들이 하나님께 부르짖었다. 하나님은 그 부르짖음을 들으셨다. 그리고 광야에서 양을 치는 노인, 모세를 부르시고 애굽으로 보내신다. 모세는 애굽에 가서 하나님의 다스림을 선포해야 했다.

모세가 애굽에 가서 바로 왕을 만났다. 히브리 사람들이 하나님께 번제를 드려야 하니 광야로 내보내 달라고 요구한다. 바로 왕의 반응이 어땠을까? 인상이 찌푸려지고, 속에 분노가 가득하였을 것이다. 모세의 요구를 듣고 오히려 히브리 사람들을 향해 노동의 양과 강도를 높였다. 바로 왕이 히브리 사람들에 대한 지배력을 더 강화시킨다. 이제 히브리 민족이 애굽을 나오려면 애굽 왕의 지배에서 벗어나야 한다. 만약 애굽 왕이 놓지 않는다면 그의 지배력이 약해져야 했다. 모세가 하나님의 명령을 따라 애굽에 열 가지 재앙을 내린다. 재앙이 내릴 때마다 바로 왕의 지배력이 점점 더 약해질 것이다.

바로 왕이 하나님을 이길 수는 없다. 그러나 재앙을 내릴수록 바로 왕의 마음이 더 완강해지고 강퍅해진다. 자기가 애굽과 천하를 다스리는 왕이라는 것을 자기 스스로 부정하는 것이 자존심 상한다. 포기하기도 싫다. 점점 더 강해지는 재앙 앞에 어쩔 수 없이 타협하는 인상도 보인다. 재앙을 견딜 수 없어서 히브리 민족을 놓아주겠다고 하다가, 재앙이 그치면 언제 그랬냐는 듯이 마음이 변한다. 그러다가 마지막 재앙이 내려진다. 애굽 전역에 장자가 죽는 재앙이 내렸다. 집집마다 초상을 치르느라 히브리 사람들을 생각할 여유가 없다. 자기의 지배권을 지나치게 주장하다가는 가진 것마저도 빼앗긴다.

다스리는 것과 섬기는 것

히브리 민족을 다스리는 분은 여호와 하나님이시다. 여호와 하나님은 히브리 민족뿐만 아니라 애굽과 온 세상을 다스리신다. 그분은 만군의 여호와, 만왕의 왕, 만주의 주이시다. 하나님의 다스림을 인정하는 것이 곧 믿음이다. 하나님의 다스림에 순종하는 것이 믿음이다. 하지만 이 땅의 인생들은 마치 바로 왕과도 같다. 사람들은 자기의 능력과 힘에 의해 땅과 다른 사람들을 다스리고 싶어한다. 자기만의 왕국을 건설하고 싶어한다. 가정을 자기만의 왕국으로, 기업을 왕국으로, 자신의 농장이나 목장을 왕국으로 세운다. 심지어는 국가와 비영리 단체를 왕국으로 건설하려는 사람들이 있다. 다스리고 싶은 욕망을 가졌기 때문이다.

사람들이 하나님의 다스림을 그대로 답습하려 한다. 아무리 사람이 하나님의 형상이라지만, 하나님과는 다르다. 사람은 하나님으로부터 다스림을 받아야 한다. 사람이 온 세상을 다스릴 명령을 하나님으로부터 받았어도, 사람의 생각대로 다스리면 안 되며, 하나님의 생각대로 다스려야 한다. 그것이 하나님의 다스림을 바로 실행하는 것이다. 문제는 이론에 밝은 것이 아니라 그대로 실천하느냐이다. 하나님의 다스림을 몰라서 폭군이 되는 사람도 있고, 하나님의 다스림을 알지만 하나님의 다스림에 복종하지 않아서 폭군이 되는 사람도 있다. 즉 다스림에 자기 뜻만 반영되어야 한다고 생각하는 것이다. 이는 하나님과 같이 되려는 교만이다.

사람의 다스림은 하나님의 다스림과 달라야 한다. 하나님의 다스림은 오직 하나님의 뜻이 반영되어야 한다. 반면에 사람의 다스림에는 하나님의 뜻도 반영되어야 하지만 다스림을 받는 사람의 필요도 반영되어야 한다. 하나님도 다스림을 받는 존재들의 필요를 알고 그것을 채워 주셨다. 물론 하나님의 주권과 지배권이 전적으로 작용되었다. 하나님이야말로 다스림이라는 말이 적용될 수 있는 유일한 분이시다. 그렇다면 사람에게는 다스림이라는 말이 적용될까? 그렇지 않다. 사람에게는 섬김이라는 말이 적용되어야 한다.

다스리는 사람은 자기의 뜻과 필요를 가장 나중에 반영해야 한다. 사람은 하나님의 다스림을 받아서 하나님을 섬기고 사람의 필요를 채우는 일을 해야 한다. 사람이 그 일을 하기 어렵다. 본받을 모델도 흔하지 않다. 구약의 선지자들이 모델이 되기는 했지만 완벽하지는 않다. 이제 하나님이 한 모델을 사람에게 보여 주셨다. 그 모델이 곧 하나님께서 보내신 독생자 예수 그리스도이시다. 예수님이 스스로 섬김의 모델이 되셨고, 섬김으로 다스리는 방법을 보여 주셨다. 예수님은 하나님의 뜻에 순종하고 사람의 필요를 반영하여 일하셨다. 그분은 목숨을 내어놓으며 섬기셨다. "인자가 온 것은 섬김을 받으려 함이 아니라 도리어 섬기려 하고 자기 목숨을 많은 사람의 대속물로 주려 함이니라"(마 20:28).

누가 찬양을 받을 것인가

애굽 왕 바로는 자기를 높이고 스스로 찬양을 받으려 했다. 이 세상의 모든 왕들은 찬양받고 싶어한다. 그러나 역사가들은 진정으로 그들을 찬양하지 않는다. 역사가들은 탐욕으로 가득한 사람을 결코 긍정적으로 평가하지 않는다. 누구를 긍정적으로 평가하는가? 그것은 낮은 자리를 볼 줄 아는 사람, 다른 이의 필요를 알고 채워줄 수 있는 사람, 왕이라 할지라도 백성을 긍휼히 여길 줄 아는 사람을 긍정적으로 평가한다. 역사가의 안목은 하나님이 주신 것이다. 왕이라 할지라도 역사가의 안목이 두려워 함부로 하지 못한다. 자기를 조심하고 절제할 줄 안다. 사실은 역사가들에게 아부한다고 보는 것도 전혀 틀린 말은 아닐 것이다.

그러나 역사가가 높여준다고 하여 과연 왕이 높아질 것인가? 사람이 높여주는 한계가 어디까지일까? 자신이 높아지는 한계보다는 조금 높을지 모른다. 그렇다고 해도 사람이 높이는 데는 한계가 있다. 사람은 제한적이기 때문이다. 진짜로 높아지는 것은 하나님이 높여 주셔야 한다. 하나님이 사람을 높이는 것은 끝이 없다. 하나님은 전능한 분이시며, 시작과 끝이시기 때문이다(계 22:13). 하나님이 사람을 높이면 사람이 하나님의 자리에까지 이른다. 그래야 사람에게서 하나님의 형상이 완전히 회복되는 것이다. 하나님의 형상이 완전히 회복된 사람은 하나님이 높인 사람이요, 천사들이 그를 높여줄 것이다.

다스리는 사람은 찬양을 받는다. 그렇다고 무조건 다스리는 사람이 찬양을 받는 것은 아니다. 잘 다스리는 사람이어야 찬양을 받는다. 하나님의 계획과 디자인대로 다스림을 받는 사람이 찬양을 받는다. 섬기는 사람이 찬양을 받는다. 사람으로부터 찬양을 받을 것이고, 다음 세대로부터 찬양을 받을 것이다. 뿐만 아니라 천사들로부터 찬양을 받을 것이다. 왜냐하면 하나님의 뜻에 합당한 사람, 하나님의 뜻을 이루는 사람이기 때문이다. 그러니까 다스리는 사람에게는 찬양을 받을 것이라는 꿈이 있다. 하지만 그것이 다스리는 사람의 목적이 아니다. 목적은 섬기는 것이고 찬양은 그에 대한 하나님이 축복으로써 주시는 결과이다.

목적이 먼저 앞서면 안 된다. 목적이 잘못 정해져서도 안 된다. 잘못된 결과는 잘못된 목적 때문이다. 혹은 목적대로 행하지 않았기 때문이다. 잘못된 결과는 잘못된 목적에 따라 잘못된 행동했기 때문이다. 잘못된 결과는 능력의 근원을 하나님이 아닌 자기로 정했기 때문이다. 바른 목적이란 반드시 찬양을 받으실 분이 하나님임을 분명히 하는 것이다. 하나님이 당신이 받으시는 찬양을 나누어 주셔야 우리가 비로소 받는다. 즉 칭찬을 받는 것에 있어서도 하나님이 다스리셔야 한다. 우리의 목적과 과정 그리고 결과를 하나님이 다스리셔야 한다. 그러면 하나님의 세상을 다스리심이 드러나게 될 것이다.

시편의 기자는 하나님의 다스리심을 알고 있다. 그리고 다스리시는 하나님을 찬양한다. "우리 능력이 되시는 하나님을 향하여 기쁘게 노래하며 야곱의 하나님을 향하여 즐거이 소리칠지어다"(1절). 다스리시는 하나님을 찬양하는 방법이 다양하다. "시를 읊으며 소고를 치고 아름다운 수금에 비파를 아우를지어다"(2절). 다스리시는 하나님을 찬양하는 시간도 다양하다. 그리고 하나님을 찬양하는 특별한 시간도 정해져 있어야 한다. "초하루와 보름과 우리의 명절에 나팔을 불지어다"(3절). 하나님을 찬양하는 것은 이스라엘에게 정해진 명령이다. "이는 이스라엘의 율례요 야곱의 하나님의 규례로다"(4절). 하나님이 다스리시기 때문이다.

하나님은 과거에 이스라엘을 신비한 힘으로 다스리셨다. 애굽 땅에서 바로 왕에 의해 다스림을 받을 때, 하나님은 바로의 다스림을 물리치시고, 당신이 직접 이스라엘을 다스리셨다. 하나님이 이스라엘을 말씀으로 다스리셨다. 그러니까 하나님으로부터 말씀을 들으면 하나님의 다스리심이 있다는 증거이다. "하나님이 애굽 땅을 치러 나가시던 때에 요셉의 족속 중에 이를 증거로 세우셨도다 거기서 내가 알지 못하던 말씀을 들었나니"(5절). 다스리시는 하나님은 이스라엘의 무거운 짐을 벗겨 주셨다. 그들에게 자유의 길을 주신 것이다. "이르시되 내가 그의 어깨에서 짐을 벗기고 그의 손에서 광주리를 놓게 하였도다"(6절).

다스리시는 하나님은 사람들의 고난을 모른 척 하지 않으신다. 그러나 사람은 왕이 되었을 때 모른 척 할 수 있다. 귀찮기 때문이거나, 자기의 욕심이 앞서기 때문이다. 혹은 사람의 고난을 알고 싶어도 안 될 때가 있다. 시간과 공간의 제약을 받거나, 그만큼 지혜롭지 못하기 때문일 수도 있다. 그러나 하나님은 반드시 들으신다. 그리고 고난받는 사람을 건지신다. 하나님의 건지심은 하나님이 위기에서도 다스린다는 증거이다. 그런데 사람들이 하나님의 다스림을 잘못 사용한다. 이것이 문제이다. "네가 고난 중에 부르짖으매 내가 너를 건졌고 우렛소리의 은밀한 곳에서 네게 응답하며 므리바 물가에서 너를 시험하였도다(셀라)"(7절).

하나님만이 가장 높으신 분으로서 세상을 다스리신다. 세상 사람들은 이것을 깨달아야 한다. 선지자들과 시편 기자가 이것을 깨달으라고 외친다. "내 백성이여 들으라 내가 네게 증언하리라 이스라엘이여 내게 듣기를 원하노라"(8절). 하나님의 다스리심을 믿는다면 오직 하나님만 섬기게 될 것이다. 만약 우상을 숭배하는 사람은 하나님의 다스리심을 믿지 않고 우상이 자기를 다스린다고 믿는 사람이다. "너희 중에 다른 신을 두지 말며 이방 신에게 절하지 말지어다"(9절). 우상에 의해 다스림을 받는 사람이 있다. 정신세계가 다스림을 받고, 말과 행동이 다스림을 받는다. 하나님이 가장 싫어하는 사람이다.

다스리심 속에 살라

이스라엘은 역사 중에서 하나님의 다스리심을 수없이 체험하였다. 애굽에서 나온 것이 하나님의 다스림이었다. 바로 왕의 손길에서 벗어난 것이 하나님의 다스리심에 의한 결과였다. 그러므로 이스라엘은 무엇이든지 부족하고 연약한 것을 하나님께 아뢸 수 있다. 다스리시는 하나님이 채우실 것이다. "나는 너를 애굽 땅에서 인도하여 낸 여호와 네 하나님이니 네 입을 크게 열라 내가 채우리라 하였으나"(10절). 역사를 기억하는 민족, 역사 속에서 의미를 찾는 민족은 미래가 있다. 하나님의 다스리심을 기억하고, 그것을 유지하며, 미래를 하나님의 다스리심에 의탁하는 민족이 복된 민족이며, 세계를 다스리는 민족이 될 것이다.

그런데 백성이 하나님의 다스리심을 거부한다. 역사를 망각한 것이며,

하나님 앞에 교만해진 것이다. 하나님의 말씀을 듣지도 않으며, 하나님을 필요로 하지도 않는다. "내 백성이 내 소리를 듣지 아니하며 이스라엘이 나를 원하지 아니하였도다"(11절). 하나님이 여러 차례 백성에게 당신의 다스리심을 알려 주셨지만 백성은 번번이 거절하였다. "내 백성아 내 말을 들으라 이스라엘아 내 도를 따르라"(13절). 하나님이 속상해 하셨다. 하나님이 백성을 모른 척 하실 때가 있었다. 바로 왕처럼 되어졌으니 바로 왕처럼 외면 당한 것이다. "그러므로 내가 그의 마음을 완악한 대로 버려두어 그의 임의대로 행하게 하였도다"(12절).

하나님의 외면을 받는 사람은 하나님의 원수라고 할 만하다. 찬성하지 않거나 중간 입장에 선 사람이 반대는 하지 않을 것이다. 그러나 그들은 적극적으로 따르지도 않을 것이다. "여호와를 미워하는 자는 그에게 복종하는 체할지라도 그들의 시대는 영원히 계속되리라"(15절). 하나님은 당신을 적극적으로 따르는 사람을 요구하신다. 뒷전에 서서 따라가기만 하는 사람들은 언제든지 하나님의 원수들과 손을 잡을 수 있는 사람들이다. 하나님의 대적이 되는 것이다. 하나님이 그들을 내버려두지 않으신다. 하나님이 원수와 대적들을 치실 것이다. "그리하면 내가 속히 그들의 원수를 누르고 내 손을 돌려 그들의 대적들을 치리니"(14절).

하나님의 다스리심을 거부하는 사람은 하나님의 원수이다. 반면에 하나님의 다스리심을 인정하고 거기에 순복하는 사람은 하나님의 종이다. 그는 하나님의 관심과 돌봄을 받을 것이다. 그리고 하나님의 다스리심대로 살게 될 것이며, 하나님의 다스리심에 의해 다른 이를 다스리게 될 것이다. 또한 하나님이 그로 하여금 하나님의 다스리심을 말하도록 환경의 축복을 줄 것이다. "또 내가 기름진 밀을 그들에게 먹이며 반석에서 나오는 꿀로 너를 만족하게 하리라 하셨도다"(16절). 하나님의 다스림 속에 모든 것이 들어있다. 땅의 축복도, 행복도, 나라와 민족의 축복도, 미래도 하나님의 다스리심 속에 속해 있다.

시편 82편

구제의 영성과 고넬료

백부장 고넬료

고넬료는 유대 지방에 파견된 로마 군대의 백부장이다. 그는 경건한 사람으로 온 가족이 함께 하나님을 섬기고, 항상 기도한다. 그는 이웃도 사랑하는 사람이다. 어려운 이웃에게 나눌 줄 알고, 구제하는 사람이다. 백부장이라면 권세를 가진 사람이다. 권세란 곧 힘이다. 보통 사람들 같으면 자기가 잘 나서 힘을 가지게 된 것이라 생각한다. 그리고 그 힘을 자기를 위해 사용한다. 다른 사람을 배려하는 데 사용하지 않고, 오히려 다른 사람을 억압하는 데 사용한다. 유대 지방에 파견된 로마의 백부장이라면 능히 그럴 만도 하다. 그러나 고넬료는 그렇지 않다. 보통 사람들과는 다르다는 이야기이다.

고넬료는 하나님 앞에 겸손할 줄 아는 사람이다. 혼자만 겸손한 것이 아니라, 온 가족이 함께 겸손하다. 그만한 지위에 오르게 된 것이 자기 힘으로 된 것이 아니라 하나님의 특별한 도우심에 의해 된 것임을 알고 있다. 가족들도 이 사실에 동의한다. 그러니까 온 가족이 하나님을 섬긴다. 은혜를 아는 사람만이 하나님을 섬긴다. 은혜를 아는 사람만이 하나님 앞에 바르다. 바르다는 것은 하나님의 뜻에 순종하고 실천하는 것을 의미한다. 하나님을 섬기는 사람은 하나님의 말씀에 순종한다. 고넬료는 이방인임에도 하나님을 섬기고, 그 말씀에 순종한다. 하나님을 바르게 섬기는 사람은 본능적으로 하나님의 말씀에 순종한다.

은혜를 아는 사람이 이웃도 안다. 하나님을 사랑하는 사람은 이웃도 사랑할 줄 안다. 이웃을 진심으로 사랑하는 사람은 이웃을 도울 줄 안다. 약한 사람을 불쌍히 여길 줄 알며, 가난한 사람을 구제할 줄 안다. 구제는 하나님으로부터 은혜를 받았기 때문에, 남에게도 은혜를 베푸는 것이다. 사람들은 자기보다 힘이 약한 사람에게는 강하지만, 자기보다 힘이 강한 사람에게는 약하다. 고넬료가 강한 사람에게 어떻게 하는지는 잘 알지 못하나 약한 사람에게는 자비를 베푼다. 권력자이면서 권력을 남용하지 않고, 사랑과 자비로 사용한다. 구제란 곧 하나님의 사랑을 이웃에게 사용하는 것이다.

하나님이 고넬료의 섬김과 구제를 알고 계셨다. 즉 하나님은 고넬료의 마음도 알고 계시고, 고넬료의 행함도 보고 계셨다. 구제는 남이 알아달라고 하는 것이 아니다. 그러나 구제는 반드시 알려진다. 믿음도 누가 알아달라고 믿는 것이 아니다. 그러나 하나님이 믿음을 알고 계신다. 믿음과 구제는 성격이 비슷하다. 그도 그럴 것이 믿음과 구제가 결코 분리되어 생각할 수 없기 때문이다. 바른 믿음은 행할 줄 안다. 그 행함은 가난한 사람을 돌보고 도와주는 것이다. 억압당하는 사람의 편을 들어주고, 긍휼히 여길 줄 아는 것이다. 그런 점에서 고넬료는 이방인임에도 불구하고 아름답고 바른 믿음을 가졌다.

배웠으면 자비도 있는가

천안 나사렛 대학에 장애인 학생이 입학하였다. 그 대학은 장애인 한 사람의 편의를 위해 학교 내 시설을 모두 장애인이 출입할 수 있도록 고쳤다.

한 사람을 위해 엄청난 예산을 사용한 것이다. 나사렛 대학의 결단이 놀랍다. 그 결과 장애인 복지와 재활에 관한 한 나사렛 대학이 대한민국의 최고의 대학이 되었다. 최고가 되려면 작은 것 하나에 신경을 쓸 줄 알아야 한다. 반면에 숭실대에서는 장애인 학생이 입학하였지만, 출입을 위한 배려가 전혀 없었다. 장애인 학생은 수업을 받을 수 없었고 결국 학교를 상대로 소송을 제기하였다. 법원은 수업권 침해를 인정하고 학교를 향해 학생에게 배상하라는 판결을 하였다.

같은 기독교 대학인데, 약한 사람을 향해 대우하는 것이 다르다. 기독교 대학에서도 약한 사람을 외면하는 것이 당연한 것처럼 여겨진다면 불신 대학에서야 오죽 하겠는가? 그것도 국내 최고의 지성을 자랑하는 대학에서 장애인을 외면하는 일이 벌어진다. 서울대학교에 시각 장애인 학생 하나가 입학하게 되었다. 그런데 학교 당국이 반대를 한다. 장애인 한 명을 교육시키려면 일반학생의 30~40배 노력이 필요하기 때문이라고 한다. 국내 최고의 지성의 전당에서 약한 사람들을 외면한다는 것이 말이 되는가? 물론 경제적인 원칙으로 본다면 장애인 학생을 받지 말아야 한다. 그러나 이 세계가 경제 원리에 의해 지배될 수는 없다.

경제 원리가 중요한 것은 사실이다. 그러나 경제 원리만 따진다면 사람들의 정서가 메말라진다. 경제 원리만 따지면 사람들이 물질주의와 세속주의로 치닫는다. 경제의 존재 이유가 무엇인가? 그것은 사회를 발전시키고, 발전의 혜택으로부터 소외되는 사람을 도와주기 위함이 아닌가? 경제 선진국일수록 약한 사람에 대한 배려가 더 강하다. 구제와 배려의 분위기가 강한 나라들이 더 부자가 되는 것이다. 그렇다면 서울대 교수들의 경제적 사고방식이 매우 부족하다는 결론이 선다. 영국의 메이저 총리의 말마따나 최고로 많이 배운 사람이 상식적으로는 무지하다는 것이 사실인가 보다. 이래서 이 나라의 미래가 과연 있을까?

그러나 시각 장애인 학생이 입학하려는 법과대학의 학장이 학생을 옹호하고 나섰다. "예산문제가 장애인 선발에 걸림돌이 될 수 없다"고 학교 당국을 설득한 것이다. 즉 인간 승리를 경제와 예산의 문제로 말살할 수 없다는 것이다. 이것이야말로 진짜 배운 사람이 할 일이다. 법대 학장의 자비심은 우리 사회가 개인적 성취가 어려운 소수자들을 배려하며 이들과 함께 살아가는 열린 사회로 이동해야 함을 강조하는 것이다. 약한 것은 죄가 아니다. 당연하지만, 약한 사람을 외면하면 안 된다. 약한 사람을 외면하는 것은 범죄 행위이며, 그 마음에 교만이 있다는 증거이다. 진정한 겸손의 행동은 약한 사람을 배려하는 것이다.

고아와 과부를 배려하라

성숙한 사회일수록 약한 사람을 배려한다. 성숙한 사람일수록 약한 사람을 대하는 자세가 다르다. 하나님이 우리를 보실 때, 성숙하기를 원하실까? 그렇다. 하나님은 약한 사람들의 편이시다. 하나님은 약한 사람을 돌보시며, 약한 사람들을 향해 배려하라고 명령하신다. 약한 사람을 배려할 줄 아는 사람이 하나님으로부터 칭찬을 받는다. 하나님의 명령을 듣고 순종하는 사람을 칭찬하시는 것이 당연하다. 약한 사람을 배려하는 곳에 훈훈한 바람이 분다. 그곳에 인간다움이 있고, 공동체의 끈끈하고 따뜻한 사랑이 드러난다. 성숙하지만 스스로 서기 어려운 사람들을 바르게 설 수 있도록 도와준다.

고대 시대 전쟁이 빈번할 때는 전쟁에 동원된 남성이 전사(戰死)하는 관계로 고아와 과부들이 많을 수밖에 없었다. 요즘처럼 여성의 사회진출이 활발하다면 모르거니와, 고대 사회에서 가장을 잃으면 남는 가족은 심히 가난하게 된다. 고대뿐만 아니라, 요즘에도 가장을 잃으면 가난하게 될 수도 있다. 특히 국가와 공동체를 위해 가장을 잃었다면 남는 가족을 국가와 공동체가 도와야 한다. 세금을 걷는 이유가 바로 이들을 위한 것이어야 한다. 사람들이 스스로 돕지 않으니까 국가가 나서서 돕는 일을 주도해야 한다. 사실 성숙한 사회는 국가의 개입이 없이도 약한 사람이 기를 펴고 살 수 있는 사회이다.

하나님은 구약의 율법에서도 약한 사람들을 향한 배려를 명하셨다. 추수할 때는 고아와 과부를 위해 이삭을 남겨 두어야 한다(신 24:19). 잔치를 벌릴 때는 이웃에 사는 고아와 과부를 초대하여 배부르게 먹도록 해야 한다(신 16:11). 절기를 지킬 때도 고아와 과부를 초대하여 즐기도록 해야 한다. 소득이 없는 사람이 살려면 누군가 도와야 한다. 하나님은 사람을 통해 약한 사람을 돕기 원하신다. 하나님이 고아와 과부의 탄식을 들으신다. "고아와 과부를 위하여 정의를 행하시며 나그네를 사랑하여 그에게 떡과 옷을 주시나니"(신 10:18). 하나님은 약한 사람들의 편이시다. 강한 사람이 약한 이를 돌보는 것은 하나님과 가까이 하는 것이다.

예언자들의 시대에는 강한 사람들이 약한 사람들을 학대하였다. 가진 사람은 약한 사람의 것을 빼앗아 더 가지려 하였다. 이 정도 되면 약한 사람을 외면하는 것이야 뻔한 일이다. 과부와 고아를 학대하고, 그들이 가진 것을 탐낸다. 그러고도 그들은 성전에 가서 제사를 드린다. 하나님이 그들의 제사를 뻔뻔하다고 여기신다. 하나님을 그들의 마음을 알고 계신다. 성전에 오지만 마음은 하나님으로부터 멀어져 있다. 하나님의 말씀에 순종하지 않고, 제사만 드리러 오는 것은 단지 마당만 밟을 뿐이다(사 1:12). 하나님이 그들의 제사를 받지 않으신다. 하나님이 그들의 제사를 향하여 지겹다고 말씀하시며 외면하신다.

하나님은 사람을 판단하신다. 하나님이 사람의 마음을 알고 계시며, 사람의 행동을 보고 계신다. 그리고 하나님은 사람의 마음과 행동에 대하여 판단하신다. 하나님은 재판장 중에 최고의 재판장이시다. "하나님은 신들의 모임 가운데에 서시며 하나님은 그들 가운데서 재판하시느니라"(1절). 하나님의 판단은 언제나 옳다. 하나님께서 사람의 모든 모습을 보고 계신다는 것을 깨달아야 한다. 사람은 하나님 앞에 보여짐을 깨달아야 한다. 만약 사람이 불공평한 판단을 한다면 그것은 하나님의 뜻을 외면하는 것이며, 악한 사람과 짝을 이루어 악한 일을 행하는 것이다. "너희가 불공평한 판단을 하며 악인의 낯 보기를 언제까지 하려느냐(셀라)"(2절).

하나님이 원하시는 공평이 무엇일까? 그것은 구제할 줄 아는 마음이다. 약한 사람을 돌볼 줄 알고, 배려할 줄 아는 마음이 곧 하나님이 원하시는 공평이다. 공평이란 잘잘못을 따지는 것이 아니라 약한 사람을 우선적으로 배려하는 것이다. 물론 약한 사람이라도 잘못하면 벌을 받아야 한다. 그러나 약한 사람이 죄를 범하지 않도록 환경을 조성할 필요와 책임은 강한 사람에게 있다. 이것이 곧 사회적 정의이다. "가난한 자와 고아를 위하여 판단하며 곤란한 자와 빈궁한 자에게 공의를 베풀지며"(3절). 구제란 곧 사회적 정의를 행하는 것이다. 약한 사람의 인생을 그들에게 맡기는 것이 아니라, 강한 사람이 배려하는 것이다.

하나님이 약한 사람을 배려하라고 하신다. 약한 사람을 약한 환경에서 구해주어야 한다. 이것이 구원의 차원이다. 하나님이 사회적 구원을 강조하신다. 구제는 곧 사회적 구원을 이루라는 하나님의 명령에 순종하는 것이다. "가난한 자와 궁핍한 자를 구원하여 악인들의 손에서 건질지니라 하시는도다"(4절). 가난하고 약한 사람들은 악인들에 의해 휘둘릴 가능성이 많다. 성숙한 사회는 이들을 조직적으로 보호할 줄 안다. 그것은 하나님의 명령임을 알기 때문이다. 즉 하나님의 명령에 순종하는 사람이 사는 사회가 곧 성숙한 사회이다. 성숙한 사회에 구제가 있다. 구제는 하나님의 명령이며, 이웃을 향한 배려이다.

하나님은 사람들에게 당신을 사랑하고 섬기기를 원하신다. 동시에 이웃을 사랑하라고 하신다. 하나님 사랑과 이웃 사랑은 분리된 것이 아니다. 그것은 균형이다. 하나님 사랑과 이웃 사랑은 어느 한 쪽으로 기울어지면 안 된다. 두 가지 명령 모두가 하나님의 명령이다. 예수님도 이 명령을 강조하셨다. 그것이 성경의 초점이기 때문이다. "예수께서 이르시되 네 마음을 다하고 목숨을 다하고 뜻을 다하여 주 너의 하나님을 사랑하라 하셨으니 이것이 크고 첫째 되는 계명이요 둘째도 그와 같으니 네 이웃을 네 자신 같이 사랑하라 하셨으니 이 두 계명이 온 율법과 선지자의 강령이니라"(마 22:37~40).

구제를 기뻐하시는 하나님

악한 사람은 하나님의 사랑과 명령에 대하여 감각이 없다. 그들은 자기들만 생각한다. 하나님의 말씀을 들으려 하지도 않는다. 그들은 귀가 있으나, 듣지 못한다. 그들은 사회를 악하게 만든다. 악한 사람이 밟고 다니는 땅은 평탄하지 못하다. 악인은 사람들 앞에 장애물을 놓는다. 지나다니다가 걸려 넘어지라는 것이다. 그들은 사회를 더 어둡게 하려고 한다. "그들은 알지도 못하고 깨닫지도 못하여 흑암 중에 왕래하니 땅의 모든 터가 흔들리도다"(5절). 인간 사회가 흔들린다면 그것은 결코 하나님이 원하시지 않는 모습이다. 하나님이 원하시는 것은 사람들 사이의 화평한 모습이다. 그러나 구제가 없다면 결코 화평한 모습이 있을 수 없다.

사람은 하나님의 형상을 따라 지음을 받았다. 사람은 모두 하나님의 모습을 닮았다. 강한 사람도 하나님의 형상이고, 약한 사람도 하나님의 형상이다. 하나님은 사람을 당신의 아들과 딸로 인정하신다. 아들과 딸이란 곧 아버지의 DNA를 물려받은 존재이다. 즉 자녀는 부모의 생명체를 가지고 있으며, 부모와 본질상 같은 존재이다. 하나님이 사람을 향해 이렇게 말하신다. "내가 말하기를 너희는 신들이며 다 지존자의 아들들이라 하였으나"(6절). 사람의 차원이 이렇게 높다. 사람이란 하나님의 생각을 할 수 있는 존재이며, 하나님의 뜻을 이룰 수 있는 존재이다.

그런데 사람이 하나님의 차원으로부터 멀어지려 한다. 하나님을 향해 달려가도 시원찮은 사람이, 하나님과 늘 함께 있어야 할 사람이 하나님으로부터 멀어진다. 사람이 타락하여 하나님의 뜻을 거스른다. "그러나 너희는 사람처럼 죽으며 고관의 하나 같이 넘어지리로다"(7절). 사람은 원래 하나님의 영광을 받아 살도록 지음을 받았다. 그러나 죄를 지은 사람이 하나님의 영광에서 벗어났다. "모든 사람이 죄를 범하였으매 하나님의 영광에 이르지 못하더니"(롬 3:23). 하나님의 영광을 버린 사람이 곧 금수와 버러지 형상을 취한 것이다. "썩어지지 아니하는 하나님의 영광을 썩어질 사람과 새와 짐승과 기어다니는 동물 모양의 우상으로 바꾸었느니라"(롬 1:23).

사람은 잃어버린 하나님의 형상을 회복하여야 한다. 그것은 사람을 하나님의 형상으로 알아볼 때 가능하다. 자신을 하나님의 형상으로 알고, 다른 사람도 하나님의 형상으로 알아야 한다. 즉 사람에게서 하나님의 형상을 찾는 것이다. 곧 하나님의 형상에게 은혜를 베푸는 것은 하나님께 은혜를 베푸는 것이다. 구제는 사람에게 은혜를 베푸는 것 같으나, 하나님께 은혜를 베푸는 것이다. 하나님이 사람의 구제를 보시고, 마음과 행위가 일치되는지를 아신다. 하나님의 뜻을 따르는 사람을 향해 기업이라고 인정하신다. "하나님이여 일어나사 세상을 판단하소서 모든 나라가 주의 소유이기 때문이니이다"(8절).

시편 83편

안보의 영성과 에훗

왼손잡이 사사

가나안에 들어온 이스라엘 백성이 가나안 원주민들과 어울려 살고 있다. 이스라엘은 가나안을 다 몰아내야 한다는 하나님의 말씀을 들었지만, 그것을 지키지 못했다. 가나안을 몰아낼 힘이 없었을 것이다. 그러나 이것은 하나님의 능력을 의지하지 못했기 때문이다. 하나님이 이스라엘에게 충분한 힘을 주셨는데, 이스라엘이 사용하지 않은 것이다. 그러니까 이스라엘이 가나안을 몰아내지 못한 것은 하나님 말씀에 대한 믿음의 부족이며 불순종 때문이다. 게다가 그럴듯한 명분도 내세웠을 것이다. 가나안을 모두 몰아내기보다는 그들을 노예로 삼아 국가 건설에 사용하면 어떻겠느냐고 말이다. 하지만 사람의 계획대로 될 지는 의문이다.

사람의 계획대로 안 된다는 것이 역사적으로 드러났다. 가나안 원주민들이 강해져서 이스라엘을 압박하였다. 그것은 이스라엘이 하나님 앞에서 죄를 행했기 때문이다. 가나안 원주민들은 이스라엘과 더불어 살려고 하지 않았다. 가나안은 이스라엘을 문화적으로 삼켰다. 정치적으로 압박을 당하지만 문화적으로 우위에 있다면 마지막 승리는 문화적 우위에 있는 민족이다. 이스라엘이 가나안 문화에 점령를 당했다. 그것은 곧 우상 숭배였다.

우상숭배는 하나님 앞에서 범죄의 행위이다. 이 행위로 인해 이스라엘이 하나님으로부터 책망을 받는다. 다름 아닌 이스라엘이 외국으로부터 침략을 받고 국가의 안보에 문제가 생긴 것이다.

모압 왕 에글론이 암몬과 아말렉 족속들과 연합하여 이스라엘을 18년 동안 다스렸다. 에글론은 자기 혼자만이라도 이스라엘을 충분히 점령할 수 있지만, 연합군을 형성하였으니 더 강력한 힘을 유지한다. 이스라엘은 외국의 강력한 힘 때문에 압박을 당한다. 18년 동안 압박을 당하던 이스라엘이 하나님은 찾는다. 이스라엘이 하나님께 국가의 안보에 대하여 부르짖는 것이다. 하나님이 이스라엘의 기도에 응답하셨다. 하나님이 한 구원자를 세우셨다. 베냐민 지파의 왼손잡이 에훗이라는 사람이다. 에훗이 이스라엘의 안보를 위해 계획을 짰다. 모압 왕 에글론에게 공물을 바치는 책임자가 되어 에글론과 독대(獨對)하는 계획을 세웠다.

에훗이 에글론에게 은밀히 고할 말이 있다고 제안하고 에글론과 독대하였다. 에훗이 오른쪽 허벅지에 숨겨둔 칼을 뽑아 에글론을 찔렀다. 얼마나 깊이 찔렀던지 칼자루까지 몸 속으로 들어가고, 칼끝이 등 밖으로 나왔다. 에훗이 급히 도망 나와 이스라엘 백성을 모아 모압 사람들과 싸운다. 모압 군사들 만 명 가량이 죽고, 모압이 이스라엘에게 항복하였다. 이스라엘에 평화가 찾아왔다. 에훗이 이스라엘의 사사로 세워졌다. 이스라엘은 80년 동안 평안한 시절을 보내며 안보에 대한 걱정이 없었다. 80년 동안의 평화와 안보는 에훗이 있었기 때문이며, 하나님이 기도를 들으시고 에훗을 세우셨기 때문이다.

국가 안보

국가의 요소는 세 가지이다. 그것은 국민, 영토, 주권이다. 국민이 없는 국가는 없다. 요즘에는 가상 국가라는 말이 있을 정도이지만, 국민이 없다면 그 국가는 유명무실하다. 영토가 없는 국가도 없다. 영토가 없다면 그것은 단순히 민족에 불과하다. 사이버 공간에 영토를 가지고 있어도 그것은 제대로 된 국가가 아니다. 주권이 없어도 국가가 아니다. 수 천만 명의 민족이라도 주권을 빼겼다면 식민지 사람들에 불과하다. 쿠르드 민족은 수천만 명이지만 이라크와 터키에 흩어져 산다. 그들은 국가를 건설하려 하지만 이라크와 터키가 방해를 놓는다. 이라크와 터키로서는 영토를 잃는 것인데 달가울 리 없으니 쿠르드 민족을 박해하는 것이다.

역사상 수많은 전쟁들은 영토를 뺏는 것이었다. 그것은 영토 안에 사는 국민의 주권을 뺏는 것이기도 하다. 영토를 다스리는 사람은 영토 안의 국민도 다스린다. 피지배국의 영토는 지배국의 자원 조달처이다. 피지배국이 생산한 물건들은 지배국 사람들의 부와 사치를 위해 쓰일 뿐이다. 국민들이 잘 사는 방법은 다른 나라로부터 물건을 가져오든지, 적어도 자기들이 생산한 물건을 자기들이 소비해야 한다. 아무리 좋은 것을 많이 생산해도 다른 나라에 뺏긴다면 그것은 주권을 가진 민족이 아니라 노예 생활에 불과하다. 자기가 생산한 것을 자기가 사용하려면 자기 땅과 물건을 지킬 힘이 필요하다.

개인적으로는 그것을 지킬 힘이 부족하다. 개인은 국가에 자기의 주권을 지켜달라고 부탁한다. 국가는 개인에게 세금을 받을 것이다. 이런 계약 관계가 봉건 시대에 있었다. 왕은 기사들에게 안보를 맡기고, 넉넉한 생활비를 준다. 농부들 역시 제후들에게 안보를 부탁하고, 세금을 낸다. 주권이 누구에게 있을까? 기사들이나 농부들에게 있는 것 같다. 그러나 봉건 시대에는 왕과 제후들에게 주권이 있었다. 왕과 제후들의 정책에 따라 기사들과 농부들의 삶이 달라졌다. 안보를 부탁하거나 안보를 위해 직접적으로 나서는 사람이 우선인데, 뒤에서 안보를 조종하는 사람을 더 우선으로 여겼다.

그래도 농부들은 안보를 부탁할 수밖에 없다. 세금을 내더라도 안전한 것이 낫다. 그렇지 않다면 농부들은 삶을 포기해야 한다. 외국의 침략이라도 받는 날에는 그동안 피땀 흘려 모은 것을 몽땅 날려야 한다. 사실 모은 것이라고 보잘 것 없지만 그것이라도 농부들에게는 귀한 것이다. 국가와 위정자들은 안보를 생각하여야 한다. 안보를 제대로 지키지 못하는 위정자는 무능한 사람들이다. 반면에 안보를 핑계로 국민들의 주권과 인권을 침해해서도 안 된다. 안보의 목적이 국민을 잘 살게 하는 것이기 때문이다. 평화란 안보의 걱정이 없고, 국민의 인권이 보장되어 사는 것이다. 안보는 평화의 기본이다.

국가와 개인

국가 없는 개인은 없다. 동시에 개인 없는 국가도 없다. 국가가 안보를 핑계로 개인의 인권을 지나치게 제한한다면 그것은 국가 안보가 위협이 될 수 있다. 반면에 국가는 개인의 범죄에 대하여 제한 조치를 내려야 한다. 법적인 제한 조치가 없다면 국가에 혼란이 생길 것이고, 그것 때문에 국가 안보에 위협이 될 수 있다. 그러니까 국가와 국민은 안보에 있어서 공존해야 하며, 상호 책임을 져야 한다. 국가는 국민을 지키고, 국민은 국가의 기반을 형성해야 한다. 국가가 국민을 지키지 못하면 국민들이 불평을 할 것이다. 그리고 국가의 기반이 되기를 거절할 것이다. 안보의 목적은 곧 국가의 기반인 국민을 지키는 것이다.

과거 우리나라에 국가 지상주의식의 이념이 국민을 지배한 적이 있었다. 국민에게 지나친 희생을 강요한 적이 있었다. 위정자들은 안보를 내세워 국민을 억압하고, 생각과 행동의 자유를 제한하였다. 위정자들의 통치 이념에 동의하지 않는 사람들을 안보 사범으로 몰아세운 적도 있었다. 국민이 공산당으로부터 당한 아픔을 이용하여 국민을 다스렸다. 그리고서도 정치가들은 따로 공산당과 대화하였다. 국민의 자유는 제한하고, 정치가끼리 대화하는 것이 어쩐지 형평에 맞지 않는 것 같다. 물론 국가 안보와 국민의 태평을 위한 고도의 정치적 선택이라고 말할 것이다. 안보가 과연 정치가들만의 전유물인가?

안보는 안과 밖으로부터 동시에 위협을 받는다. 정치가들의 부패와 국민들의 방종이 안보를 위협한다. 국민들이 약해지면 외국으로부터 침략을 받는다. 안보의 위협이 되면 두 가지 해결책이 나온다. 안으로는 국민성을 개혁하여 국민의 힘을 결집한다. 국가는 국민들의 결집된 힘을 밖으로 사용하여 안보에 위협을 주는 것을 몰아낸다. 안과 밖의 위협은 언제나 상관관계가 있다. 안으로 부패하면 밖의 위협에 속수무책이다. 밖의 위협을 받으면서도 깨닫지 못하면 안에 있는 사람들이 고통을 당하게 될 것이다. 안과 밖의 위협을 동시에 고려하며, 동시에 대처하는 것이 곧 지혜이다. 정치가들을 이런 지혜를 가져야 한다.

신앙인들은 국가의 안보를 위해서도 기도해야 한다. 국가 안보를 지키는 정치가들을 위해서도 기도해야 한다. 기도의 결과는 곧 개인의 안전이다. "임금들과 높은 지위에 있는 모든 사람을 위하여 하라 이는 우리가 모든 경건과 단정함으로 고요하고 평안한 생활을 하려 함이라"(딤전 2:2). 시편 기자는 안보를 위해 기도한다. 특히 안보를 위협하는 이방인들이 이스라엘을 향하여 만행을 행한다. 시편 기자는 이것에 대하여 분노하며 하나님께 이스라엘의 안보를 위하여 기도한다. 그 이유는 국가를 세우신 분이 하나님이고, 국가를 지키는 분도 하나님이심을 믿기 때문이다. 국가의 주권도 하나님께 있고, 안보도 하나님께 있다.

시인은 국가의 안보가 위협받고 있을 때 하나님을 찾는다. 하나님께서 모른 척 하시면 나라가 망할 것임을 알고 있기 때문이다. 그러므로 하나님께 국가의 안보를 애원한다. "하나님이여 침묵하지 마소서 하나님이여 잠잠하지 마시고 조용하지 마소서"(1절). 주변 국가들이 하나님이 세우신 나라를 치려고 일어났다. 이것이 이스라엘의 안보에 심각한 위협으로 등장하였다. 이로써 주변 국가들은 이스라엘의 원수가 되었다. "무릇 주의 원수들이 떠들며 주를 미워하는 자들이 머리를 들었나이다"(2절). 개인끼리의 갈등과 싸움도 주변을 불안하게 하는데, 국가 사이의 갈등은 국민들을 불안에 떨게 만든다. 그러고도 침략자들은 전혀 죄책감이 없다.

원수들이 악한 꾀로 이스라엘을 치려 한다. 게다가 원수들은 자기들끼리 연합하여 이스라엘을 공격한다. 연합군을 형성하고 공조 관계를 유지한다. 이스라엘을 공동의 적으로 삼은 것이다. "그들이 주의 백성을 치려 하여 간계를 꾀하며 주께서 숨기신 자를 치려고 서로 의논하여"(3절). 모여서 의논하는 것이 무엇일까? 당연히 이스라엘의 멸망이다. 이스라엘이라는 이름을 역사 속에서 지워보자는 것이다. 아마도 이스라엘을 망하게 하는 것이 역사적 사명이라고 착각하고 있는지도 모른다. "말하기를 가서 그들을 멸하여 다시 나라가 되지 못하게 하여 이스라엘의 이름으로 다시는 기억되지 못하게 하자 하나이다"(4절).

작은 나라를 삼키기 위해 큰 나라 여럿이 연합군을 형성하였다는 것 자체가 우스운 모양이다. 그러나 이스라엘을 지우기 전에는 자기들이 뻗어나갈 수 없다는 것을 알기 때문에 이스라엘을 모두 미워한다. 함께 이스라엘을 멸망시키자고 조약을 맺는다. "그들의 한마음으로 의논하고 주를 대적하여 서로 동맹하니"(5절). 주변 나라들이 서로 공조하고 있지만 흑심은 하나이다. 이스라엘만 없어지면 그 땅을 차지하겠다는 것이다. 각 나라마다 지역과 주변 정세의 패권을 차지하고 싶은 마음이 있다. 아마 이스라엘이 멸망한다면 자기들끼리 싸울 것이다. 이스라엘은 이방의 흑심을 알고 있다. 문제는 안보를 먼저 지키는 일이다.

시인은 이방의 흑심을 충분히 알고 있다. "그들이 말하기를 우리가 하나님의 목장을 우리의 소유로 취하자 하였나이다"(12절). 이는 이방 나라들이 하나님의 영역을 침범하는 것이다. 하나님이 참견하실 때가 되었다. 그래서 시인은 사사 시대에 하나님이 이스라엘의 안보를 지키신 것처럼 그런 승리의 사건들이 다시 생겨나기를 기도한다. "주는 미디안인에게 행하신 것 같이, 기손 시내에서 시스라와 야빈에게 행하신 것 같이 그들에게도 행하소서 그들은 엔돌에서 패망하여 땅에 거름이 되었나이다 그들의 귀인들이 오렙과 스엡 같게 하시며 그들의 모든 고관들은 세바와 살문나와 같게 하소서"(9~11절).

하나님의 도우심

이스라엘은 주변국들에 의해 들볶이며 살았다. "곧 에돔의 장막과 이스마엘인과 모압과 하갈인이며 그발과 암몬과 아말렉이며 블레셋과 두로 사람이요 앗수르도 그들과 연합하여 롯 자손의 도움이 되었나이다(셀라)"(6~8절). 이것이 이스라엘에게는 엄청난 시련이었다. 하나님이 참견하지 않으시면 이스라엘은 검불처럼 날아가고 말 것이다. 그러나 이스라엘이 어떤 백성인가? 하나님이 친히 선택하신 민족이 아닌가? 시련이 와도 이스라엘이 견딜 수 있는 것은 하나님이 계시기 때문이다. 오히려 이스라엘을 괴롭히는 나라들이 사라질 것이다. "나의 하나님이여 그들이 굴러가는 검불 같게 하시며 바람에 날리는 지푸라기 같게 하소서"(13절).

하나님이 이스라엘의 안보를 지키시는 것이 놀랍다. 하나님이 엘리사와 이스라엘을 지키실 때, 불말과 불병거를 동원하셨다(왕하 6:17). 하나님이 아람 왕 벤하닷에게는 엄청난 우레 소리를 듣게 하시고, 두렵게 하셨다. 벤하닷은 우레 소리를 듣자 헷 사람들과 애굽 사람들이 이스라엘을 도우러 오는 줄 알고 줄행랑을 놓았다. "삼림을 사르는 불과 산에 붙는 불길 같이 주의 광풍으로 그들을 쫓으시며 주의 폭풍으로 그들을 두렵게 하소서"(14~15절). 하나님이 이스라엘을 지키시는 방법이 신비하기 짝이 없다. 사람으로서는 상상조차 해본 적이 없는 일이다. 그러므로 하나님께 안보를 맡기는 것이 당연하지 않을까?

하나님이 지키시면 세상의 어떤 강한 나라라도 모두 물러갈 것이다. 어떤 나라들이라도 순순히 물러가려고 하지는 않는다. 한번 일어섰는데, 하다 못해 작은 마을 하나라도 점령해야 체면이 설 것이다. 그러나 하나님은 야심이 강한 나라와 왕에게 수치를 가져다 주신다. 전쟁에 패한 수치로 자기 나라에 돌아가 얼굴조차 들지 못하게 한다. 전쟁에 패하고 돌아가면 지위를 뺏길 수도 있다. 사람들 중에는 하나님을 대적하다 그렇게 된 것임을 알고 하나님을 찾는 이도 있을 것이다. "여호와여 그들의 얼굴에 수치가 가득하게 하사 그들이 주의 이름을 찾게 하소서"(16절). 하나님께 맡기는 것은 이처럼 수지맞는 일이다.

이스라엘의 안보를 위협하던 나라가 영원토록 존속된 적은 별로 없다. 애굽 정도만 나라의 이름을 유지하고 있을 뿐, 수많은 나라가 사라져 갔다. 그렇게 강하고, 영원토록 세계를 다스릴 것만 같던 나라가 역사의 뒤안길로 사라졌다. 어떤 나라는 먼지로 뒤덮이고, 흙이 쌓여 흔적도 찾기 어렵게 되었다. "그들로 수치를 당하여 영원히 놀라게 하시며 낭패와 멸망을 당하게 하사"(17절). 하나님이 당신의 백성과 나라를 지키심으로 온 세계가 하나님을 알게 될 것이다. 하나님이 가장 높은 분이며, 역사와 우주를 다스리시는 분, 안보의 하나님으로 알게 될 것이다. "여호와라 이름하신 주만 온 세계의 지존자로 알게 하소서"(18절).

시편 84편
성전의 영성과 하반신 장애인

성전 미문의 장애인

사도행전 3장에 하반신 장애인 한 사람이 등장한다. 개역한글에는 앉은뱅이라고 기록되어 있다. 그는 성전 미문 앞에 앉아서 구걸을 하는 사람이다. 장애를 가졌으니 일을 할 수가 없다. 경제적으로 고통을 겪는 것은 불을 보듯이 뻔한 일이다. 주변 사람들이 도와주는 일이라고는 아침에 성전 미문으로 데려다 놓고, 저녁이 되면 집으로 데려다 놓는 것이다. 장애인 보고 사람들에게 구걸하여 스스로 경제적인 문제를 해결하라는 것이다. 그래서 사람들이 많이 지나다니는 길목인 성전 문에 데려다 놓는다. 아마도 장애인을 데려다 놓으면서 그것에 대한 대가나 자릿세를 요구하는 불한당들이 있을지도 모른다.

수많은 사람들이 성전을 드나들며 장애인을 보았을 것이다. 그러나 장애인을 향하여 주목하는 사람이 별로 없다. 그냥 눈에 띄고, 불쌍해 보이니까 동전 몇 닢 던져주고 갈 뿐이다. 몇 차례 주다 보면 전에 주었는데 또 주느냐고 외면하는 사람들도 있을 것이다. 혹은 볼 때마다 동전 한 잎씩 던져주는 사람도 있을 것이다. 장애인은 받을 때마다 머리를 조아리며 감사하다고 인사를 할 것이다. 그래도 그 돈이 장애인의 인생에 도움이 되기는 하겠지만, 그의 인생을 근본적으로 바꾸지는 못한다. 복권에 당첨된다면 모를까? 오직 할 일이라고는 성전 미문 앞에 앉아 구걸하는 것뿐이다.

마침 성전으로 기도하러 올라가던 베드로와 요한의 눈에 그가 띄었다. 베드로와 요한이 장애인을 부르며 우리를 쳐다보라고 이른다. 수많은 사람들이 외면하고 지나갔지만, 베드로와 요한은 특별한 관심을 가진다. 동전 하나 주는 것이 관심이 아니다. 진정한 관심은 인생을 전환할 대안을 주는 것이다. 베드로와 요한의 부름에 장애인이 쳐다본다. 혹시라도 돈을 줄지 모르기 때문이다. 부르는 사람은 관심을 가졌지만, 들은 사람은 생계를 해결할 정도의 작은 돈에만 관심을 가질 뿐이다. 베드로와 요한은 장애인의 생각에 연연하지 않는다. 오직 장애인에게 무엇이 필요할까 생각할 뿐이다. 진정한 관심은 바로 이런 것이다.

베드로가 장애인의 손을 잡아 일으키며 말한다. "은과 금은 내게 없거니와 내게 있는 이것을 네게 주노니 곧 나사렛 예수 그리스도의 이름으로 걸으라"(행 3:6). 장애인이 이 말을 듣자마자 벌떡 일어났다. 베드로의 말 한마디에 그의 인생이 바뀐 것이다. 장애인이 펄쩍펄쩍 뛰며, 성전으로 들어간다. 걷기도 하고 뛰기도 하며 하나님을 찬양한다. 장애인은 성전 문에 앉았다가 인생의 변화를 경험하였다. 성전에 들어가던 베드로와 요한이 전하는 예수님의 이름을 듣고, 그 이름의 능력을 경험하였다. 성전은 하나님을 만나고, 그 능력을 경험하는 곳이다. 그리고 인생의 변화를 체험하는 곳이다.

있을 곳에 있어야지

두 사람의 젊은이가 술집으로 들어가고 있었다. 그들의 귀에 복음전도자의 외침이 들린다. 한 젊은이는 전도자의 외침을 듣고 인생에 대하여 다시 생각해 보았다. 친구에게 집에 가겠노라고 말하고는 걸음을 돌이킨다. 다른 친구는 발걸음을 돌이키는 친구에게 욕을 하고는 그대로 술집에 들어간다. 그로부터 30년이 지났다. 술집에 들어간 친구는 살인죄를 저지르고 감옥에 들어가 있다. 감옥에 들어온 신문에 새로운 대통령이 당선되었다는 뉴스가 실렸다. 당선된 대통령은 다름 아닌 술집에 들어가려다가 복음을 듣고 돌아선 친구였다. 한 번 들은 것으로 자기의 자리를 다시 정한 젊은이가 인생의 성공을 이루었다.

젊은이나 나이가 들은 사람이나 자기가 있을 곳에 있어야 한다. 선한 일을 이루는 곳에 있으면 선한 일을 할 것이다. 악한 일을 꾸미는 곳에 있으면 덩달아서 악해진다. 물론 선한 일에 탁월한 사람은 악한 곳도 바꿀 것이다. 그러나 대부분의 사람들은 어디에 있느냐에 따라 인생의 모습이 달라진다. 거의 모든 사람들이 환경의 지배를 받고 있으니, 환경을 잘 선택해야 한다. 어떤 환경을 선택하느냐에 따라서 인생이 달라질 것이다. 훈련기간에는 좋은 환경을 선택해야 한다. 훈련이 마쳐진 후에는 나쁜 환경을 좋게 만드는 능력이 생긴다. 일단 능력이 생기면 나쁜 환경을 찾아갈 수 있다. 그래야 훈련의 효과를 드러내기 때문이다.

기성 세대는 젊은이들에게 좋은 환경을 제공해야 한다. 또한 좋은 환경을 선택하도록 적절하게 도와주어야 한다. 기성세대와 젊은이들이 사회와 환경의 미래에 대하여 공동으로 책임을 지고 있다. 우리의 젊은이들이 있어야 할 곳은 어디인가? 폭력과 욕설이 난무하는 곳인가? 결코 아니다. 선함과 비전을 제공하는 곳이어야 한다. 기성 세대는 젊은이들에게 미래의 비전을 제공하는 곳을 더 많이 만들어야 한다. 젊은이들에게 비전을 찾을 수 있는 장소들을 더 많이 확보해야 한다. 뒷골목만 많다면 젊은이들의 인생이 암울해질 것이다. 그러고도 젊은이들 탓을 한다면 그야말로 기성 세대의 무책임이다.

하반신 장애인은 성전에 있었다. 그가 있을 곳은 성전 밖에 없었다. 그가 성전에 있었던 이유는 구걸하기 위함이었다. 그러나 그는 그곳에서 장애를 고쳤다. 인생의 새로운 기회를 찾은 것이다. 장애인은 베드로와 요한을 만나고 예수님의 이름을 들었다. 사람이 어디에 있느냐에 따라 만나는 사람이 달라진다. 그리고 듣는 내용도 달라진다. 무엇을 듣느냐에 따라 생각이 달라질 것이고, 습관과 인생이 달라진다. 기성 세대는 젊은이들이 교회 안에 있도록 배려해야 한다. 분위기와 공간은 물론이고, 젊은이들이 좋아할 만한 것을 준비해 주어야 한다. 격려와 칭찬이 함께 있어야 한다. 자존심을 세워준다면 교회 밖으로 나갈 젊은이들이 하나도 없다.

민족의 중심지

이스라엘은 성전을 민족의 중심지로 삼았다. 성전은 그들 신앙의 중심지이다. 그들은 성전에서 하나님을 예배하고, 하나님의 말씀을 듣는다. 성전은 민족의 중심지이다. 절기가 되면 사람들이 성전으로 예배하려 온다. 성전은 반드시 거쳐가야 할 곳이다. 성전은 역사의 중심지이다. 성전을 세우면 민족이 부흥할 때이고, 성전이 무너졌을 때는 민족이 망할 때이다. 성전과 민족의 운명이 함께 한다. 그러므로 이스라엘 민족은 성전을 마음속에 두고 산다. 백성의 성전을 향한 애정도 각별하다. 성전이 민족 존재의 의미이기도 하며, 성전이 민족 생존의 방법이기도 하다. 그 민족은 성전을 떠나서는 결코 기쁨이 없는 민족이다.

다윗이 여부스 족속을 점령하고 그곳을 시온이라고 이름을 지었다. 그 성을 하나님의 성으로 생각하고, 민족의 중심지로 삼았다. 다윗은 그곳에 하나님의 성전을 짓고 싶었다. 그러나 지을 수 없었다. 하나님이 다윗에게 성전 건축을 막으셨기 때문이다. 다윗은 전쟁터에서 피를 많이 흘렸다. 그러므로 그는 성전의 정결함과 부합되지 않는다. 다만 다윗은 성전 건축에 대한 준비를 할 수는 있었기에 그의 아들 솔로몬이 성전을 짓도록 완벽한 준비를 해야 했다. 다윗의 평생 소원인 성전 건축이 그의 아들 솔로몬 시대에 완성되었다.

성전은 하나님이 임재하시는 곳이며, 민족이 하나님을 만나는 곳이다. 그러므로 성전에서는 오직 하나님만이 높여져야 한다. 민족은 오직 성전을 중심으로 살아야 한다. 그러나 민족이 성전 외의 곳을 찾았다. 산당을 찾았고, 그곳에 우상을 두었다. 성전이 아닌 곳에서 민족의 의미를 찾으려 하였다. 왕과 백성이 성전을 찾는 횟수가 드물어졌다. 성전을 찾지 않는다면 그것은 하나님에 대한 배신 행위이다. 그것에 대한 결과가 무엇일까? 혹독한 형벌이었다. 민족의 중심지 성전이 무너지고, 백성이 이방 백성에게 포로가 되었다. 아예 성전을 찾을 수 없는 환경에까지 가게 된 것이다. 좋은 것을 모르면 그것을 잃게 될 것이다.

그러나 고난 중에도 성전을 생각하는 사람들이 있었다. 바벨론에 포로로 잡혀가서도 무너진 성전을 사모하는 사람이 있었다. 다니엘은 성전이 있었던 방향으로 자기 집 들창을 내었다. 들창을 열면 성전을 향하여 앉을 수 있게 하였다. 다니엘은 성전을 향하여 앉아 기도를 올렸다. 포로에서 돌아온 민족은 성전을 재건하는 데 열심을 내었다. 스룹바벨 총독의 주도로 성전을 재건하려 하였다. 그러나 방해공작 때문에 성전 재건이 중단된다. 이 때 학개 선지자가 나타나 성전 재건을 강력하게 촉구한다. 성전을 재건하는 것이 그들의 역사를 엮어가는 중요한 관점이었다. 성전을 향한 관심이 곧 그들의 삶과 역사의 중심이었다.

성전을 민족의 중심지로, 마음의 고향으로 굳게 믿는 사람들이 있었다. 그들은 성전을 사모하고 사랑하는 마음을 시로 적었다. 시 속에 그들의 사랑과 감정 그리고 인생관이 담겨 있다. 시 속에 성전에 관한 최고의 형용사와 감탄사가 들어있다. "만군의 여호와여 주의 장막이 어찌 그리 사랑스러운지요"(1절). 시 속에 성전과 관련된 시인의 상태가 스며들어 있다. 시인은 성전을 떠나면 아무 것도 아니다. 성전에 가고 싶어 건강이 상할 정도이다. "내 영혼이 여호와의 궁정을 사모하여 쇠약함이여 내 마음과 육체가 살아 계시는 하나님께 부르짖나이다"(2절). 당신은 당신의 교회에 가고 싶어 병이 난 적이 있는가?

성전은 시인이 살아야 할 집이다. 하나님의 집이지만 시인도 그 안에서 살 수 있다. 그것은 하나님 안에서 사는 것이기 때문이다. 시인은 성전을 자기 집으로 삼았다. 날짐승들도 성전을 집으로 삼고 거기서 새끼를 낳는다. "나의 왕, 나의 하나님, 만군의 여호와여 주의 제단에서 참새도 제 집을 얻고 제비도 새끼 둘 보금자리를 얻었나이다"(3절). 하물며 하나님의 형상인 사람이 성전에 머무는 것이 당연한 일이 아닐까? 시인은 하나님의 집에 머무는 것이 복인 줄로 믿는다. "주의 집에 사는 자들은 복이 있나니 그들이 항상 주를 찬송하리이다(셀라)"(4절). 하나님을 떠나서는 아무 것도 아닌 자기를 알기 때문이다.

자기 인생의 근원을 알고 인생의 길을 아는 사람은 근원에 따라 행동하며, 바른 길을 간다. 근원이 아닌 것을 따르고, 길이 아닌 곳으로 가려다가 고난을 당한다. 시인은 성전에 있는 것이 즐겁다. 그래서 하나님을 찬송한다. 자신의 근원이 하나님이며, 자신의 길이 찬송하는 길임을 알고 있다. 근원을 따르는 것이 성전에 있는 것이며, 바른 길을 가는 것이다. 시인은 성전에서 하나님과 대화하며, 하나님으로부터 말씀을 듣고 깊은 은혜를 체험한다. 그가 성전에 있으면 하나님을 의지하는 자신을 보인다. 하나님을 의지하는 것 자체가 복이기 때문이다. "만군의 여호와여 주께 의지하는 자는 복이 있나이다"(12절). 시인은 은혜를 체험하며 주님의 힘을 얻는다. 은혜를 체험할수록 하나님 앞에 더 나가고 싶다. 자기를 인정해 주고, 자기의 존재의미를 찾게 되는 것에 나가지 않을 사람이 어디 있는가? 더 빨리 달려갈 것이다. 빨리 달려갈 길이 생긴다면 그 길을 선택할 것이다. 시인은 마음속에 하나님을 향한 큰 길을 만들어 놓았다. 그러므로 그는 언제든지 하나님 앞에 달려갈 수 있다. "주께 힘을 얻고 그 마음에 시온의 대로가 있는 자는 복이 있나이다"(5절). 그리고 시인은 민족이 성전을 사모하기를 바란다. "그들은 힘을 얻고 더 얻어 나아가 시온에서 하나님 앞에 각기 나타나리이다"(7절). 믿음은 함께 할 때 더 큰 힘을 얻는다.

성전은 나의 인생

성전은 하나님 앞에서 무엇이든지 말할 수 있는 장소이다. 사람 앞에서 통곡하면 듣기 싫다는 핀잔을 들을 수도 있다. 그러나 하나님 앞에서는 오히려 위로를 받을 것이다. "애통하는 자는 복이 있나니 그들이 위로를 받을 것임이요"(마 5:4). 눈물로 강을 이룰만큼 고통을 당하는 사람도 성전에 오면 새로운 은혜를 체험한다. 성전에 있으면 눈물 골짜기를 지나 맑은 샘을 찾을 것이다. "그들이 눈물 골짜기로 지나갈 때에 그 곳에 많은 샘이 있을 것이며 이른 비가 못을 채워 주나이다"(6절). 성전에 있으면 확실히 인생의 문제들이 해결된다. 하나님은 당신을 찾는 사람을 결코 외면하지 않으시기 때문이다.

시인이 성전에서 하는 일이 무엇인가? 슬픔과 고통의 때에는 기도하고 간구한다. 인격적인 하나님이 기도를 들으실 줄로 믿기 때문이다. "만군의 하나님 여호와여 내 기도를 들으소서 야곱의 하나님이여 귀를 기울이소서 (셀라)"(8절). 시인의 간구에 관심을 가지고 귀 기울여 주시는 하나님을 알기 때문이다. 온 세상위에 뛰어난 하나님이 자기를 지키시는 방패임을 그는 믿는다. 그리고 자신은 하나님과 특별한 관계에 있는 사람이라 믿는다. 시인은 하나님으로부터 기름부음을 받은 사람 곧 선택된 사람이다. 하나님이 어찌 외면하시겠는가? "우리 방패이신 하나님이여 주께서 기름 부으신 자의 얼굴을 살펴 보옵소서"(9절).

금이 없는 곳은 아무리 파도 금을 얻을 수 없다. 전 세계를 돌아다녀도 파랑새를 찾을 수 없다. 파랑새는 다름 아닌 하나님의 성전에 있다. 하나님의 성전에는 금보다 더 귀한 말씀이 있다. 하나님의 성전에만 있을 수 있다면 문지기가 되어도 좋다. 부귀영화를 누리는 수많은 날보다 하나님 앞에서 겸손해지고 은혜를 누리는 하루가 더 좋다. "주의 궁정에서의 한 날이 다른 곳에서의 천 날보다 나은즉 악인의 장막에 거함보다 내 하나님 성전 문지기로 있는 것이 좋사오니"(10절). 정부 고위관료와 대기업 총수가 교회 문 앞에서 주차관리를 한다면 사람들이 어떻게 생각할까? 성전에서 봉사하는 그것이 기쁨이라면 남들이 뭐라 하든 무슨 상관인가.

성전 안에서 하나님이 비추시는 빛을 받으면 성전 밖에서는 하나님의 빛이 시인을 통해 더 드러날 것이다. 성전에서 하루를 지내면 성전 밖의 수많은 날이 복될 것이다. 성전에서 말씀을 들으면 성전 밖에서는 하나님의 은혜와 영광이 시인을 통해 드러날 것이다. 시인이 은혜와 영광을 드러내는 통로가 된다. 하나님이 시인을 통해 당신의 의를 드러내신다. 하나님은 시인의 믿음과 정직함을 보시고, 가장 좋은 것으로 아끼지 않고 부어 주신다. "여호와 하나님은 해요 방패이시라 여호와께서 은혜와 영화를 주시며 정직하게 행하는 자에게 좋은 것을 아끼지 아니하실 것임이니이다"(11절). 이런 믿음을 가진 시인에게 성전은 그의 인생이다.

시편 85편

완수의 영성과 마가 요한

마가 요한

마가 요한은 마가복음의 저자이다. 학자들에 의하면 마가복음은 마태복음과 누가복음의 근원이 되는 독특한 자료이다. 그의 집은 초대 교회 성도들이 모여 기도하는 곳이었다. 오순절 성령이 임할 때 아마 마가도 그 자리에 있었을 것이다. 그리고 베드로의 설교를 통해 3,000명이 회개하는 장면도 보았을 것이다. 뿐만이 아니라 베드로의 설교를 듣고 복음이 무엇인지, 예수님이 누구인지를 분명히 알았을 것이다. 그는 베드로가 옥에서 살아 돌아올 때도 그 자리에 있었다. 마가의 믿음이 얼마나 좋았던지 베드로가 아들이라고 말할 정도였다. 마가복음을 저술한 것만 보아도 그가 교회를 위해 어떻게 일하려 했는지를 짐작할 수 있다.

마가 요한은 바나바의 생질(甥姪 : 누이의 아들)이다. 바나바가 바울과 함께 제1차 전도여행에 나설 때 마가 요한도 따라 갔다. 그런데 웬일인지 버가라는 곳에서 마가가 이탈하여 예루살렘으로 돌아갔다. 이제 막 전도여행에 결과를 얻어 재미가 붙을만한 상태인데, 마가가 돌아가 버렸으니 선교팀에 허탈감이 생길만하다. 마가가 왜 예루살렘으로 돌아갔는지 성경에서는 분명한 이유를 말하지 않는다. 다만 이 일로 인하여 바울의 마음이 몹시 상한 것 같다. 바나바는 조카이니 용납할 수 있었겠으나 바울은 그렇지 않았다. 매사에 분명하고 열정적인 바울로서는 마가처럼 분위기를 흐리는 사람을 용납한다는 것이 그렇게 쉬운 일이 아니었다.

문제는 제2차 전도여행 때 생겼다. 바나바와 바울이 다시 전도여행에 나서며 마가의 문제로 갈등이 생겼다. 바나바는 마가를 다시 데리고 가자고 의견을 내었다. 워낙 바나바는 과거보다 현재를 중요시하는 사람이었다. 바나바의 이런 성격 때문에 바나바가 바울을 사도들에게 소개할 수 있었다. 반면에 바울은 그것을 거절하였다. 바울은 이전에 마가가 함께 일하지 않았으므로 앞으로도 어떻게 될지 모른다고 생각하였다. 바울은 마가를 완전히 믿을 수 없었다. 바나바와 바울은 이 문제에 대하여 합의를 못 보고 결국 헤어졌다. 마가 요한 때문에 위대한 선교사이며 동역자였던 두 사람이 갈라서게 된 것이다.

그러나 마가 요한은 영원토록 바울과 원수관계로 남지 않았다. 바울이 후에 마가 요한을 용서하고 받아들인 것이다. 바울은 골로새 교회에 편지를 보낼 때 마가가 도착하거든 영접하라고 이른다(골 4:10). 그리고 디모데에게는 마가와 함께 와 달라고 부탁한다(딤후 4:11). 빌레몬에게 편지를 보낼 때는 동역자라고까지 말한다(몬 1:24). 이것으로 보아 바울은 마가를 완전히 용서하고 받아들인 것처럼 보인다. 바울의 마음 깊은 곳에서 마가에 대한 신뢰와 사랑이 있어 보인다. 마가는 끝까지 복음을 위해 일하는 사람으로 살았다. 끝까지 사명을 완수한다면 한 순간의 실수와 어리석음 정도야 너끈히 용서받을 수 있다.

복음의 탈락자

바울도 복음을 전하며 많은 배교자를 만났었다. 데마는 바울의 추종자였고, 신실한 동역자였으나(골 4:14) 세상을 사랑하여 바울을 버리고 떠났다. 데마를 믿었던 바울로서는 엄청난 충격을 받았을 것이다. 나이가 들수록 이런 충격을 받으면 마음의 상처가 더 크다. 젊은 시절에는 분노하지만 금방 잊는다. 그리고 다시 권면할 기회도 얻을 것이다. 그러나 나이가 들면 화도 내기 어렵고, 분을 삭이자니 마음에 고통이 심하다. 나이가 있으니 언제 다시 만나서 권면할지 몰라 막막하다. 바울이 지금 이런 상태이다. 그래도 디모데와 디도같은 신실한 젊은이가 바울의 사역을 이어가고 있으니 안심이다.

복음이 처음 전파되는 곳에는 핍박이 매우 심하다. 경제적 압력, 가족으로부터의 외면, 사회로부터 소외당하는 것 정도야 참을만 하다. 그러나 목숨을 위협당할 때는 참기가 매우 어렵다. 이것 때문에 배교하는 사람들도 있다. 그런데 믿는 사람들의 이름을 줄줄 외워대며 고해바치는 배교자들이 있다. 이들은 배교를 자기의 사욕을 채우는 기회로 삼는 것이다. 이 때문에 수많은 사람들이 체포되고, 고문을 당한다. 순교의 현장으로 끌려가는 사람도 있다. 자기가 살려고 다른 사람은 죽이는 사람이나, 배교하는 사람이나 죄의 모양이 같다.

복음이 전파되는 곳마다 이런 이야기가 무수히 많다. 우리나라만 해도 엄청나다. 조선 시대에는 관리들에게 고해바친 사람, 일제 시대에는 일본 경찰에 고해 바친 사람, 북한에서는 공산당에게 고해바친 사람들이 이 땅에 피의 역사를 쓰는 데 동조하였다. 아마도 한국 교회가 이처럼 부흥한 것은 피의 역사에 대한 하나님의 축복일 것이다. 고대교회 신학자 터툴리안이 "순교자의 피는 교회의 씨앗이다"라는 말이 한국에서 맞아 떨어졌다. 핍박하는 사람이나 배교자는 교회가 사라지기를 원했을 것이다. 그러나 그들의 생각과 반대로 교회는 더 부흥하였다. 그들의 행위가 역설적으로 교회 부흥에 기여한 셈이다.

이 정도 되면 배교자들에게 상을 주어야 할지 비난해야 할지 모른다. 하나님이 복음의 탈락자를 반대로 사용하신 것이다. 우리는 그들을 비난하고, 그들 역시 죄책감을 가질 것이다. 하나님도 그들을 심판하실 것이다. 우리가 분명히 알 수 있는 것은 복음의 탈락자가 있지만 하나님이 그것 때문에 교회의 성장을 멈추게 하시지 않는다는 것이다. 복음의 탈락자가 많을수록 남은 사람들은 더 열정적으로 믿음의 생활을 한다. 한 사람이 탈락하면 반대로 수만 명이 하나님께로 돌아온다. 배교자가 얕은 꾀를 부리다가 본인만 손해를 보고 비난을 받게 된다. 부흥의 주역이 될 기회를 놓친 배교자만 땅을 치고 후회할 것이다.

돌이키기만 하면 된다

신실한 복음의 사람들도 순간적으로 실수한 적이 있다. 앞서 말한 마가 요한도 그랬다. 위대한 사도 베드로도 예수님을 세 번씩이나 부인한 적이 있었다. 한 번 실수는 누구에게나 있다. 하지만 돌이켜야 한다. 회개해야 하고, 다시 일어서야 한다. 교회 역시 한 번 실수에 대하여 심하게 나무라고 정죄하면 안 된다. 한 번 실수를 나무라면 주눅이 든다. 실수할까봐 아예 사역에 나서지 않을 수도 있다. 반대로 실수했으나 용납하는 마음을 보고 격려를 받으면 자신의 잘못을 뼈저리게 느끼고, 새로운 삶을 살게 될 것이다. 복음의 완수는 실수를 나무란다고 되는 것이 아니라 주변에서 실수한 사람을 용납하고 세워줄 때 가능하다.

예수님의 주변에는 죄인들이 많이 모였었다. 예수님은 세리와 죄인들을 만나 이야기하셨고, 그들과 함께 식사도 하셨다. 오죽하면 바리새인들이 예수님을 비난하기까지 했을까? 그러나 사회적으로 비난받는 사람들을 예수님마저 비난하고 나무라셨다면 과연 그들이 믿음을 가질 수 있었을까? 결코 그렇지 못했을 것이다. 예수님은 그들을 비난하기보다 용납하셨다. 예수님이 죄인들에게 용서의 길을 제시하셨다. 죄인들이 예수님의 말씀을 듣고, 예수님의 따뜻한 사랑을 확인하고는 바로 예수님을 따르는 사람들이 되었다. 예수님이 오신 목적은 죄인들을 구원하기 위함이었다. 예수님은 죄인들을 용납하심으로 이 목적을 이루셨다.

그렇다고 예수님이 죄를 용납하신 것이 아니다. 죄는 분명히 경계하셨다. 그러나 죄인들을 부드러운 손길로 어루만지심으로 죄인들로 하여금 죄를 벗어버리게 하셨다. 어루만짐에 대하여 회개하는 사람들은 모두 자신의 죄를 알고 있었던 사람들이다. 자기 죄를 모른다면 어루만진다고 해도 대책이 없다. 자기 죄를 알지만 어찌할 수 없는 사람이야말로 예수님이 어떤 분인지를 알아야 할 필요가 있다. 예수님이 그들의 영적 필요를 채우기 위해 오셨다. 예수님이 죄인들을 용서하심으로 당신의 사명을 완수하셨다. 그리고 예수님으로부터 용납을 받은 사람들이 평생 예수님을 믿고 따랐다. 그들 역시 믿음을 끝까지 완수하였다.

사마리아 여인이 예수님을 만나자마자 은혜를 받고 예수님을 자랑하고 다녔다. 귀신이 들렸던 막달라 마리아가 예수님을 만나고 새로운 인생을 살았다. 몸을 팔던 여인 마리아가 예수님의 발에 향유를 붓고 자기 머리카락으로 예수님의 발을 씻었다. 세리 마태가 예수님을 따랐고, 세리장 삭개오가 예수님을 따랐다. 열정파였던 가나안인 시몬도 예수님의 제자가 되었다. 우레의 아들이라 불리던 요한도 예수님의 사랑을 받는 제자가 되었다. 그들 모두 부족하기 짝이 없었던 사람들이었지만 예수님을 만나 인생이 변화되고 새로운 삶을 살았다. 그들은 새로운 삶을 끝까지 완수하였다. 예수님의 인자하심을 체험하면 이렇게 된다.

하나님은 이스라엘을 향하여 끝까지 사랑을 행하신다. 비록 우상숭배와 죄에 대한 대가로 포로가 되었어도 하나님이 그들을 용서하시고 돌아오게 하실 것이다. 시인은 하나님이 결코 사람을 포기하지 않을 것을 알고 있다. "여호와여 주께서 주의 땅에 은혜를 베푸사 야곱의 포로 된 자들이 돌아오게 하셨으며 주의 백성의 죄악을 사하시고 그들의 모든 죄를 덮으셨나이다(셀라)"(1~2절). 왜 하나님이 이처럼 용서하시고 사랑하실까? 그것은 이스라엘로 하여금 그들이 가진 책임과 사명을 완수하게 하려는 목적에서였다. 죄를 가지고 있으면 하나님의 일을 제대로 감당할 수 없다. 하나님은 의로운 사람을 들어서 사용하시기 때문이다.

하나님께서는 범죄하는 이스라엘을 향하여 분노하신 적이 많았다. 이스라엘은 우상을 숭배하는 범죄를 행하였다. 이는 하나님을 모르고, 하나님을 떠나는 범죄였다. 동시에 이런 범죄는 그들이 가진 목적을 망각하는 것이었다. 그들은 하나님의 대사로서 일해야 하지만 인간의 욕망만을 채우는 일을 하였다. 하나님으로부터 주어진 사명을 망각하는 순간부터 하나님의 은혜는 점점 사라진다. 돌아오라는 예언자들의 외침도 아랑곳하지 않는다. 이런 사람들에게서 사명 완수를 기대하기 어렵다. 하나님이 이런 사람들을 깨닫도록 따끔하게 책망하시는데 그것은 곧 고난이었다. 하나님의 진노는 우리에게 극심한 고난이 될 수 있다.

시인은 하나님이 진노를 거두셔야 함을 알고 있다. 진노의 대상으로 있으면 하나님의 뜻을 완수할 수 없기 때문이다. 진노를 거두시고 용서하실 때 하나님의 사람으로 거듭날 것이며 하나님의 명령을 완수할 수 있다. "주의 모든 분노를 거두시며 주의 진노를 돌이키셨나이다 우리 구원의 하나님이여 우리를 돌이키시고 우리에게 향하신 주의 분노를 거두소서"(3~4절). 시인은 하나님께 진노를 거두어달라는 요청을 거듭한다. 시인은 하나님께 질문함으로 진노를 거두시는 것이 당연하다 아뢴다. 하나님의 진노가 자녀에게까지 전가될 수 없다. "주께서 우리에게 영원히 노하시며 대대에 진노하시겠나이까"(5절).

하나님이 용서하시고 사랑하심을 기뻐하신다. 하나님은 백성의 믿음을 보시고 기뻐하시지만 사랑하고 용납하는 것도 기뻐하신다. 외부로부터 오는 자극에 기쁨으로 반응하는 것이 아니라 먼저 기쁨의 에너지를 나누어주는 것이 진정한 기쁨이다. 하나님의 기쁨이란 이런 것이다. 하나님이 먼저 우리를 살리시면 그것은 사람에게도 기쁨이다. 사람은 어쩔 수 없이 외부로부터 기쁜 일이 와야 기뻐하기 때문이다. "주께서 우리를 다시 살리사 주의 백성이 주를 기뻐하도록 하지 아니하시겠나이까"(6절). 이것을 아는 사람은 진정한 기쁨을 누린다. 마음에 기쁨이 있으니 자기의 역할을 바로 감당할 것이고, 사명을 완수하려 할 것이다.

완수의 길

하나님이 백성을 용서하시고 사랑하심은 하나님의 인자한 성품을 보이시는 것이다. 하나님의 인자한 성품은 우리에게 구원으로 나타난다. "여호와여 주의 인자하심을 우리에게 보이시며 주의 구원을 우리에게 주소서"(7절). 하나님은 목적하신 것을 우리에게 완수하신다. 하나님의 목적은 우리의 구원이다. 우리의 구원을 위해 하나님께서는 인자하심을 베푸신다. 우리가 먼저 하나님께서 구원을 완성하셨다는 것을 안다면 우리 모두는 하나님 중심의 삶을 살게 될 것이다. 인간의 욕망대로 행하지 않을 것이다. "내가 하나님 여호와께서 하실 말씀을 들으리니 무릇 그의 백성, 그의 성도들에게 화평을 말씀하실 것이라 그들은 다시 어리석은 데로 돌아가지 말지로다"(8절).

하나님이 구원을 완성하시면 우리는 하나님의 영광 안에 살아간다. 하나님의 영광이 충만한 것이 하나님의 또 다른 목적이다. 하나님은 당신의 영광을 위하여 우리를 구원하신다. "진실로 그의 구원이 그를 경외하는 자에게 가까우니 영광이 우리 땅에 머무르리이다"(9절). 구원받은 우리가 할 일은 하나님의 영광을 돌리는 일이다. 이것은 평생 완수해야 하는 일이다. 구원받은 우리는 살아갈 방법이 정해졌다. 그리고 살아갈 목적도 정해졌다. 완수해야 할 일이 정해졌다. 하나님을 기뻐하고, 하나님께 영광을 돌리는 것이다. 구원을 감사하고 다른 사람들의 구원을 위해 일해야 한다. 완수할 일이 있다는 것이 행복이 아닌가?

구원받은 사람은 구원에 대한 책임과 사명을 가졌다. 구원받은 사람 안에서 아름다운 일들이 일어난다. 구원받은 사람의 눈에 신비하고 영적인 일들이 보인다. 구원을 완수하려는 사람들에게서 하나님이 이루시는 엄청난 축복들이 나타난다. "인애와 진리가 같이 만나고 의와 화평이 서로 입맞추었으며 진리는 땅에서 솟아나고 의는 하늘에서 굽어보도다"(10~11절). 예수님 안에서 이런 일들이 먼저 이루어졌다. 사도 바울도 이런 일들을 경험하였다. 목적이 바르고, 완수하려는 의지가 있는 사람에게 영적인 축복이 흘러 넘친다. 본인에게도 기쁨이고, 곁에 있는 사람과 만나는 사람 모두에게 영적 축복이 될 것이다.

완수하려는 사람에게는 영적인 축복뿐만 아니라 땅에서의 복도 주어진다. 하나님께서 목적을 완수하도록 도와주시기 때문이다. 하나님의 풍성한 수확을 거두게 하실 것이다. 쭉정이만 잔뜩 있는 것이 아니라 가장 좋은 것으로 가득하게 하실 것이다. 하나님이 최상품, 최고급품을 허락하실 것이다. "여호와께서 좋은 것을 주시리니 우리 땅이 그 산물을 내리로다"(12절). 이제 목적과 사명을 완수하려는 사람 앞에 길이 열려있다. 하나님이 의의 길을 열어 놓으셨다. 그 길은 주님이 앞서 가신 길이다. 완수의 길은 곧 의의 길이며, 주님의 뒤를 따라 가는 길이다. "의가 주의 앞에 앞서 가며 주의 길을 닦으리로다"(13절).

시편 86편

은혜의 영성과 요셉

형통의 사람

요셉은 어린 시절부터 모진 고생을 하였다. 꿈을 꾸었고 그 꿈을 말했다는 것 때문에 형들로부터 미움을 받았고, 형들에 의해 애굽으로 가는 미디안 장사꾼들에게 팔렸다. 장사꾼이란 본래 이익을 찾는 사람들이라 미디안 장사꾼들은 요셉을 애굽 사람에게 팔아 넘겼다. 요즘에야 인권 개념이라는 것이 있어서 사람을 사고 판다는 것이 용납이 되지 않지만 봉건 시대에는 사람도 물건 취급을 받았다. 요셉이 이 지경까지 내려간 것이다. 비록 야무진 꿈을 가진 사람이라도 최악의 상태까지 주저앉을 수 있다. 별로 잘못한 것도 없는데, 트집을 잡히고 억울하게 고생할 수도 있다. 사람 사는 세상이 대부분 이런 식이다.

결국 요셉은 애굽의 시위 대장 보디발의 집으로 팔려 갔다. 요셉의 주변에는 아는 사람이 없다. 망망대해에 요셉 혼자 일엽편주(一葉片舟)처럼 떠 있는 것 같다. 요셉은 새로운 곳에서 적응해 나가야 한다. 이제 요셉의 인생은 순전히 요셉에게만 달려 있는 것 같다. 그러나 성경은 요셉이 결코 혼자가 아님을 밝힌다. "여호와께서 요셉과 함께 하시므로 그가 형통한 자가 되어 그 주인 애굽 사람의 집에 있으니"(창 39:2). 혼자 산다는 것은 결코 쉽지 않은 일이다. 주변에 도와주는 사람이 없다면 고달픈 사람이다. 그러나 요셉은 결코 혼자가 아니다. 그러므로 그의 삶에 형통함이 있다. 형통이란 곧 하나님이 함께 하실 때 경험할 수 있는 것이다.

요셉이 결코 혼자가 아니라는 것을 다른 사람들의 눈에 보이게 하신다. 요셉의 형통이 요셉의 부지런함이나, 성품에 의한 것이기보다는 요셉과 함께 하시는 하나님 때문임을 알았다는 것이다. 요셉이 형통하는 것이 요셉을 노예로 삼았던 애굽 사람도 요셉의 형통을 보았다. "그의 주인이 여호와께서 그와 함께 하심을 보며 또 여호와께서 그의 범사에 형통하게 하심을 보았더라"(창 39:3). 이방인에게도 사람을 보는 눈이 있다. 사람의 행동과 형통을 보고 의미를 부여하는 눈이 있다. 비록 이방인이라도 신앙인을 통해 드러나는 하나님의 지배를 깨닫는 감각이 있다. 그러니까 이방인이라고 하여 하나님을 모른다고 핑계할 수 없다(롬 1:20).

요셉의 형통은 곧 하나님의 은혜 때문이다. 요셉 혼자서 결코 이룰 수 없었던 일을 하나님이 이루도록 하셨다. 요셉이 이처럼 은혜를 얻을 수 있었던 원인이 어디에 있을까? 하나님을 의식할 줄 아는 영적 감각이 있기 때문이다. 그는 주인의 아내가 유혹해도 하나님과 사람 앞에서 죄를 지을 수 없다며 과감히 거절하였다. 요셉은 영적 감각 때문에 또 다시 누명을 쓰고 감옥에 갇혔다. 그래도 요셉은 사람을 원망하지 않았다. 하나님을 바라보며 하나님의 주권을 믿기 때문이다. 결국 하나님이 요셉을 도와주셨다. 요셉으로 인해 언약의 가문이 생존할 수 있었다. 하나님이 요셉에게 그리고 요셉을 통해 은혜를 베푸신 것이다.

노력한다고 다 될까

우리 속담에 이런 말이 있다. "하늘은 스스로 돕는 자를 돕는다." 즉 열심히 노력하는 사람에게 하늘이 도와준다는 것이다. 이런 생각 때문에 노력만 하면 무엇이든지 된다는 식의 사고방식이 이 땅에 존재한다. 최선을 다하면 어떤 일이든지 이룰 수 있다는 것이다. 부분적으로 맞는 말이다. "천재는 1%의 영감과 99%의 땀으로 이루어졌다."는 에디슨의 말처럼 노력이 미덕으로 여겨지는 것이 사실이다. 땀을 많이 흘릴수록 좋은 결과를 기대할 수 있다. 행운은 노력하는 사람, 땀을 흘리는 사람에게 돌아온다. 성공의 가능성도 땀을 흘리는 사람에게, 노력하는 사람에게 더 많이 열려 있다. 그러니까 노력을 강조하는 것이 당연하다.

사실 게으른 사람보다 노력하는 사람이 성공하는 것은 사실이다. 게으른 사람은 결코 성공할 수 없기 때문이다. 게으른 사람이 행운을 얻었다 해도 나중에는 망할 것이다. 그러나 부지런한 사람은 웬만해서 망하지 않는다. 망한다 해도 다시 일어설 수 있다. 게으른 사람은 목숨은 살아있으나 그의 영혼은 죽은 것이나 다름이 없다. 생각없이 살고 있기 때문이다. 게으르다는 것은 노력하지 않는다는 말이기도 하다. 게으른 사람은 평생 남의 도움을 받아야 한다. 스스로 서기 어렵고, 인생을 스스로 개척할만한 여력이 부족하다. 게으른 사람은 다른 사람들의 짐이 된다. 본인도 힘들어지고 다른 사람도 힘들어질 것이다.

그러나 이 세상에는 부지런히 노력해도 안 되는 경우가 허다하다. 갑자기 닥치는 경제 위기 때문에 부도를 내는 업체가 수두룩하고 채권자들을 피해 도망을 다니는 중소기업 사장들이 많다. 부지런히 일을 하고 하라는 대로 다 했는데 결국은 정리 해고 대상자라는 청천벽력같은 소리를 듣는 직장인들도 많다. 그 때문에 세상 헛살았다고 한탄하는 사람들도 많다. 여러 차례 배신을 당하다 보면 의심이 많아지고 아무도 믿지 않는 경향도 생긴다. 어느 쪽에서는 부지런히 노력하라고 말하고, 다른 편에서는 노력해도 소용없다는 한탄이 나온다. 어느 쪽이 맞는 말인가? 그러니까 어떤 가수 노래처럼 세상은 요지경이라는 소리가 나온다.

그렇다고 노력하지 않고 주저앉아만 있자니 그야말로 감나무 밑에서 감

떨어지기만을 바라는 노릇이다. 이렇게도 못하고 저렇게도 못한다. 차라리 돌이킬 수 있다면 그렇게 할 텐데, 시간을 돌이킨다는 것은 하나님도 한 번밖에 하시지 않은 일이니 그것도 안 되는 일이다. 어느 쪽에서는 노력하면 성공하는 사람이 있고, 어느 쪽에서는 노력해도 안 되는 사람이 있다. 무엇이 문제인가? 노력의 방향이 제대로 잡혀 있는지 따져보아야 한다. 노력하는 사람이 자신의 재능과 부합되는가를 따져보아야 한다. 노력의 목적이 과연 바른 것인지도 가늠해보아야 한다. 노력에 따라 다른 사람들에게도 협력을 얻고 있는지도 점검해야 한다.

완전한 헌신, 완전한 은혜

성실하고 진실하게 노력하는 사람은 다른 사람들에게 칭찬을 받는다. 신용을 얻은 사람은 무이자로 돈을 빌려주는 사람도 생길 것이다. 하기야 요즘처럼 물질 만능주의 시대에는 도움을 주기보다는 투자 가치를 생각하고 돈을 내놓을 것이다. 무이자로 돈을 빌려주고 사람을 살도록 해 주었다는 미담은 까마득한 옛날 이야기가 되었다. 다만 힘들고 고통 당하는 사람을 돕는 일에, 얼굴과 이름을 내세우려고 몇 푼 내는 사람들만 많아졌다. 사람들 사이가 그만큼 삭막해져 가고 있다. 오히려 진실과 성실을 가장한 속임수가 증가하고 있다. 아름다운 사랑의 이야기보다는 사람이기를 거부한 포악하고 두려운 이야기가 더 많이 들린다.

그러나 이런 악한 일들만 존재한다면 인생에 희망이 없다. 우리의 희망은 세상이나 사람이 아니다. 우리의 희망은 오직 하나님이시다. 사람으로부터 얻을 수 없는 것을 하나님께 얻어야 한다. 사람을 믿을 수 없지만 하나님은 믿어야 한다. 사람이 할 수 없는 일을 하나님이 하신다. 사람을 믿고 사람에게 마음을 다 주면 실패할 수밖에 없다. 자기 생각만 고집하고,

자기 뜻만 고수해도 실패할 것이다. 그러나 하나님께 헌신하면 실패가 없다. 잠시 실패처럼 보이는 일이 있어도 결과는 성공으로 마친다. 요셉이 그랬다. 그는 하나님을 의지하였다. 고통과 배신감, 외로움과 억울한 순간에도 하나님만 의지하였다.

그러니까 사람의 노력이라는 것이 사람만의 의지가 아니어야 한다. 그 노력은 하나님으로부터 나오는 능력이어야 한다. 하나님의 능력에 의한 영적 에너지가 사람에게서 나와야 한다. 완전한 헌신은 사람의 힘이나 의지로 되지 않는다. 그러한 헌신은 하나님의 은혜를 받은 사람에게서 나온다. 하나님은 당신의 능력을 사람에게 주시고, 사람을 통해 이 땅에 드러나기를 원하신다. 이것을 아는 사람은 노력하는 것도 하나님의 은혜이고, 성공하는 것도 하나님의 은혜 때문임을 드러낸다. 즉 완전한 은혜를 알고 완전한 은혜를 드러내는 것이다. 완전한 헌신이 있는 곳에 완전한 은혜가 있다. 또 완전한 은혜가 있는 곳에 완전한 헌신도 있다.

완전한 헌신과 완전한 은혜는 동전의 양면과도 같다. 어느 한 편으로만 존재하는 것이 아니다. 항상 같이 나오는 것이고, 언제나 똑같이 생각되어져야 한다. 완전한 헌신과 완전한 은혜는 다른 한편을 떼어놓으면 불완전한 것이다. 떼어놓으면 불균형을 이뤄서 의문과 의심이 꼬리를 물고 일어난다. 이해할 수 없는 일들, 겉잡을 수 없이 꼬이는 일들이 일어나는 이유는 완전한 은혜와 완전한 헌신을 떼어놓고 생각하기 때문이다. 완전한 헌신과 완전한 은혜의 균형을 이룬 사람이 곧 요셉이다. 그는 완전한 헌신으로 하나님께 붙들려 살고, 완전한 은혜로 하나님의 능력을 드러내며 산다. 이것이 하나님의 사람의 본래 모습이며, 온전한 모양이다.

시편 기자는 하나님의 은혜가 필요한 상황에 있다. 그의 삶이 힘들고 어렵기 때문이다. 자기 노력으로는 고통을 해결할 수 없다. 오직 하나님이 해결해 주셔야 한다. 그러므로 하나님께 해결을 간구한다. 하나님이 해결하심이 곧 은혜이다. 사람의 노력으로 되지 않는 일을 하나님이 해결하신다면 그거야말로 은혜이다. "여호와여 나는 가난하고 궁핍하오니 주의 귀를 기울여 내게 응답하소서 나는 경건하오니 내 영혼을 보존하소서 내 주 하나님이여 주를 의지하는 종을 구원하소서 주여 내게 은혜를 베푸소서 내가 종일 주께 부르짖나이다"(1~3절). 하나님께 기도하는 사람은 겸손한 사람이다. 하나님은 겸손한 사람에게 은혜를 주신다(잠 3:34).

은혜는 하나님과 사람의 영적 교류가 있다는 것을 확인하는 방법이다. 사람은 하나님을 바라보고, 하나님은 시인의 영혼을 기쁘게 한다. 하나님께 완전 헌신한 사람이 하나님으로부터 완전한 은혜를 받는다. "주여 내 영혼이 주를 우러러보오니 주여 내 영혼을 기쁘게 하소서"(4절). 하나님은 완전한 은혜의 하나님이시다. "주는 선하사 사죄하기를 즐거워하시며 주께 부르짖는 자에게 인자함이 후하심이니이다"(5절). 은혜의 하나님은 시인의 기도를 외면하지 않으신다. 하나님은 기도를 들으셔서 은혜를 베푸신다. 기도하는 사람은 은혜를 사모한다. "여호와여 내가 기도에 귀를 기울이시고 내가 간구하는 소리를 들으소서"(6절).

은혜를 아는 사람은 응답을 확신하고 부르짖는다. 하나님이 응답하시는 것도 은혜이다. 부르짖는 사람이 은혜를 체험한다. "나의 환난 날에 내가 주께 부르짖으리니 주께서 내게 응답하시리이다"(7절). 하나님은 우는 아이에게 젖을 주는 어머니의 심정으로 응답하신다. 이런 은혜를 베푸는 분은 세상에 아무도 없다. 오직 하나님뿐이다. 하나님만이 위대한 사랑과 은혜를 주신다. 시인은 이런 하나님을 알고 있다. "주여 신들 중에 주와 같은 자 없사오며 주의 행하심과 같은 일도 없나이다"(8절). 그러므로 하나님 앞에 경배하는 것이 마땅하다. "주여 주께서 지으신 모든 민족이 와서 주의 앞에 경배하며 주의 이름에 영광을 돌리리이다"(9절).

시인은 하나님의 마음을 알고 있다. 비록 연약한 사람이라도 하나님 앞에 엎드리는 사람을 하나님께서 용납하신다. 하나님은 약한 사람을 긍휼히 여기시고, 책망하지 않으신다. 하나님은 마음에 풍성한 사랑과 은혜를 가지고 계시다. 땅에 사는 사람에게서 찾을 수 없는 인자함과 진실함이 하나님께 있다. "그러나 주여 주는 긍휼히 여기시며 은혜를 베푸시며 노하기를 더디하시며 인자와 진실이 풍성하신 하나님이시오니"(15절). 시인은 하나님을 사모하여 하나님의 은혜를 계속 보고 싶다. "은총의 표적을 내게 보이소서 그러면 나를 미워하는 그들이 보고 부끄러워하오리니 여호와여 주는 나를 돕고 위로하시는 이시니이다"(17절).

은혜의 힘

하나님은 사람에게 은혜를 주셨다. 하나님이 위대하신 일을 사람에게 행하셨다. 우주를 창조하신 것, 사람을 창조하신 것, 사람에게 말씀하시고 복을 주시는 것 등 모두가 하나님의 은혜이다. "무릇 주는 위대하사 기이한 일들을 행하시오니 주만이 하나님이시이다"(10절). 은혜는 하나님으로부터 더 배우려는 열정을 가지게 한다. 은혜를 묵상하면 할수록 하나님의 깊은 진리를 깨닫는다. 그리고 하나님께 최고의 존경을 보내며, 진리로 행하기를 즐겨한다. "여호와여 주의 도를 내게 가르치소서 내가 주의 진리에 행하오리니 일심으로 주의 이름을 경외하게 하소서"(11절). 은혜는 하나님과 교제하는 힘이다.

시편 기자는 하나님으로부터 엄청난 은혜를 받았다. 하나님이 무한한 인자를 베푸시고, 시인의 영혼을 구원하셨기 때문이다. "이는 내게 향하신 주의 인자하심이 크사 내 영혼을 깊은 스올에서 건지셨음이니이다"(13절). 은혜를 받은 사람은 하나님의 뜻대로 산다. 은혜가 그를 그렇게 인도한다. 은혜를 받은 사람은 찬송으로 은혜를 표현하고, 찬송함으로 더 큰 은혜를 체험한다. 은혜를 받은 사람은 하나님께서 자신을 높이는 것을 체험하고 동시에 하나님을 영광스럽게 한다. "주 나의 하나님이여 내가 전심으로 주를 찬송하고 영원토록 주의 이름에 영광을 돌리오리니"(12절). 완전한 헌신과 완전한 은혜가 여기서도 적용된다.

하나님의 은혜를 거부하는 사람들이 있다. 그들은 교만한 사람들이다. 그들은 하나님의 은혜를 받은 사람들에게 은혜가 아무 것도 아니라는 것을 증명하려고 한다. 교만한 사람들은 핍박이나 조롱, 비웃음과 음모로 정신을 혼란케 한다. 은혜를 모르면 하나님의 뜻과는 반대되는 행동을 하게 된다. 은혜를 모르면 사람들을 괴롭힌다. "하나님이여 교만한 자들이 일어나 나를 치고 포악한 자의 무리가 내 혼을 찾았사오며 자기 앞에 주를 두지 아니하였나이다"(14절). 하나님의 은혜가 강할수록 마귀는 은혜를 삭감시키려고 활동할 것이다. 마귀는 우리 안에 은혜가 강할수록 은혜의 힘을 약화시키려 할 것이다.

믿음의 사람은 악한 일이 일어날수록 더 하나님을 붙잡는다. "내게로 돌이키사 내게 은혜를 베푸소서 주의 종에게 힘을 주시고 주의 여종의 아들을 구원하소서"(16절). 하나님의 은혜를 알기 때문이다. 악한 일이 벌어져도 은혜는 여전히 있다. 악인이 점점 많아지고 있을 때 경건한 사람들이 하나님의 이름을 불렀다(창 4:26). 은혜는 핍박보다 더 강하다. 교만한 사람은 꺾어질 것이고 은혜의 사람만이 남을 것이다. 죄가 더해지는 곳에 은혜가 더 넘친다(롬 5:20). 은혜의 사람은 핍박 중에도 쓰러지지 않는다. 은혜의 사람은 죄의 유혹이 많아도 결코 죄를 짓지 않는다(롬 6:15). 은혜의 힘은 죄를 이긴다.

시편 87편

지존의 영성과 멜기세덱

살렘 왕

아브라함의 조카 롯은 소돔과 고모라에 살았다. 롯이 보기에 소돔과 고모라는 물이 넉넉하고, 땅이 기름져서 여호와의 동산처럼 보이기도 하고 애굽 땅처럼 살기에 좋아 보였다. 그러나 살기 좋은 땅일수록 격랑(激浪)에 휩싸일 수 있다. 강한 민족이 땅을 차지하려고 수시로 넘보기 때문이다. 그 땅에 사는 사람들은 빼앗기지 않으려고 방어해야 한다. 빼앗으려는 사람과 빼앗기지 않으려는 사람이 맞붙으면 벌어지는 것이 있다. 바로 전쟁이다. 소돔과 고모라도 전쟁에 휩싸였다. 가나안의 네 왕이 연합하여 소돔과 고모라를 침략한다. 소돔과 고모라 왕도 주변 작은 도시의 다섯 왕들을 모아 연합군을 결성하고 방어한다.

이 과정에서 롯이 포로로 붙잡혔다. 살기 좋은 땅을 선택한 롯이 오히려 고초를 겪는다. 삶이란 언제나 의도대로 되지 않는다. 롯의 소식이 아브라함에게 들렸다. 아브라함은 산지에 머무르는 동안 사람을 키웠다. 살기 좋는 땅에 머무는 것보다 더 바람직한 것은 사람을 키우는 것이다. 그것이 비록 힘들고 외롭고 어려워도 훨씬 보람이 되는 일이다. 아브라함이 자기 집에서 훈련된 사람 318명을 데리고 롯을 구출하러 나선다. 가나안의 네 왕이 승리를 자축하며 의기양양할 때, 아브라함으로부터 기습공격을 당했다. 아브라함은 롯을 구출하고, 소돔과 고모라의 사람들과 재물을 탈환하여 돌아온다.

돌아오는 아브라함을 맞은 사람이 있었다. 소돔과 고모라의 왕도 아니고, 아브라함의 가족도 아니다. 하나님의 제사장이며 살렘 왕 멜기세덱이 아브라함을 맞이한다. 그는 하나님께 아브라함을 축복하는 기도를 드린다. 그리고 아브라함에게 승리를 주신 하나님을 찬양하라고 한다. 아브라함도 선지자였지만 멜기세덱은 아브라함보다 더 강한 영적 영향력을 가졌다. 하나님과 깊은 교제를 나누는 아브라함을 축복하고 또 권면할 수 있다는 것은 그만큼 영적 영향력을 가졌기 때문이다. 멜기세덱의 영적 영향력의 근원이 어디에 있을까? 멜기세덱은 하나님의 존재를 알고 있었다. 그는 하나님을 최고로 높이는 믿음을 가지고 있었다.

멜기세덱은 제사장이다. 동시에 그는 신학자이자 아브라함을 가르치는 영적 교사이다. 그리고 그는 하나님께 축복을 간구하는 중보자이다. 멜기세덱을 만나는 사람마다 평화를 얻을 것이다. 그러므로 그는 평화의 왕이다. 아브라함은 멜기세덱의 축복과 권면을 듣고 노략물의 십일조를 드린다. 이는 멜기세덱의 영적 권위를 인정한다는 의미이다. 멜기세덱의 기도와 권면에 따르고 순종하겠다는 결단의 표시이기도 하다. 멜기세덱의 가르침이 합당하다는 것을 인정하는 것이다. 또한 멜게세덱의 가르침에 따라 믿음을 더 확고히 하겠다는 표시이다. 어떤 믿음인가? 아브라함의 믿음은 하나님이 천지의 주재요, 지극히 높으신 분이라는 믿음이다.

세상에 하나

만약 요즘 세상이라면 아브라함의 사건이 어떤 모양으로 흘러갈까? 아브라함이 아닌 다른 사람이라면 어떻게 될까? 우선 조카를 구한다는 것이 쉽지 않다. 조카를 구한다고 자기 목숨을 내놓으려 하지 않을 것이다. 그래도 조카를 사랑하는 마음으로 구하려 가는 사람도 있을 것이다. 조카도 자식이니 말이다. 그러나 구하러 나서는 것이 조카를 위하기보다는 자기의 명분과 명예를 위하는 사람도 있다. 조카를 구하는 것을 보니 용서의 마음이 가득하고 존경받을만한 사람이라고 말이다. 이러한 정치적 계산을 하는 사람도 많다. 그러나 이것은 사랑이 아니다. 사랑을 빙자한 행위일 뿐이다. 하나님이 과연 이런 사람을 칭찬하실까?

자! 아브라함처럼 승리했다고 가정하자. 승리는 어느 시대 누구나 경험할 수 있는 일이다. 문제는 승리하고 돌아오는 사람들 대부분이 의기양양하다는 사실이다. 승리의 원동력이 모두 자기에게 있다고 착각하기 때문이다. 그들은 전략이나 작전을 잘 짜서 그렇다고 생각하거나, 군사들을 훈련을 잘 시켰기 때문이라고 생각한다. 물론 승리의 원인이 사람에게 있는 것이 사실이다. 그러나 그것만 안다면 영적으로 어리석은 사람이다. 왜냐하면 사람의 승리 이면에 하나님이 계시기 때문이다. 그러므로 영적인 감각이 있는 사람은 승리의 원인을 하나님께 돌려드린다. 즉 자기보다 하나님이 더 높으신 분이라는 것을 인정한다.

전쟁에서 승리하면 개선행진을 한다. 수많은 사람들이 개선하는 군대를 향해 환호를 한다. 그러면 승리하고 돌아오는 군대와 장군들이 한껏 뽐낸다. 승리한 군대는 뽐낼만도 하니 손을 들어 화답할 수도 있다. 개선하는 군대는 전리품도 많이 가지고 돌아올 것이다. 그리고 그 전리품을 군인들이 나누어 가진다. 전쟁 승리의 모든 이유를 군대의 공으로 돌린다. 사실 하나님께 감사하는 사람은 드물다. 아브라함은 여기서 다르다. 아브라함도 개선행진을 할 수 있었으나 그는 전쟁 승리의 공을 하나님께 돌렸다. 그리고 멜기세덱에게 십일조를 드렸다. 멜기세덱의 믿음과 해석을 인정하고, 존경한다는 의미에서 였다.

보통 사람들은 어떤 일이든지 자기의 노력과 능력에 의해 잘 되는 것이라고 생각하고, 일을 이루거든 자기를 자랑하기에 여념이 없다. 그러나 멜기세덱은 다르다. 멜기세덱은 아브라함의 승리를 하나님에게서 찾는다. 멜기세덱은 하나님이 아브라함을 도우셨고, 지키심을 확신하였기 때문에 그것을 아브라함에게 전달한다. 하나님의 도우심을 전달받는 사람이 더 큰 복을 받는다. 하나님은 가장 높으신 분이시고, 가장 강하신 분이시다. 세상의 어떤 군대도 하나님 앞에서는 패퇴한다. 세상의 어떤 권력도 하나님 앞에서는 엎어질 것이다. 멜기세덱은 지존의 하나님을 알고 지존의 하나님을 선포한다.

사탄의 유혹

사탄이 예수님을 향해 유혹의 손길을 뻗친 적이 있다. 그 중에 하나는 천하만국의 권세를 걸고 자기에게 절하라는 것이다. 사탄은 천하만국이 자기 것인 양 말하고 있다. 주겠다고 말하는 것은 그것이 자기의 소유라는 것이다. 사탄은 예수님을 속이려 하고 있다. 자기 말만 들으라는 것이다. 여호와의 증인들은 이 말을 듣고 사탄이 땅을 다스리는 권세가 있다고 떠들어댄다. 그들의 관점은 세속주의와 똑같다. 세속주의 역시 물질을 얻기 위해서는 어떤 일이라도 다 할 수 있다. 세속주의자들은 물질을 얻으려고 우상을 숭배하기도 한다. 속지 말라. 믿을 것이 없어서 사탄의 말을 믿는다는 말인가?

사탄은 속이는 데 관한 탁월한 재주를 가졌다. 사탄은 예수님마저 속이려 하였다. 그것도 성경의 말을 교묘히 인용하여 속이려 들었다. 성경은 진리의 말씀이다. 그러나 그 성경이 누구에 의해 인용되느냐에 따라 사람을 바르게 할 수도 있고, 어긋나게 할 수도 있다. 하나님의 사람에 의해 쓰여지면 사람을 진리로 이끈다. 반면에 사탄에 의해 쓰여지면 사람으로 하여금 지옥의 길로 가게 한다. 사탄은 하나님의 말씀을 인용하여 자기를 하나

남보다 더 높이려 든다. 겉으로는 진리를 가장하지만 속에는 탐욕이 가득하다. 즉 양의 탈을 쓴 이리와도 같다. 문제는 사탄의 꾀를 구분하지 못하는 우리의 영적 무감각에 있다.

우리가 할 일이 있다면 무엇인가? 속지 않아야 하는 것이다. 영적 분별력을 가지고, 사탄을 물리쳐야 한다. 우리 예수님이 사탄을 물리치셨다. 사탄이 제시한 말보다 더 강력한 말씀으로 물리치셨다. 예수님은 아무 구절이나 들이대는 것이 아니라 하나님이 원하시는 근본적인 진리의 말씀을 가지고 사탄을 물리치셨다. 근본적인 말씀이란 곧 하나님의 권위를 높이는 말씀이다. 오직 하나님만 높이는 것, 오직 하나님만 경배하는 것이 하나님의 뜻이다. 만약 하나님을 높이지 않는다면 사람이 보기에 아무리 위대한 일을 하였어도 사실은 아무 것도 아니다. 하나님이 사람을 창조하셨으므로, 오직 하나님만 높임을 받으셔야 한다.

여기서 우리가 할 일이 생긴다. 우리가 할 일은 오직 하나님만을 높이는 것이다. 하나님의 권위를 가장 높은 자리에 놓아야 한다. 멜기세덱은 그것을 알았고 아브라함에게 그것을 촉구했다. 피조물인 우리가 창조주 하나님을 높이는 것은 당연한 일이다. 승리한 사람이 승리의 원인인 하나님을 찬양하는 것이 당연한 일이다. 그럼에도 사탄은 이것을 방해한다. 사탄의 방해 공작 중 최고는 우리의 영성을 파괴하는 것이다. 하나님을 높이려면 우리의 영성을 지켜야 한다. 멜기세덱은 이런 영성을 가졌고, 그 영성으로 아브라함에게 권면했다. 아브라함 역시 하나님을 가장 높으신 분으로 믿었다. 이것이 아브라함의 성공 비결이다.

시편 기자들도 하나님이 가장 높으신 분임을 믿고 있다. 하나님은 우주를 다스리시는 분, 열방과 민족을 다스리시는 분, 역사를 다스리시는 분이시다. 하나님은 가장 높으신 분이시다. 이러한 하나님이 이스라엘을 사랑하시고 이스라엘과 함께 하신다. 이스라엘에게 이것은 가장 큰 기쁨이다. 하나님이 이스라엘을 돌보아 주신다. 하나님이 이스라엘을 불꽃같은 눈동자로 지키신다. 우주의 가장 높으신 분이 그들과 함께 하는 것이 복 중에 가장 큰 복이다. 이스라엘은 하나님을 만날 장소가 있었다. 하나님과 대화하는 장소, 하나님으로부터 말씀을 듣는 장소가 있었던 것이다. 이른바 성산(聖山)이라 불리는 곳이다.

이스라엘은 성산이 있다는 것이 자랑스러웠다. 성산은 그들의 영적 고향이다. 성산은 영적인 은혜를 받는 장소이다. 성산은 하나님이 머무르시는 곳이며, 하나님의 사랑을 체험하는 곳이다. 성산이 있다는 것만으로도 이스라엘은 하나님의 사랑을 느낀다. "그의 터전이 성산에 있음이여 여호와께서 야곱의 모든 거처보다 시온의 문들을 사랑하시는도다"(1~2절). 성산은 하나님의 영광을 체험하는 장소이다. 성산에 발을 닿는 사람은 하나님의 영광을 드러낼 것이다. 성산은 하나님의 영광을 온 세상에 전하여야 할 영적 고향이다. 그러므로 성산을 보는 사람은 이렇게 말한다. "하나님의 성이여 너를 가리켜 영광스럽다 말하는도다(셀라)"(3절).

성산은 이스라엘 민족만의 것으로 그치지 않는다. 온 세상에 성산을 아는 사람들이 생길 것이다. 왜냐하면 성산은 지존자이신 하나님을 깨닫게 되는 곳이기 때문이다. 세상 모든 사람들이 지존자이신 하나님을 알고 있다. 세상에! 이스라엘만 하나님을 알고 있는 줄 알았는데, 온 세상이 하나님을 알고 있다는 것이 놀랍다. 게다가 하나님을 정확히 알고 있는 것이 아닌가? 여리고 성의 라합이 하나님을 알고 있었다. 그녀는 하나님을 "상천하지(上天下地)의 하나님"이라 고백하였다. 바벨론의 느부갓네살이나 벨사살이 지존의 하나님을 알았다. 그들은 하나님의 권능을 깨달은 후에 하나님이 지존자이심을 알았다.

"내가 라합과 바벨론이 나를 아는 자 중에 있다 말하리라 보라 블레셋과 두로와 구스여 이것들도 거기서 났다 하리로다"(4절). 하나님은 이스라엘을 통해 열방에 당신이 지존자임을 알리셨다. 블레셋과 두로, 구스 등 주변 나라도 그들의 근원을 알아야 했다. 이스라엘만 하나님으로부터 나온 것이 아니다. 열방도 하나님으로부터 나왔다. 하나님이 나라를 지으시고 세우셨다. 하나님은 창조하신 지존자이시며, 나라들을 세우신 지존자이시다. 이스라엘은 이것을 먼저 알았고, 다른 나라에 알려야 하는 사명을 가졌다. 이것을 아는 민족과 백성이 이스라엘의 무리에 들어올 것이고, 깨닫지 못하는 사람은 영원토록 이방인으로 있을 것이다.

지존자를 기억하라

앞서 말한 성산은 시온산이다. 다윗이 여부스 사람들의 산을 점령하여 시온산이라 이름을 지었다. 다윗의 아들 솔로몬이 그곳에 성전을 지었다. 이스라엘은 성전이 있는 그 산을 영적인 고향으로 삼았다. 하나님이 그들을 그 산에서 만나주셨다. 이스라엘은 그 산을 거룩하게 여겨야 했다. 하나님은 그 산을 통해 사람들을 세우셨고 그 산을 통해 하나님을 만나는 사람은 하나님의 사람으로 태어났다. 하나님은 시온에서 사람을 세우시고, 그들을 통해 열방에 하나님의 지존을 알리신다. 이것으로 하나님은 시온을 더 견고하게 세우신다. "시온에 대하여 말하기를 이 사람, 저 사람이 거기서 났다고 말하리니 지존자가 친히 시온을 세우리라 하는도다"(5절).

지존자 하나님은 이스라엘을 이 땅에 태어나게 하셨고, 역사의 중심에서 일하게 하셨다. 지존자 하나님은 이스라엘에서 사람이 나게 하셨고, 그 사람을 통해 역사를 기록해 나가신다. 하나님은 열방을 태어나게 하셨다. 역사의 무대에 등장했다 사라진 모든 민족이 하나님에 의해 태어났다. 이처럼 역사의 무대에서 주인공이 되겠다고 나선 모든 사람들이 지존자 하나님으로부터 나왔다. "여호와께서 민족들을 등록하실 때에는 그 수를 세시며 이 사람이 거기서 났다 하시리로다(셀라)"(6절). 지존자 하나님은 사람의 근원이시다. 지존자 하나님은 나라의 근원이시다. 지존이라 함은 가장 높다는 뜻이다. 동시에 지존은 가장 먼저라는 의미를 가진다.

성경은 하나님을 스스로 계신 분이라 한다. 하나님은 모세에게 당신의 존재 근원을 가르치셨다. 존재의 근원으로부터 받은 은혜는 근본적인 것으로 인간의 존재와 관련이 있다. 지존자로부터 받은 것은 세상에서 가장 가치가 있는 것이다. 지존자로부터 받은 영광은 참 영광이며, 가장 영광스러운 것이다. 지존자로부터 받은 것은 근본적인 것이다. 지존자 하나님을 높이는 것은 사람이 반드시 해야 할 일, 근본적인 일이다. 그렇게 하는 사람이 복을 아는 사람이며 복을 누리는 사람, 복을 전하는 사람이다. 복이란 다름이 아니라 하나님의 지존을 확실히 규정하고, 하나님의 지존 아래에서 그분을 섬기고 복종하는 것이다.

지존자 하나님을 안다는 것은 사람에게는 가장 영광스런 일이며, 노래하고 춤출 일이다. 다른 사람도 나로 인하여 춤을 추고 노래하게 될 것이다. 지존자 하나님을 아는 나부터 노래하고 찬송한다. 그리고 다른 사람에게도 노래와 춤을 제공한다. 지존자 하나님으로 인하여 온 인류가 즐거워한다. 지존자 하나님이 즐거움의 근원이시다. 지존자를 아는 사람이 즐거움을 나눈다. 그리고 즐거움을 나누는 것을 그들에게 인정받는다. "노래하는 자와 뛰어 노는 자들이 말하기를 나의 모든 근원이 네게 있다 하리로다"(7절). 하나님의 지존을 먼저 인정하고 보니 사람들로부터 인정을 받는다. 이처럼 하나님의 지존을 인정하고 따르는 사람을 하나님께서 높이신다.

시편 88편

절규의 영성과 하갈

하갈의 절규

아브라함은 늦도록 아들이 없었다. 하나님이 아브라함에게 아들을 주시겠다고 약속했지만 아내 사라는 그것을 잘 믿지 않는다. 그녀는 남편에게 아이를 낳아주지 못하여 미안한 마음이 앞선다. 어떻게 하면 남편에게 아들이 생길까를 고민한다. 그러다가 자기의 몸종 애굽 여인 하갈을 남편에게 주면 될 것이라고 생각하였다. 그리고 남편을 설득하여 하갈과 동침하도록 했다. 드디어 하갈이 임신을 하였다. 사라는 자기가 임신한 것처럼 기분이 좋았다. 하갈을 돌보아 주기도 하고, 하갈이 필요한 것이 있으면 가져다주기도 한다. 그런데 이상한 것은 하갈이 점점 사라를 대하는 태도가 달라진다는 것이다.

하갈이 처음에는 감사하다고 말하다가 조금 지나니 감사하다는 말조차 없다. 그리고 하갈을 바라볼 때 무시하는 투가 보인다. 사라가 생각하기에 건방지다는 느낌이 든다. 아무리 자기가 나이 들고 아이를 낳지 못했다고 하지만 그래도 주인인데 주인을 무시한다는 것이 아무래도 건방져 보인다. 사라도 조금은 참아 주었을 것이다. 그래도 하갈이 사라를 계속 무시하고 경멸한다. 이제 사라가 취할 방법은 하갈을 내쫓는 것 하나밖에 없다. 결국 하갈이 광야로 쫓겨났다. 그러나 하나님의 사자가 하갈을 만나 주신다. 오히려 하갈에게 자손이 번성할 것이라는 축복의 말씀을 주신다. 하갈은 하나님을 뵙고 아브라함의 집으로 다시 돌아온다.

하갈이 아들 이스마엘을 낳았다. 그 후 사라도 하나님의 축복을 얻어 아들 이삭을 낳았다. 이스마엘이 이삭보다 나이가 많다. 아무래도 힘이 세니 이스마엘이 이삭을 괴롭힌다. 아마 하갈이 그렇게 하지 말라고 말렸을 테지만 이스마엘이 말을 듣지 않았을 것이다. 이스마엘이 이삭을 괴롭히는 장면이 사라의 눈에 띄었다. 사라의 마음이 좋을 리 없다. 전에는 어미가 속을 썩이더니 이제는 자식이 속을 썩인다고 남편에게 투정을 부린다. 이 말을 전해들은 아브라함의 속이 몹시 상했다. 그래도 아브라함은 가정의 평화를 위해 하갈과 이스마엘을 내쫓는 것에 대해 반대하지 않는다. 그저 떡과 물을 주었을 뿐이다.

광야에서 지내다 양식이 떨어졌다. 하갈이 자식이 굶어죽는 것을 볼 수 없다며 절규한다. 이 때 하나님이 하갈에게 나타나셨다. 하나님이 하갈의 소리를 들으시고, 이스마엘로 하여금 큰 민족을 이루게 하리라고 약속하셨다. 전에도 광야에서 나타나신 하나님이 이제도 나타나셨다. 이전과 똑같은 약속을 주셨다. 비록 이방인이고 잘못한 것이 많은 사람일지라도 하나님은 위로와 긍휼을 베푸셨다. 이 정도 되면 절규를 해도 그다지 손해를 보는 것 같지는 않다. 하지만 기억할 것이 있다. 비록 내 잘못이 커도 고통을 당할 때는 절규해야 한다는 것이다. 절규가 결코 나쁜 것이 아니다. 절규라도 해야 하나님의 응답에 더 감사할 것이 아닌가?

절규를 이해하라

우리 역사는 아픔과 고통을 많이 가지고 있다. 우리 어른들 중에는 젊은 나이에 일본군에게 징용으로 끌려가서 월급도 제대로 못 받고, 돌아온 분들도 계신다. 그들은 배고프고 힘든 일에 지쳤을 때 힘들다는 말 한마디 하기 어려웠다. 날아오는 군화, 휘두르는 채찍이 무서웠을 것이다. 아플 때 아프다고 말하지 못하는 것이야말로 불행 중에서 가장 큰 불행일 것이다. 자기의 감정을 마음대로 표현할 수 없다는 것이 씻을 수 없는 상처로 남을 것이다. 전쟁이 끝나고 돌아올 때, 바다에 빠져 죽은 사람도 있었다. 구사일생으로 살아 돌아왔지만 월급 한푼 건지지 못한 사람도 있었다. 그저 살아 돌아왔다는 것만으로도 감사할 따름이었다.

우리의 할머니들 중에는 꽃다운 나이에 일본군에게 끌려가서 위안부 노릇을 하였다. 어느 누가 이 짓을 하고 싶어 했겠는가? 그들이 남성에게 얼마나 많은 고통을 당하였겠는가? 남성이라면 치가 떨리고, 일본인이라며 이가 갈릴 것이다. 그들에게 얼마나 많은 절규가 있었을까? 잘못한 사람도 고통을 당하면 절규할 판에 잘못이 없이 인생을 고통으로 살고 있으니 절규할 수밖에 없다. 그러나 이 절규를 귀담아 듣는 사람들이 별로 없다. 그저 시민단체 사람들 몇몇이 귀를 기울여 줄 뿐이다. 이 나라 정치가들이나 관리들 중에도 별로 없다. 일본의 우익 보수 단체 사람들은 더더군다나 절규에 귀 기울이지 않는다.

그런데 이들의 가슴에 대못을 박는 사람들도 있다. 누드 열풍이 부니 거기에 편승하여 모 탤런트와 기획사가 위안부 컨셉으로 정했단다. 자기 몸매 뽐내보자고 남의 아픔을 주제로 삼고, 자기들 돈을 벌자고 남의 절규를 이용하는 꼴이다. 그야말로 치사하고 더러운 행위이다. 남의 고통을 이용하여 돈을 번다는 것은 범죄행위이다. 게다가 역사적 아픔마저 건드리고 있으니 양심이 의심스러울 정도이다. 그래도 우리 국민들의 의식이 살아있는 것 같다. 이런 서비스는 안 보겠다고 나선 것이다. 기업은 서비스를 취소하겠다고 발표하고, 탤런트는 위안부 할머니들께 사죄했다. 남의 가슴에 못을 박으려다 자기 가슴에 못 박힌다.

사람들은 다른 사람의 절규에 어지간해서는 귀 기울이지 않는다. 남의 절규를 이용해 먹으려고만 할 뿐이다. 그러나 하나님은 다르시다. 비록 하갈이라도, 잘못을 저지른 사람이라도 그 절규를 받아 주신다. 하나님은 사람의 절규가 끝나도록 희망을 주신다. 그러니까 다른 사람에게 절규할 수 없다면 하나님께만큼은 절규할 수 있다. 물론 다른 사람의 절규를 이해하는 사람도 있다. 그것은 고난받는 사람의 절규를 알기 때문에 가능하다. 하나님의 자비와 긍휼을 알고 있는 사람만이 가능한 일이다. 절규를 이해할 수 있다면 하나님의 자비와 사랑을 몸으로 체험하는 사람이 아닐까?

의인의 고난

아무런 잘못이 없이 고난을 당하는 사람들이 수없이 많다. 굳이 잘못을 따지라면 시대를 잘못 타고 태어난 것, 든든한 배경이 없다는 것이다. 그러나 이것은 잘못이라고 말할 수 없다. 왜냐하면 이것은 자발적인 것이 아니기 때문이다. 타의에 의한 것, 환경에 의한 것은 잘못이라고 말하기 어렵다. 이런 경우보다 더 억울한 경우가 있다. 그것은 의롭게 행하고, 바른 일을 하려다 고난을 당하는 것이다. 의롭게 생각하고 행하는 사람이 악한 사람들에 의해 모함을 당하고 그것도 모자라 괴롭힘을 당하는 것이다. 잘못이라면 악한 세상에 사는 것이고, 악한 세상을 향해 악하다고 꼬집는 것이다. 이것이 무엇 때문에 잘못이라는 말인가?

의인의 고난은 분명한 의미가 있다. 의인은 고난받을 때 하나님을 더 의지한다. 의인은 고난을 받을 때 절규하며 하나님을 찾는다. 아무리 자기가 옳고 의롭다 해도 하나님이 인정하시지 않는 의(義)는 의가 아니다. 자기가 바르다고 우겨도 하나님이 아니라고 하면 아니다. 자기 방법이 옳다고 생각해도 하나님의 생각과 다르다면 결코 옳은 것이 아니다. 의인이 고난을 당하는 것은 하나님과 생각을 조율하는 과정이다. 자기 생각이 깨지고 하나님의 생각으로 변하는 과정이다. 사람의 노력으로만 되는 것이 아니라 하나님의 도우심이 있어야만 가능하다는 것을 깨닫는 과정 가운데 의가 이루어진다.

우리는 고난 받을 때 절규한다. 절규는 하나님은 찾는 부르짖음이다. 생명이 끊어지는 위기에 있을 때 절규한다. 자신의 힘으로 어쩔 수 없는 환경을 만날 때 절규한다. 특히 자기 목숨보다 더 아끼는 사람이 고통당할 때 절규할 수 있다. 하갈이 아들의 고난을 보고 절규하듯이, 어머니가 자녀의 아픔을 보고 절규할 수 있다. 짐승도 새끼의 아픔을 보고 울부짖는데 하물며 사람인들 오죽하랴! 절규할 수 있다는 것은 감정이 살아있다는 것이고, 고난에 대하여 아픔을 느끼고 있다는 것이다. 무엇인가 대책이 없이는 안 된다는 것을 알고 있다는 것이다. 절규는 그 대책을 하나님 안에서 찾는 것이다. 하나님만이 궁극적인 대책이시기 때문이다.

하나님은 절규하는 사람에게 응답하신다. 절규는 하나님으로부터 응답을 받는 과정이다. 하나님의 살아계심을 체험하고, 하나님의 도우심을 경험하는 과정이다. 절규로 인해 하나님의 능력과 현존을 체험한다. 자기 힘으로 어쩔 수 없었던 일들을 하나님이 해결하시는 것을 보고, 과연 하나님을 의지한 것이 잘한 일이라고 생각할 것이다. 절규로 인해 믿음이 향상되었다. 절규로 인해 하나님이 도우시는 축복의 실체를 알았다. 언제나 어디서든지 사람의 급박함을 아시고 응답하시는 하나님을 체험한다. 절규로 인해 새로운 영적 성장을 체험하였다. 그러고 보니 절규의 현장에 언제나 하나님이 계셨다.

시편 기자가 하나님께 절규하고 있다. 그는 죽음에 처한 것과 같은 위험에 있다. 하나님께 부르짖지 않으면 도저히 견딜 수 없고, 견딜 힘도 남아있지 않다. "무릇 나의 영혼에는 재난이 가득하며 나의 생명은 스올에 가까웠사오니 나는 무덤에 내려가는 자 같이 인정되고 힘 없는 용사와 같으며"(3~4절). 사실 절규하는 것은 버림받은 것에 대한 두려움 때문이다. 얼마나 어렵고 괴롭고 힘든지 하나님으로부터 버림받은 것 같은 느낌을 갖고 있다. "주께서 나를 깊은 웅덩이와 어둡고 음침한 곳에 두셨사오며 주의 노가 나를 심히 누르시고 주의 모든 파도가 나를 괴롭게 하셨나이다(셀라)"(6~7절).

하나님과의 관계가 어그러지면 사람과의 관계도 이상해진다. 전에는 가까웠던 사람도 멀어진다. 전에는 허물이 없었던 사람들에게서 허물이 보여지고, 점점 꼬여간다. 나를 좋게 봐주었던 사람들이 나를 향하여 비난을 퍼부을 수도 있다. 나를 몰아세워 꼼짝 못하도록 만들고 엄청난 압박을 가한다. "주께서 나의 아는 자를 내게서 멀리 떠나게 하시고 나를 그들에게 가증한 것이 되게 하셨사오니 나는 갇혀서 나갈 수 없게 되었나이다"(8절). 하나님과도 문제가 있는 것 같고, 사람과도 어려우니 사방이 다 막힌 것 같다. 하나님께 부르짖을 수밖에 없다. "여호와 내 구원의 하나님이여 내가 주야로 주 앞에서 부르짖었사오니"(1절).

절규는 바로 이럴 때 하는 것이다. 하나님께 돌아가는 것이며, 하나님께 들어달라고 떼를 쓰는 것이다. 사람은 버렸어도 하나님은 결코 버리지 않으실 것을 믿고 간구하는 것이다. 하나님이 자기를 버리는 것 같아도 그 생각이 사실이 아님을 분명히 밝혀 하나님을 찾는 것이다. "나의 기도가 주 앞에 이르게 하시며 나의 부르짖음에 주의 귀를 기울여 주소서"(2절). 시편 기자는 고난과 비난으로 인해 지쳐 있어도 하나님을 찾는다. 절규는 하나님을 향해 취할 수 있는 마지막 방법이다. "곤란으로 말미암아 내 눈이 쇠하였나이다 여호와여 내가 매일 주를 부르며 주를 향하여 나의 두 손을 들었나이다"(9절).
사람으로부터 버림을 받아도 하나님으로부터는 버림받으면 안 된다. 사람은 떠나면 또 다른 사람을 만날 수 있다. 사람으로부터 버림을 받으면 또 다른 사람을 찾으면 된다. 그러나 하나님으로부터 버림받으면 어디서도 위로받을 수 없다. 하나님 대신 다른 분을 결코 만날 수 없다. 하나님보다 더 높은 분이 없고, 하나님보다 강하신 분이 없기 때문이다. 그러므로 하나님으로부터 버림 받는다는 생각이 들었다면 즉시 절규하며 부르짖어야 한다. "여호와여 어찌하여 나의 영혼을 버리시며 어찌하여 주의 얼굴을 내게서 숨기시나이까"(14절). 절규는 하나님의 얼굴을 찾는 것이다. 그리고 하나님을 만나고 싶어 안달하는 것이다.

절규하는 사람의 복

절규는 자신의 아픔을 하나님께 드러내는 것이다. 아무에게도 드러낼 수 없었던 아픔을 하나님께 드러낼 수 있다는 것도 축복이다. 이 땅에서 자신의 아픔을 드러낼 수 없는 사람이 너무 많기 때문이다. 남들로부터 비난을 받을까봐 가면을 쓰는 사람도 있지만 가면 쓴 사람을 더 거룩하다고 여기기 때문이기도 하다. 절규는 하나님 앞에서 가면을 벗는 것이다. 하나님 앞에서 솔직해지는 것이다. "내가 어릴 적부터 고난을 당하여 죽게 되었사오며 주께서 두렵게 하실 때에 당황하였나이다"(15절). 그리고 하나님 앞에 두려움도 솔직하게 털어놓는 것이다. "주의 진노가 내게 넘치고 주의 두려움이 나를 끊었나이다"(16절).

절규는 자신의 외로움도 하나님께 털어놓는 것이다. 시인은 지금 소외를 당하고 있다. 하나님으로부터 소외를 당하는 것 같고, 사람으로부터도 소외를 당하는 것 같다. "주는 내게서 사랑하는 자와 친구를 멀리 떠나게 하시며 내가 아는 자를 흑암에 두셨나이다"(18절). 시인은 늘 소외를 겪고 있다. "이런 일이 물 같이 종일 나를 에우며 함께 나를 둘러쌌나이다"(17절). 사람들은 소외의 원인을 소외당하는 사람의 탓으로 돌렸다. 그러나 시인은 분명히 알고 있다. 하나님께만 찾아오면 외롭지 않다는 것을 스스로 느끼고 있다. 그래서 하나님을 찾아와 절규하고 있다. 절규는 소외를 극복하는 방법이다.

절규하는 사람은 하나님을 만난다. 하나님을 만나는 순간 그는 살아난다. 하나님이 그를 살려주시는 것이다. 하나님을 만나고 살아난 경험은 다른 누구도 할 수 없는 일이다. 오직 하나님만이 하실 일이다. 절규는 죽음의 위기에서 부르짖는 것이고, 동시에 하나님께서 살려주심을 체험하는 일이다. "주께서 죽은 자에게 기이한 일을 보이시겠나이까 유령들이 일어나 주를 찬송하리이까(셀라) 주의 인자하심을 무덤에서, 주의 성실하심을 멸망 중에서 선포할 수 있으리이까"(10~11절). 사람의 생명을 좌우할 힘은 사람을 지으신 하나님께만 있다. 만약 하나님이 살려만 주신다면 하나님을 더 찬양할 것이고, 주의 성실을 말할 수 있을 것이다.

시편 기자가 절규하는 이유는 하나님을 더 높이고 싶기 때문이다. 만약 자기가 죽으면 하나님께도 손해가 될 것을 알기 때문이다. 자기가 없어지면 다른 사람이 하겠지만 그래도 하나님은 한 사람이라도 더 하나님의 이름을 높이기 원하신다. 절규의 목적이 자신에게 있는 것이 아니라 하나님의 이름을 드러나게 하는 것에 있다. "흑암 중에서 주의 기적과 잊음의 땅에서 주의 공의를 알 수 있으리이까"(12절). 하나님은 절규하는 사람에게 신속하게 응답하신다. 시인은 아침부터 응답을 확인한다. 하나님은 결코 뜸들이지 않으신다. "여호와여 오직 내가 주께 부르짖었사오니 아침에 나의 기도가 주의 앞에 이르리이다"(13절).

시편 89편

소유의 영성과 말라기

소유권 주장

이스라엘은 하나님의 백성이라는 자부심이 있었다. 그들은 하나님의 아주 특별한 소유였다(출 19:4~5). 그들은 하나님 안에 있어야 했다. 하지만 그들의 역사를 보면 그들이 하나님을 떠난 적이 훨씬 더 많았다. 그들이 하나님을 떠날 때, 하나님이 그들을 향해 돌아오라고 선지자를 통해 말씀하셨다. 그들이 하나님을 외면할 때 하나님이 안타까운 마음으로 백성을 향해 정신을 차리도록 촉구하셨다. 수없는 외침, 거듭되는 촉구에도 이스라엘은 귀가 닫히고 마음이 굳어서 움직이지 않는다. 책망과 경고 혹은 괴로움을 가져다주어도 꼼짝하지 않았다. 사람은 이처럼 완악할 수 있다. 사람의 본질과 본분을 망각하는 것이다.

말라기는 그런 백성을 향해 외친 선지자였다. 하나님이 그들을 사랑하시고, 하나님이 그들의 주인이심을 선포한다. 그런데 백성은 하나님의 사랑을 느끼지 못하고 있다(말 1:2). 백성은 하나님의 이름을 더럽히고도 그렇게 한 적이 없노라고, 증거를 대보라며 불평을 늘어놓는다(말 1:7). 그들은 하나님을 반드시 경배해야 했다. 그것이 소유된 백성의 의무였다. 그럼에도 이슬라엘 백성은 하나님께 예배드리는 것을 귀찮아했다. 제물을 드릴 때도 훔친 것, 병든 것, 상한 것을 가져와 드렸다(말 1:13). 백성 모두가 하나님의 소유를 인정하지 않는 듯하다.

백성이 하나님의 소유권을 인정하지 않는다면 제사장이라도 해야 한다. 어리석은 백성을 깨우치는 것이 제사장의 할 일이기 때문이다. 그런데 제사장도 타락했다. 제사장을 보좌하며 성전을 지키는 레위인도 함께 타락했다. 그들이야말로 하나님의 소유로써 사는 사람들인데, 그들의 본질을 잃어버렸다. 게다가 그들은 율법을 거치고, 편벽되이 행동을 한다. 종교 지도자들이 그릇된 생각을 가지고 행동하면 백성이 그렇게 될 것이 뻔하다. 하나님이 그들을 향해 절기의 희생의 똥을 그들의 얼굴에 바를 것이라 하신다(말 2:3). 이스라엘은 하나님의 지으신 바이다. 그럼에도 그들은 결혼을 더럽게 하고, 하나님을 욕되게 하고 있다.

말라기 선지자는 백성에게 하나님께 돌아오라고 외친다. 백성이 어떻게 하면 하나님께 돌아가는 것이냐고 반문한다. 다시 선지자는 하나님의 것을 도적질하지 말라고 한다. 그런데 백성은 어떻게 도적질했느냐고 따지고 든다. 선지자가 십일조와 봉헌물을 도적질하였다고 외친다(말 3:8). 온 나라가 모두 도적질하는 사람들로 가득하다(말 3:9). 하나님의 소유권을 인정하지 않겠다는 것으로 하나님의 심판을 자초하고 있다. 마지막 날이 되어 하나님 앞에 거룩하게 설 백성은 하나님의 소유된 백성뿐이다. 스스로 하나님의 소유권에서 벗어난다면 극렬한 풀무불이 그들을 초개같이 태울 것이다(말 4:1).

소유된 백성

이스라엘은 하나님의 소유이다. 하나님이 모세를 통해 그 백성은 하나님의 소유라고 말씀하셨다. 소유라는 말은 아주 귀한 보물이라는 뜻이다. 왕이 혼자서 만지며 즐거워하는 노리개, 아무도 보거나 만지지 못하도록 단속하는 보석이다. 임금이 특별히 관심을 가지는 보석이다. 만약 집에 화재가 났다면 가장 먼저 챙겨서 나오는 것이다. 소유는 물건에만 해당되지는 않는다. 소유는 사람 혹은 관계에도 해당된다. 자녀, 가족, 친구 등 가장 귀하게 여기는 것이 소유이다. 가장 먼저 챙기고, 특별하게 관심을 가지는 것이 소유이다. 이스라엘은 이처럼 하나님의 소유로 선택되었다. 그들이 하나님으로부터 특별한 관심을 받고 있다.

하나님은 믿음의 사람들을 특별한 소유로 삼으셨다. "그러나 너희는 택하신 족속이요 왕 같은 제사장들이요 거룩한 나라요 그의 소유된 백성이니"(벧전 2:9a). 믿음의 사람은 하나님과 특별한 관계 속에 있다. 그들은 하나님의 소유된 백성이다. 하나님의 소유는 하나님의 주권 아래 있다. 그들은 하나님의 도우심과 보호에 의해 산다. 하나님이 아주 특별한 관심을 가지고 계시다. 하나님이 불꽃같은 눈동자로 그들을 바라보신다. 왜 관심을 가지시며 도와주실까? 그들로 하여금 하나님의 존재와 사랑을 느끼고 행복하게 되기를 원하시기 때문이다. 그들이 느끼고 행복하면 하나님을 향하여 찬양하고, 영광을 돌릴 것이다.

하나님은 일단 소유로 삼으시면 결코 포기하지 않으신다. 하나님이 끝까지 챙기신다. 하나님이 백성의 역사와 여정을 챙기시고, 필요한 것을 도우신다. 하나님이 이스라엘의 역사 중에서 그것을 증명하셨다. 그러므로 이스라엘 역사는 하나님의 소유권이 주장되는 산 증거이다. 하나님은 이미 하늘에서부터 이스라엘을 향한 소유권을 주장하셨다. 이스라엘이 할 일은 역사에서 드러난 하나님의 소유권을 찬송하는 것이다. "내가 여호와의 인자하심을 영원히 노래하며 주의 성실하심을 내 입으로 대대에 알게 하리이다 내가 말하기를 인자하심을 영원히 세우시며 주의 성실하심을 하늘에서 견고히 하시리라 하였나이다"(1~2절).

하나님이 만약 소유권을 포기하신다면 그 백성이 어떻게 될까? 백성은 완전히 버림받을 것이다. 백성은 방황할 것이며, 이방인들에 의해 짓밟힐 것이다. 하나님의 이름은 또 어떻게 되는가? 하나님의 능력을 의심하는 사람들이 생길 것이다. 하나님의 마음이 자주 변한다고 오해하는 사람도 생길 것이다. 그러므로 하나님은 소유된 백성을 끝까지 챙기실 수밖에 없다. 하나님의 이름을 위하여서이다. 백성을 통해 하나님의 은혜가 반드시 드러나야 하기 때문이다. 그러나 이 정도 안다면 하나님을 부분적으로 아는 것이다. 하나님은 백성을 진심으로 사랑하신다. 그래서 결코 포기하지 않으신다. 그 사랑은 진정 위대하다.

역사적 증거

하나님이 소유된 백성을 사랑하시는 것은 역사 속에 구체적으로 드러나 있다. 시편 89편은 그 역사를 길게 기록한다. 아무리 사랑해도 증거가 없다면 믿지 않는 것이 사람이다. 말라기 시대 때 사람들이 그랬다. 그러므로 시편 기자는 하나님의 사랑과 소유권을 백성에게 드러내 보여줘야 한다. 그것이 소유된 백성이 하나님을 더 잘 섬기도록 안내하는 것이기 때문이다. 말을 듣고는 끄덕이지 않던 사람도 증거 앞에서는 끄덕일 것이다. 듣고서 믿지 않는 사람도 보면 믿을 것이다. 사실 듣기만 하고도 믿는다면 놀라운 믿음이라고 인정을 받겠지만 말이다. 듣고서 믿지 않는 사람이라도 사실과 증거 앞에서는 할 말이 없다.

하나님은 다윗과 언약을 맺으셨다. 하나님이 다윗을 선택하시고, 다윗과 그의 가문 그리고 후손을 소유로 삼으셨다. 하나님 앞에 성실한 다윗이 하나님 마음에 합하였다. 하나님은 다윗 자손으로 하여금 영원토록 왕위에 있을 것이라 약속하셨다. "주께서 이르시되 나는 내가 택한 자와 언약을 맺으며 내 종 다윗에게 맹세하기를 내가 네 자손을 영원히 견고히 하며 네 왕위를 대대에 세우리라 하셨나이다(셀라)"(3~4절). 하나님이 택한 백성을 높이셨다. 다윗에게 기름부으심으로 그에게 힘이 되셨다(19~20절). 하나님은 소유된 백성을 향하여 능력이 되어 주심으로 백성을 강하게 하신다(21절).

하나님이 다윗에게 하신 언약은 지금도 유효하다. 하나님이 소유로 삼으신 백성이 지금도 하나님의 능력 안에 살아야 하고, 하나님의 능력을 발휘하며 살아야 한다. 그 능력의 원천은 곧 하나님이시다. 백성은 하나님께 깊이 의존하여야 한다. 소유된 백성이 하나님을 의지하지 않는다면 그는 결코 능력을 소유할 수 없다. 이스라엘이 수없이 이방으로부터 침략을 당했어도 이길 수 있는 것은 하나님의 능력 때문이었다. 하나님이 소유를 지켜주셨다. "원수가 그에게서 강탈하지 못하며 악한 자가 저를 곤고하게 못하리로다 내가 그의 앞에서 그 대적들을 박멸하며 그를 미워하는 자들을 치려니와"(22~23절).

하나님의 이스라엘을 향한 소유권은 아주 특별하다. 이스라엘을 장자로 삼고, 세계 열왕 중에서 으뜸이 되게 하신다. 하나님이 소유된 백성을 지키시는 데 후손까지 지키겠다고 하신다. "내가 또 그를 장자로 삼고 세상왕들에게 지존자가 되게 하며 그를 위하여 나의 인자함을 영원히 지키고 그와 맺은 나의 언약을 굳게 세우며 또 그의 후손을 영구하게 하여 그의 왕위를 하늘의 날과 같게 하리로다"(27~29절). 하나님이 소유를 높이시고 세우시며(25절), 아주 특별한 관계를 영원토록 지속해 가실 것이다. "그가 내게 부르기를 주는 나의 아버지시요 나의 하나님이시요 나의 구원의 바위시라 하리로다"(26절).

하나님은 우주를 소유하셨다. "하늘이 주의 것이요 땅도 주의 것이라 세계와 그 중에 충만한 것을 주께서 건설하셨나이다"(11절). 하나님이 우주를 창조하셨기 때문이다. 그러므로 하나님은 온 우주를 마음대로 다스리실 수 있다. "주께서 바다의 파도를 다스리시며 그 파도가 일어날 때에 잔잔하게 하시나이다"(9절). 하나님은 우주 속에 있는 민족들도 다스리신다. 이스라엘뿐만 아니라 이방인도 다스리신다. 하나님이 인류의 질서를 다스리신다. "주께서 라합을 죽임 당한 자 같이 깨뜨리시고 주의 원수를 주의 능력의 팔로 흩으셨나이다"(10절). 온 인류와 인류 사회의 질서가 하나님의 소유이다.

하나님은 그 중 이스라엘을 소유하셨다. 이스라엘의 역사도 하나님의 소유이다. 이스라엘이 남북으로 갈라지고, 서로 반목하지만 사실은 그것조차도 하나님의 손 안에 있다. 고난으로 점철된 역사를 가진 민족이지만 하나님의 소유로 선택된 것을 안다면 마땅히 기뻐해야 한다. "남북을 주께서 창조하셨으니 다볼과 헤르몬이 주의 이름으로 말미암아 즐거워하나이다"(12절). 이스라엘은 하나님의 손 안에 있다. 하나님이 이스라엘을 다스리신다. 소유하신 분은 강하고 높으신 분이시다. 가장 강하고 높은 분, 힘을 발휘하시는 분은 모든 것을 소유하신 분이시다. "주의 팔에 능력이 있사오며 주의 손은 강하고 주의 오른손은 높이 들리우셨나이다"(13절).

하나님은 양심과 진리를 소유하셨다. 의와 공의, 인자와 진실하심이 하나님의 소유이다. 행복과 기쁨도 하나님의 소유이다. 그러므로 사람이 사람답게 살아야 할 모든 것이 하나님으로부터 온다. 하나님으로부터 받아야 진짜로 받는 것이다. "의와 공의가 주의 보좌의 기초라 인자함과 진실함이 주 앞에 있나이다 즐겁게 소리칠 줄 아는 백성은 복이 있나니 여호와여 그들이 주의 얼굴 빛 안에서 다니리로다"(14~15절). 소유하신 하나님으로부터 받아야 진짜로 받는 것이다. 하나님으로부터 받아야 기쁨을 누릴 수 있다. 하나님의 소유를 받아야 높아질 수 있다. "그들은 종일 주의 이름 때문에 기뻐하며 주의 공의로 말미암아 높아지오니"(16절).

하나님은 힘과 영광을 소유하고 계시다. 전능한 하나님이시기 때문이다. 하나님이 당신의 능력을 사람에게 주셨다. 이것이 하나님의 은총이다. 사람이 무엇이길래 하나님으로부터 능력을 받는다는 말인가? 사람은 아주 특별한 존재로 창조되었고, 은총을 받은 존재로 지어졌다. 하나님은 사람에게 은총을 주시고 높이신다. "주는 그들의 힘의 영광이심이라 우리 뿔이 주의 은총으로 높아지오리니"(17절). 힘을 가지신 그분이 당신의 백성을 보호하신다. 그분이 백성의 왕을 다스리신다. 하나님이 왕을 소유하셨다. "우리의 방패는 여호와께 속하였고 우리의 왕은 이스라엘의 거룩한 이에게 속하였기 때문이니이다"(18절).

소유된 백성으로 사는 것

이 세상 모든 것이 하나님의 소유이다. 사람이 이것을 안다면 하나님 앞에 겸손할 것이다. 하나님의 권위를 높일 것이며, 그 앞에 복종할 것이다. "하나님은 거룩한 자의 모임 가운데에서 매우 무서워할 이시오며 둘러 있는 모든 자 위에 더욱 두려워할 이시니이다"(7절). 하나님을 두려워하는 사람은 하나님을 찬양한다. 소유된 백성의 의무는 하나님을 찬양하는 것이다. "여호와여 주의 기이한 일을 하늘이 찬양할 것이요 주의 성실도 거룩한 자들의 모임 가운데에서 찬양하리이다"(5절). 우주를 창조하시고 소유하신 하나님만이 가장 좋으시다. "무릇 구름 위에서 능히 여호와와 비교할 자 누구며 신들 중에서 여호와와 같은 자 누구리이까"(6절).

하나님의 소유로 산다는 것은 하나님의 높임받는 대상이 되는 것이다.

높으신 하나님이 당신의 소유를 당신의 자리로 끌어 올리신다. 높여줌이란 곧 당신의 자리를 끌어 올려줌이다. "내가 또 그를 장자로 삼고 세상의 왕들에게 지존자가 되게 하며"(27절). 하나님은 소유를 향하여 특별한 관심을 베푸신다. 관심의 표현이 곧 언약이다. 하나님은 당신의 소유를 높여주시겠다고 언약하신다. 그리고 영원토록 언약을 지키신다. "그를 위하여 나의 인자함을 영원히 지키고 그와 맺은 나의 언약을 굳게 세우며 또 그의 후손을 영구하게 하여 그의 왕위를 하늘의 날과 같게 하리로다"(28~29절). 소유는 지킴을 받는다. 하나님은 소유를 보호하신다.

하나님이 지키시는 줄 안다면 마땅히 순종해야 한다. 하나님의 말씀을 겸허하게 경청해야 하며, 그분이 세우신 법에 복종해야 한다. 그것이 행복을 영원토록 누리는 길이다. 만약 그렇지 못하다면 엄청난 책망을 받을 것이다. "만일 그의 자손이 내 법을 버리며 내 규례대로 행하지 아니하며 내 율례를 깨뜨리며 내 계명을 지키지 아니하면 내가 회초리로 그들의 죄를 다스리며 채찍으로 그들의 죄악을 벌하리로다"(30~32절). 기름부은 사람에게 수치 당하게 하신다(45절). 가진 것을 뺏기고 이웃에게는 욕을 먹는다(41절). 하나님이 불순종의 백성을 향해 얼굴을 숨기신다(46절). 인생을 바로 살려면 소유자 하나님께 순종해야 한다.

그러나 하나님은 회개하는 사람을 향해 언약을 기억하신다. 하나님이 잠시 언약을 접어두셨을 뿐 결코 언약을 파괴하신 것이 아니다. "그러나 나의 인자함을 그에게서 다 거두지는 아니하며 나의 성실함도 폐하지 아니하며 내 언약을 깨뜨리지 아니하고 내 입술에서 낸 것은 변하지 아니하리로다"(33~34절). 하나님은 언약을 돌이키신다. 그리고 백성을 다시 높이신다. 해와 달이 있는 것처럼 견고하게 할 것이다(35~37절). 소유된 백성의 삶이 이럴 것이다. 그러므로 소유된 백성은 소유자 하나님을 찬송해야 한다. 소유자 하나님은 만물과 사람으로부터 영원히 찬송받으실 분이시다. "여호와를 영원히 찬송할지어다 아멘 아멘"(52절).

시편 90편

영원의 영성과 사도 요한

밧모 섬의 유배자

로마의 집권자들로부터 극심한 고난이 그리스도인들에게 가해졌다. 직업을 빼앗고, 경제생활에서 소외시키는 것은 그래도 참을만하다. 영장도 없이 체포하여 내란죄를 뒤집어씌워 감옥에 가두는 것도 참을만하다. 그리스도인으로서 당연히 이 고난을 기뻐할 수 있다. 그래도 여전히 그리스도인들은 서로를 사랑하고 있다. 지금 로마의 집권자들은 그리스도인들을 두려워하고 있다. 그들의 숫자가 많아지는 것은 자기들에게 정치적 위협이 될 수 있다. 그래서 사형선고를 내려 죽이기 시작한다. 집회에 모인 그리스도인들을 습격하고, 잡히기만 하면 바로 사형을 집행한다. 로마인들은 그것을 보며 광란의 웃음을 짓는다.

그리스도인들에게 엄청난 고난이 닥쳤다. 이 고난을 피하고 싶지만 그리스도인들의 힘으로 피할 수 없다. 둘 중 하나를 선택해야만 한다. 믿음을 지키느냐, 목숨을 지키느냐이다. 이런 선택은 예외가 없다. 목숨을 지키려고 믿음을 버리면 배교자가 될 것이고, 믿음을 지키려고 목숨을 버리면 순교자가 될 것이다. 우리는 배교자만큼 순교자도 많았다는 것을 알고 있다. 배교자는 현실에 만족을 취했을 것이지만, 순교자는 영원한 은혜를 후세에 물려주었다. 순교자의 이름은 영원토록 남는다. 후세의 신앙인들에게 순교자들이 귀감이 된다. 순교자들이 영원한 천국을 바라보았기 때문이다. 영원을 사모하는 사람이 영원한 이름을 남긴다.

고난 가운데 교회의 지도자, 요한이 체포되었다. 로마인들은 지도자가 체포되면 무리들이 와해되고 공중분해가 될 것으로 생각한다. 그들이 그렇기 때문이다. 체포된 요한이 밧모 섬에 유배되었다. 사람들과 접촉이 금지되었다. 그런데 이상한 것은 요한이 없어도 교회는 계속 성장한다는 것이다. 보이지 않는 곳에서 그리스도인들이 점점 더 모인다. 한편 요한은 밧모섬에서 신비한 환상을 본다. 요한에게 하나님의 위대한 계획과 영원한 천국이 보인다. 요한이 영원한 일들을 보고 글로 옮긴다. 그의 글을 보는 사람들은 영원에 대하여 더 강한 확신을 가지고 믿음을 지킨다. 로마인들의 계략이 여지없이 실패로 돌아간다.

하나님은 요한에게 영원한 구원과 하나님의 통치를 환상으로 보여 주신다. 하나님이 이루시는 역사의 결과는 하나님의 나라가 회복되고, 하나님의 통치가 완전해지는 것이다. 이 통치는 그리스도의 구원하심으로 나타난다. 요한은 이것을 보고 들을 때마다 하늘의 천군 천사와 이십사 장로의 찬양이 울려 퍼짐을 듣는다. 하나님의 능력과 통치는 영원하다. 영원한 통치는 개인뿐만 아니라 우주와 역사를 아우른다. 대적의 무리는 무저갱(無底坑)으로 갇히고, 구원받은 백성이 불붙는 유리바다 저편에서 하나님을 찬양한다. 영원한 찬양이 하늘을 진동한다. 이러한 확신이 영원에 대한 믿음을 가지게 한다. 믿음은 영원한 것이다.

교육 열풍

교육의 열풍이 나라를 강하게 휩쓸고 있다. 우리뿐만 아니라 일본 중국 등지에서 교육의 열풍이 불고 있다. 우리나라 사람들의 교육 열풍은 미국

교포, 중국에서 사업하는 사람들에게도 똑같다. 일단 자녀에게 돈을 투자한다. 많이 가르치면 많은 일을 할 것이라고 생각한다. 아무리 경기침체가 되어 가정 경제가 어려워도 사교육비는 좀처럼 줄어들지 않는다. 가계소비는 줄이더라도 교육비만큼은 줄이지 않는다. 자녀가 가정 생활의 최우선 순위를 차지한다. 자녀가 부모의 이런 수고와 출혈을 과연 얼마나 알아줄지는 미지수이지만 말이다. 자녀가 부모의 기대만큼 성장하고, 훌륭하게 될 것인지도 미지수이다.

누가 알아달라고 자녀를 가르치느냐? 부모로서 당연한 것이 아니냐? 이렇게 강변하는 분들도 계실 것이다. 물론 부모로서 자녀를 가르침이 당연하다. 하지만 부모의 마음속에 자녀가 부모의 기대대로 성장하고, 부모를 자랑스럽게 생각해 주기를 바라는 마음도 있다. 자녀가 훌륭하게 되면 그것도 부모의 자랑이니 말이다. 부모들은 자녀에게 미래를 건다. 자녀를 내일의 희망으로 생각한다. 현실에서 힘들어도 자녀가 부모의 고생을 한꺼번에 보상해주기를 바라고 있다. 남들이 해주는 것만큼 못해주면 그것도 아픔이다. 남들이 해 주는 것 이상으로 해 주어야 부모의 마음에 만족이 있다. 이것도 사랑의 표현이다.

그러나 부모로서 내일의 참 모습을 그리는 사람이 많지 않다. 자녀에게 무엇이 되고 싶은지를 물어보기는 하지만 어떤 사람이 되고 싶은지, 어떤 인격자가 되고, 사회를 향해 어떤 기여를 해야 하는지를 묻는 사람이 많지 않다. 자녀에게 많이 가르치기는 하지만 배운 것이 얼마만큼 소화되는지에 대하여 묻는 부모도 많지 않다. 그저 가르치기만 하면 그것으로 의무를 다 했다고 생각한다. 자녀의 바른 성장을 위한 확인과 점검의 의무를 소홀히 하고 있다. 학교 선생님, 학원 선생님에게 위탁하면 그것으로 다 되는 줄 안다. 교육비 버느라고 시간이 없어서 그런지도 모르겠다. 혹은 대화 분위기를 몰라서 그런지도 모른다.

이 사회에 배웠다는 사람이 과연 존경을 받고 있는가? 지도자라는 사람들이 그만큼의 인격을 갖추었는가? 대부분의 사람들이 이 질문에 고개를 저을 것이다. 무엇이 문제인가? 많이 가르치려고 했을 뿐이지 바로 가르치려고 하지 못했기 때문이다. 성공 지향적으로 살았을 뿐이지 진리 지향적으로 살지 못했기 때문이다. 성적 지향의 교육을 했을 뿐이지 관계 지향의 교육이 없었기 때문이다. 자녀를 향한 진리와 관계 교육이 외면된다면 교육의 열풍이 이 나라에 수천 년을 불어도 여전히 같은 모양을 되풀이할 것이다. 악순환의 고리가 끊어지지 않을 것이다. 가치를 지닌 교육 열풍이 필요하다. 그것만이 미래 지향적이다.

현실 지향과 미래 지향

아무리 미래 지향적이라 해도 현실을 외면할 수 없다. 현실에 배가 고픈데 미래를 위해 투자하라면 진짜 배부른 소리처럼 들린다. 가난한 사람은 가난이 해결되어야 한다. 굶주린 사람은 배불러야 한다. 병든 사람은 치료를 받아야 한다. 이런 일들은 현실 지향적이지만 동시에 미래 지향적이다. 아픈 사람들의 현실을 치료해 주었지만, 그들이 다른 사람의 아픔을 위로할 것이다. 그들이 받은 기쁨을 다른 사람에게도 나눌 것이다. 그러나 미래 지향적이라고 해도 결코 미래 지향이 되지 않는 것들이 있다. 자녀에게 성공만 가르친다면 그것은 자녀의 미래를 망칠 수도 있다. 성공한다고 이웃과 사회를 위해 부정적 영향을 끼칠 수 있다.

진짜 미래 지향적은 하나님과의 관계를 바로 형성하는 것이다. 즉 하나님을 바로 알고 하나님의 의도대로 성장해 가는 것이다. 자녀의 미래를 생각한다면 하나님과의 관계를 바로 알려 주어야 한다. 하나님과의 관계가 바르지 못하면 미래가 없다. 하나님만이 미래를 알고 계시기 때문이다. 하나님만이 우주와 역사를 다스리신다. 하나님만이 영원하시다. 하나님만이 우리의 미래를 책임지신다. 자녀의 미래도 하나님의 권한에 있다. 하나님을 외면한다면 결코 자녀에게 미래가 없다. 자녀의 육신적 미래가 있을지는 모르나 영혼의 미래는 없다. 영혼의 미래가 없다면 이 땅에서의 삶으로 끝날 뿐이다. 그것은 동물의 삶이 된다.

하나님과의 관계를 바르게 한다는 것은 자신의 약함과 한계를 아는 것이다. 자신의 약함을 안다면 하나님을 의지하게 될 것이다. 약함과 한계를 알면 겸손하게 될 것이다. 약함과 한계를 알면 무한한 능력을 가지신 분 앞에 의존하게 될 것이다. 하나님의 전지하심 앞에서 자신의 무지를 알고, 하나님의 전능함 앞에서 자신의 약함을 알면 하나님께 지혜를 구하게 될 것이다. 하나님의 지혜를 받아야 미래가 있다. 하나님의 도우심을 받아 얻는 지혜가 영원할 것이다. 사람이 보는 것에 제한이 있고 틀릴 수도 있지만, 하나님이 보시는 것은 정확하다. 사람은 코앞에 닥친 일만 보고 신경을 쓰지만 하나님은 영원까지 보신다.

하나님을 알고 그분을 의존하는 것만이 미래 지향적이고, 영원 지향적이다. 자신의 생각만 고집한다거나 환경과 사회의 일을 무작정 따라간다면 그것은 현실에만 안주하는 것이다. 미래를 위해 무엇을 준비한다고 하지만 하나님을 모른다면 현실 지향적이다. 자기만 복을 받으려 하기 때문이다. 자기의 일을 자기가 결정하는 것도 현실 지향적이다. 하나님의 의도에 의해 결정하는 것이 미래 지향적이다. 하나님은 영원하시다. 우리의 자손들, 다음 세대가 우리 손에 달려 있는 것 같으나 사실은 하나님이 우리에게 맡겨주신 것이다. 그러므로 하나님의 의도대로 나가야 한다. 그 길이 고난의 길이라도 말이다.

이 시편은 모세의 시이다. 시편의 표제에는 모세를 하나님의 사람이라고 표현한다. 모세는 이스라엘 역사 중에서 하나님의 사람이라고 인정받을 만큼 위대한 일을 했다. 그는 이스라엘을 애굽에서 구해낸 인물이다. 그는 이스라엘을 이끌고 가나안에 들어갔다. 가나안은 하나님이 모세에게 말씀하신 약속의 땅이다. 그 땅에 들어간다는 것은 하나님이 백성에게 거처를 마련해 주시는 것이다. 즉 하나님이 모세의 거처가 되신다. 하나님은 모세와 이스라엘의 영원한 거처이시다. "주여 주는 대대에 우리의 거처가 되셨나이다"(1절). 하나님이 이스라엘의 안식처이며, 반석이시고 피난처이시다. 하나님은 영원토록 이스라엘의 안식처이시다.

하나님의 사람은 하나님이 영원 전부터 계셨고 또 영원까지 계실 것을 믿고 있다. "산이 생기기 전, 땅과 세계도 주께서 조성하시기 전 곧 영원부터 영원까지 주는 하나님이시니이다"(2절). 하나님은 사람의 인생도 정하셨다. 흙으로 사람을 지으신 하나님은 육체의 마지막이 티끌임을 알려 주신다. "주께서 사람을 티끌로 돌아가게 하시고 말씀하시기를 너희 인생들은 돌아가라 하셨사오니"(3절). 그런데 사람은 자기의 시간을 모른다. 영원토록 사는 것처럼 착각하며, 시간과 환경을 자기 마음대로 꾸며댄다. 하지만 시간의 주인은 하나님이시다. "주의 목전에는 천 년이 지나간 어제 같으며 밤의 한 순간 같을 뿐임이니이다"(4절).

우리에게 주어진 시간은 하나님과 비교하면 너무 짧다. 우리가 생각해도 지나간 시간은 너무 짧다. "우리의 연수가 칠십이요 강건하면 팔십이라도 그 연수의 자랑은 수고와 슬픔 뿐이요 신속히 가니 우리가 날아가나이다"(10절). 사람은 영원을 사모하지만 스스로 얻을 수 없다. 다만 영원이 하나님께 있다는 것만 알 뿐이다. 그러므로 사람은 하나님으로부터 영원히 속해있어야 하고, 배워야 한다. "우리에게 우리 날 계수함을 가르치사 지혜로운 마음을 얻게 하소서"(12절). 지혜는 사람의 날이 한계가 있다는 것을 알고 하나님의 날은 영원하다는 것을 기억하는 것이다. 이 지혜는 하나님으로부터 배워야 한다.

하나님의 날을 모른다면 그것은 하나님으로부터 책망을 받을 것이다. 영원을 모르는 사람은 진노의 대상이 된다. "누가 주의 노여움의 능력을 알며 누가 주를 진노의 두려움을 알리이까"(11절). 진노의 대상이 되었다면 하나님께 아뢰어야 한다. 하나님께 긍휼을 사모해야 한다. "여호와여 돌아오소서 언제까지니이까 주의 종들을 불쌍히 여기소서"(13절). 영원을 알고 있다면 오늘이 즐겁다. 영원을 안다면 현실의 괴로움 중에도 하나님에 대한 희망을 잃지 않는다. "아침에 주의 인자하심이 우리를 만족하게 하사 우리를 일생 동안 즐겁고 기쁘게 하소서 우리를 괴롭게 하신 날수대로와 우리가 화를 당한 연수대로 우리를 기쁘게 하소서"(14~15절)

영원을 사모하라

사람의 시간은 풀과 같다. 정말 아무 것도 아니다. "풀은 아침에 꽃이 피어 자라다가 저녁에는 시들어 마르나이다"(6절). 그런데도 사람은 쾌락을 즐기고, 하나님을 외면한다. 노아 시대처럼 말이다. "주께서 그들을 홍수처럼 쓸어가시나이다 그들은 잠깐 자는 것 같으며 아침에 돋는 풀 같으니이다"(5절). 사람은 그만큼 약하다. 밟으면 밟혀야 하고, 베면 베어져야 한다. 풀은 한 해 동안 사는 것으로 끝난다. 풀에게서 영원을 기대할 수 없다. 하나님을 모른다면 영원과는 전혀 상관이 없다. 영원한 존재로 창조된 피조물이 영원과 상관이 없어졌다. 자신의 인생이 풀처럼 끝나지 않으려면, 영원한 하나님을 알아야 한다.

풀과 같은 인간은 소심증에 걸려있다. 하나님의 존재 앞에서 아무 것도 아님을 알고 있다. 만약 하나님이 화를 내신다면 사람은 두려워 떨어야 한다. "우리는 주의 노에 소멸되며 주의 분내심에 놀라나이다"(7절). 하나님이 진노하시거나 책망하시는 것은 영원을 알게 하려 함이다. 다른 사람들로부터 핍박을 받아도 영원을 알게 될 것이고, 하나님으로부터 고난을 받아도 영원을 바라보게 될 것이다. 진노 앞에 두려워하는 사람은 영원성 앞에서도 두려워한다. 영원성 앞에 두려움은 하나님을 경외하는 것이다. 진노 앞에 두려워하는 것과는 차원이 다르다. 하나님이 영원을 보여주시는 이유는 하나님을 더 경외하게 하기 위함이다.

영원한 하나님은 우리의 은밀한 죄까지도 알고 계신다. 그러므로 우리가 하나님 앞에 감출 것이 아무 것도 없다. "주께서 우리의 죄악을 주의 앞에 놓으시며 우리의 은밀한 죄를 주의 얼굴 빛 가운데 두셨사오니"(8절). 죄인이 해야 할 일은 오직 영원한 하나님을 바라보는 것이다. 죄인들은 죄 가운데 있으면 안 된다. 하나님을 찾아가야 한다. 하나님이 하시고자 하면 우리의 생명은 아무 것도 아니다. "우리의 모든 날이 주의 분노 중에 지나가며 우리의 평생이 순식간에 다하였나이다"(9절). 하나님이 진노하신다면 우리가 쌓아놓은 모든 일들이 허사로 돌아갈 뿐이다. 영원한 하나님을 알지 못한다면 진노의 자녀가 될 뿐이다.

영원한 하나님을 바라보는 사람은 그분의 영광을 본다. 영원이란 그분의 영광을 보는 것이다. 사도 요한이 영광을 보고 하나님을 찬양하였다. 그가 보는 영광은 영원한 영광이었다. 그러나 참 믿음의 사람은 하나님의 영원한 영광을 바라본다. "주의 행하신 일을 주의 종들에게 나타내시며 주의 영광을 그들의 자손에게 나타내소서"(16절). 영원한 영광을 사모하는 사람은 은총을 바라본다. 영원을 바라보는 사람은 하나님의 강하게 하심을 알 것이다. "주 우리 하나님의 은총을 우리에게 내리게 하사 우리의 손이 행한 일을 우리에게 견고하게 하소서 우리의 손이 행한 일을 견고하게 하소서"(17절). 영원이란 영광이요, 강건함이다.

시편 91편
거함의 영성과 가인

살인자 가인

가인은 동생 아벨이 미웠다. 똑같이 하나님께 제사를 드렸는데, 하나님이 동생의 제사는 받으시고 자신의 제사는 받지 않으셨다. 가인은 매우 기분이 나빴다. 얼굴색이 변할 정도였다. 가인은 하나님이 왜 받지 않으실까를 생각하기보다 동생이 없었다면 하나님이 자신의 제사를 받으셨을 것이라고 생각했다. 그리고 아벨을 미워하기 시작했다. 아벨 때문에 자기의 뜻이 이루어지지 않고, 아벨 때문에 미움을 받는다고 생각하니 죽도록 미웠다. 가인은 경쟁자를 없애면 하나님께 잘 보일 것으로 생각했다. 그래서죽이겠다고 작정하였다. 가인은 자기 일이 잘 풀리지 않으면 남의 탓을 하는 전형적 인물이다.

하나님은 가인의 마음을 아신다. 하나님이 가인에게 선을 행하는 것과 죄를 다스리는 것이 더 중요하다 말씀하신다. 하나님은 결과보다 원인을 더 중요하게 생각하신다. 그런데도 가인은 하나님이 받으시는 것과 동생과의 경쟁관계가 더 중요했다. 그는 원인보다는 결과를 더 찾는 사람이다. 그의 마음은 하나님의 생각과 다르다. 그는 마음에 하나님 두기를 싫어한다. 그는 하나님 안에 거하려고 하지 않는다. 가인은 자기 생각과 마음이 더 중요하다. 하나님으로부터 말씀을 들어도 불평을 그치지 않는다. 자기 생각을 끝까지 고집할 뿐이다. 가인은 자기 생각 안에 머물러 있다. 그 결과가 어떻게 나타날까?

가인이 동생에게 하나님의 말씀을 전달한다. 그는 귀로 하나님의 말씀을 들었다. 그러나 마음으로 들은 것 같지는 않다. 가인은 아벨과 함께 들에 나갔을 때, 아벨을 해치고 만다. 가인이 갑자기 동생 아벨을 공격하여 죽이고 만다. 가인은 하나님으로부터 말씀을 들었어도 그것을 동생에게 전달했어도 자기 속마음을 풀지 않았다. 동생에 대한 오해를 가득 쌓아놓았다. 하나님을 향한 원망을 동생에게 풀었다. 자기 잘못의 원인을 동생에게 돌렸다. 하나님 안에 거하지 않는 사람은 매사가 이렇다. 마음의 불평을 범죄로 드러낸다. 하지만 하나님은 가인의 범죄를 다 알고 계셨다. 하나님은 가인의 마음까지도 꿰뚫고 계셨기 때문이다.

하나님이 가인을 부르신다. "네 아우 아벨이 어디있느냐?" 가인은 뻔뻔스럽게 대답한다. "내가 아우를 지키는 사람입니까?" 하나님이 다시 대답하신다. "네 아우의 핏소리가 땅에서 나를 향해 호소한다. 너는 땅에서 저주를 받고, 땅으로부터 열매를 거두지 못할 것이다. 너는 땅에서 방랑하는 사람이 될 것이다." 가인은 그제야 자신의 행위를 부끄러워한다. 고개를 들지 못하고, 사람들로부터 죽임을 당할까 고민한다. 하나님이 가인에게 표를 주어 사람들로부터 죽임을 당하지 않도록 하시고 에덴 동쪽에 거하게 하신다. 그래도 가인이 하나님의 그늘 아래 거하는 것은 아니다. 그의 자손들이 점점 더 악해지는 것을 보면 그렇다.

어디에 있느냐

하나님이 범죄 후에 두려워 숨은 아담을 향해 "네가 어디 있느냐?"고 물으셨다. 이는 아담의 몸이 있는 장소를 물으신 것이 아니다. 아담의 존재를 물으신 것이다. 사람이 어디 있느냐에 따라 그의 존재와 행동 그리고 결과가 달라진다. 술집에 머무는 사람은 술을 먹을 것이다. 물론 술집에 볼일을 보러 간 사람도 있을 것이다. 사람을 만나러 갈 수도 있다. 그러나 거기 가서 누구를 만나는가? 술을 마시는 사람을 만난다. 술집에 전도하러 가는 전도자도 있다. 거기서 누구를 만나는가? 술을 마시는 사람을 만난다. 그러나 술집의 단골 손님은 대부분 술꾼이다. 술을 즐기며 술에 의해 인생을 망치며 사는 사람들이다.

교회에 있는 사람은 예배를 드린다. 성경을 공부하든지, 기도를 하든지 혹은 봉사하든지 신앙과 관련된 일을 한다. 교회에 있는 사람은 신앙인이다. 어쩌다 교회를 방문하는 사람이 아니고 정기적으로 교회에 출석하는 사람이라면 그는 신앙인이라고 불린다. 그의 몸이 어디 있느냐에 따라 그의 존재가 결정된다. 아담이 나무 뒤에 숨은 것은 죄인이기 때문이다. 죄인들의 특성은 숨는 것이다. 떳떳한 사람은 결코 숨을 필요가 없다. 누구도 그를 향해 책망하거나 시비를 걸지 않기 때문이다. 떳떳한 사람은 대낮에 돌아다닌다. 그가 어디로 다니느냐를 보면 그의 인간됨과 현재의 상황을 짐작해 볼 수 있다.

그의 머무는 자리가 그의 인생을 결정할 수 있다. 머무는 자리는 단순히 장소만을 의미하지 않는다. 머무는 자리는 그의 마음이 있는 곳이다. 마음이 머무는 곳이 그의 인생을 결정한다. 마음이 돈에 있으면 돈을 사랑하게 된다. 돈 때문에 고민하고, 돈 때문에 기쁨과 슬픔을 경험한다. 돈 때문에 인간관계를 망칠 수도 있고, 인생이 꼬인 채 살 수도 있다. 마음이 예수님께 머물러 있으면 그의 인생이 예수님께 맡긴 인생이다. 예수님 안에 머물면 예수님의 의도와 계획 그리고 목적에 따라 살아간다. 예수님 안에 있으면 예수님의 사람으로 산다. 예수님을 마음의 장소로 삼는 사람은 예수님을 인생의 주인으로 섬기며 산다.

마음이 존재하는 곳은 인간의 현재 상태에 관한 철학적 질문이 될 수도 있다. 굳이 철학적 질문이 아니라도 좋다. 어려운 질문은 머리만 아프게 할 뿐이다. 더 중요한 것은 인생이 복을 누리느냐와 관련된 질문이다. 과연 그 자리에 있는 것이 그의 인생에 도움이 되느냐? 혹은 손해를 보느냐의 문제이다. 돈을 손해 보는 곳에는 가려고 하지 않는다. 그래도 사람들은 즐거움이 있는 곳을 찾아 간다. 즐거움과 돈을 바꾸는 것이다. 그렇다면 인생을 가장 아름답게 하는 곳은 어떨까? 돈으로도 찾아야 하지 않는가? 하지만 무료로 찾을 수 있는 곳이 있다. 그곳은 하나님의 품이다. 하나님의 마음 안에 우리를 위한 장소가 있다.

환경에 따라 사는 인간

「까마귀 노는 곳에 백로야 가지 말라」는 노래가 있다. 흰 백로가 까마귀 노는 곳에 있다면 까맣게 물들 수도 있다는 염려 때문이다. 기독교인도 불신자가 있는 곳은 더럽다고 가지 않는다. 교회에서 그것을 장려한다. 어느 정도 맞는 말 같다. 그러나 이는 신자를 약하게 키우는 것이다. 신자에게 영적 싸움을 회피하도록 만드는 것이다. 싸움을 회피하는 사람이 패배자이다. 승리자는 결코 싸움을 피하지 않는다. 적극적으로 싸워 이긴다. 신자와 불신자 사이에 본질의 차이가 있을 뿐이지 몸의 거리에는 차이가 없어야 한다. 신자들이 불신자들에 의해 오염되는 것이 아니라 오히려 정화시켜야 한다.

환경에 의해 희비가 교차하는 이들도 있다. 신앙인도 환경에 의해 희비가 교차한다. 자녀가 대학 입학시험에 떨어지면 마음이 불편하고 창피해 교회의 출석을 기피한다. 아예 목사님에게 협박하듯이 기도를 요구하는 이들도 있다. 아들이 떨어지면 교회 봉사가 쉽지 않으니 반드시 합격하도록 기도해 달라는 것이다. 교회 봉사를 하되 환경이 맞으면 하고, 맞지 않으면 하지 않겠다는 뜻이다. 이런 사람은 또 다른 이유가 있으면 그것을 핑계로 교회 봉사를 기피한다. 왜냐하면 주님에 의해 지배를 받는 사람이 아니라 환경에 의해 지배를 받는 사람이기 때문이다. 그는 환경을 이기기보다 지겠다고 마음을 먹은 것 같다.

대부분의 사람들은 환경에 의해 지배를 받는다. 환경의 영향을 받지 않는 사람은 한 명도 없다. 그러나 환경의 지배를 받는 것과 영향을 받는 것은 엄연히 다르다. 지배를 받는다는 것은 환경에 굴복하는 것이며 패배를 당하는 것이다. 반면에 환경을 개척하며, 부정적인 상황을 긍정적으로 바꾸는 사람도 있다. 이런 사람들은 환경에 영향을 받되 긍정적인 영향을 받는 것이다. 결코 환경에 의해 지배를 받지 않는다. 그러니까 환경에 지배를 받는 사람은 모두 부정적인 영향을 받는 사람이다. 환경에 의해 긍정적 영향을 받는 사람들은 모두 환경을 지배하는 사람들이다. 이들이 승리자이다.

환경은 우리를 감싸고 있다. 그러나 환경이 우리 마음까지는 지배할 수 없다. 환경이 우리의 몸을 제한할 수는 있으나 마음까지 속박시킬 수는 없다. 그러니까 우리의 마음과 본질이 환경에 속할 수 없다. 우리의 마음과 본질은 어디까지나 당신의 형상을 따라 지으신 하나님께 속해야 한다. 우리가 다스려야 할 환경에 지배를 받는다면 종속관계가 반대로 된 것이다. 우리와 종속관계를 가져야 할 분은 오직 하나님이시다. 하나님이 주인이고 우리는 종이다. 그러므로 우리의 마음과 본질이 영원히 머물러야 할 곳은 오직 하나님의 품이며, 하나님의 완전한 지배가 있는 곳이다.

시편 기자는 자기의 존재를 하나님으로부터 찾고 싶다. 그는 철저히 하나님의 사람이고 싶다. 자신은 아무 것도 아니며, 오직 하나님만이 전능하시다. 자신은 낮은 곳에 있지만 하나님은 높은 곳에 계시다. 시편 기자는 하나님의 그늘을 찾는 사람이고 싶다. "지존자의 은밀한 곳에 거주하며 전능자의 그늘 아래에 사는 자여"(1절). 시편 기자는 자신이 할 수 있는 일이 별로 없다. 할수록 실수 연발이고, 비난을 받을 뿐이다. 그는 어디에서도 누구로부터도 위로를 받지 못한다. 그는 오직 하나님만을 찾을 뿐이다. "나는 여호와를 향하여 말하기를 그는 나의 피난처요 나의 요새요 내가 의뢰하는 하나님이라 하리니"(2절).

시편 기자는 그동안 인생을 살면서 수많은 시련을 겪었다. 그 시련을 통해 깨달은 것이 있다. 시련을 이기는 힘은 자기에게 있는 것이 아니라 하나님께 있다는 것이다. 시련을 극복하는 것도 사람의 노력인 것 같으나 하나님이 도우셔야 하는 것이다. 사람에게는 시련을 헤쳐 나가는 힘이 부족하다. 우주를 다스리는 권리를 가진 사람이 시련 앞에서는 매우 무력하다. 어떤 이는 스스로 시련을 이기고 승리의 노래를 부르지만 시편 기자는 시련을 이기는 힘이 하나님께 있다는 것을 분명히 알고 있다. 분명히 하나님은 사람이 할 수 없는 일을 하신다. "이는 그가 너를 새 사냥꾼의 올무에서와 심한 전염병에서 건지실 것임이로다"(3절).

그러므로 사람은 하나님의 그늘 아래 있어야 한다. 하나님의 그늘 아래로 들어가면 안심할 수 있다. 하나님이 당신의 그늘로 들어오는 사람을 향하여 능력의 손길을 펼치신다. "그가 너를 그의 깃으로 덮으시리니 네가 그의 날개 아래에 피하리로다 그의 진실함은 방패와 손 방패가 되시나니"(4절). 하나님의 그늘 아래 있기만 하면 두려움이 없다. 이미 그는 피난처를 찾았기 때문이다. 어떤 시련도 믿음의 사람을 무너뜨릴 수 없다.

하나님이 계시기 때문이다. 그러므로 신앙인은 하나님 때문에 두렵지 않다. "너는 밤에 찾아오는 공포와 낮에 날아드는 화살과 어두울 때 퍼지는 전염병과 밝을 때 닥쳐오는 재앙을 두려워하지 아니하리로다"(5~6절). 어떤 환경도 주님의 보호를 받는 신앙인을 파멸시킬 수 없다. 수천, 수만 명이 겹겹이 감싸고 자신을 잡으려고 공격해 온다 할지라도 하나님의 그늘 아래 있는 사람을 체포할 수 없다. 하나님이 피난처와 요새가 되시기 때문이다. "천 명이 네 왼쪽에서, 만 명이 네 오른쪽에서 엎드러지나 이 재앙이 네게 가까이 하지 못하리로다"(7절). 오히려 신앙인을 공격하던 악인이 하나님에 의해 엎드려질 것이다. 하나님이 의인을 공격하는 악인을 반드시 벌하신다. 하나님이 의인을 보호하시고 악인을 벌하심으로 당신의 능력을 보이신다. "오직 너는 똑똑히 보리니 악인들의 보응을 네가 보리로다"(8절). 하나님은 피난처와 요새를 견고하게 지키신다.

지존자 아래 거하라

하나님의 날개 아래 거한 사람은 환경, 자존심, 미래 등 자신의 모든 일을 하나님께 맡긴 사람이다. 그는 하나님에게서 자신의 인생을 찾는다. 인생의 의미를 하나님께 둔다. 그의 위치는 언제나 하나님이시다. "네가 말하기를 여호와는 나의 피난처시라 하고 지존자를 너의 거처로 삼았으므로"(9절). 신앙인이 머물 곳은 언제나 하나님의 품이다. 하나님께 마음을 두어야 하고, 하나님의 뜻에 자기를 두어야 한다. 하나님 안에 거하는 것이 인생 최대의 행복이며, 영원한 행복이다. 이 행복과 비교할 수 있는 것이 없고, 이 행복은 결코 감소되거나 사라지지 않는다. 하나님은 지존자이시며 전능하시고 영원하신 분이시며, 우리의 영원한 장막과 거처가 되신다.

하나님이 신앙인을 위해 울타리가 되어 주신다. 어떤 세력이라도 감히 하나님을 향해 도전할 수 없고, 하나님의 영역에 침범할 수 없다. "화가 네게 미치지 못하며 재앙이 네 장막에 가까이 오지 못하리니"(10절). 만약 하나님의 장막에 거하는 사람이 공격을 받는다면 하나님이 어떻게 하실까? 하나님이 천사들을 동원하며 믿음의 사람을 지키실 것이다. "그가 너를 위하여 그의 천사들을 명령하사 네 모든 길에서 너를 지키게 하심이라"(11절). 하나님은 돌부리에 걸려 넘어지는 것조차도 허락하지 않으신다. "그들이 그들의 손으로 너를 붙들어 발이 돌에 부딪히지 아니하게 하리로다"(12절). 하나님의 관심은 온통 신앙인의 안전에 집중되어 있다.

하나님이 허락하지 않으시면 어느 누구라도 신앙인을 공격할 수 없다. 신앙인을 공격하는 것은 하나님의 영역과 주권에 대한 중대한 도전이다. 하나님이 결코 용서하지 않으신다. 하나님을 향해 도전하는 권세가 신앙인들 앞에서 처참하게 패할 것이다. 하나님이 신앙인으로 하여금 승리를 맛보게 하신다. "네가 사자와 독사를 밟으며 젊은 사자와 뱀을 발로 누르리로다"(13절). 신앙인의 승리는 곧 하나님의 승리이다. 승리한 자가 높아질 것이다. 하나님이 신앙인을 높이심으로 인해 하나님 스스로를 높이신다. "하나님이 이르시되 그가 나를 사랑한즉 내가 그를 건지리라 그가 내 이름을 안즉 내가 그를 높이리라"(14절).

하나님 안에 거하는 사람은 하나님과 매우 친밀한 관계 속에 있다. 그는 하나님께 마음 놓고 아뢰고 간구할 수 있다. 하나님께 무엇을 구하든 하나님이 이루실 것이다. 특히 하나님은 당신의 그늘 아래 있는 사람을 당신의 영광 안에 머물게 하실 것이다. "그가 내게 간구하리니 내가 그에게 응답하리라 그들이 환난을 당할 때에 내가 그와 함께 하여 그를 건지고 영화롭게 하리라"(15절). 영원하신 하나님이 우리를 영원한 세계로 인도하신다. 그러므로 우리에게 온전한 구원이 이루어진다. 지존자 아래에 거하는 사람에게는 만족함이 있다. 그에게 영원한 구원이 이루어졌다. "내가 그를 장수하게 함으로 그를 만족하게 하며 나의 구원을 그에게 보이리라 하시도다"(16절).

시편 92편

제사장의 영성과 아론

제사장 아론

아론은 모세의 형님이다. 그는 말을 잘해서 모세와 이스라엘 민족의 대변인 노릇을 하였다. 모세가 40년 동안 애굽을 떠나 미디안에 있었으므로 애굽 말이 서투를 때, 하나님이 아론을 예비하셨다. 아론이 모세의 뜻을 애굽 왕에게 효과적으로 전달할 수 있는 사람으로 예비되었다. 아론은 모세가 애굽 왕을 만날 때 동행하였고 모세가 기도할 때도 동행하였다. 아말렉 민족과의 전쟁에서 모세가 두 팔을 들고 기도할 때 한쪽에서 아론이 모세의 팔을 받쳐 주었다. 그는 모세의 든든한 후원자였다. 물론 모세가 죄를 범할 때 그를 비난한 적도 있었다. 하지만 하나님의 책망을 받고 회개한 이후 모세를 돕는 역할을 하였다.

하나님은 돕는 자에게도 축복하신다. 아론은 자연스럽게 이스라엘 민족의 제사장이 되었다. 모세가 없을 때 아론은 백성의 지도자 노릇을 하였다. 오늘날 같으면 권한대행을 한 것이다. 모세가 시내산에 올라가 하나님과 40일 간 독대를 하고 있을 때였다. 백성은 모세가 없다는 것에 대하여 불안감을 느꼈다. 모세가 없다는 것이 하나님과 멀어져 있거나 혹은 하나님으로부터 버림을 받았다는 느낌을 가지게 하였다. 그래서 백성이 아론에게 하나님을 만나게 해 달라고 요구한다. 이때 아론이 어떤 행동을 취했는가?

그는 모세를 기다리지 않았다. 그는 백성의 압력에 굴복하여 금송아지를 만들어 제사를 드리는 일을 주도했다.

이 정도 되면 아론이 중대한 범죄를 저지른 것이었다. 백성을 타이르거나 설득하지는 못할망정 우상 숭배에 앞장을 섰다면 버림을 받아야 마땅하고, 죽는 것이 당연하다. 그럼에도 그는 제사장 노릇을 하였다. 모세를 비난한 적이 있었어도 제사장 노릇을 유지했다. 그가 권력을 가졌기 때문이거나, 모세의 형님이기 때문일까? 인간적으로, 세속적으로 본다면 그럴 수도 있다. 하지만 아론의 결격사유에도 불구하고 그의 제사장 신분이 유지되는 것에 하나님의 개입은 없을까? 여기서 우리는 용서하시는 하나님을 본다. 선택한 사람을 신뢰하고, 용서하시며, 끝까지 후원하시는 하나님을 본다. 하나님은 최소한 제사장만큼은 신뢰하고 싶으시다.

하나님은 아론을 모세의 대변인과 후견자로만 선택하신 것이 아니다. 하나님은 그를 제사장으로 선택하셨다. 백성을 위해 하나님께 제사를 드리는 사람이다. 이후 아론의 후손은 제사장 가문이 되었다. 하나님이 모세를 시켜 각 지파 족장들의 지팡이를 모으게 하셨다. 지팡이에 족장들의 이름이 쓰여 있다. 레위 지파에서는 아론이 뽑혔고, 아론의 이름이 씌어진 지팡이도 함께 놓여 있었다. 지팡이들이 증거의 장막 안에 있다. 하나님이 아론의 지팡이에 싹이 나게 하셨다. 이로써 아론이 하나님의 손에 붙들려 있는 사람임이 증명되었다. 하나님이 아론의 제사장 권위를 거부하는 무리들에게 경종을 울리셨다.

제사장의 타락

제사장이란 하나님의 뜻과 권위에 의해 사는 사람이다. 제사장은 우선적으로 하나님께 대한 제사를 수행한다. 그리고 제사장은 하나님의 뜻을 대언한다. 제사장은 자기의 뜻보다는 하나님의 뜻을 우선적으로 생각해야 한다. 그럴 때 제사장의 권위가 선다. 하나님은 제사장의 권위를 인정하신다. 제사장은 하나님과 백성 사이에 가교 역할을 한다. 제사 자체가 하나님과 백성 사이에 화해의 기능을 가지고 있기 때문이다. 특별히 제사장은 백성에게 하나님 중심으로 살 것을 요구해야 한다. 만약 백성이 하나님 중심으로 살지 못한다면 애끓는 심정으로 경고해야 한다. 그들이 하나님께 돌아오기를 요구해야 한다.

그러나 이스라엘 역사 중에 제사장들이 직무를 소홀히 한 적이 많았다. 엘리의 아들 홉니와 비느하스는 욕심꾸러기였다. 제사장으로서 자기가 취할 이익부터 생각하는 사람이었다. 그들은 성전 뜰에서 부녀자들을 욕보였다. 그들은 하나님께 드릴 제물을 자기의 것으로 취했다. 하나님의 권위를 빌어 사리사욕을 채운 것이다. 그들은 백성으로부터 원망을 들어도 아랑곳하지 않았다. 아버지로부터 책망을 들어도 딴 짓만 할 뿐이다. 노인이 뭘 안다고 참견하시냐며 면박이나 주지 않으면 다행이다. 제사장이 알아야 하는 것은 오직 하나님과 백성 사이의 관계이다. 그렇지 않으면 제사장은 자기중심적인 사람이 되고 만다.

사람이 떡으로만 사는 것은 아니다. 하나님의 입에서 나오는 모든 말씀으로 살아야 한다. 제사장을 더 그런 사람이어야 한다. 제사장에게는 말씀이 곧 음식이다. 그러니 이스라엘 제사장 중에는 자기 입으로 들어가는 음식이 없으면 욕을 하는 사람도 있었다. 제사장이 선지자와 함께 포도주와 독주를 마시고 비틀거리는 경우도 있었다. 그들은 제사를 드리거나, 예언을 하거나, 재판을 할 때 실수투성이일 것이다(사 28:7). 욕심꾸러기에 거짓투성이의 사람으로 사는 무리들도 있었다(렘 6:13). 이런 제사장들에게서 제사는 하나님의 영광을 위한 것이 아니라 자기의 영달과 사치를 위한 도구일 뿐이었다.

제사장들의 분깃과 기업은 하나님이었다. 제사장들은 하나님을 높여야 하고, 하나님의 것을 귀중히 여겨야 한다. 그럼에도 하나님의 이름과 거룩한 물건을 더럽힌 제사장들이 있었다(겔 22:26). 제사장의 타락은 곧 이스라엘의 타락으로 이어졌다. 하나님께 드리는 제사가 흐트러지면 백성의 마음이 흐트러진다. 그리고 하나님과의 관계가 허물어진다. 하나님이 주시는 은혜가 소멸된다. 하나님이 책망하시되 가장 먼저 제사장을 책망하실 것이다. 왜냐하면 제사장은 영적 지도자이기 때문이다. 제사장에게 백성을 위한 책임이 있으므로 하나님으로부터 이 책임을 감당하지 못한 것에 대한 책망을 받을 것이다.

그래도 제사장은

이 정도 되면 제사를 부정하는 사람이 생겨날 것이다. 제사장의 필요성을 부인하는 사람도 생겨날 것이다. 제사장을 아무 것도 아닌 사람으로 보는 경우도 생겨날 것이다. 제사장만 봐도 혐오감을 느끼는 사람이 있을지도 모른다. 하지만 그렇다고 해서 제사의 필요성을 부정할 수 없다. 제사장이 없어야 한다고 주장할 수도 없다. 이 땅에 의미가 없이, 가치가 없이 존재하는 것은 없다. 각자 의미와 가치를 지니고 있다. 하나님이 만물을 그렇게 창조하셨고, 그렇게 질서를 정하셨다. 하나님이 각각의 역할을 정하셨고, 역할을 따라 일하기 원하신다. 만물은 각각의 역할을 수행하며 조화를 이루어야 한다. 하나님이 그것을 원하신다.

만약 제사 제도를 부정하고, 제사장의 필요성을 부정한다면 그는 어떤 사람일까? 자기 마음에 들지 않는 것은 모두 부정하는 사람이다. 정치가가 부정부패와 비리에 얼룩졌다고 정치가는 세상에서 사라져야 한다고 주장한다면 어떤 반응이 올까? 오죽하면 그런 말을 하겠느냐고 동조하는 사람도 있을 테지만, 주장 자체로는 터무니없다. 선생님이 학생에게 잘못 가르쳤다고 선생님은 다 없어져야 한다고 말하겠는가? 결코 그렇지 않다. 정치가의 의식을 개혁하고 선생님의 도덕성을 회복하는 것이 급선무지, 그들 모두를 없앤다고 되는 일이 결코 아니다. 제사장에게도 마찬가지로 적용된다. 그들에게는 영적 회복이 필요하다.

하나님이 이스라엘에게 영적 각성과 회복의 기회를 주셨다. 제사장들이 자기들의 자리로 돌아가는 것이었다. 사무엘이 제사장으로서 자리를 찾았다. 동시에 그는 백성에게 바른 길을 제시하는 선지자가 되었다. 예레미야는 제사장 가문에서 태어났다. 그 역시 선지자가 되었다. 그는 제사장들에게 영적 회복을 권고하였다. 정치에 끼어든 제사장, 오염된 정치판에서 배를 불리려는 제사장에게 하나님께로 돌아갈 것을 권면하였다. 경고를 들을 수 있다는 것, 책망을 들을 수 있다는 것이 하나님께로 돌아갈 기회이다. 돌아갈 기회가 주어진다는 것이 곧 필요하다는 증거이다. 책망과 경고는 그가 필요하다는 하나님의 신호이다.

오염된 것은 깨끗해져야 한다. 더러운 것은 정결해져야 한다. 특별히 하나님께 드려지는 우리의 삶은 더욱 그렇다. 그중에 제사장은 정결함을 생명으로 여겨야 한다. 그럴 때 제사장이 필요하다는 것을 사람들이 인식하게 된다. 너도 나도 제사장 때문에 자기도 깨끗해지고 있음을 느껴야 한다. 이는 제사장의 정결이 먼저이다. 실수가 있어도 개선하는 제사장, 악한 것에 대하여 강한 거부감을 가지는 제사장이 필요하다. 이런 제사장이 이 땅에 존재한다. 그중 가장 큰 제사장이 곧 예수님이시다. 이 제사장 때문에 다른 제사장들도 이 땅에 존재한다. 큰 제사장을 따르는 다른 제사장이 많아져야 한다. 그것이 곧 하나님의 바람이시다.

시편 92편은 '안식일의 찬송 시'라는 표제가 붙어 있다. 하나님께 예배를 드리며 찬송하는 모습이 마치 제사장을 보는 것 같다. 제사장의 제사는 하늘을 울리며, 하나님을 감동시킨다. 제사장의 마음 속에 하나님이 주인으로 계시다. 천지를 지으신 하나님이 그의 안에 계신다. 하나님이 그의 마음을 움직이심으로 제사장의 마음에 생명수가 흘러넘친다. 하나님이 제사장의 눈을 열어 주심으로 하늘의 섭리가 보인다. 하나님이 제사장의 시간을 주장하심으로 하나님을 모두 찬양하는 데 시간을 사용한다. 지금 찬송하는 사람은 직책이 제사장이 아니라, 그의 삶이 곧 제사장의 역할을 한다. 외면의 제사장이 아니라 내면의 제사장이다.

시편 기자는 하나님께 찬양의 제사를 드리고 있다. 시편 기자는 밤낮으로 찬양의 제사를 드리는 것이 즐겁다. 그는 다양한 악기로 찬양의 제사를 드린다. 그의 마음에는 감사가 넘치고 있다. "지존자여 십현금과 비파와 수금으로 여호와께 감사하며 주의 이름을 찬양하며 아침마다 주의 인자하심을 알리며 밤마다 주의 성실하심을 베풂이 좋으니이다"(1~3절). 모름지기 제사장의 영성은 이래야 한다. 제사장은 하나님을 기쁘게 하고 있다. 그는 하나님으로 인해 기뻐하고 있다. 그는 하나님으로부터 수많은 기쁨을 받았다. "여호와여 주께서 행하신 일로 나를 기쁘게 하셨으니 주의 손이 행하신 일로 말미암아 내가 높이 외치리이다"(4절). 제사장의 역할은 제사를 드리는 것이다. 그러나 그의 인생 목적은 제사만으로 끝나지 않는다. 제사의 가치와 의미가 살아나야 한다. 제사로 인하여 그의 인생 주인이신 하나님이 드러나야 한다. 그러므로 제사장은 제사 드리는 것 이전에 먼저 할 일이 있다. 그것은 하나님을 묵상하는 일이다. 하나님이 그에게 하신 일을 묵상하는 것이다. "여호와여 주께서 행하신 일이 어찌 그리 크신지요 주의 생각이 매우 깊으시니이다"(5절).

그러면 제사가 즐겁다. 그러면 제사를 통해 하나님이 드러나신다. 이것을 아는 사람이 곧 지혜자이다. “어리석은 자도 알지 못하며 무지한 자도 이를 깨닫지 못하나이다”(6절).
제사장이 할 일은 오직 하나님을 높이는 것이다. 하나님만이 천지의 가장 높으신 분이심을 드러내는 것이다. 제사의 목적이 바로 그것이다. “여호와여 주는 영원토록 지존하시니이다”(8절). 이것을 아는 사람이 의인이다. 하나님이 그를 높이시며 번성하게 하신다. “의인은 종려나무같이 번성하며 레바논의 백향목 같이 성장하리로다”(12절). 이것을 모르는 사람이 곧 악인이다. 악인은 잠시 팽창할 수 있으나 곧 사라진다. 하나님이 그렇게 작정하셨기 때문이다. “악인들은 풀같이 자라고 악을 행하는 자는 다 흥왕할지라도 영원히 멸망하리이다”(7절). 직책이 아니라 하나님을 높이는 것에 따라 의와 악, 축복과 책망이 결정된다.

제사장의 삶

제사장이 머물러야 할 곳이 어디일까? 곧 하나님의 집이다. 제사장은 하나님의 집을 궁전으로 여긴다. 궁전이 무슨 뜻인가? 최고로 좋은 집, 가장 아름다운 집이라는 말이다. 다시 말해 가장 높은 분이 사는 집이라는 뜻이다. 제사장은 가장 좋은 집에 산다. 무엇으로 사는가? 종으로 산다. 그러나 결코 종이 아니다. 제사장은 주인처럼 산다. 주인이 아니지만 주인의 뜻을 완벽하게 실천하며, 주인 행세를 하며 산다. 주인으로부터 전권을 위임받았기 때문이다. 제사장은 주인의 궁전에 심겨진 백향목이다. 그의 인생은 축복으로 설계되어 있다. “이는 여호와의 집에 심겼음이여 우리 하나님의 뜰 안에서 번성하리로다”(13절).

정원에 물을 주고 거름을 주어야 식물이 잘 자란다. 그래야 아름다운 꽃을 피우고, 신선한 공기를 내뿜는다. 과일 나무는 오랫동안 열매를 맺는다. 그것도 빛깔이 고운 과일들을 생산한다. 누가 보아도 만져보고 싶고 먹고 싶은 과일이다. 제사장은 바로 이처럼 아름다운 빛깔을 가진다. 하나님이 보시기에 아름답고, 사람들은 그와 함께 있는 것을 좋아한다. 나이가 들어도 더 깊고 은은한 멋을 낸다. 하나님과 함께 하는 제사장은 그런 멋을 내는 사람이다. "그는 늙어도 여전히 결실하며 진액이 풍족하고 빛이 청청하니"(14절). 하나님이 제사장에게 이런 삶을 원하신다. 백성은 이런 삶을 보고 싶어 한다. 그가 곧 하나님의 제사장이다.

제사장의 타락을 부추기는 무리들이 있다. 제사장이 가장 경계해야 하고, 가려야 할 대상이 바로 이런 부류들이다. 그들은 제사장의 원수이며 동시에 하나님의 원수이다. 제사장이 그들을 물리치려 하지만 힘이 부족할 수 있다. 이 때 하나님을 찾는다. 하나님이 그들을 물리치셔야 한다. "여호와여 주의 원수들은 패망하리이다 정녕 주의 원수들은 패망하리니 죄악을 행하는 자들은 다 흩어지리이다"(9절). 제사장의 원수는 곧 하나님의 원수이다. 제사장은 하나님이 원수를 내치시는 것을 보고 하나님의 살아계심을 온 땅에 선포한다. "내 원수들이 보응 받는 것을 내 눈으로 보며 일어나 나를 치는 행악자들이 보응 받는 것을 내 귀로 들었도다"(11절)

제사장은 스스로 영적 에너지를 만들어내지 않는다. 제사장의 영적 에너지를 뺏는 사람이 있어도, 하나님은 오히려 에너지를 채우신다. 제사장의 권위를 깎아내리는 사람이 있으나 하나님이 권위를 높이기 원하신다. 제사장이 칭찬을 받음으로 하나님이 칭찬을 받으시기 때문이다. "그러나 주께서 내 뿔을 들소의 뿔 같이 높이셨으며 내게 신선한 기름을 부으셨나이다"(10절). 제사장은 늘 이러한 축복을 경험한다. 그리고 그는 하나님의 이름을 드높인다. 하나님의 진실하심을 드러낸다. "여호와의 정직하심과 나의 바위 되심과 그에게는 불의가 없음이 선포되리로다"(15절). 제사장의 삶은 오직 하나님 중심이다.

시편 93편

통치의 영성과 아비멜렉

비열한 아비멜렉

기드온이 미디안을 물리친 후 이스라엘을 40년 동안을 다스렸다. 기드온이 살아있을 동안에 이스라엘에 평화가 있었다. 이방의 침략을 받지도 않았으며 오히려 미디안이 이스라엘에게 복종하였다. 기드온의 통치에 따라 이스라엘이 주변 나라를 다스릴 정도였다. 훌륭한 지도자가 나오면 나라가 강해진다. 훌륭한 지도자를 만난 백성은 평안해진다. 훌륭한 지도자를 만나는 것이 백성에게는 복이다. 훌륭한 지도자는 백성을 평안하게 한다. 훌륭한 지도자는 백성을 안심시킬 수 있다. 백성 모두 지도자를 믿고 따른다. 지도자에게 순종한다. 기드온이 그렇게 할 수 있었던 것은 미디안을 물리친 공이 있기 때문이다.

문제는 아무런 공도 없으면서 나라를 통째로 먹으려는 사람들이 있다는 것이다. 기드온의 아들 중에서 하나가 그랬다. 기드온이 이스라엘의 사사로 있으면서 아들을 무려 70명이나 낳았다. 한 여인으로부터 70명을 낳을 수 없다. 기드온은 여러 여인을 통해 아들을 얻었다. 아들들이 많으면 자연히 다툼이 있게 된다. 개중에는 야망을 가진 아들도 있을 것이다. 야망을 가져도 그것을 바르게 펼치면 되는데 그 중 아비멜렉이라는 아들은 형제들을 죽이고 왕이 되려 하였다. 아비멜렉이 세겜 사람들과 밀약을 한 후 형제들 70명을 초청하여 한 반석 위에서 죽이고 말았다. 세겜 사람들과 밀로 사람들이 아비멜렉을 왕으로 삼았다.

아비멜렉은 통치자가 되려는 욕심을 가졌다. 통치자 곧 왕이 되면 자기 마음대로 휘두를 수 있고, 마음껏 욕심을 부릴 수 있다. 가지고 싶은 것을 다 가질 수 있고, 취하고 싶은 여인도 다 취할 수 있다. 아버지 기드온이 그렇게 하는 것을 본 아들 아비멜렉도 따라 하고 싶다. 아버지가 가졌던 통치의 원리, 통치자가 되기까지의 여정은 알고 싶지 않다. 오직 아버지가 가졌던 권세만 가지면 된다. 고난과 역경 중에서 승리를 얻게 되는 과정은 아랑곳하지 않고, 승리의 영광과 면류관만을 취하려 한다. 이런 사람들은 과정과 방법을 무시한다. 오직 목적만 이루면 된다는 식이다. 이런 사람들은 자기 것을 쟁취하기 위해 남을 해친다.

아비멜렉이 그렇게 했다. 형제 70명을 한 반석 위에 죽였다. 하지만 그의 통치가 오래 가지 못했다. 하나님이 아미멜렉을 망하게 하셨다. 살아남은 아들 요담의 우화를 들은 백성이 있었고, 아비멜렉의 통치 3년 만에 세겜 사람들이 아비멜렉을 배신하였다. 아비멜렉과 세겜 사람들 사이에 전쟁이 있었다. 아비멜렉은 성 위에서 여인이 던진 맷돌에 맞아 죽었다. 그는 통치자가 되려 했으나 통치기간이 매우 짧았다. 무력과 폭력으로 얻은 통치권은 오래 가지 못한다. 하나님이 그의 통치권을 빼앗아 가신다. 이는 통치자를 세우시는 분이 하나님이시기 때문이다. 하나님이 통치자 위에 계신 가장 큰 통치자이시다.

강함보다 부드러움

대부분의 사람들은 통치자가 되려면 강력한 카리스마가 있어야 한다고 생각한다. 물론 강력한 카리스마가 있어야 한다. 문제는 사람들이 생각하는 강력한 카리스마라는 것이 매우 폭력적이고 정당하지 못하다는 데 있다. 사회가 혼란스러울수록 사람들은 강력한 통치자가 등장하기 원한다. 통치자가 백성을 억눌러서라도 다스리고, 백성에게 안정을 가져다주기 원한다. 이런 통치를 원하는 백성은 눌리는 것을 당연하게 생각하는 사람들이다. 그들은 힘이 강한 사람에게는 눌리고, 반대로 힘이 약한 사람을 누를 것이다. 사람과 사람 사이에 계급과 신분이 존재하는 것을 당연하게 여기는 사람들이다.

사람들은 자유가 있으면 방종하려 든다. 자유를 바른 일에 사용하면 그 자유가 더 보장된다. 그러나 자유가 있다고 해서 자유를 다른 사람에게 피해를 주는 데 사용하면 안된다. 자유는 다른 사람에게 피해를 주라고 생긴 것이 아니다. 자유는 다른 사람들과 공존하며, 더불어 살도록 주어진 것이다. 그런데 자유를 방종으로 바꾸는 사람들이 계속 생겨난다. 이런 사람들 때문에 강력한 통치를 표방한 독재자들이 등장한다. 겉으로는 사회의 질서를 바로 잡아보겠다는 사람들이다. 그런데 알고 보면 그들 역시 정권과 통치를 이용하여 자기들 배를 불리려는 사람들이다. 처음에는 순수한 마음으로 시작했더라도 나중에는 변질된다.

처음에는 좋았다가 나중에 변질되는 사람들이 수없이 많다. 처음에는 백성을 생각해 주다가 나중에는 백성의 원망과 미움을 사는 지도자들이 많다. 사울 왕이 대표적인 사람이다. 혹은 처음부터 나쁜 생각을 가지고 얕은 꾀를 부려 권력을 차지하는 사람도 있다. 아비멜렉 같은 사람이다. 이상한 것은 나쁜 생각과 정치 철학을 가진 사람들이 더 강한 힘을 발휘한다는 것이다. 사람들은 정치철학이 나쁘든, 통치가가 얕은 꾀를 부리든 상관하지 않는다. 오직 나라만 안정되면 된다는 식이다. 그러나 철학이 없는 지도자가 나라를 안정시킨다면 그것은 폭력으로 진압되는 것과 같다. 잘못된 통치자를 선호하면 결국은 자기가 억눌릴 것이다.

그러나 부드럽게 다스려도 얼마든지 잘 다스리는 사람들이 있다. 오히려 부드럽게 다스리는 사람이 더 오래 다스린다. 부드럽게 다스리는 사람이 더 백성에게 칭찬을 받는다. 16세기 영국에서 메리 여왕은 가톨릭으로 복귀하려고 개신교도 300명을 화형에 처했다. 그리고 메리는 얼마 후 죽었다. 메리의 뒤를 엘리자베스 여왕은 영국의 가톨릭 복귀를 철회하였다. 여왕 당시에 영국은 번영의 시기였다. 19세기 중반 빅토리아 여왕도 현모양처로서 영국 역사상 최고의 번영기를 구가하였다. 그의 통치는 64년이나 지속되었다. 그의 시대는 영광의 시대였다. 그렇다 강하게 다스린다고 해서 결코 강해지는 것이 아니다.

통치의 기간

통치자가 강한 것만을 고집하는 이유가 있다. 그것은 빨리 무엇을 이루고자 하는 마음이 있기 때문이다. 폭력을 사용하면 사람들이 쉽게 복종한다. 그리고 빨리 이룰 수 있다. 그러나 빨리 이루는 것은 빨리 망한다. 늦게 천천히 이룬 것이 더 오래 지속된다. 천천히 그리고 튼튼하게 지은 집이 오래 가듯 나라도 그렇다. 통치권도 그렇다. 최소한 사람이 통치를 하려면 이렇게 천천히 가고, 부드럽게 가야 한다. 사람은 당장에는 강한 것 앞에 엎드리지만, 후에는 맞설 것이다. 그러나 부드러움 앞에는 맞서는 것 같으나 결국은 엎드린다. 부드러움은 천천히 가는 것 같으나 더 멀리 내다보는 것이다. 그래도 사람의 통치권에는 기간이 있다.

사람의 통치는 언젠가 끝난다. 왕조들이 망하고 바뀔 것이다. 아무리 강한 권력이라도 오랜 세월을 지속하지 못한다. 고대 봉건 시대에는 몇 백년 동안 왕조가 유지되었지만, 세월이 갈수록 왕조가 짧아진다. 철권통치도 50년 이상 유지하기 어렵다. 철의 장막[1)]이 한 세기를 넘기지 못하고 무너졌다. 죽의 장막[2)] 도 개혁과 개방 정책으로 인해 완전히 열려졌다. 겉으로만 사회주의일 뿐 자본주의를 완전히 받아들였다. 사람의 통치뿐만 아니라 이념의 통치도 오랜 세월을 지탱하지 못한다. 그것 역시 사람의 통치이기 때문이다. 그러므로 통치의 기간을 염두에 두고 부드럽게 다스라는 사람이 역사로부터 긍정적 평가를 받는 현명한 사람이다.

그러나 하나님의 통치는 영원하다. 하나님은 사람이 아니시기 때문이다. 사람은 불완전하지만 하나님은 완전하시다. 불완전한 사람은 역사를 얼룩지게 만들 수 있지만 완전하신 하나님은 역사를 바로 세우신다. 불완전한 인간은 역사를 어둡게 만들지만 완전하신 하나님은 역사를 밝은 길로 인도하신다. 불완전한 인간은 스스로 권위를 세우다가 추락하지만 완전하신 하나님은 우주 만물로부터 찬양을 받으신다. 그러므로 하나님의 통치는 영원하고 궁극적이다. 하나님의 통치는 역사의 시작이며 마지막이다. 하나님의 통치는 사람의 통치보다 위에 있다. 사람의 통치는 하나님의 통치 아래 있을 뿐이다. 하나님은 왕 중 왕이시기 때문이다.

하나님의 통치는 영원하다. 하나님이 천지를 지으셨고, 또 우주의 마지막을 계획하고 계시다. 하나님의 통치는 끝나지 않는다. 인간의 역사가 마치는 것은 하나님이 사람에게 잠시 맡기신 통치권을 거두어 가실 때이다. 사람이 맡은 통치권을 뺏겨도 하나님은 직접 통치하신다. 그러므로 사람은 하나님의 통치권 아래 있어야 한다. 이것이 겸손이다. 하나님의 통치권에 엎드려야 한다. 이것이 복종이다. 사람은 하나님의 통치권 아래에서 배워야 한다. 이것이 참된 지식이다. 하나님의 통치 원리가 무엇인지 배워야 한다. 이것이 지혜이다. 하나님으로부터 배우는 사람은 영원토록 하나님의 통치 안에 들어갈 것이다.

---

1) 철의 장막 : 제2차 세계대전 이후 소련 진영에 속하는 국가들의 폐쇄적이고 비밀주의적인 긴장정책을 비난하고 풍자한 표현.

2) 죽의 장막 : 1949년이래 중국과 자유진영의 국가들 사이에 가로놓인 장벽을 중국의 명산물인 대나무에 비유하여 이르는 말.

시편 기자는 하나님의 통치를 믿고 있다. 하나님은 우주를 통치하신다. 하나님은 인간 세계를 통치하신다. 하나님은 우주를 창조하신 분이시다. 창조하신 그분이 통치하심이 마땅하다. 시편 기자는 하나님의 통치를 마음 깊이 깨닫고 있다. 자신의 인생 경험을 통해 깨달았고, 신비한 경험을 통해 깨달았다. 하나님은 우주 위에 계시다. 하나님은 영원 전부터 영원까지 통치하신다. 하나님의 통치는 누구도 건드리거나 거부할 수 없다. 그것은 하나님께 대한 거역이기 때문이다. 그러므로 시편 기자는 이렇게 자신의 믿음을 표현할 수밖에 없다. "주의 보좌는 예로부터 견고히 섰으며 주는 영원부터 계셨나이다"(2절).

하나님의 통치 권위는 하나님이 스스로 만들어내셨다. 하나님은 스스로 계신 분이시다(출 3:14). 하나님의 통치는 하나님의 전능하심에 의해서 이루어 진다. 사람은 하나님께 통치의 권위를 부여하는 것이 아니라 인정하고, 수용해야 한다. 하나님의 권위는 사람으로부터 나온 것이 아니라 하나님 자신에게서 나온다. 우주 만물은 하나님의 통치 권위 아래 있다. 우주만물이 하나님의 통치에 의해 움직인다. 우주의 질서와 조화 그리고 아름다움은 모두 하나님의 통치에 의해서 된다. 하나님의 통치가 아니면 무질서해진다. 하나님은 무질서와 혼돈의 세상에 질서를 부여하셨다. 우리는 하나님의 질서를 믿고 그 질서 속에 들어가야 한다.

시편 기자는 하나님의 통치 권위가 하나님으로부터 나왔으며, 우주와 자연 만물이 그 권위 아래서 순종해야 된다고 말한다. 하나님은 능력으로 자연을 다스리신다. 자연 속에 하나님의 능력이 담겨 있고, 숨어 있으며, 필요할 때마다 드러낸다. 하나님의 통치 권위 아래 있는 자연, 그 권위에 순종하는 자연이 하나님의 의도대로 움직일 것이다. 쉽게 흔들리거나, 허물어지지 않는다. "여호와께서 다스리시니 스스로 권위를 입으셨도다 여호와께서 능력의 옷을 입으시며 띠를 띠셨으므로 세계도 견고히 서서 흔들리지 아니하는도다"(1절). 그러므로 하나님의 통치 권위는 우주에서 가장 강하다. 우주가 하나님께 순종할 따름이다.

시편 기자는 하나님의 통치가 실제적으로 이루어진 사례를 알고 있다. 이스라엘 역사에서 그런 적이 있었다. 바로 홍해 바다가 갈라지는 때였다. 홍해가 갈라짐으로 이스라엘은 하나님의 위대하심을 알았다. 이스라엘은 바다가 하나님의 권위에 순종하고 있음을 알았다. "여호와여 큰 물이 소리를 높였고 큰 물이 그 소리를 높였으니 큰 물이 그 물결을 높이나이다 높이 계신 여호와의 능력은 많은 물 소리와 바다의 큰 파도보다 크니이다"(3~4절). 바다와 물이 하나님께 순종함으로 인해 하나님의 이스라엘을 통치하심이 증명된다. 이스라엘이 안전하게 보호를 받는다. 하나님의 통치를 받으면 안정되고 평화롭다.

하나님의 통치 아래에서

하나님은 우주를 통치하신다. 역사를 통치하신다. 사람과 사회를 통치하신다. 하나님은 물질을 통치하신다. 그리고 인간관계를 통치하신다. 이렇게 통치하시는 하나님은 높으시다. 하나님의 통치를 받는 우리는 하나님 아래에 있다. 우리는 영원토록 하나님의 통치를 받아야 한다. 하나님으로부터 말씀을 들어야 하고, 그분의 지시를 받아야 한다. 만약 그분이 아니라면 우주는 무질서와 혼돈으로 전락할 것이다. 인간 사회의 무질서와 다툼 그리고 전쟁이 모두 하나님의 통치를 외면하기 때문이다. 우리는 하나님의 통치를 받을 때 비로소 온전해진다. 왜냐하면 하나님이 완전하신 분이기 때문이다. 그분의 통치만이 우리를 바르게 한다.

하나님의 통치를 받는 사람은 하나님 안에 있다. 그들은 하나님과 깊은 교제를 나누며, 그분으로부터 말씀을 듣는 것을 즐거워한다. 통치를 받는 사람은 그분의 사랑을 받는다. 그분의 사랑 표현은 완전하고 거룩한 통치이다. 그분의 통치를 받는 사람은 그분의 사랑을 받는다는 것이 매우 즐겁다. 그분과 사랑의 관계를 형성한다는 것이 행복하기만 하다. 자기는 사랑의 대상도 아니며, 사랑할만한 자격도 없지만 하나님이 자신에게 그런 자격을 부여하시고 대상으로 삼으셨음에 기쁘다. 통치를 받는 사람은 그 안에 사랑을 경험한다. 그러므로 하나님의 통치는 사랑의 통치이다. 결코 우격다짐으로 복종케 하는 통치가 아니다.

그분의 통치를 받는 사람은 그분의 말씀이 확실함을 믿는다. 그분의 통치를 받는 사람은 그분과 가까운 곳에 있어야 한다. 그분의 집에 머물며 말씀을 듣는다. 말씀을 들으면 들을수록 확실하다는 것을 체험한다. 그분의 말씀이 모두 틀림이 없기 때문이다. "여호와여 주의 증거들이 매우 확실하고"(5절a). 하나님의 증거는 일점일획이라도 틀리지 않는다. 전능하신 하나님의 말씀이기 때문이다. 그 말씀을 믿는 사람은 그분의 통치대로 된다. 믿지 않는 사람은 통치를 거부한다. 말씀의 확실성을 거부하기 때문이다. 그들은 말씀이 성취되는 것을 알지 못한다.

하나님의 통치를 받는 사람은 거룩하다. 하나님은 통치하는 대상을 거룩하게 여기신다. 그리고 당신 마음에 합한 사람으로 여기신다. 거룩은 하나님의 성품이며, 동시에 하나님과 함께 하는 사람이 하나님으로부터 부여받은 성품이다. 하나님의 거룩함은 영원하다. 하나님의 통치가 영원하기 때문이다. 하나님과 함께 하는 것도 영원해야 한다. 하나님과 동행하는 것도 영원해야 한다. 하나님의 집에 머무는 것 또한 영원해야 한다. 거룩함이란 곧 하나님과의 관계가 영원한 것이다. "거룩함이 주의 집에 합당하니 여호와는 영원무궁하시리이다"(5절b). 하나님의 통치 속에 거룩과 영원 그리고 완전이 있다. 그래서 이 통치를 받는 사람은 행복하다.

시편 94편

강함의 영성과 느부갓네살

강해도 별 것 없다

느부갓네살은 바벨론을 가장 강한 나라로 일으킨 왕이다. 그는 예루살렘을 세 번이나 침략하였다. 예루살렘의 왕을 갈아 치운 적도 여러 번 있었고, 나중에는 예루살렘 성과 성전을 완전히 무너뜨렸다. 예루살렘의 제사장과 젊은이들을 포로로 붙잡아 가고, 본토에는 무지한 자들만 남겨두었다. 세계를 정복한 느부갓네살에게 예루살렘 정도는 식은 죽 먹기였다. 세계를 정복하면 대부분 교만해진다. 자신의 능력을 자랑하고, 자기의 업적을 기리려 한다. 여기에 편승하여 간신배들은 왕이 좋아할만한 말로 왕을 부추긴다. 간신배들은 왕의 구미에 맞는 말로써 자기들의 지혜로움을 자랑하고 지위를 높여 간다.

느부갓네살이 꿈을 꾼 적이 있었다. 그런데 꿈에서 깨어보니 도대체 꿈을 기억할 수 없다. 바벨론의 모든 학자들을 불러 자기의 꿈을 말하라고 하지만 말할 사람이 없다. 마침 바벨론에 포로로 잡혀온 청년 다니엘이 왕의 꿈을 맞추었다. 꿈의 내용은 엄청난 신상이 있었고, 그 신상이 한 돌에 의해 파괴된다는 것이었다. 이런 꿈 이야기를 듣고 두 가지 반응이 나올 것이다. 첫째는 신상에 관심이 있어서 그런 신상을 만들어보고 싶은 것이다. 교만한 사람들이 이런 일을 한다. 둘째는 뜨인 돌에 관심이 있어서 자기가 돌에 맞을지도 모른다는 두려움을 가진다. 겸손한 사람이 이런 반응을 보인다. 느부갓네살은 첫 번째를 선택했다.

느부갓네살은 신상을 만들어놓고 온 백성에게 절하라고 명령을 내린다. 만약 그 명령을 듣지 않으면 용광로에 넣겠다는 엄포를 놓았다. 그러나 히브리 청년 3명은 왕의 명령에 따르지 않았다. 그들은 왕의 명령이나 용광로 불보다 하나님을 더 두려워하였다. 왕보다 하나님이 더 강하다는 것을 알았기 때문이다. 그들은 왕이 위협해도 움직이지 않는다. 결국 그들은 7배나 더 센 용광로 불에 들어갔다. 하지만 그들은 머리카락 하나라도 상하지 않았다. 오히려 용광로 안에서 춤을 추고 있다. 이것을 본 느부갓네살이 히브리 청년들이 믿는 하나님이 가장 강하다는 것을 깨달았다. 그리고 하나님을 찬양하게 되었다.

하나님은 느부갓네살을 통해 하나님의 가장 강하심을 드러내셨다. 느부갓네살이 이상을 보았는데, 큰 나무가 자라다가 한 순찰자에 의해 찍혀 넘어지는 것이었다. 느부갓네살이 두려워 다니엘에게 물었다. 이 꿈의 내용은 느부갓네살을 세우신 하나님이 그를 버리셨다는 것이었다. 느부갓네살은 갑자기 미치광이가 되어 산천초목을 떠돌아 다녔다. 그리고 하나님이 정하신 때가 되어 정신이 돌아와 다시 왕이 되었다. 세계를 제패한 왕도 하나님이 정하신 대로 왕의 자리에 내려오기도 하고 올라가기도 한다. 왕보다 하나님이 더 강하시다. 하나님이 왕의 운명도 결정하고 나라의 운명도 결정하신다. 하나님이 역사를 움직이신다.

강해도 망한다

다윗과 솔로몬 시대 이스라엘은 엄청나게 강했다. 작은 영토를 가진 나라가 그 당시 가장 넓은 영토를 차지했다. 다윗은 하나님의 사람이었다. 하나님이 다윗과 언약하셨다. 언약의 내용은 다윗의 왕위가 영원하리라는 것이었다. 이 언약으로 인하여 다윗의 왕조가 수 세기 동안 지속되었다. 그런데 왕조가 지속되는 동안 다윗의 후손들이 엄청난 고통을 겪었다. 하나님이 왕조를 지키겠다는 약속은 주셨지만, 언제나 강하게 할 것이라는 약속은 주시지 않았다. 강함은 하나님과의 관계가 바를 때, 하나님이 주시는 것이기 때문이다. 다윗의 후손들이 하나님과의 관계에 문제가 생겼을 때 하나님은 그들을 약하게 만드셨다.

한편 유다 왕들 중에서 하나님 앞에 정직한 왕들이 있었다. 잠깐 동안 정직한 왕도 있었고, 비교적 정직한 왕 혹은 끝까지 정직한 왕도 있었다. 어쨌거나 정직한 왕들은 하나님의 은혜를 입었다. 하나님이 그들로 하여금 강하게 하신 것이다. 이방의 강한 나라와 맞서서 밀리지 않는 나라, 이방을 정복하는 나라로 만드셨다. 그러니까 강함의 원인은 사람에게 있는 것이 아니라 하나님께 있다. 문제는 이런 것을 모르고 사람의 힘으로 강해지려 한다는 것이다. 사람의 강함을 자랑하려 하고, 강함으로 다른 이를 억누르려 한다. 하지만 그 강함은 결코 오래 가지 못한다. 더 강한 사람, 더 강한 나라가 등장할 때 그들은 완전히 망할 것이다.

북왕국 이스라엘이 한때 강한 적이 있었다. 오므리 왕조 때는 북왕국 이스라엘에 영토를 넓히고, 여리고 성을 재건하기도 했다. 그러나 오므리 왕조는 엄청나게 악했다. 악한 사람도 강하게 되는 경우가 있다. 그러나 강하다고 해서 언제나 선한 것이 아니다. 세상은 강한 것을 선한 것으로 받아들인다. 하나님의 생각은 다르시다. 오므리의 아들 아합은 강했지만 악하였다. 하나님은 선지자 엘리야를 통해 아합의 악함을 지적하셨다. 아합은 자신의 강함으로 엘리야를 핍박하였다. 그러나 엘리야를 이길 수 없었다. 후에 아합은 엘리야 앞에서 자신이 하나님보다 약함을 시인하고 만다.

북왕국 이스라엘은 통상 사람의 힘으로 강해지려는 세속적인 왕조였다. 그들은 우상을 섬기고 우상의 힘으로 강해지려는 사람들이었다. 우상과 세속적인 것은 잘 통한다. 세속적인 것 자체가 우상숭배고, 곧 우상숭배는 세속적인 가치관을 옳은 것이라고 생각하게 만든다. 우리는 북왕국 이스라엘이 어떻게 되었는지를 잘 알고 있다. 북왕국은 주전 622년 앗수르에 의해 망했다. 그리고 북왕국은 역사에서 사라졌다. 야곱의 후손들이었는데도 그들의 명맥은 혼혈민족 사마리아에 의해 유지되었다. 사마리아 민족은 유대인들에게는 경멸의 대상이 되었다. 북왕국이 아무리 강하려 해도 하나님이 그들을 버리시면 초개같이 살라진다.

약함의 미학

강한 것을 이기는 방법이 무엇일까? 강한 것은 더 강한 것에 의해 약화된다. 세상에서 영원토록 강한 것은 없다. 강함의 근원이신 하나님만이 영원할 뿐이다. 그렇다면 하나님을 의지하는 것이 강한 것이다. 사람의 힘으로 강한 것은 시간이 가면 약해질 뿐이다. 오직 하나님이 강하게 하시는 것만이 영원하다. 하나님 앞에서 겸손해지는 것이 영원하다. 하나님 앞에서 자신의 약함을 드러내는 것이 강함의 비결이다. 하나님은 약한 자를 들어서 강하게 하신다. 하나님은 미련한 자를 들어서 자칭 지혜롭다는 사람에게 수치를 주신다. 그러나 그들은 하나님께 칭찬받지 못한다. 오히려 약한 사람이 칭찬을 받는다.

이상하게도 하나님은 약한 사람을 더 좋아하신다. 왜냐하면 약한 사람이 하나님께 쓰임을 많이 받을 수 있기 때문이다. 그가 하나님 앞에 겸손하기 때문이다. 약한 사람은 자신이 약하기 때문에 하나님을 더 의지한다. 하나님은 당신을 의지하는 사람을 좋아하신다. 그러니 약한 사람을 좋아하실 수밖에 없다. 하나님은 약한 자나 혹은 자신이 약하다고 믿는 사람을 좋아하신다. 하나님이 그들을 통해 하실 일이 많기 때문이다. 하나님이 약한 사람을 강하게 하시면서 하나님의 능력과 강함을 드러내신다. 약한 사람은 강해질 일만 남았다. 하나님이 그렇게 쓰시겠다면 그렇게 된다. 하나님의 주권이 더 크게 드러날 것이다.

하나님은 강한 사람을 약하게 하시면서도 당신의 권능을 드러내신다. 강한 사람은 약해질 일만 남았다. 정상에 서면 내려갈 일만 남았다. 언제나 정상에서 머물 수는 없다. 산 정상에는 부족한 것이 많다. 산소도 부족하고, 물도 부족하다. 모든 물자는 산 아래서 공급받아야 한다. 산 정상에 있는 사람은 산 아래 있는 사람으로부터 공급을 받아야 살 수 있다. 그러므로 산 정상에 선 사람은 누군가 정상에 서게 한 사람을 생각해야 하고, 공급해 주는 사람에게 감사를 표시해야 한다. 그러면 그는 계속 정상을 오르내릴 수 있다. 반면에 혼자 힘으로 정상에 선 것이라고 착각하면 다시 그 자리에 오를 수 없다.

시편 기자는 이것을 알고 있다. 하나님의 강함을 모르는 사람은 자기를 최고로 알고 있다. 하나님의 강함을 모르는 사람은 사람 위에 군림하려 한다. 그들은 하나님의 형상인 사람을 무시한다. 자기가 하나님보다 강한 줄 알고 착각한다. 하나님은 이런 사람들의 마음을 알고 계신다. 또한 하나님은 이런 사람들을 향해 심판을 가하신다. 그리고 약한 사람을 돌보신다. 하나님은 약한 사람들에게 축복을 내리신다. 하나님이 약한 사람의 편이라는 것을 알려 주시는 것이다. 약한 사람을 이해하고 도우시는 하나님이 가장 강하신 분이요, 진짜로 강한 것은 이런 것이라 사람들에게 알려 주신다. 사람의 강함은 제한이 있으나, 하나님의 강함은 제한이 없으시다.

강하신 하나님은 자칭 강하다는 사람을 향해 본때를 보이신다. "여호와여 복수하시는 하나님이여 복수하시는 하나님이여 빛을 비추어 주소서"(1절). 하나님이 본때를 보이신다면 어떤 모양으로 나타날까? 자칭 강하다는 사람을 하나님이 내버려 두지 않으신다. 하나님이 반드시 꺾으신다. 강하다고 자랑하는 만큼 힘을 약하게 만드신다. "세계를 심판하시는 주여 일어나사 교만한 자들에게 마땅한 벌을 주소서"(2절). 시편 기자는 하나님께 감히 아뢴다. 악한 사람들, 강하다고 뻐기는 사람들을 결코 내버려 두면 안 된다며 말이다. 하나님은 악인의 소리마저 판단하신다. "여호와여 악인이 언제까지, 악인이 언제까지 개가를 부르리이까"(3절).

악인은 습성이 있다. 그들의 습성은 되지도 않는 말을 지껄이는 것이다. 의미없는 말을 지껄이며 스스로 의미를 부여한다. 듣기 싫은 사람이 있다는 것을 생각하지도 않는다. 자기 힘에 눌리는 사람은 그저 들어주어야만 한다고 생각한다. 자연히 그의 말에는 오만함이 넘친다. 세상에 자기 생각이 모두 옳으며, 자기 뜻만이 이루어져야 한다고 생각한다. 시편 기자는 그들의 자만을 눈 뜨고 볼 수 없다. "그들이 마구 지껄이며 오만하게 떠들며 죄악을 행하는 자들이 다 자만하나이다"(4절). 그들은 하나님이 계신 것을 의식하지 않는다. 하나님이 보고 듣고 말씀하심을 개의치 않는다. 오직 자기만을 생각할 뿐이다.

자기만을 생각하는 사람은 다른 사람조차도 철저히 무시한다. 다른 사람을 못살게 하는 것은 물론이요, 빼앗아서 자기 배를 불리려 한다. "여호와여 그들이 주의 백성을 짓밟으며 주의 소유를 곤고하게 하며 과부와 나그네를 죽이며 고아들을 살해하며"(5~6절). 이런 일을 행하면서 죄책감도 없다. 하나님이 모르고 있을 것이라고 착각한다. 그들은 하나님의 전능함을 무시하고 있다. "말하기를 여호와가 보지 못하며 야곱의 하나님이 알아차리지 못하리라 하나이다"(7절). 그러나 이런 생각은 분명히 틀렸다. 그들의 어리석음이 반드시 드러날 것이다. "백성 중의 어리석은 자들아 너희는 생각하라 무지한 자들아 너희가 언제나 지혜로울까"(8절).

하나님은 사람의 생각과 마음을 알고 계신다. "귀를 지으신 이가 듣지 아니하시랴 눈을 만드신 이가 보지 아니하시랴"(9절). 하나님은 사람의 행동을 보고 판단하신다. 악한 사람이 자기의 강함을 자랑하면 하나님이 더 강하다는 것을 보여주신다. 우주를 지배하시는 하나님이 사람 하나쯤 넘어뜨리는 것은 그야말로 식은 죽 먹기이다. "뭇 백성을 징벌하시는 이 곧 지식으로 사람을 교훈하시는 이가 징벌하지 아니하시랴"(10절). 하나님의 강함 앞에 사람은 무력하기 짝이 없다. 하나님의 지혜로움 앞에 사람은 헛된 생각을 하는 어리석은 존재에 불과하다. "여호와께서는 사람의 생각이 허무함을 아시느니라"(11절).

하나님만이 강하다

하나님이 강함을 드러내시는 방법은 두 가지이다. 한 가지는 악한 자의 강함을 꺾으시는 것이며, 또 한 가지는 약한 자를 복되게 하시는 것이다. 하나님께 벌을 받는다 할지라도 하나님의 말씀에 귀를 기울이는 사람이 복된 사람이다. "여호와여 주로부터 징벌을 받으며 주의 법으로 교훈하심을 받는 자가 복이 있나니"(12절). 복된 사람은 하나님의 복을 받는다. 하나님이 위기에서 건져 내시고, 평안을 허락하신다. "이런 사람에게는 환난의 날을 피하게 하사 악인을 위하여 구덩이를 팔 때까지 평안을 주시리이다"(13절). 약한 사람에게 평안을 주는 것은 오직 강하신 하나님만이 하실 수 있다. 강한 하나님이 약한 자의 그늘이 되신다.

하나님이 약한 백성을 도우시되 함께 하시는 것으로 도우신다. "여호와께서는 자기 백성을 버리지 아니하시며 자기의 소유를 외면하지 아니하시리로다"(14절). 강한 자나 약한 자나 오직 하나님의 판단만이 옳다는 것을 알게 하신다. "심판이 의로 돌아가리니 마음이 정직한 자가 다 따르리로다"(15절). 시편 기자는 하나님이 자기를 붙드신 것도 알고 있다. 머리 속에 혼란이 있을 때 하나님이 정리해 주셨다. "여호와여 나의 발이 미끄러진다고 말할 때에 주의 인자하심이 나를 붙드셨사오며 내 속에 생각이 많을 때에 주의 위안이 내 영혼을 즐겁게 하시나이다"(18~19절). 시편 기자는 스스로 하나님의 강함을 체험하였다.

시편 기자도 악한 사람들의 강함에 어지간히 시달린 모양이다. 권력을 가진 사람들은 약한 사람을 괴롭히고, 악한 사람들은 모여서 힘을 합해 의로운 사람을 망하게 하려고 꾀를 낸다. 이것은 남의 일이 아니고 시편 기자가 직접 당한 일이었다. 악한 사람의 명분도 그럴듯하다. 율법때문이라는 것이다. 그러나 속에는 사람을 해치려는 늑대 심보가 들어 있다. 늑대는 피를 보는 것을 즐겨하고, 피를 보고 만족한다. "그들이 모여 의인의 영혼을 치려 하며 무죄한 자를 정죄하여 피를 흘리려 하나"(21절). 이런 사람은 하나님과 상관이 없다. "율례를 빙자하고 재난을 꾸미는 악한 재판장이 어찌 주와 어울리리이까"(20절).

그러나 강하신 하나님은 방패와 피난처가 되신다. 사람이 하나님의 도움을 받지 못한다면 이미 죽어서 썩었을 것이다. "여호와께서 내게 도움이 되지 아니하셨더면 내 영혼이 벌써 침묵 속에 잠겼으리로다"(17절). 시편 기자는 하나님을 향해 믿음의 고백을 한다. "여호와는 나의 요새시요 나의 하나님은 나의 피할 반석이시라"(22절). 그리고 하나님은 강한 사람을 약하게 하시고, 악한 사람은 세상에서 끊어지게 하실 것이다. "그들의 죄악을 그들에게로 되돌리시며 그들의 악으로 말미암아 그들을 끊으시리니 여호와 우리 하나님이 그들을 끊으시리로다"(23절). 하나님은 이처럼 세상의 생각과 사람의 생각을 구분하여 교통정리를 하신다.

시편 95편

노래의 영성과 그나냐

노래의 스승

다윗 시대는 영적으로 전성기였다. 다윗은 하나님 앞에 신실한 사람이었고, 하나님의 마음에 합한 사람이었다. 그는 자기가 하나님을 찬송하는 것을 즐겨하였고, 다른 사람에게도 하나님을 찬송하도록 힘을 썼다. 그는 하나님의 궤가 이스라엘로 돌아오는 것을 좋아했고, 궤가 돌아올 때 춤을 추며 하나님을 노래하였다. 또한 다윗은 노래하는 사람을 길러내었다. 노래하는 공동체를 만들고, 조직적으로 하나님을 노래하게 하였다. 성가대와 찬양대로 조직적으로 길러낸 사람이 바로 다윗이었다. 다윗의 열정과 관심, 그의 재능과 조직력이 찬양의 음악을 발전시키는 데 많은 역할을 하였다.

다윗은 성전에서 음악을 하는 사람들을 길러내었다. 헤만, 아삽, 에단, 스가랴, 엘리압, 여히엘, 브나야 등 노래하고 악기를 연주하는 사람을 수없이 길어내었다. 그 중에 한 사람 그나냐라는 사람이 있다. 이 사람은 노래를 잘하는 사람이었다. 그냥 잘하는 사람이 아니라 노래에 관한 이론과 실기를 겸비한 사람이었다. 노래를 잘하지만 어떻게 하면 잘하는지를 알고 있었다. 게다가 노래를 남에게 가르칠 줄 알았다. 어떻게 하면 노래 실력이 늘어나는지를 알고 있고, 그것의 과정을 제시할 줄 아는 사람이었다.

그나냐는 요즘 말로 하면 음악 대학의 성악과 교수이다.

성악과 교수라도 단순한 교수가 아니다. 학과장 이상은 될 것이다. 아니 교수협회 회장님 이상이다. 그것도 국립대학 혹은 왕립 대학의 최고 지도자이다. 그는 다윗이 세운 성전 제도 하에서 노래에 관련되어 최고의 권위를 가진 사람이다. "레위 사람의 지도자 그나냐는 노래에 익숙하므로 노래를 인도하는 자요"(대상 15:22). 그냐냐는 단순히 노래만 잘하고 잘 가르치는 사람에 머물지 않는다. 그는 노래에 관한 지도자이다. 나름대로의 리더십을 갖추고 있다. 어떤 일을 하든지 리더십이 있어야 한다. 그래야 자신의 재능을 다른 사람에게 전수 할 수 있다. 예능 계열에서도 리더십이 제외될 수 없다.

그나냐와 함께 노래하는 사람들은 세마포 옷을 입었다(대상 15:27). 요즘 말로 하면 가운을 입은 것이다. 그나냐는 가운을 입은 것만큼, 노래에 따른 영성을 가져야 한다. 성전에서 노래하는 사람은 재능만 가지고 노래할 수 없다. 믿음을 가지고 성령으로 충만해야 한다. 하나님은 노래의 재주와 기교를 보는 것이 아니라. 믿음을 보신다. 믿음이 없는 사람은 성전에서 노래할 수 없다. 한두 번 노래할 수는 있겠으나 곧 믿음 없음이 드러날 것이고, 노래하는 지위를 박탈당할 것이다. 그리고 가르치지도 못할 것이다. 성전에서의 찬양은 노래 실력 이전에 믿음을 가져야 한다. 믿음을 가지면 노래 실력도 더 늘어날 것이다.

믿음이냐, 실력이냐

언젠가 한국에서 가장 오래된 교회를 방문한 적이 있었다. 역사가 오래된 교회이고, 성도들도 많다. 한국 최고의 지성인들이 모인 교회이며, 교회의 조직과 구조가 잘 되어 있다고 소문난 교회이다. 역시 성가대의 노래도 최고이다. 성가대가 주일 낮 예배 특별 찬양만 매력있게 하지는 않는다. 회중들과 함께 찬송을 할 때도 성가대가 이끌며, 하이 소프라노의 화음을 넣어서 청중들의 찬양을 이끌고 있다. 가히 천상의 목소리 같은 감동을 받았다. 하지만 이것보다 더 큰 감동을 받은 찬송이 있었다. 머리가 하얀 장로님이 아들 뻘되는 젊은이와 함께 헌금 찬송을 부를 때였다. 땀을 흘리며 찬송하는 모습이 무척 인상적이었다.

그런데 다음 날 인터넷 사이트에 문제가 제기되었다. 장로님의 찬송에 이의를 제기한 사람들이 있었다. 장로님의 찬송을 안쓰럽게 본 사람들이 있었다. 여기까지는 좋은데, 장로님 노래 실력이 별로이니 교회 음악에 대한 차원에서 장로님이 노래를 하지 않는 것이 좋겠다는 의견이 개진되었다. 그 날 예배에 참석하고 장로님의 찬송에 은혜를 받은 나로서는 어이없는 일이었다. 사실 음악 전공자에게서 장로님의 노래는 별로일 수 있다. 그러나 일반적으로 볼 때 장로님의 노래는 평균 이상이라 할 수 있다. 그런데 신앙의 전통을 가진 교회에서 믿음보다 음악 실력을 먼저 따지는 것을 보니 나로서는 매우 실망스러웠다.

어떤 사람이 게시판에 글을 올려놓기를 장로님보고 교회 음악을 훼손하지 말고 다시는 청중 앞에서 찬송을 하지 않는 것을 권면하였다. 어이없는 일이다. 그는 음악을 믿음보다, 음악을 예배보다, 음악을 하나님보다 먼저 생각하는 것 같다. 자기 기준에 의해 노래가 듣기 좋으냐 아니냐를 생각하고 하나님의 생각을 염두에 두지 않는 것 같다. 게시판에 어떤 글을 올리는지는 개인의 자유이다. 그러나 게시판의 글을 보면 글쓴이의 생각과 신앙의 수준을 가늠할 수 있다. 오래된 교회나 큰 교회나 다양한 의견이 개진될 수 있다. 그러나 오래되고 큰 교회라고 해서 언제나 옳은 생각과 바른 신앙을 가진 사람만 모이지는 않는다.

나는 감히 말한다. 노래 실력보다는 믿음이다. 노래 실력이 보통인 사람은 실력 좋은 사람들이 모인 자리에서 노래하기 어렵다. 그러나 하나님 앞에 노래하는 것이라면 실력보다 믿음이 우선이어야 한다. 노래 실력을 키우는 것도 중요하다. 그러나 믿음을 키우는 것, 사람의 믿음을 보고, 그 믿음을 칭찬할 수 있는 인성이 우선되어야 한다. 겉으로 보기에 탁월한 실력이라도 영성이 겸비되지 않는다면 하나님께 찬양이라 할 수 없다. 비록 부족한 듯 하여도 영혼이 드려지는 찬양을 하나님이 기뻐하신다. 사람의 평가보다는 하나님이 기뻐 받으시는 것을 더 먼저 생각해야 하지 않을까? 이것이 믿음이다.

실력과 믿음을 동시에 키워라

대형 교회에는 인재가 많다. 대학에서 음악을 전공하는 사람, 가르치는 사람, 전문 연주자 등 얼마든지 골라서 쓸 수 있다. 혹은 재정적으로 넉넉하므로 전공자들에게 사례를 지불하며 봉사를 요청할 수 있다. 사실 사례가 지불된다면 엄밀한 의미에서 봉사라고 말하기는 어렵다. 물론 사회에서 받는 것보다 아주 적게 교통비 정도로 받는다면야 봉사라고 평가할 수 있을 것이다. 그러나 재정적 보조 때문에 마음을 상하는 일이 있다면 봉사보다는 돈이 먼저라는 생각을 가지고 있다. 염불보다 잿밥에 마음을 두는 이들이 교회 안에도 많다. 어쨌든 대형 교회들은 성가대 운영에 있어서 작은 교회들보다는 쉽다.

작은 교회들은 성가대원들을 구성하기 어렵다. 사람이 적어서 그렇기도 하고 전문적으로 가르칠 사람이 부족하기 때문이기도 하다. 대원들이 모여서 연습을 해도 어색하기 짝이 없다. 어색해도 찬양하지 말라고 할 수는 없다. 그마저도 없다면 예배가 밋밋할 것이다. 작은 교회들의 소망이 있다면 실력이 좋은 노래 지도자를 구하는 것이다. 그것 때문에 목회자와 성도들 그리고 대원들이 기도할 수 있다. 재정적으로 여유가 있어지거나, 혹은 기도의 응답으로 실력이 좋은 지도자를 구할 수 있다. 교회와 대원들의 소원이 이루어져 예배 분위기가 좋아질 것이니 매우 고무적으로 생각할 수 있다.

생각대로만 되면 얼마나 좋을까? 문제는 음악과 노래라는 것이 수준 차이를 쉽게 극복할 수 없다는 것이다. 실력이 좋은 지도자는 실력이 형편없는 대원들을 잠자코 바라만 보고 있지를 않는다. 열심히 연습을 시켜서 실력을 키우려 한다. 대원들도 처음에는 잘 따라 줄 것이다. 그러나 쉽지 않다. 노래가 하루 아침에 늘지 않는다. 게다가 성인들의 실력이 향상되는 것은 더욱 어렵다. 지휘자는 빨리 실력이 늘지 않는다고 조바심을 낼 것이다. 교회에서도 실력이 빨리 늘기를 원하니 그럴 수밖에 없다. 여기서 문제가 생긴다. 믿음과 기도를 배제한 채 실력만 늘기를 기대할 때 그것은 하나님의 본래 의도와 멀어질 수 있다는 것이다.

믿음도 좋고, 실력도 좋아야 한다. 둘 다를 만족시킬 수 없다면 무엇을 먼저 선택해야 하는가? 우문(愚問)일 수 있다. 그러나 대답하는 이들에게 얼마든지 현답(賢答)을 기대할 수 있다. 먼저 선택해야 할 것은 믿음이다. 지휘자는 진정한 믿음을 가져야 한다. 하나님의 은혜, 하나님의 전능하심, 하나님의 통치를 믿어야 한다. 믿음으로 음악을 지도해야 한다. 그리고 교회는 지휘자가 믿음으로 지도해 주도록 후원해야 한다. 교회는 단순히 노래만 잘하거나 잘 가르치는 지휘자보다, 다음 세대의 지휘자를 길러내는 통찰력을 제공해야 한다. 믿음과 실력은 조화가 가능하다. 믿음이 좋은 곳에 실력의 상승을 얼마든지 기대할 수 있다.

성전에서 노래하는 사람의 필수적 요소가 무엇일까? 그것은 믿음이다. 어떤 믿음인가? 하나님을 최고로 모신 믿음이다. 하나님의 구원하심을 체험한 믿음이다. 하나님을 자기 인생의 주인으로 모신 믿음, 자기는 하나님의 종이라는 믿음이다. 구원받았기 때문에 언제나 하나님 앞에서 즐겁게 노래할 수 있다는 믿음, 자신의 재능을 사용하여 하나님께 영광을 돌리는 것에 대하여 감사할 줄 아는 믿음이 필요하다. 교회는 이런 믿음의 사람들을 필요로 하고 있다. "오라 우리가 여호와께 노래하며 우리의 구원의 반석을 향하여 즐거이 외치자"(1절). 이 고백은 비단 시편 기자만의 고백이 아니다.

노래는 사람을 즐겁게 한다. 노래는 사람의 감정을 표현하기 때문이다. 동시에 노래는 믿음의 표현이기도 하다. 하나님 앞에 노래하는 사람은 그 노래가 절대적으로 믿음의 표현이어야 한다. 자신의 감정 표현이나, 재능을 뽐내는 시간이어서는 안된다. 하나님 앞에 노래하는 사람은 그 안에 감사가 있어야 한다. 노래하는 사람의 노랫말은 하나님을 향한 것이다. 노랫말 속에 감사가 들어있다면 금상첨화일 것이다. "우리가 감사함으로 그 앞에 나아가며 시를 지어 즐거이 그를 노래하자"(2절). 하나님을 향하여 부르는 노래는 하나님을 기쁘시게 한다. 노래하는 사람은 하나님이 기쁘시다는 것만으로도 마냥 즐겁기만 하다.

노래의 대상인 하나님은 위대하시다. 온 우주에 그분보다 높은 것이 없다. 어떤 존재라도 그분보다 앞설 수 없다. 그러므로 오직 하나님만이 노래의 대상이시다. "여호와는 크신 하나님이시요 모든 신들보다 크신 왕이시기 때문이로다"(3절). 노래를 들으셔야 하실 그분은 우주를 다스리신다. 하나님은 우주 속에 있는 모든 영역을 다스리신다. 우리가 알지 못하고, 인식하지 못하는 신비한 영역도 다스리신다. 하나님은 영적 세계와 물질의 세계 모두를 다스리신다. 하나님은 우주의 왕이시며, 영적 세계의 왕이시다. 노래하는 사람은 이런 믿음을 갖고 있어야 한다. 그리고 이런 사실을 노래를 통해 알리고, 그것을 즐거워해야 한다.

하나님이 우주를 다스리시는 이유는 우주가 하나님의 소유이기 때문이다. 하나님은 모세에게 세계가 하나님께 속했다고 말씀하셨다(출 19:5). 하나님은 땅도 산도 모두 소유하고 계신다. 하나님은 땅의 깊은 곳과 산의 높은 곳을 알고 계신다. "땅의 깊은 곳이 그의 손 안에 있으며 산들의 높은 곳도 그의 것이로다"(4절). 바다라고 빼놓을 수 없다. 바다 역시 하나님의 것이다. 하나님이 바다를 지으셨기 때문이다. 바다 가운데 드러난 육지도 하나님이 지으셨다. "바다도 그의 것이라 그가 만드셨고 육지도 그의 손이 지으셨도다"(5절). 온 우주가 지으신 하나님의 소유이다. 하나님이 지으신 것을 소유하시고 또 다스리심이 노랫말이 된다.

노래할 이유있네

하나님의 위대하심 앞에 고개를 숙이지 않고 뻣뻣할 존재는 없다. 하나님의 다스리심 앞에 겸손하지 못하고 교만해야 할 존재도 없다. 피조물 인간은 하나님 앞에 겸손히 엎드려야 한다. 노래하는 사람의 자세가 바로 이런 것이다. "오라 우리가 굽혀 경배하며 우리를 지으신 여호와 앞에 무릎을 꿇자"(6절). 노래하는 사람의 자세는 겸손이다. 노래하는 사람의 외모도 보시겠지만 하나님은 노랫말을 들으시고 노래하는 사람의 마음 자세와 믿음을 먼저 보신다. 하나님은 외모보다 중심을 보신다. 시편 기자는 이것을 알고 있다. 게다가 하나님은 그와 민족의 역사 속에서 하나님의 위대하심과 자비를 드러내셨다.

사람은 하나님의 백성이다. 사람은 하나님의 손에 붙들린 양과 같은 존재이다. 내버려두면 죽을 수밖에 없고, 모른 척 하면 타락할 수밖에 없는 존재이다. 사람은 하나님의 음성을 들어야 한다. 하나님의 음성을 듣는 사람만이 사람답게 살 수 있다. "그는 우리의 하나님이시요 우리는 그가 기르시는 백성이며 그의 손이 돌보시는 양이기 때문이라 너희가 오늘 그의 음성을 듣거든"(7절). 우리가 노래하는 것이라야 하나님 앞에서 양의 울음소리에 불과할 것이다. 그래도 그것을 들으시는 하나님이 기뻐하신다. 하나님이 우리의 소리를 들으시고, 우리를 향해 위엄과 부드러움의 음성을 들려주신다. 노래하는 사람은 하나님의 음성을 들어야 한다.

하나님을 노래하는 사람은 하나님 앞에 부드러운 마음을 가진다. 노래 자체가 사람의 감정을 부드럽게 만든다. 시인은 이스라엘의 과거를 알고 있다. 이스라엘이 하나님을 향해 불평하고 원망하는 적이 있었다. 광야에서 물이 부족할 때와 가나안 사람들의 강함 때문에 떨고 있을 때였다. "너희는 므리바에서와 같이 또 광야의 맛사에서 지냈던 날과 같이 너희 마음을 완악하게 하지 말지어다"(8절). 불평과 원망이 가득한 사람은 노래가 나오지 않는다. 노래하려면 불평과 원망을 없애야 한다. 또 노래하는 사람은 근심과 걱정, 원망이 사라진다. 이것이 믿음이다. 하나님은 이 믿음을 원하신다. 믿음을 가진 노래를 받으신다.

하나님은 이스라엘을 애굽에서 탈출하게 하셨다. 하나님께서 광야의 여정을 인도하시고 가나안 땅에 들어가게 하셨다. 하나님의 위대하심이 드러났다. "그 때에 너희 조상들이 내가 행한 일을 보고서도 나를 시험하고 조사하였도다"(9절). 그러나 이스라엘은 하나님을 믿기보다 환경의 장벽 앞에 절망했었다. "내가 사십 년 동안 그 세대로 말미암아 근심하여 이르기를 그들은 마음이 미혹된 백성이라 내 길을 알지 못한다 하였도다"(10절). 하나님이 절망하는 백성을 가나안에 들어가지 못하게 하셨다. "그러므로 내가 노하여 맹세하기를 그들은 내 안식에 들어오지 못하리라 하였도다"(11절). 믿음이 없으면 이렇게 된다. 믿음의 노래만이 살 길이다.

시편 96편

권위의 영성과 모세

계명을 선포하라

모세가 시내 산에 올라갔다. 하나님이 모세를 부르셨기 때문이다. 그는 40일 동안 시내 산에 머물렀다. 시내 산에서 모세는 하나님과 단독으로 만났다. 그는 하나님의 권위를 깊이 체험하였다. 온 세계에서 하나님이 가장 높으시고 하나님이 가장 위대하심을 체험하였다. 하나님이 모세를 불러올리신 이유는 하나님의 위대하심을 알리시기 위함이었다. 모세는 그것을 깨닫고 이스라엘에게 선포해야 했다. 이스라엘은 하나님의 선택된 백성, 하나님의 소유된 백성, 제사장된 백성이다. 그들은 하나님의 권위와 위대하심을 열방에 알려야 하는 사명을 가졌다. 이 사명을 가장 먼저 알고 전해야 할 사람이 바로 모세였다.

하나님이 모세에게 열 가지 계명을 허락하셨다. 모세는 이 계명을 백성에게 반포하였다. 계명에서 가장 우선되는 것은 하나님의 권위였다. 하나님 앞에 다른 신을 두면 안 된다. 하나님 외에 다른 신을 섬겨도 안 된다. 하나님의 이름을 더럽히거나 훼손시켜서도 안 된다. 하나님이 정하신 날을 함부로 여기거나 어겨서도 안 된다. 하나님께는 이름이나 정하신 날이나 그분의 권위나 어떤 것 하나라도 소홀히 대하면 안 된다. 오직 하나님만 높여져야 한다. 오직 하나님만이 최종적인 권위를 가지셔야 한다. 모세에게

나 이스라엘에게서나 열방에게서 세계와 우주 위에 하나님만이 가장 높임 받으셔야 한다.

이 권위를 가장 먼저 깨뜨린 민족이 있었다. 바로 하나님에 의해 선택된 이스라엘 민족이다. 그들이 시내 산에 오른 모세를 기다렸다. 모세가 빨리 내려오지 않자 사람들이 조바심을 냈다. 아론을 압박하여 새로운 하나님을 요구하였다. 보이지 않는 하나님 대신 보이는 하나님을 요구하였다. 아론은 백성의 압박에 이기지 못하여 우상을 만들도록 허락하였다. 백성이 일치단결하여 금송아지를 만들었다. 하나님을 섬겨야 하는데, 오히려 우상을 섬긴다. 사람들이란 참으로 묘한 존재이다. 마땅히 할 일에는 뒤로 물러서고 거부하면서 하지 말아야 할 일에는 마음이 모아진다. 결국 그들은 협력하여 하나님의 권위를 훼손하였다.

하나님이 이것을 내버려 두실 리 없다. 하나님이 모세에게 빨리 내려가도록 재촉하셨다. 모세가 백성의 환호 소리를 들었고, 춤추는 모습을 보았다. 우상에게 절하는 모습이다. 모세가 매우 분노하였다. 어깨에 메고 있던 돌판을 던져 버렸다. 모세의 분노는 다름 아닌 하나님의 분노였다. 하나님은 질투하시는 하나님이시다. 당신의 권위가 훼손되는 것을 결코 용납하지 않으신다. 모세는 하나님의 권위가 지켜져야 함을 알고 있었기에 분노할 수 있었다. 당신도 하나님의 권위가 훼손될 때 분노할 수 있는가? 혹시 하나님의 권위가 훼손되는 일에 무의식적으로 앞장서고 있지는 않은가? 우리는 하나님의 권위를 지키는 일에 민감해야 한다.

권위가 사라진 시대

민주화 시대에 들어서면서 재미있는 현상들이 여러 가지 생겼다. 그 중 하나가 대통령 이름을 함부로 부른다는 것이다. 과거 유신 시절에는 긴급 조치라는 것이 있어서 대통령의 권위를 모독하면 쥐도 새도 모르게 끌려갔다. 고문을 받은 사람도 있고, 행방불명자로 남은 사람도 있었다. 대통령을 비판하는 것은 물론 대통령 이름조차 함부로 부르면 안되었다. 심지어 대통령에 대하여 불만을 가진 생각조차도 해서는 안 되었다. 생각조차도 범죄라고 단정했기 때문이다. 사람들은 정부에서 하는 말만 곧이들어야 했고, 그것만 생각해야 했다. 조금이라도 반박하는 날이면 날벼락을 맞을 각오를 해야 했다.

요즘은 어떤가? 어린 아이라도 대통령의 이름을 함부로 부른다. 선거라는 제도가 대통령의 이름을 아이들에게까지 알렸다. 선거 제도로 누구든지 대통령의 이름을 부를 수 있다. 심지어 비판할 수도 있다. 정치인이나 언론인은 대통령을 향하여 마음껏 신랄한 비판을 할 수 있다. 대통령의 가족 문제, 개인적인 인격 문제 등 사소한 것까지 비판할 수 있다. 비판이 아니라 비난의 수준에 이르렀다. 그래도 어느 누가 제지하지 않는다. 옛날 같으면 큰일 날일이지만 지금이야 아무렇지도 않은 듯 하다. 만약 누가 제지하려 든다면 언론 탄압이라고 비난할 것이다.

이 땅에 권위가 사라졌다. 가정에서 부모의 권위가 사라지고, 국가에서는 통치자의 권위가 사라졌다. 두 가지 이유가 있을 것이다. 하나는 권위를 가진 사람들이 권위자다운 인격을 갖추지 못하고 스스로 권위를 훼손시키는 일을 하기 때문이다. 천문학적인 돈을 축재한 전직 대통령들이 있는 마당에 누가 대통령을 존경하겠는가? 차떼기로 돈을 받아 대선 자금으로 썼는데, 누가 과연 대통령 후보를 존경할 수 있겠는가? 다른 한 가지는 국민의 의식 수준이 높아졌기 때문이다. 저마다 배울 만큼 배우고, 옳고 그름을 비판할 능력이 생겼다. 배운 만큼 인간의 평등성을 알고 있다. 권위자에 대하여 무조건 순종하지는 않을 것이다.

권위가 사라졌다면 이 땅에 어떤 일이 생겨날까? 권위자의 말을 쉽게 듣지 않을 것이다. 죄인도 경찰관의 말을 쉽게 듣지 않는다. 민원인이 공무원을 향해 당당하게 요구할 수 있고, 따질 것이 있으면 따질 수 있다. 이는 백성이 직위만 가지고 권위자로 인정하지 않는다는 증거이다. 권위자들의 자세와 행동을 보고 평가하기 때문이다. 자리로 사람을 검증하는 것이 아니라 행동과 결과로 사람을 검증한다는 것이다. 기존의 권위가 사라졌다면 어떻게 해야 하는가? 새로운 권위가 생겨나야 한다. 진정으로 섬길 줄 아는 권위, 봉사함으로 사람을 세우는 권위가 나타나야 한다. 이 시대는 이런 권위자를 요구한다.

권위의 근원

역사 속에 길이 남는 권위자들이 있다. 영웅도 권위 의식만 가지고 되지 않는다. 어떤 때는 파격적으로 권위를 깨뜨려야 한다. 낮은 자리로 내려갔을 때 더 존경을 받는다. 알렉산더 대왕이 원정길에서 목이 말랐다. 어느 병사가 목숨을 걸고 물을 구해왔다. 알렉산더가 물을 마시려 하는 데 군사들이 부러운 눈으로 쳐다보고 있다. 알렉산더가 그것을 눈치 채고 물병의 물을 다 쏟아버렸다. 곁에 있는 부하 장수들이 웬일이냐며 놀란다. 그러나 알렉산더는 자기의 목마름을 해결하려고 아까운 군인의 목숨을 버릴 뻔 하였다며 다시는 이런 일이 없을 것이라고 선언한다. 이 말에 군사들의 사기가 올라갔다. 알렉산더를 목숨 걸고 따랐다.

진정한 지도자는 자기만을 위하지 않는다. 진정한 지도자는 자기의 생각도 주장하지 않는다. 그렇다고 모두 양보라는 것은 아니다. 지도자는 분명한 원칙을 지켜 자신이 세운 바른 가치에 충실해야 한다. 비전을 이루기 원하지만 결코 포기할 수 없는 원칙과 가치를 지키는 것이다. 이런 지도자가 권위를 얻으며 비전을 이룬다. 그리고 역사 속에 이름을 남긴다. 분명한 원칙과 가치가 무엇인가? 그것은 백성을 섬기는 것이다. 백성과 함께 새로운 길을 향해 나가는 것이다. 분명한 방향과 목적을 제시하고, 함께 나갈 수 있는 에너지를 부여한다. 동시에 괴로움과 염려를 당하는 사람들을 위로하며 함께 나아갈 힘을 나누어 준다.

모세가 가진 권위의 근원이 어디로부터 왔는가? 하나님으로부터 왔다. 말이 어눌한 모세, 자신감이 부족한 모세에게 하나님이 권위를 부여하셨다. 바로에게 가서 하나님께 제사드릴 것을 요구하라고 하셨다. 이스라엘 백성과 장로들에게는 하나님의 부르짖음에 의해 모세가 세워졌음이 알려졌다. 모세가 가진 권위는 그가 스스로 쌓은 것이 아니다. 오직 하나님에 의한 것이다. 하나님의 말씀을 듣고 하나님의 말씀에 순종할 때 생긴 권위이다. 모세가 하나님의 명령대로 백성에게 나아갈 방향을 제시하였다. 젖과 꿀이 흐르는 가나안 땅이다. 하나님이 모세를 통해 백성에게 새로운 방향을 제시하셨다.

백성이 애굽에서 나갈 방법도 하나님이 알려 주셨다. 모세를 통해 들려지는 하나님의 명령에 백성은 무조건 순종하기만 하면 된다. 모세는 하나님의 말씀만 전하면 되고, 순종을 촉구하기만 하면 된다. 모세 자신도 하나님의 말씀에 순종해야 했다. 지도자의 권위는 여기서 생겨난다. 권위는 하나님으로부터 온다. 하나님의 말씀에 순종할 때 권위가 생겨난다. 광야에서 백성은 다툼이 생길 때마다 모세에게 와서 재판을 받았다. 백성이 자발적으로 모세의 권위를 인정한 것이다. 그렇다. 하나님으로부터 받는 권위는 가치가 있으며, 옳은 것이다. 그 이유는 하나님의 권위가 온 우주 위에 가장 높고 큰 것이기 때문이다.

때론 권위자는 노래를 만드는 소재가 된다. 권위자의 인격과 행적을 노래로 높이는 것이다. 권위자 스스로 노래를 만드는 것이 아니라 백성이 만든다. 조선시대 대부분 목민관(백성을 다스리는 벼슬아치)이 스스로 송덕비를 만들었지만 진정한 목민관은 송덕비를 사양하였다. 사양하여도 구태여 백성이 세워주는 송덕비가 진짜이다. 사람도 권위가 있으면 노래의 대상이 되거늘 하물며 권위의 근원이신 하나님이 노래의 대상이 되지 못한다면 우리들의 영적 감각이 무딘 것이다. 시편 기자가 선포한다. "새 노래로 여호와께 노래하라 온 땅이여 여호와께 노래할지어다"(1절). 권위자 하나님을 향한 노래는 새 노래이다. 땅도 그 노래를 불러야 한다.

왜 하나님을 노래해야 하는가? 그분은 높으신 분이기 때문이다. 노래할 이유가 분명하다. 어쩌면 노래할 이유를 묻는 것이 바보스런 일인지 모른다. 높으신 그분이 우리를 향하여 관심을 가지셨다. 그분이 우리에게 구원을 베푸셨다. 이스라엘을 애굽에서 구원하셨고, 젖과 꿀이 흐르는 땅으로 인도하셨다. 아말렉과 블레셋 민족으로부터 구원하셨고 다윗 시대의 평화를 누리게 하셨다. 이 정도 되면 노래할 이유가 충분하지 않은가? "여호와께 노래하여 그의 이름을 송축하며 그의 구원을 날마다 전파할지어다"(2절). 권위자 하나님은 열방과 민족을 초월하여 높여져야 한다. "그의 영광을 백성 가운데에, 그의 기이한 행적을 만민 가운데에 선포할지어다"(3절).

권위자 하나님은 위대하시다. 하나님은 위대한 일을 행하셨다. 하나님이 우주를 창조하셨다. 사람을 창조하시고 우주를 다스리라고 맡기셨다. 그분은 온 우주에서 가장 높으신 존재이시다. 하나님은 모든 영적 권세도 다스리신다. 하나님의 권위 아래 모든 영적 권세들이 무릎을 꿇을 것이다. "여호와는 위대하시니 지극히 찬양할 것이요 모든 신들보다 경외할 것임이여"(4절). 하나님 외의 것은 아무 것도 아니다. 사람들이 만든 우상은 헛것에 불과하다. 형상을 가졌으나 아무런 능력이 없다. 사람들이 섬기는 자연도 사실은 하나님의 창조물에 불과하며, 그 역시 하나님께 속하였다. "만국의 모든 신들은 우상들이지만 여호와께서는 하늘을 지으셨음이로다"(5절).

시편 기자는 모든 권위가 하나님께 있음을 믿고 있다. 성소에 가면 하나님을 만날 수 있고, 하나님의 권위를 느낄 수 있다. 성소에 가면 하나님의 권위가 얼마나 아름다운지를 감지할 수 있다. "존귀와 위엄이 그의 앞에 있으며 능력과 아름다움이 그의 성소에 있도다"(6절). 하나님의 권위를 깨닫는 성소는 만인이 모여드는 곳이다. 그곳에서 모든 민족이 예물을 가지고 와서 하나님께 합당한 영광과 권능을 돌리게 될 것이다. "만국의 족속들아 영광과 권능을 여호와께 돌릴지어다 여호와께 돌릴지어다 여호와의 이름에 합당한 영광을 그에게 돌릴지어다 예물을 들고 그의 궁정에 들어갈지어다"(7~8절).

권위자를 노래하라

사람만 권위자를 노래하는 것이 아니다. 하나님은 사람만 다스리시지 않는다. 하나님은 우주 만물을 다스리신다. 그러므로 우주 만물도 하나님을 노래하여야 하며 하나님께 아름다운 것을 보여드려야 한다. 우주 만물은 이미 하나님 앞에 아름다운 것을 보여드리고 있다. 자연과 환경은 내버려두면 질서를 유지한다. 스스로 유지하는 것 같으나 하나님의 권위 아래 자연이 순종하고 있다. 자연은 회복 능력이 있다. 자연은 그 자체로 아름답다. 자연은 그 자체로 하나님께 영광을 돌리고 있다. 이런 자연을 보신 하나님의 감정이 어떨까? 창세가 1장에 여러 차례 반복되었다. "보시기에 좋았더라"

시편 기자는 자연 만물을 향하여 명령한다. "아름답고 거룩한 것으로 여호와께 예배할지어다 온 땅이여 그 앞에서 떨지어다"(9절). 시편 기자는 자연을 향하여 말하고 있다. 자연은 선포의 대상이며, 선언과 대화의 상대이다. 사람만 하나님의 음성을 듣는 것이 아니라 자연도 하나님의 음성을 듣는다. 자연 속에 하나님의 영이 운행하시기 때문이다. 자연은 이미 하나님의 위대하심과 통치하심, 공평하심과 진실하심을 알고 있다. "모든 나라 가운데서 이르기를 여호와께서 다스리시니 세계가 굳게 서고 흔들리지 않으리라 그가 만민을 공평하게 심판하시리라 할지로다"(10절). 자연도 하나님을 향한 믿음 위에 서 있다.

믿음을 가진 자연이 노래할 것이다. 하늘과 땅과 바다가 하나님 앞에 춤을 출 것이다. 자연이 하나님 앞에서 하나님의 위대하심을 드러내고 있다. "하늘은 기뻐하고 땅은 즐거워하며 바다와 거기에 충만한 것이 외치고"(11절). 자연도 감정이 있는가 보다. 시인의 눈에는 자연이 하나님의 위대하심을 드러내고 있다고 보여진다. 밭도 산의 숲도 하나님의 위대하심을 노래하여야 하고 하나님의 권위를 드러내어야 한다. "밭과 그 가운데에 있는 모든 것은 즐거워할지로다 그 때 숲의 모든 나무들이 여호와 앞에서 즐거이 노래하리니"(12절). 자연은 그 자체로도 즐거워한다. 사람은 하나님을 즐거워하는 자연을 보고 느낄 수 있어야 한다.

하나님이 이러한 자연 속에 임하신다. 그리고 하나님이 그 자연과 벗하며 사는 백성을 판단하신다. 하나님의 판단 대상은 세 가지이다. 땅과 세계와 백성이다. "그가 임하시되 땅을 심판하러 임하실 것임이라 그가 의로 세계를 심판하시며 그의 진실하심으로 백성을 심판하시리로다"(13절). 하나님의 눈길로부터 벗어날 것이 하나도 없다. 땅과 세계가 하나님을 즐거이 노래할 때 하나님이 어떻게 하시겠는가? 역시 "보시기에 좋았더라"이다. 그렇다면 남아있는 것은 백성이다. 백성 역시 땅과 세계를 보고 느껴야 한다. 하나님의 위대하심, 하나님의 권위를 높여야 한다. 하나님이 이를 보시고 좋아하실 것이다.

시편 97편

깨어 있음의 영성과 웃시야

의식의 혼란

웃시야는 열 여섯에 유다 왕이 되어 52년 동안 치리(治理)하였다. 그의 아버지 아마샤는 이스라엘 왕 요아스와의 전투에서 패하여 이스라엘에 포로로 잡혀갔다. 예루살렘 성전의 기명(器皿)과 왕궁의 재물이 약탈당하였고, 유다 사람들이 이스라엘에 볼모로 잡혀 갔다. 아마샤는 예루살렘의 백성으로부터도 모반을 당하였다. 아마샤가 모반을 피하여 도망했으나 모반자들이 따라와서 아마샤를 죽였다. 유다에 왕이 없어졌다. 백성은 아마샤의 아들 웃시야를 데려다가 왕으로 삼았다. 약관 열 여섯의 나이에 왕의 자리에 오른 것이다. 웃시야를 참견하는 사람이 많을 것이다. 웃시야 역시 뭐가 뭔지 제대로 분간하기도 어려울 것이다.

그러나 웃시야는 달랐다. 아버지 아마샤가 행한 것 중에서 좋은 것을 취했다. 하나님 앞에서 정직하게 행한 것이다. 그리고 웃시야는 자기 마음대로 행하지 않았다. 선지자에게 묻고 선지자의 조언을 경청하였다. 스가랴라는 선지자가 하나님의 묵시를 밝히 알고 있었으므로 웃시야는 스가랴의 말을 따라 하나님을 구하였다. 하나님이 이런 웃시야에게 복을 주셨다. 스가랴가 웃시야를 위해 기도하였고, 스가랴가 사는 날 동안에 웃시야가 형통하였다. 웃시야는 어떤 행동이 자기와 나라를 위한 것인지 알고 있었다.

그리고 행하였다. 아는 대로 행한 것이다. 바로 알고, 바로 행동하는 깨인 사람이 나라를 바르게 세운다.

그런데 웃시야가 갑자기 교만해졌다. 성을 건축하고 블레셋과의 전쟁에서 승리하게 되자 하나님의 묵시를 듣던 겸손함이 사라지게 되었다. 나라가 안정되고 충성하는 사람이 많아지자 방종하기 시작하였다. 초기에 깨였던 사람도 늘 그런 것이 아니다. 형통하게 되었을 때 머릿속이 어지러워진다. 부귀영화에 젖어서 옳고 그름을 분별하는 능력이 떨어진다. 웃시야가 그랬다. 그가 여호와의 성전에 들어가서 분향하였다. 분향은 제사장만이 할 수 있는데 웃시야가 제사장 노릇을 하려 들었다. 제사장이 만류해도 웃시야는 듣지 않는다. 나쁜 일을 하는 사람이 더 고집이 세다. 정신이 혼미하게 되면 바른 소리도 귀에 들리지 않는다.

웃시야가 손으로 향로를 붙잡았다. 바로 그때 하나님이 웃시야의 이마에 문둥병을 발하게 하셨다. 하나님의 권위, 성전의 권위, 제사장의 권위를 훼손하던 웃시야의 권위가 추락하게 되었다. 문둥병이 들고 보니 당장 성전에서 나가야 했다. 멀쩡한 몸이었을 때는 아무도 웃시야의 몸에 손을 대지 못한다. 그런데 문둥병이 발하자. 제사장들이 웃시야를 성전에서 쫓아낸다. 웃시야도 자기 몸의 문둥병을 보고 급히 밖으로 나갈 수밖에 없었다. 웃시야는 이제 성전에 들어갈 수 없다. 사람들과 대면할 수도 없다. 그는 홀로 별궁에 거하다가 죽어야 했다. 죽어도 열왕의 묘실에 장사될 수 없었다. 범죄로 인한 수치가 바로 이렇다.

지도자여 깨어라

난세에 영웅이 나온단다. 어려운 시대에는 어려움을 극복하는 지도자가 나오고, 혼란의 시기에는 혼란을 평정하는 지도자가 나온다. 혼란을 종식시키는 방법을 먼저 알고 실천하는 지도자가 백성에게 평화를 제시한다. 백성에게 바른 방향을 제시하고, 백성은 끌고 가는 지도자가 나라를 평안케 한다. 지도자의 의식이 깨어 있으면 백성의 문제를 파악한다. 지도자의 의식이 깨어 있으면 백성에게 필요한 것이 무엇인지를 안다. 지도자의 의식이 깨어 있으면 나라가 발전할 바른 방향을 알고 그것을 제시한다. 지도자의 의식이 깨어 있으면 바른 방향을 향해 솔선수범한다. 지도자의 의식이 깨어 있으면 처음부터 끝까지 일관성을 유지한다.

이러한 지도자가 백성으로부터 존경을 받는다. 이러한 지도자가 혼란을 종식시키고 평화의 시대를 이룩한다. 이런 지도자는 가치를 소중히 여기는 지도자이다. 깨어 있는 지도자는 혼란에 대한 대안으로써 방법을 추구하는 것이 아니라 의식개혁을 먼저 추구한다. 웃시야는 방법보다는 의식개혁을 먼저 실행하였다. 그것은 여호와 하나님과의 관계설정이었다. 그의 아버지 아마샤가 행하였던 바 하나님 앞에서 바르게 행하였다. 그러나 아마샤처럼 제 맘대로 행하지 않았다. 스가랴를 통한 하나님의 묵시에 귀를 기울였다. 깨어 있는 사람은 자기를 주장하지 않는다. 깨어 있는 사람은 하나님의 말씀에 민감하다. 깨어 있는 사람은 하나님의 방법을 찾는다.

깨어 있는 지도자들이 필요하다. 현실 문제만 해결하려는 근시안적 자세를 가진 지도자는 반짝 나타났다가 곧 사라질 것이다. 눈으로 보이는 문제에만 치중하는 지도자는 사람의 내면과 하나님의 계시에 무감각할 것이다. 사람들은 귀로 듣는 것보다 눈으로 보는 것을 믿는다. 그런데 눈으로 보는 것이 모두 진실이 아닌 경우도 있다. 겉모양만 번지르르하게 포장하는 사람들이 많기 때문이다. 정말 믿어야 할 것은 하나님의 말씀이다. 하나님이 들려주시는 말씀, 하나님이 의도하시는 계획을 믿어야 한다. 이것을 깨닫는 지도자가 깨인 지도자이다. 이러한 지도자가 혼란을 마감하는 지도자가 되고, 평화를 여는 지도자가 된다.

세속의 인기에 영합하는 지도자의 수명은 얼마나 될까? 이런 지도자의 수명은 길지 못하다. 혹 팔색조처럼 변신하여 오랫동안 지도자의 위치를 누렸다 해도, 그의 종말이 아름답지 못하다. 그에게 있는 어리석음, 내면의 진실이 밝히 드러나기 때문이다. 세속의 인기보다 하나님의 뜻을 찾는 지도자가 필요하다. 세속의 인기보다 정의와 윤리, 가치와 도의를 세우려는 지도자가 필요하다. 이런 지도자들은 더 많은 고난을 당할 것이다. 바른 것을 세우는 데 고난은 반드시 거쳐야 하는 과정이다. 만약 고난을 두려워한다면 바른 지도자가 될 수 없다. 고난과 고통에도 불구하고 바른 가치를 세우려는 깨어 있는 지도자가 필요하다.

지도자여 충고를 들어라

평화의 시기가 되면 지도자들이 무디어진다. 생각이 무디어지고, 양심이 무디어진다. 평화의 시대가 정착되면 지도자들은 성취에 대한 자랑이 생긴다. 평화가 지속되면 지도자들은 자신의 명예를 드러내려는 과욕이 생긴다. 평화의 시기에 지도자들은 의식의 혼란에 빠질 가능성이 많다. 웃시야가 그랬다. 그는 제사장 노릇을 하려 했다. 왕은 왕이고, 제사장은 제사장이다. 왕은 제사장의 역할을 하면 안 된다. 왕이 성전에 들어가서 제사장 노릇을 행하는 것은 왕의 오만이다. 하나님의 권위에 대한 도전이다. 의식이 혼미해진 지도자는 자신의 권위 밖의 일을 행하려 든다. 지도자의 의식이 혼미해지면 또 다른 권위를 탐낸다.

웃시야를 보고 제사장과 백성은 어떻게 반응해야 할까? 왕이 그렇게 하는 것을 보고 박수를 쳐야 하는가? 만약 그렇다면 왕의 의식이 혼미한만큼 제사장의 의식도 혼미해진다. 제사장의 의식이 혼미해지면 왕의 의식은 결코 깨어 있지 못한다. 백성의 의식도 깨어 있지 못할 것이다. 왕의 정신이 혼미해진다 해도 제사장의 정신만큼은 깨어 있어야 한다. 웃시야에게 말리는 제사장이 있었다. 제사장이 용기있게 나선다. 제사장이 용기있는 젊은이들과 함께 왕을 제지한다. 깨어 있는 제사장은 용기가 있다. 깨어 있는 제사장은 나쁜 권위에 굴복하지 않는다. 왕을 제지한다는 것은 하나님 앞에 깨어 있다는 증거이다.

웃시야가 용기있는 제사장과 젊은이들의 말을 듣지 않는다. 왕이 옳은 말에 귀를 기울이지 않는다. 왕의 의식이 혼미해지면 옳고 그름을 분별하지 못한다. 왕의 의식은 혼미해지면 충고에 귀를 기울이지 않는다. 오히려 자기 권위에 도전하였다고, 자기 권위를 훼손했다고, 분노하고 미워하며 제거하려 들 것이다. 어쩌다가 웃시야가 이렇게 되었는가? 하나님의 묵시를 받아들이던 순수한 마음은 어디로 갔는가? 웃시야의 영성을 지도하던 스가랴가 사라진 후 새로운 영적 지도자를 세우지 않았기 때문이다. 웃시야가 스스로 지도자가 되어 정치와 제사를 독점하려 했기 때문이다. 독점은 반드시 부패를 낳는다.

웃시야가 제사장의 말을 듣지 않는다. 웃시야를 말릴 수 있는 사람은 아무도 없다. 이 때 하나님이 나서서야 했다. 하나님이 제사장의 편을 들어주셨다. 하나님은 깨어 있는 사람의 편이다. 하나님은 권력의 편, 명예의 편, 업적의 편이 아니다. 하나님은 웃시야의 이마에 문둥병을 들게 하셨다. 문둥병은 부정한 병이다. 문둥병에 걸리면 하나님 앞에 설 수도 없으며, 사람들 앞에 나설 수도 없다. 그는 평생 왕궁 뒤뜰에서 혼자 살아야 했다. 깨어 있지 못하고 충고를 듣지 않는 사람의 최후가 이렇다. 웃시야가 문둥병에 걸림으로 하나님의 권위가 섰다. 깨어 있는 사람이 하나님의 권위를 드러낸다.

깨어 있는 사람은 하나님의 통치를 깨닫는다. 깨어 있는 사람은 자기가 통치자가 아니라 하나님이 통치자이심을 깨닫는다. 깨어 있는 사람은 하나님만이 우주의 통치자이심을 안다. 시편 기자가 바로 그랬다. "여호와께서 다스리나니 땅은 즐거워하며 허다한 섬은 기뻐할지어다"(1절). 웃시야는 자기를 통치자로 여겼다. 제사를 집전하려는 것을 보니 구름과 흑암마저도 자기가 다스릴 수 있는 것으로 여겼다. 그러나 완전한 착각이었다. 구름과 흑암은 하나님의 소유이다. "구름과 흑암이 그를 둘렀고 의와 공평이 그 보좌의 기초로다"(2절). 하나님이 웃시야에게 유다를 위임하였을 뿐, 제사장의 역할까지 위임한 것은 아니었다.

모든 통치자는 하나님의 주권을 깨달아야 한다. 자기가 통치하는 것도 하나님이 위임하셨기 때문임을 알아야 한다. 하나님으로부터 위임을 받은 사람은 하나님께 순종한다. 처음부터 끝까지 순종한다. 순종하는 사람은 깨어 있는 사람이다. 순종하는 사람은 하나님의 위대하심을 알고 있는 자이다. 하나님 앞에 어느 누구도 고개를 뻿뻿이 들 수 없다. 하나님이 진노하시면 불순종하는 사람은 단번에 사라질 수 있다. "불이 그의 앞에서 나와 사방의 대적들을 불사르시는도다"(3절). 하나님 앞에 어떤 사물도 거역할 수 없다. 하나님이 진노하시면 땅과 하늘이 두려워 떨 것이다. "그의 번개가 세계를 비추니 땅이 보고 떨었도다"(4절).

하나님은 우주의 주인이시다. 사람은 우주의 주인이신 하나님 앞에 굴복해야 한다. 사람은 하나님의 이름과 영광이 온 우주에 가득해야 함을 알아야 한다. 실제로 하나님의 이름과 영광이 온 우주에 가득하다. 그것을 느끼는 사람이 곧 깨어 있는 사람이다. 아무리 높은 산도 하나님 앞에서는 민둥산에 불과하다. 하나님은 모든 산을 지으신 분이다. 높은 산 위에 올라 장관을 보고 놀란다면 산을 지으신 위대하신 하나님을 깨닫는 것이 당연하다. 하나님이 땅을 갈아엎으시고자 한다면 어느 산이라도 모두 낮아질 수 있다. 산들이 하나님께 복종하기 때문이다. "산들이 여호와의 앞 곧 온 땅의 주 앞에서 밀랍 같이 녹았도다"(5절).

산들이 하나님께 복종한다. 그리고 하늘은 하나님의 의를 선포한다. 하나님의 통치하심과 의로우심이 하늘에 의해 증거된다. 하늘을 보고 높다고 말하기 전에 위대하신 하나님이 증거되는 것을 깨달으라. 하늘을 보고 오묘한 질서를 말하기 전에 하나님이 지으신 것을 깨달으라. 깨어 있는 사람은 하늘을 보고 하나님의 영광을 먼저 본다. "하늘이 그의 의를 선포하니 모든 백성이 그의 영광을 보았도다"(6절). 깨어 있는 사람은 우상이 죄악이라는 것을 알고 싫어한다. 깨어 있다는 것은 곧 하나님과의 관계가 바르게 정해져 있다는 것이다. "조각한 신상을 섬기며 허무한 것으로 자랑하는 자는 다 수치를 당할 것이라 너희 신들아 여호와께 경배할지어다"(7절).

기쁨과 감사를 누리려면

하나님 앞에 깨어 있는 사람이 절실히 요구된다. 하나님의 판단이 옳음을 깨닫고, 하나님의 판단에 따르는 사람이 요구된다. 하나님의 판단을 기준으로 판단하고, 하나님의 판단에 순종하는 사람이 필요하다. 순종하되 억지가 아닌 자발적 순종, 기쁨의 순종이 있어야 한다. 하나님이 계시다는 것, 하나님이 함께 하신다는 것, 하나님이 다스리고 계심을 기뻐하여야 한다. 이런 기쁨은 깨어 있는 사람에게서 나온다. 이런 깨어 있음은 특정인이 아니라 민족과 나라 그리고 백성 전체여야 한다. "여호와여 시온이 주의 심판을 듣고 기뻐하며 유다의 딸들이 즐거워하였나이다"(8절). 하나님이 백성과 지도자들에게 이렇게 깨어있기를 요구하신다.

하나님은 땅과 하늘에 가장 높으신 분이시다. "여호와여 주는 온 땅 위에 지존하시고 모든 신들보다 위에 계시니이다"(9절). 하나님은 땅과 하늘을 당신의 계획과 경륜에 따라 보전하실 수 있는 분이시다. 하나님은 하늘과 땅을 당신의 마음대로 사용하실 수 있다. 땅과 하늘이 하나님의 소유물이기 때문이다. 땅과 하늘도 이것을 알고 있다. 땅과 하늘도 하나님을 두려워하고, 땅과 하늘도 하나님을 노래한다. 깨어 있는 사람은 땅과 하늘의 소리를 듣는다. 깨어 있는 사람은 땅과 하늘이 하나님에 의해 다스려지고 있다는 것을 안다. 그러므로 깨어 있는 사람은 땅과 하늘의 주권자이신 하나님께 순복하며 그 하나님을 찬양한다.

하나님은 당신의 백성을 다스리신다. 악한 사람을 물리치시고, 의인을 가까이 하신다. 하나님이 악인의 영혼을 음부에 넣고, 의인의 영혼을 보전하신다. 하나님이 악을 미워하시기 때문이다. "여호와를 사랑하는 너희여 악을 미워하라 그가 그의 성도의 영혼을 보전하사 악인의 손에서 건지시느니라"(10절). 하나님은 의인을 위하여 일하신다. 하나님이 의인을 드러내신다. 깨어 있는 사람이란 곧 하나님이 드러내시는 의인이다. "의인을 위하여 빛을 뿌리고 마음이 정직한 자를 위하여 기쁨을 뿌리시는도다"(11절). 하나님이 창조하신 빛과 기쁨이 깨어 있는 사람 곧 의인의 것이다. 당신이 하나님 앞에 깨어 있다면 이 모든 축복이 당신의 것이다.

깨어 있는 의인은 여호와 하나님으로 인하여 기쁨이 있다. 소유가 많아져서 기쁜 것이 아니다. 할 일이 더 많아져서 기쁜 것도 아니다. 자기의 권세를 부릴 수 있어서 기쁜 것도 아니다. 또한 능력이 증가되어서 기쁜 것이 아니다. 소유와 사역, 권세와 능력의 근원이 누구인가? 바로 하나님이시다. 의인은 하나님과 함께 함으로 기뻐한다. 깨어 있는 사람은 하나님을 만날 수 있다는 것, 하나님께 겸손할 수 있다는 것으로 기뻐한다. 그리고 하나님을 섬길 수 있다는 것에 감사한다. "의인이여 너희는 여호와로 말미암아 기뻐하며 그의 거룩한 이름에 감사할지어다"(12절). 깨어 있으라. 당신의 삶은 하나님의 것이며 당신으로 인해 하나님께 영광이 돌려질 것이다.

시편 98편

기적의 영성과 하반신 장애인

성전 미문 앞 장애인

베드로와 요한은 여느 때처럼 성전에 기도하러 들어갈 때였다. 성전 미문 앞에 어떤 하반신 장애인 한 사람이 앉아 있다. 우리나라 사람들은 이런 장애인들을 앉은뱅이라고 비하한다. 그는 날 때부터 하반신 장애인였다. 그는 일어서 본 적이 없다. 당연히 걸어본 적도 없다. 그는 스스로 움직이기 불편하다. 그는 다른 사람이 옮겨주어야만 이동할 수 있는 사람이다. 그는 일할 수도 없다. 혼자서는 경제생활을 영위할 수 없다. 누군가 그를 도와주어야만 한다. 그러나 집에 가만히 앉아있으면 누구도 그를 도와주지 않는다. 그러니 사람들이 지나가는 곳에 가서 구걸을 해야 했다. 이런 이유로 하반신 장애인은 성전미문 앞에서 구걸하고 있는 것이다.

성전으로 올 때에도 스스로 오지 못했을 것이다. 누군가 옮겨주어야 했다. 하반신 장애인에게 성전 미문은 그의 일터이다. 성전에 드나드는 사람은 누구든지 하반신 장애인을 알고 있다. 하도 오랜 기간동안 그곳에서 구걸을 했기 때문이다. 성전에 드나드는 사람은 아주 적은 돈이라도 적선을 했을 것이다. 성전에 드나들면서 적선을 안 한다면 위선자라고 손가락질을 받을지도 모르니 그렇게 해야만 할 것이다. 그러니까 성전 미문은 구걸하기 최적의 장소이다. 아마 사람들 마음속에는 성전에 세금을 내고 또 하반신 장애인에게도 세금을 내야 한다고 속으로 불평할지도 모른다. 드러내고 불평하면 매정한 사람이 되니 그럴 수도 없다.

마침 베드로와 요한이 성전에 들어가고 있다. 베드로와 요한이 장애인을 보았다. 베드로의 마음에 측은함이 들었다. 그리고 장애인을 불렀다. 장애인이 베드로를 쳐다본다. 무엇인가 얻을 것이 있나 바라보고 있다. 지금까지 장애인을 부른 사람은 모두 무엇인가를 주었기 때문이다. 그러나 베드로가 부르는 이유는 다르다. 베드로가 부른 이유는 장애인을 고쳐주기 위해서였다. 장애인의 인생을 새롭게 만들어주기 위해서였다. 베드로가 외친다. "은과 금은 내게 없거니와 내게 있는 것으로 네게 주노니 곧 나사렛 예수 이름으로 일어나 걸으라." 그리고 베드로가 장애인의 손을 잡고 일어선다. 이게 웬일인가?

장애인이 일어났다. 기적이 일어난 것이다. 뿐만이 아니다. 장애인이 걷고 뛰었다. 송아지처럼 뛰어다닌다. 장애인으로서는 돈으로 얻을 수 없는 행운을 얻었다. 이제 그의 인생에 새로운 축복이 열렸다. 장애인이 하나님을 찬양한다. 예수님의 이름으로 비장애인이 되었기 때문이다. 베드로를 만난 것이 행운이다. 베드로가 전하는 예수님을 만남으로 새로운 인생을 찾았다. 그렇다. 예수님을 만난 것이 기적의 출발이며, 행운이다. 예수님의 사람 베드로를 만난 것이 하나님의 축복이다. 예수님과의 만남, 사도와의 만남은 위대한 만남이다. 위대한 만남의 결과로 기적이 일어난다. 장애인은 기적을 체험하는 주인공이 되었다.

기적을 바라는 사람들

예수님에게 찾아온 사람들이 아주 많았다. 예수님은 기적을 많이 행하셨다. 말씀을 전하시는 데 그 말씀의 권세가 사람의 권세와 같지 않았다.

예수님은 긍휼을 가지신 분이었다. 예수님 앞에 오면 누구든지 예수님의 긍휼을 체험할 수 있었다. 예수님 때문에 마음의 안정과 평안을 얻을 수 있었다. 이 정도 되면 예수님의 소문이 사방팔방으로 퍼질 것이다. 소문을 듣고 예수님을 찾아온 사람들이 많았다. 그들은 모두 나름대로의 기대를 가지고 예수님께로 왔을 것이다. 그리고 예수님께 자기들의 기대를 쏟아낸다. 예수님께 자기들의 기대를 충족해 달라고 부탁할 것이다. 예수님이 과연 들어주실까?

예수님이 어떤 요구를 들어주실까? 들어주시지 않는 것이 있다면 어떤 요구일까? 들어주시는 요구는 다름이 아닌 긍휼의 요구, 믿음을 가지기 위한 요구이다. 가나안 여인이 딸의 병을 고치기 위해 예수님께 왔다. 예수님이 모른 척 하시지만 결국은 들어주시고 고쳐주셨다. 이 고침으로 믿음이 더 생기기 때문이다. 하지만 예수님이 듣지 않는 것도 있다. 어떤 때인가? 예수님을 시험하려는 요구가 있을 때이다. 사람들이 예수님께 표적을 보여 달라고 요구한 적이 있었다. 소문만 들은 표적을 한 번 더 보여 달라는 것이다. 그러나 예수님은 거절하셨다. 예수님은 사람들의 욕망에 쉽게 움직이시지 않는다.

예수님에게 기적을 요구하는 것은 사단의 사주를 받는 것이다. 사단이 예수님을 성전 꼭대기에 데리고 가서 뛰어내리라고 하지 않았던가? 예수님이 어떻게 응답하셨는가? 주 너의 하나님을 시험치 말라고 하셨다. 예수님은 얼마든지 기적을 행하실 수 있다. 그러나 사람들의 요구에 의해 기적을 행하시지 않는다. 예수님은 당신의 필요에 의해 그리고 긍휼이 필요한 사람들의 필요에 의해 기적을 행하신다. 그러니까 우리 방법대로 예수님을 움직이려고 한다면 그것은 우리가 예수님을 시험하는 꼴이 된다. 우리가 기적을 보려고 예수님을 따라다닌다면 그것도 예수님을 오해하고 시험하는 꼴이 될 것이다.

사람들이 예수님께 대놓고 표적을 구한 적이 있었다. 그러나 예수님은 악한 세대가 표적을 구하지만 요나의 표적 외에는 보일 것이 없다고 하셨다. 예수님 스스로가 표적의 주인공이시다. 사람들은 예수님을 표적으로 인식하지 않는다. 예수님이 행하신 외형적인 현상만 보려고 한다. 예수님이 가지신 본질을 보려고 하지 않는다. 예수님이 하나님의 독생자로서 세상에 오신 것이 바로 기적이 아니겠는가? 예수님을 믿는다 함은 바로 이런 기적을 믿는 것이다. 예수님을 믿는다 함은 바로 우리가 기적의 사람임을 드러내는 것이다. 당신은 기적의 사람인가? 아니면 다른 기적을 요구하는 사람인가? 기적만 요구한다면 악한 세대일 것이다.

장애인에게 기적을

우리나라는 사람 차별을 많이 하는 나라이다. 돈으로 차별하고, 가진 것으로 차별하고, 지식으로 차별하고, 지위와 명예로 차별한다. 외모로 차별하고, 걸친 옷으로 차별한다. 시대가 갈수록 별별 것을 자기고 차별할 것이다. 몸매로 차별하고, 명품 소유로 차별하고 심지어는 휴대폰으로도 차별할 것이다. 이런 나라에서는 장애인으로 산다는 것이 매우 어렵다. 이런 나라에서 나그네로 사는 것도 어렵다. 외국인들이 근로자로 와서 차별받는 것도 모두 이런 차별이 존재하기 때문이다. 뿌리 깊은 지역차별, 학력과 학교차별, 반상의 차별이 아직까지 청산되지 않고 있다니 의식을 가진 우리로서는 한심한 일이다.

이런 나라에서 장애인은 더 차별을 받는다. 대학에서 장애인을 받아들일 수 없다고 하는 적도 있다. 장애인 한 사람 때문에 시설을 고칠 수 없다는 것이다. 학교가 비난을 받을지도 모르니 받아 주기는 하지만 장애 학생을 위한 편의 시설을 만들지 않는다. 억지로라도 다니면 되고, 안 다녀도 그만이라는 식이다. 결국 공부하기 어려운 학생은 휴학할 수 밖에 없었다.

장애 학생은 학교 측에게 수업 방해를 보상하라고 소송을 냈다. 재판부는 학교 측에 학생의 손해를 인정하라는 판결을 내렸다. 장애인의 차별을 인정하고, 다시는 차별하지 말라는 것이다. 그 학교가 바로 기독교 계통의 학교였다니 한심스럽지 않는가?

어떤 기독교 학교는 장애인 한 사람이 들어오게 되자 대대적인 공사를 벌였다. 언젠가 시설해야 할 것을 마침 장애 학생 때문에 고쳤다. 그런데 그 학교에 점점 장애인들이 더 많아졌다. 학교는 장애인의 재활을 위해 연구하고 투자하였다. 그러다 보니 재활에 관한 한 한국 최고의 명문학교가 되었다. 나사렛 대학이 그 대학이다. 장애인에게 기회를 주었는데, 나중에는 더 큰 효과를 거두게 된 것이다. 그렇다면 우리는 어떻게 해야 하는가? 장애인도 하나님의 사랑을 받아야 하는 존재이다. 그들은 어떤 면에서 비장애인보다 더 강하고 깊은 영성을 가졌다. 때론 그들이 비장애인보다 하나님께 더 가까이 있다.

장애인들이 하나님께 가까이 하는 것도 기적이다. 하나님을 만나고 자의식을 찾는 것, 하나님의 자녀로서 자존감을 가지는 것이 기적이다. 이런 기적만 생기면 그들의 인생에는 새로운 길이 열린다. 이런 기적만 가지면 하나님이 그들에게 기이한 일을 행하신다. 하나님이 비장애인보다 장애인에게 더 탁월한 영성을 가지게 한다. 장애인일수록 무엇인가 불편한 것이 있으니 하나님의 사랑을 더 받아야 한다. 그들이야말로 기적의 주인공이요, 대상이 되어야 한다. 그들이야말로 하나님의 축복을 받는 더 많이 받아야 한다. 이런 기적이 일어나는 사회가 좋은 사회이다. 이런 기적을 당연히 여기는 사회가 좋은 사회이다.

하나님은 기적의 하나님이시다. 아니, 우리가 보기에 기적일 뿐 하나님께는 당연한 일들이다. 우리가 보기에 기적이지만 하나님께 당연한 일들이 무엇이 있는가? 창조, 구속, 죄 사함, 거듭남, 구원, 영생 등 하나님의 하시는 일 모두가 우리에게는 기적이다. 하나님의 하신 일 모두가 우리에게는 꿈같은 일이다. 우리는 누가 고침을 받으면 기적이고, 간절한 바람이 이루어지면 기적이라고 한다. 그러나 하나님은 이미 이런 기적을 행하실 준비가 되어 있으시다. 그리고 행하셨다. 그 기적의 대상이 이스라엘 백성이며, 시편 기자이다. 그 기적의 대상이 바로 우리들이다.

시편 기자는 이것을 알고 있다. 그래서 찬송할 수밖에 없다. "새 노래로 여호와께 찬송하라 그는 기이한 일을 행하사 그의 오른손과 거룩한 팔로 자기를 위하여 구원을 베푸셨음이로다"(1절). 이스라엘 백성이 구원받을 때, 하나님이 기적을 행하셨다. 홍해가 갈라져서 백성이 건너갈 수 있었고, 애굽의 칼을 피할 수 있었다. 반석이 갈라져서 시원한 물을 얻었다. 매일 만나가 내려와 일용할 양식을 얻을 수 있었다. 메추라기가 떨어져서 고기를 먹을 수 있었다. 아멜렉과의 전쟁에서 신기하게 승리할 수 있었다. 이 모든 것이 하나님이 행하신 기적들이다. "여호와께서 그의 구원을 알게 하시며 그의 공의를 뭇 나라의 목전에 명백히 나타내셨도다"(2절).

기적을 행하시는 하나님을 이스라엘은 알고 있었다. 그리고 온 땅의 나라와 백성이 하나님의 기적을 행하시는 능력을 알고 있다. 일차적으로 기적의 대상은 이스라엘이다. 왜 하나님이 이스라엘에게 먼저 기적을 행하셨을까? 그것은 하나님이 이스라엘을 성실히 사랑하셨기 때문이다. 그리고 이스라엘과 맺은 언약을 기억하시기 때문이다. 하나님은 언약을 성실히 지키셨으며 그 결과가 곧 이스라엘의 구원이었다. "그가 이스라엘의 집에 베푸신 인자와 성실을 기억하셨으므로 땅 끝까지 이르는 모든 것이 우리 하나님의 구원을 보았도다"(3절). 언약의 백성이 된다는 것은 이래서 좋다. 하나님이 행하시는 일의 대상으로써 기적을 경험할 수 있기 때문이다.

이 땅의 모든 백성이 하나님의 소유이다. 그 중에 구원받은 이스라엘은 하나님의 소유로 지명을 받았다. 하나님이 백성의 삶을 주장하시고 판단하신다. 하나님의 판단 기준은 항상 의롭다. 우리가 생각하기에 의가 아니라 하나님의 판단 기준 자체가 의이다. 하나님은 의의 하나님이시다. 하나님의 본질 속에 완전한 의가 있다. 하나님의 구원하심이 의이다. 하나님의 도우심이 의이다. 하나님의 축복하심이 의이다. "그가 땅을 심판하러 임하실 것임이로다 그가 의로 세계를 판단하시며 공평으로 그의 백성을 심판하시리로다"(9절). 하나님이 우리를 향하여 기적을 행하시는 것이 의이다. 우리는 의의 기적을 경험하는 사람들이다.

기적의 주인

하나님은 기적의 주인이시다. 그러므로 하나님은 찬양을 받으셔야 한다. 하반신 장애인이 걷고 뛰며 하나님을 찬양했다. 기적을 체험하는 다윗도 체면불구하고 하나님을 찬양하였다. 시편 기자도 하나님을 찬송하라고 권한다. 온 땅이 하나님을 찬양해야 한다. 온 땅이 소리내어 하나님을 찬송해야 한다. "온 땅이여 여호와께 즐거이 소리칠지어다 소리 내어 즐겁게 노래하며 찬송할지어다"(4절). 아마 하나님을 찬송하지 못하면 돌들이 소리를 지를 것이다. 땅도 하나님을 찬송하는데 사람이 하나님을 찬송해야 하는 것이 마땅하지 않을까? 찬송하지 못한다면 이 땅에 발을 붙이고 산다는 의미가 전혀 없을 것이다.

하나님은 찬양의 완전하고 영원한 대상이시다. 목소리를 높여서 찬양해야 한다. 어떤 사람은 목소리가 좋지 않을 수도 있다. 음악 이론을 잘 알고,

작곡도 잘하며 청음 실력도 기가 막힌데, 노래를 못할 수 있다. 그렇다면 악기라도 배워야 한다. 악기를 연주하면 하나님을 찬양할 수 있다. 그렇기 때문에 다른 사람에게 악기를 연주하도록 격려해야 한다. 악기를 연주하면 찬양을 함께할 수 있다. 하나님을 찬양할 악기 종류가 많다. "수금으로 여호와를 노래하라 수금과 음성으로 노래할지어다 나팔과 호각 소리로 왕이신 여호와 앞에 즐겁게 소리칠지어다"(5~6절).

기적의 주인이신 하나님은 세계의 주인이시다. 하나님이 사람을 향하여 기적을 행하셨으니 사람이 하나님을 찬양함이 마땅하다. 하나님은 세계를 향하여서도 기적을 행하셨다. 하나님이 세상의 만물을 창조하시고, 오묘한 조화와 질서를 이루도록 하셨다. 사람들은 자연을 보고 감탄한다. 감히 상상할 수 없는 장중한 모습들을 볼 때마다 주님의 높고 위대하심을 찬양할 수 밖에 없다. 영성이 있는 사람은 장중한 모습을 가진 자연이 하나님을 찬양하고 있음을 느낄 것이다. 그렇기 때문에 자기도 함께 찬양하고 싶다. 그리고 이렇게 외칠 것이다. "바다와 거기 충만한 것과 세계와 그 중에 거주하는 자는 다 외칠지어다"(7절).

하나님 앞에서 잠잠할 것이 없다. 무엇이든지 하나님을 찬양한다. 하나님은 당신이 찬양하는 어떤 소리든지 듣기를 원하신다. 그리고 들을 때 기뻐하신다. 바람에 흔들리는 나뭇잎 소리도 하나님을 찬양하는 소리이다. 골짜기를 타고 내리는 바람 소리도 하나님을 찬양하는 소리이다. 구름과 구름이 부딪히며 내는 우레와 천둥소리는 하나님의 위대하심을 드러내는 소리이다. 억수같이 쏟아지는 빗소리가 하나님의 공의를 드러내는 소리이다. 바다의 파도 소리도 하나님을 찬양하는 소리이다. "여호와 앞에서 큰 물이 박수할지어다 산악이 함께 즐겁게 노래할지어다"(8절). 기적의 주인이신 하나님은 찬송을 받으시기 마땅하다.

시편 99편
거룩의 영성과 아론

제사장 가문

거룩한 하나님은 이 땅에서 당신의 계획을 알려줄 사람을 찾고 계신다. 그 사람들은 왕, 제사장, 예언자의 역할을 수행한다. 모세가 예언자로서 하나님의 계획을 알려 주었다. 하나님은 아론을 예비하셔서 모세를 돕게 하셨다. 아론은 제사장 역할로 하나님의 의도와 계획을 알려 주었다. 특별히 제사장은 하나님의 거룩하심을 먼저 체험하고, 백성에게 하나님의 거룩하심을 닮도록 하는 역할을 한다. 하나님은 제사장을 먼저 거룩하게 하셨다. 하나님은 제사장 아론과 그의 가족을 거룩하게 하셨다. 하나님은 모든 백성이 보는 앞에서 제사장과 그의 가문을 거룩하게 하심으로 제사장의 권위를 높여 주셨다.

하나님이 모세를 시켜 광야에서 성막을 짓게 하실 때였다. 하나님은 아론과 그의 아들을 부르라고 하셨다. 하나님이 아론의 가문에게 직분을 주시기 위함이었다. 먼저 아론을 위하여 거룩한 옷을 지어 아론을 아름답게 보이도록 하셨다. 외모만 아름답게 보이는 것이 아니라 제사장으로서 영광스럽게 하셨다. 아론의 옷을 짓는 사람은 마음에 지혜가 있는 사람, 지혜의 영을 가진 사람들이었다. 즉 제사장은 지혜있는 사람들의 섬김과 봉사를 받는 영광을 얻었다. 제사장에게 지혜있는 사람의 도움이 필요했다. 지혜란 다름이 아니라 제사장을 섬기고 돕는 것이다.

지혜있는 사람들이 동원되어 제사장의 옷을 지었다. 흉패와 겉옷 그리고 속옷, 머리에 쓰는 관과 허리에 띠는 띠를 제작하였다. 제사장 의복의 양 어깨에는 보석을 붙였다. 흉패에는 야곱의 열두 아들의 이름이 기록되어 있다. 흉패 안에는 우림과 둠밈이 있다. 제사장의 옷 가장자리에는 금방울들이 들려 있어서 제사장이 성소에 들어갈 때 소리가 들리게 하였다. 제사장이 가지는 패는 금으로 만들었고, 거기에 "여호와께 성결"이라고 새겨져 있었다. 이는 하나님이 제사장을 거룩한 존재로 삼으셨음을 분명히 하는 의미이다. 이 패를 보는 사람마다 하나님이 제사장을 거룩한 존재로 삼고 거룩한 역할을 감당하게 하심을 기억할 것이다.

지혜있는 사람들이 지은 옷은 아론과 그의 아들들에게 입혀졌다. 하나님이 모세에게 이 옷을 아론과 그의 아들들에게 입히게 하셨다. 아름다운 옷을 입은 아론과 그의 아들들에게 기름이 부어졌다. 그들은 기름부음을 받음으로 거룩함을 체험한다. 하나님이 그들을 거룩하게 하셨다. 거룩하게 된 사람들은 거룩한 장소에서 거룩한 일을 행한다. 거룩한 장소는 하나님의 성소이다. 거룩한 역할은 하나님께 제사를 드리는 것이다. 거룩한 곳에 들어가고 거룩한 일을 행하는 사람은 먼저 거룩해야 한다. 제사장의 가문을 선택하신 하나님이 바로 그것을 모세를 통해 백성에게 알려 주셨다. 백성은 이것을 영원히 기억하고 지켜야 한다.

선택된 사역자

하나님은 당신의 일을 위해 사람을 선택하신다. 하나님은 이스라엘 백성의 자유와 평화를 위해 모세를 선택하셨다. 그리고 백성의 거룩함을 먼저 보이시기 위해 아론과 그의 아들을 선택하셨다. 아론과 그의 아들들은 아주 특별한 역할을 수행할 것이다. 그 역할이란 하나님께 예배를 드리는 것이다. 아론과 그의 아들들은 백성을 대신하여 하나님께 나가야 했다. 그들은 백성의 죄를 가지고 하나님께 나간다. 제사장들이 백성의 죄를 책임지고 있다. 그들은 하나님으로부터 백성의 죄를 용서받아야 했다. 그러기 위해 제사장이 먼저 정결해야 했다. 만약 제사장은 거룩하지 못하다면 그들이 먼저 죽을 것이다.

선택된 사람은 특별한 일을 행한다. 아무나 할 수 있는 일이라면 특별한 선택이 필요하지 않다. 특별한 일은 하나님이 제시하신다. 사람의 생각이나 의도가 아니라 하나님의 계획과 목적에 의한 것이다. 특별한 일은 하나님의 일이다. 하나님은 아주 특별하다고 제시하신 일에 특별한 훈련을 거치고 특별한 조건을 가진 사람을 선택하신다. 선택된 사람은 선택된 장소에 들어간다. 그 장소는 일반인의 접근이 금지된 곳이다. 하나님이 사람을 만나주시는 곳, 하나님이 당신의 거룩함을 드러내시는 곳이다. 선택된 사람은 하나님의 거룩함을 체험한다. 하나님의 위대하심과 거룩하심이 선택된 사람들의 몫이다.

역사의 페이지는 선택된 사람들에 의해 내용이 써졌다. 선택된 사람들의 선택받는 시간과 장소, 상황 그리고 선택된 사람으로서 행하는 모습들이 역사의 페이지에 기록되어져 있다. 후대의 사람들은 그들의 일을 보고 그들이 정말로 선택되었는지를 추측할 수 있다. 그들의 일은 그들의 생각과 비전이 아니다. 하나님을 위한 비전, 다른 사람을 위한 비전, 인류와 역사를 위한 비전이다. 그들만의 안위와 영화를 위한 일이 아니라, 하나님의 권위와 위대하심이 드러나는 일이다. 선택된 사람들의 일과 목적 그리고 비전은 스스로 만들어내는 것이 아니라 선택한 분의 의도와 계획에 의한 것이다.

성경은 하나님으로부터 선택받은 사람들의 이야기이다. 모세는 하나님으로부터 선택을 받았다. 이스라엘 백성을 애굽에서 이끌어내어 젖과 꿀이 흐르는 가나안으로 인도하라는 선택이었다. 아론은 하나님으로부터 선택을 받았다. 아론은 이스라엘을 대표하여 하나님을 만나고, 하나님의 죄 용서와 은혜를 알고 전달하라는 사명을 받았다. 그는 아론의 아들들까지 선택을 받았다. 아론의 후예들이 대대로 제사장의 역할을 수행할 것이다. 아론 개인뿐만이 아니라, 아론의 후예들까지 선택을 받았다. 사역자는 스스로 일어나지 않는다. 사역자는 하나님에 의해 선택된다. 사역자를 선택하신 하나님이 사역자를 선택의 목적대로 사용하신다.

자기 인식

선택된 사람은 자기가 하나님으로부터 선택되었음을 자각하여야 한다. 선택된 사람은 자기의 비전과 일에 대한 마지막 권위를 하나님께 두어야 한다. 선택된 사람 자신만이 그 일을 할 수 있다고 생각해야 하는가? 하나님이 그를 불러 사용하신다. 그가 가장 적당한 사람이기 때문이다. 그러나 그가 부름에 거절한다면 하나님이 다른 사람을 사용하실 것이다. 선택된 사람은 이를 알아야 한다. 하나님이 자기를 부르신 것은 하나님의 특별한 계획과 의도와 목적이 있기 때문이다. 하나님이 먼저 자기에게 기회를 주셨음을 감사해야 한다. 하나님이 자기를 통해 어떤 일을 계획하고 계셨음을 알아야 할 것이다.

어떤 사람은 기질적으로 남을 주도한다. 이런 사람이 지도자로 성장할 가능성이 있다. 이들은 스스로 지도자라고 생각한다. 어디서든지, 어떤 모임에서든지 드러나야 하고, 주도적으로 일해야 마음이 뿌듯하다. 이들은 다른 사람을 사용할 줄 알고, 다른 사람에게 명령할 줄 안다. 이들은 스스로가 아주 중요한 사람이라고 생각한다. 아주 중요한 일을 하고, 자기가 없다면 그 일은 무너질 것이라고 생각할 수 있다. 또 다른 사람을 볼 때, 자기를 돕는 사람으로 인식한다. 이들은 인간 관계도 일적으로 엮는다. 일이 잘못된다면 언제든지 사람과의 관계가 단절될 수 있다. 혹시 일 때문에 하나님과의 관계도 끊지는 않을까!

하나님의 축복이 어디에서 오는가? 그것은 하나님과의 관계에서 온다. 진짜 복을 받는 사람, 정말로 선택된 사람은 자기의 근원이 하나님으로부터임을 안다. 이 사람은 어떤 일이 있어도 하나님과의 관계만큼은 끊을 수 없음을 알고 있다. 거룩한 사람이란 다름 아니라 끊을 수 없는 하나님의 사랑을 똑바로 알고 있는 사람, 내면 깊이 체험한 사람이다. 바울이 그랬다. "누가 우리를 그리스도의 사랑에서 끊으리요 환난이나 곤고나 박해나 기근이나 적신이나 위험이나 칼이랴"(롬 8:35) 선택된 사람은 이런 인식이 있어야 한다. 위에 대한 인식, 자기를 부르신 분의 권위에 대한 인식이 있어야 한다.

이러한 자기 인식은 겸손하게 한다. 이러한 자기 인식은 방종하지 않게 한다. 스스로에 대한 자존감이 강한 사람도, 하나님 앞에서는 아무 것도 아님을 인식한다. 하나님 앞에서는 보잘 것 없다는 것을 알고 있다. 이런 사람이야 말로 하나님으로부터 선택을 받은 사람이다. 이들은 분명한 목적과 계획이 자기로부터 나온 것 같으나 그것에 대한 기준은 자기가 아닌 위로부터 나온 것임을 인정한다. 자기 인식이 바른 사람은 위에 계신 분의 생각에 따라 목적을 세우고, 그분의 뜻에 따라 순종할 것이다. 그리고 그것에 대한 결과도 하나님이 책임지신다. 그것에 대한 놀라운 축복도 모두 하나님께 돌린다. 하나님이 하셨기 때문이다.

하나님은 우주 만물을 통치하신다. 하나님은 우무 만물 속에 당신의 권위를 드러내신다. 우주만물이 하나님의 축복을 받았다. 만물은 하나님을 노래하고 있다. 하나님은 사람을 다스리신다. 열방과 민족, 국가를 다스리신다. 이방 민족은 하나님의 권위를 훼손하려 든다. 그들은 하나님보다는 자기를 위해 신을 찾는다. 그들이 가지는 종교의 목적은 현실 세계에서 자기들이 의도하는 것을 이루기 위함이다. 인격적이고 뚜렷한 목적을 가지신 신을 알고 있지 못하다. 오직 자기들의 심부름만 해 줄 신이 필요할 뿐이다. 하나님은 이런 사람들을 향하여 징계하심으로 당신의 권위를 드러내신다. 하나님이 그들의 신관을 깨뜨리신다.

"여호와께서 다스리시니 만민이 떨 것이요 여호와께서 그룹 사이에 좌정하시니 땅이 흔들릴 것이로다"(1절). 하나님이 다스리시면 어떤 민족이든지, 어떤 지도자이든지 두렵고 떨 것이다. 하나님의 권위와 능력이 우주에서 가장 크고 높기 때문이다. 하나님의 권위가 얼마나 높은지, 천사들 중앙에 앉아계셔서 천사를 지휘하신다. 하나님이 우주를 내려다보시며, 사람을 보고 계신다. 그분은 가장 높고 위대하신 분이시다. 그분의 높으심과 위대하심에 비견될 존재가 세상에 없다. 오직 그분이다. 시편 기자는 이것을 철저하게 인식하고 있다. "시온에 계시는 여호와는 위대하시고 모든 민족보다 높으시도다"(2절).

하나님은 우주와 사람 즉 피조물과는 구별된 분이시다. 구별된 그분은 거룩하시다. 그러므로 사람은 그분의 이름을 찬송해야 한다. 이것이 사람이 태어난 목적이며, 사람이 일하고 이루어야 할 목표가 주어진 이유이다. 이것이 사람의 당연한 의무이며 순종이다. 그분의 이름을 찬송해야 한다. 그분은 거룩한 분이시기 때문이다. "주의 크고 두려운 이름을 찬송할지니 그는 거룩하심이로다"(3절). 누구든지 거룩한 분 앞에 엎드려야 한다.

그분은 거룩하시기 때문이다. 하나님 앞에 엎드림은 곧 하나님의 거룩하심을 인정한다는 표시이다. "너희는 여호와 우리 하나님을 높여 그 발등상 앞에서 경배할지어다 그는 거룩하시도다"(5절).

하나님은 거룩한 이름에 걸맞는 일을 하셨다. 왕을 세우시고, 왕으로 하여금 정의를 추구하게 하셨다. 하나님이 왕을 통해 당신의 백성 사이에서 정의를 행사하시고, 정의가 세워지도록 하셨다. 하나님이 이를 위해 왕을 선택하셨다. "능력 있는 왕은 정의를 사랑하느니라 주께서 공의를 견고하게 세우시고 주께서 야곱에게 정의와 공의를 행하시나이다"(4절). 하나님을 경배하는 왕과 지도자가 거룩해야 한다. 왕은 공의를 세워야 하는 나라와 백성을 거룩해야 한다. 하나님의 거룩하심이 왕과 지도자들을 통해 백성과 만방에 흘러야 한다. 거룩하신 하나님의 목적은 당신의 거룩함이 땅에 충만해지는 것이다.

하나님을 따라

하나님을 따르는 사람은 하나님의 거룩함을 증거하고 드러내야 한다. 말로든지 행동으로든지 하나님의 거룩하심을 드러내는 것이 선택받은 사람의 인생 목적이어야 한다. 선택받은 사람이 하나님을 바로 따르는 길은 곧 하나님의 거룩하심을 드러내는 것이다. 하나님이 이를 위해 제사장을 선택하셨다. 시편 기자는 그중에 대표적인 사람들을 제시한다. 모세, 아론 그리고 사무엘이다. 하나님이 이들을 선택하셨고, 그들을 통해 당신의 거룩함을 드러내려고 계획하셨다. 거룩함을 드러내려는 사람들이 하나님께 간구한다. 그 간구의 내용은 하나님의 거룩함을 속히 그리고 정확하게 드러내 달라는 것이다.

하나님은 이런 간구를 좋아하신다. 하나님은 당신이 좋아하는 간구를 듣고 기뻐하신다. 기쁨으로 응답하신다. 보라! 모세와 아론 그리고 사무엘의 기도 중에 응답되지 아니한 것이 있는가? "그의 제사장들 중에는 모세와 아론이 있고 그의 이름을 부르는 자들 중에는 사무엘이 있도다 그들이 여호와께 간구하매 응답하셨도다"(6절). 선택을 받아 하나님을 따르는 사람은 아무 것이나 기도하지 않는다. 하나님의 목적과 의도에 합당한 것만 기도한다. 하나님이 들으시는 것도 당신의 목적과 의도에 합당한 것만 들으신다. 거룩하신 하나님은 분명한 기준을 가지고 계시다. 분명한 기준이 백성에게 제시되면, 백성이 듣고 따라야 한다.

하나님이 모세를 통해 백성에게 기준을 제시하셨다. 그것이 바로 율법이다. 이 기준은 백성이 충분히 순종할 수 있는 것이었다. 순종하면 하나님의 거룩하심을 더 많이 체험할 것이다. 순종하면 하나님의 거룩하심이 땅에서 실현될 것이다. "여호와께서 구름 기둥 가운데서 그들에게 말씀하시니 그들은 그가 그들에게 주신 증거와 율례를 지켰도다"(7절). 백성 중에서 하나님의 기준을 어기는 경우가 생긴다. 왕과 제사장들도 그랬다. 하나님이 어떻게 하셨을까? 하나님이 책망하시고 징계를 내리신 경우도 있다. 그러나 하나님은 용서의 길도 열어 놓으셨다. 하나님은 용서를 더 좋아하시기 때문이다. 이것이 곧 하나님의 거룩하심이다.

"여호와 우리 하나님이여 주께서는 그들에게 응답하셨고 그들의 행한 대로 갚기는 하셨으나 그들을 용서하신 하나님이시니이다"(8절). 용서를 받은 백성은 하나님의 거룩하심을 체험한 사람들이다. 그들은 하나님의 거룩하심을 인생에서의 최대 경험으로 삼고, 인생에서 반드시 이루어야 할 목표로 삼는다. 그들은 하나님을 높이는 것이 살아가는 이유이며, 방법이다. "너희는 여호와 우리 하나님을 높이고 그 성산에서 예배할지어다 여호와 우리 하나님은 거룩하심이로다"(9절). 이것이 제사장의 역할과 사역이다. 하나님의 피조물인 사람이 할 일도 바로 이것이다. 거룩함을 높이는 것이 우리가 선택받은 이유이다.

시편 100편

섬김의 영성과 사무엘

성전에서

사무엘은 어머니 한나의 기도에 의해 태어난 아들이다. 한나가 아들을 낳지 못하자 남편의 다른 여인 브닌나로부터 심한 모욕을 당했다. 남편의 위로가 있어도 한나가 받은 모욕감이 사라지지 않는다. 한나가 성소에 올라갔다. 성소에서 하나님께 하소연을 한다. 말이 하소연이지 엄청난 눈물이 쏟아지는 통곡이었다. 한나가 통곡하며 하나님께 아뢴다. "주의 여종에게 아들을 주시면 내가 그의 평생에 그를 여호와께 드리고 삭도를 그의 머리에 대지 아니하겠나이다"(삼상 1:11b). 오죽 힘들고 답답했으면, 얼마나 자존심이 상했으면, 얼마나 간절히 아들을 원했으면 하나님과 흥정하듯이 아들을 달라고 했을까? 어쨌거나 이런 통곡이 있은 후 한나가 아들을 얻었다.

한나는 기도하며 아들의 인생을 먼저 결정해 버렸다. 아들의 머리에 평생 가위를 대지 않겠다는 것이다. 이 말은 아들을 나실인으로 키우겠다는 것이다. 아들을 하나님의 거룩한 사람으로 키우되, 세상의 즐거움으로부터 차단하겠다는 것이다. 어머니는 아들을 이렇게 키우고 싶지만 아들이 자라면서 거부할 수도 있다. 엘리의 아들 홉니와 비느하스가 그랬다. 그러나 기도 후에 얻은 아들 사무엘은 달랐다. 한나는 젖을 뗀 후에 사무엘을 성소에 대려다 놓았다. 거기에서 숙식을 하고, 배워야 했다. 한나는 아예 사무엘을 하나님께 드렸다고 엘리 제사장에게 선언한다. 한나는 하나님께 약속한대로 행하였다.

아직 어린아이라 어머니 품을 떠난다면 아이가 심히 외로워할 것이다. 그러나 한나는 아이의 감정조차도 하나님께 맡겼다. 한나로서도 어린아이에 대한 불안감이 있을지 모른다. 그러나 한나는 자신의 불안감도 하나님께 맡긴다. 한나는 사무엘이 젖을 뗄 때까지 성전에 올라가지도 않았다. 그러나 성전에 맡긴 후에는 철저히 하나님께 사무엘을 맡겼다. 한나가 하는 일은 1년에 한 번씩 제사를 드릴 때마다 성소에 올라가서 사무엘을 만나는 것뿐이었다. 남편과 함께 성소에 갈 때 사무엘의 옷을 지어다 준다. 어머니가 자녀의 인생을 함부로 결정할 수는 없다. 그러나 한 번 드린 이상 철저히 지켜야 한다. 그것이 자녀의 인생을 성공하게 한다.

사무엘은 성소에서 하나님을 섬겼다. 어린 사무엘이 세마포 옷을 입었다. 아마도 사무엘이 엘리 제사장을 도와 제사를 돕고 성전의 사무를 보았을 것이다. 사무엘이 제사를 드리려고 성소에 오는 사람들을 안내하였을 것이다. 비록 엘리 제사장의 아들 홉니와 비느하스는 불량배 노릇을 해도, 사무엘은 그들을 본받거나 관심을 두지 않고 오직 여호와 하나님만 섬겼다. 비록 하나님의 말씀이 자주 들리지 않고 계시가 부족하며 이상이 흔히 보이지 않던 시대라 해도 하나님을 섬기는 일을 게을리 하지도 않았고, 포기하지도 않았다. 그러나 성소에서 섬기는 사무엘에게 하나님이 말씀하셨다. 섬기는 사람에게는 말씀이 들려진다.

섬기는 지도력

리더십이라는 단어가 유행처럼 번지고 있다. 어떤 단체나 조직이 성장하고 좋은 결과를 가지게 되면 반드시 단체의 우두머리에게 초점이 맞추어지고, 그의 지도력을 연구하며 검증하게 된다. 2002년 월드컵 때 한국의 대표팀이 4강에 오르자 히딩크 감동의 리더십에 대한 연구와 검증작업이 이루어졌다. 대기업에서 앞 다투어 히딩크 감독에게 강연을 요청한다. 히딩크 감동이 한국인들에게 영웅 대접을 받았다. 그의 리더십 때문이었다. 반면에 단체나 조직이 망하게 되면 그 이유를 리더십에서 찾기도 한다. 리더의 리더십이 부족하거나 혹은 잘못된 판단으로 인해 위기를 겪고, 위기에 대처하지 못했기 때문이라고 결론짓는다.

리더십에 대한 연구가 진행되면 리더십의 유형, 유형별 리더십의 행동특성, 역사에서 나타난 리더들의 리더십 특성 등을 함께 연구하는 작업을 하게 된다. 초창기에는 카리스마적 리더십과 부드러움의 리더십을 말했고, 권위적인 리더십과 섬김의 리더십을 말했다. 참견형 리더십과 방관자적 리더십을 말하는 사람도 있었다. 리더십 연구 초창기에는 이처럼 리더십의 유형을 두 가지로 놓고 두 가지를 비교하는 연구가 진행되었다. 그러나 요즘은 리더십을 더 세밀하게 연구한다. 리더십의 유형은 여러 가지로 분류하고 각각의 분류에 따라 특성과 행동 양식, 시대적인 상황과 주변 환경 그리고 결과를 연구한다.

기독교인은 리더십의 유형을 어디에서 찾을까? 당연히 성경에서 찾는다. 성경의 인물을 보고 그들의 리더십 특성을 찾을 수 있다. 사무엘의 리더십을 보고 그 특성을 찾을 수 있다. 사무엘의 리더십은 어떤 유형이었을까? 그는 강력한 카리스마를 가지고 있었다. 미스바에서 회개 운동을 일으킬 때, 백성이 모두 회개하였다. 블레셋을 물리치는 일, 사울 왕을 세우는 일, 사울 왕이 아말렉과의 전투에서 스스로 제사를 드리는 것에 대하여 강력하게 경고하고 순종을 촉구하는 것 등 사무엘의 리더십은 백성에게 절대적이었다.

이 리더십이 어디서 나왔을까? 그것은 하나님을 섬김에서 나온다. 사무엘은 어렸을 적에 여호와를 섬겼다. 그리고 후에 지도자가 되어 백성에게 회개와 바른 길을 제시하였다. 어린 시절에는 순종하는 온유함을 보이다가 지도자가 되어 호랑이처럼 변했을까? 그렇지 않다. 하나님을 섬기는 지도자가 백성 앞에 바른 것을 제시하고 호령으로 순종을 촉구할 수 있다. 하나님을 섬기는 지도자는 백성이나 사람을 두려워하지 않는다. 이런 지도자는 오직 하나님만을 두려워한다. 백성에게서 하나님의 뜻이 이루어지도록 그들에게 순종을 촉구한다. 하나님을 섬기는 지도력은 온유한 것 같으나 강력한 힘을 가지고 있다.

섬김을 위해

여러 리더십들을 연구하다 종착역에 다다르게 되는 데 그것은 예수님의 리더십이다. 예수님의 리더십은 어떤 유형이었느냐는 것이다. 사실 예수님의 리더십을 한마디로 말하기 어렵다. 예수님의 리더십 특성을 몇 가지로 압축하기도 어렵다. 왜냐하면 예수님의 리더십은 완전했기 때문이다. 완전하다는 것은 특성을 아무리 들어도, 장점들을 아무리 가져다 붙여도 부족하다. 도무지 많은 설명으로 표현하기 어려우므로 완전하다고 할 밖에 없다. 예수님은 연구하면 할수록 신비한 분이다. 만나면 만날수록 그분에게서 더 많은 것을 얻을 수 있다. 이런 면에서 예수님은 신비한 분이시다. 예수님은 미지의 창이시다.

예수님은 당신이 이 세상에 오신 목적을 몇 차례 말씀하신 적이 있다. 누가복음 4장에서는 이사야 61장의 말씀을 들어서 당신의 오신 목적을 말씀 하신다. 이것은 예수님의 사명 선언이었다. "주의 성령이 내게 임하셨으니 이는 가난한 자에게 복음을 전하게 하시려고 내게 기름을 부으시고 나를 보내사 포로 된 자에게 자유를, 눈 먼 자에게 다시 보게 함을 전파하며 눌린 자를 자유롭게 하고 주의 은혜의 해를 전파하게 하려 하심이라 하였더라"(눅 4:18~19). 한편 예수님은 제자들에게 이렇게 말씀하신 적도 있다. "인자가 온 것은 섬김을 받으려 함이 아니라 도리어 섬기려 하고 자기 목숨을 많은 사람의 대속물로 주려 함이니라"(마 20:28). 예수님은 섬기러 왔다고 말씀하신다.

예수님의 지도력은 섬김의 리더십이었다. 예수님의 리더십은 일반적인 섬김과는 다르다. 일반적인 섬김은 다른 사람의 명령에 그대로 복종하는 것이다. 종과 노예로서 충성스럽게 일하는 것이다. 그러나 예수님의 섬김은 양상이 다르다. 그분은 하나님의 말씀에 절대 복종하였다. 그러나 그분은 사람들의 필요를 알았고 하나님으로부터 오는 말씀으로 사람들의 필요를 완벽하게 채웠다. 그러니까 예수님의 리더십은 완전한 섬김의 리더십이었다. 예수님의 주변에는 병자들이 있었다. 예수님은 병자들을 고쳐 주셨다. 예수님의 주변에 소외된 사람들이 있었다. 예수님이 그들을 용납하셨다. 예수님은 이스라엘의 잃어버린 사람을 찾으셨다.

그런데 이상하게도 예수님을 따르는 무리가 많았다. 예수님께 대하여 불평을 하는 무리보다 예수님으로부터 혜택을 입은 사람이 더 많았다. 불평을 하는 무리들은 대부분 섬김을 받으려는 사람들이었다. 그러나 남을 섬기는 위치에 있었던 사람들은 모두 예수님을 존경하며 따랐다. 왜 그랬을까? 예수님이 그들을 섬겨주었기 때문이다. 사람들로부터 받지 못했던 사랑을 받았기 때문이다. 오히려 예수님은 섬김을 받으려는 사람들을 거절하셨다. 예수님은 섬김의 리더십이 하나님의 뜻임을 알고 계셨다. 섬김의 리더십이 사람을 얻고, 하나님과의 관계가 바르게 되도록 영향력을 행사할 수 있기 때문이다.

시편 기자는 하나님을 섬기는 일을 좋아했다. 억지로가 아니라 자원하는 마음이었고, 침울한 상태가 아니라 기쁨이 고조된 상태에서 섬기는 일을 하였다. 그가 하나님을 기뻐하고 있으니 그의 눈에 보이는 우주만물이 모두 하나님을 기뻐하는 것처럼 보인다. 사실은 우주 만물이 하나님을 기뻐하고 있었는데 사람들의 눈에 그렇게 보이지 않았다. 사람들이 죄로 인하여 사물의 현상을 바르게 보는 안목을 잃었기 때문이다. 그러나 하나님을 기쁘게 섬기다보면 이런 안목을 회복한다. 그러니까 자연이 하나님을 찬양하고 기뻐하는 것처럼 보일 때 우리의 영성이 비로소 깨었다고 말할 수 있다. 자연을 보고 하나님의 손길을 느껴야 한다.

시편 기자는 자연을 향해 하나님께 노래하자고 말한다. 자기가 노래하고 싶으니, 사연을 향해 화음을 넣어달라고 하는 것이다. 누가 곁에서 화음을 넣어주면 노래가 더 즐겁다. 노래하는 맛이 난다. "온 땅이여 여호와께 즐거운 찬송을 부를지어다"(1절). 그 노래의 대상은 곧 여호와 하나님이시다. 시편 기자는 자연과 더불어 여호와 하나님을 노래하는 것이 마냥 즐겁다. 노래하는 사람은 그 노래가 곧 여호와 하나님을 섬기는 것이라 믿는다. 자기가 가진 재능을 하나님을 위해 사용하는 것도 하나님을 섬기는 행위이다. 예배에 참석하는 것만으로 하나님을 섬긴다고 착각하지 말라. 시간뿐만이 아니라 재능과 목적, 의미가 함께 드려져야 한다.

노래하는 사람은 노래의 대상을 향해 더 가까이 나아간다. 노래하는 사람은 화음을 넣어주는 자연 만물과 함께 하나님 앞에 나아간다. 노래하는 것이 하나님을 섬기는 것이며, 그분 앞에 나아가는 것이다. 그분께 제사를 드리는 것이다. 자신의 재능과 시간을 드리고 자기 삶의 목적과 의미를 모두 하나님께 드린다. "기쁨으로 여호와를 섬기며 노래하면서 그의 앞에 나아갈지어다"(2절). 시편 기자에게서 노래는 곧 섬김이었다. 섬김이란 하나님 앞에 나아가는 것이었다. 섬김은 그의 기쁨이었다. 인생에서 얻는 최대의 기쁨은 자신의 열정과 재능을 다해 하나님을 섬기는 것이었다. 그는 섬기는 사람이다.

왜 하나님을 섬겨야 할까? 그것은 하나님이 아주 특별하신 분이기 때문이다. 우주에 유일하신 하나님이시기 때문이다. 하나님이 그의 하나님, 그를 지으신 하나님, 그를 돌보시는 하나님이시기 때문이다. 사람은 그분의 다스림과 돌봄을 받아야 한다. "여호와가 우리 하나님이신 줄 너희는 알지어다 그는 우리를 지으신 이요 우리는 그의 것이니 그의 백성이요 그의 기르시는 양이로다"(3절). 하나님과 아주 특별한 관계가 형성된 사람에게서 하나님을 섬기는 것은 당연하다. 사람은 모두 하나님과 특별한 관계에 있다. 사람이 하나님의 형상이기 때문이다. 그렇다면 하나님을 섬김이 당연하지 않겠는가? 그럼 당연한 일을 하라.

섬김의 축복

섬기는 사람은 하나님 앞에 당당하게 나아갈 수 있다. 찬송하러 나가는 것이요, 만나는 기쁨이 있다. 칭찬을 듣고 위로를 받는 기쁨이 있다. 감사하는 기쁨이 있고, 송축하는 즐거움이 있다. "감사함으로 그의 문에 들어가며 찬송함으로 그의 궁정에 들어가서 그에게 감사하며 그의 이름을 송축할지어다"(4절). 아무리 섬기고 또 섬겨도 피곤하다는 생각이 들지 않는다. 즐거운 마음으로 가득하고 몸이 펄펄 나는 것 같다. 그의 몸에서 엔돌핀이 팍팍 솟아나고 있다. 억만금을 주고도 살 수 없는 영적으로 신비한 에너지가 그의 몸 안에서 활동하고 있다. 바르게 섬기면 이런 영적인 경험을 할 수 있다. 섬기는 사람만이 얻는 축복이다.

하나님을 섬기는 사람은 또 다른 섬김을 할 줄 안다. 그것은 사람을 섬기고 자연을 섬기는 것이다. 사람에게 하나님의 축복과 은혜를 나누어주고, 사람의 필요를 채워준다. 영적인 필요, 정신적인 필요, 육신의 필요를 채워주고 싶다. 필요를 채워주는 섬김을 통해 하나님을 섬기는 모델을 보여준다. 자연을 보호하고, 자연 속에 깃든 하나님의 은혜와 사랑을 말한다. 자연 만물이 하나님을 섬기는 일에 동역자가 된다. 자연을 단순히 이용하고 다스리는 피조물이나 무생물의 존재로 생각하지 않고, 자연을 하나님을 섬기고 찬양하며 함께 하나님의 영광을 돌리는 인격적 실체로 인정하게 된다. 섬김의 영성이 이렇게까지 발전한다.

하나님은 섬기는 사람에게 복을 주신다. 당신을 섬기는 사람, 당신을 의존함으로 사람을 사랑하는 사람, 당신이 지으신 피조물을 바르게 관리하는 사람에게 복을 주신다. 하나님이 섬기는 사람에게 사람을 붙여 주신다. 사람들이 와서 그의 섬김을 본 받고 함께 섬기는 일을 한다. 섬김의 동역자들이 생기는 것이다. 사무엘에게 회개하는 장로들이 보여지고, 순종하며 섬기는 사람들이 주변에 모이는 것처럼 하나님이 섬김의 동역자를 주신다. 이것이 하나님의 축복이다. 자연 만물이 함께 하나님을 섬긴다. 하나님을 섬기고 사람들이 행복을 누리는 일에 자연 만물이 돕는다. 자연 만물이 하나님의 명령을 받아 사람을 섬겨주기 때문이다.

하나님을 섬기는 사람은 그의 삶 속에서 하나님의 도우심을 체험한다. 하나님의 위대하심 그리고 선하고 인자하심이 체험된다. 자신의 삶 뿐만이 아니라 자손 만대에까지 하나님의 은혜가 계승됨을 믿는다. 하나님은 한번 약속하신 것을 어기지 않으신다. 하나님은 끝까지 약속을 지키시는 성실하신 분이시다. "여호와는 선하시니 그의 인자하심이 영원하고 그의 성실하심이 대대에 이르리로다"(5절). 섬기는 사람은 하나님의 성실하심의 대상이 된다. 그와 그들의 이웃, 그가 사는 환경, 그의 자손들까지 하나님의 선함과 인자하심 그리고 성실하심의 대상이 된다. 우리가 할 일이 드러났다. 이처럼 섬겨야 하지 않겠는가?

닮음 2

초판 1쇄 인쇄 2010년 10월 4일
초판 1쇄 발행 2010년 10월 11일

지은이 김항안

발행인 김 일
펴낸곳 글로리아
디자인 some + think 디자인
캘리그라피 choi
등 록 2007년 3월 9일 제3-235호
주 소 (156-830)서울시 동작구 상도1동 685
홈페이지 www.kcdc.net
전 화 02-824-3004, 5004
팩 스 02-824-4231

ISBN 978-89-7666-106-7(03230)

* 잘못된 책은 바꾸어 드립니다.
* 책 값은 뒤표지에 있습니다.